AF154167

Franz Xaver, Freiherr von Zach

Allgemeine geographische Ephemeriden

Franz Xaver, Freiherr von Zach

Allgemeine geographische Ephemeriden

ISBN/EAN: 9783742893079

Hergestellt in Europa, USA, Kanada, Australien, Japan

Cover: Foto ©ninafisch / pixelio.de

Manufactured and distributed by brebook publishing software
(www.brebook.com)

Franz Xaver, Freiherr von Zach

Allgemeine geographische Ephemeriden

Theil der *Neumark*; gegen Süden Länder der Oesterreich. Monarchie; gegen Morgen *Schwarzreufsen* und *Litauen.*

Gränzflüsse Preufsischer Seits: die *Drwenca, Szezupa* und *Pisia* theilweise; — Russischer Seits: der *Niemen* (teutsch die *Memel*), die *Lisa,* der *Nurzec* und *Bug*; — Oesterreichischer Seits: die *Weichsel, Skawina* und der *San.*

Flächeninhalt: 2800 Qu. Meilen. (Nach *Engelhardt's* Charte von diesem Herzogthum, in 4 Bl. Berlin, 1812, beträgt er 3000 geogr. Q. M.)

Flüsse I. Die *Warta,* unterhalb *Kromolow,* im Dep. *Krakau,* durchfliefst die Depp. *Kalisz* und *Posen,* und fällt in der *Neumark* unterhalb *Küstrin* in die *Oder.* Die *Warta* nimmt auf, links: 1. die *Prosna,* aus *Schlesien* unterhalb *Byczyn,* in ihrem Laufe bei *Wieruszòw, Pruszkòw, Kalisz,* *Chocz* und *Pyzdric* (*Peisern*). — 2. Die *Obra,* aus dem Dep. *Kalisz,* unterhalb *Skwierzyn,* in ihrem Laufe längs *Koscian* (*Kosten*), *Kopanice, Zbanszyn, Trzeiel* (*Tirschtigel*), und *Miendzyrzec* (*Meseritz*). — Rechts: 1. die *Notéç* (*Netze*) aus dem *Goplo*-See, nachdem sie in ihrem Laufe zwischen *Naklo* und *Brandenburgisch*- oder *Alt*-*Sanlòk* den preufsischen Flufs *Pilla* aufnimmt. — 2. Den *Nér,* aus den *Tuszyner* Waldungen, ehemaliger Gränzflufs zwischen den Woiewodschaften *Sieradz* und *Lenczyc,* unterhalb *Kolin.*

An der *Warta* liegen die Städte: *Czenstochowa* (*Czenstochau*), *Sieradz, Warta, Kolo, Konin* (von hier an wird die *Warta* schiffbar,) *Pyzdrzy, Szrém, Poznan* (*Posen*), *Oborniki, Obrzyczko, Wronki, Miedzychod* (*Birnbaum*), *Skwierzyn* u. a.

II. Die *Wisla* (*Weichsel*) entspringt aus den
Karpaten im H. *Cieszyn*, im Oesterr. Schlesien,
auf dem Berge *Skalka*, unweit *Skoczowa.* Unterhalb *Krakau* wird sie schiffbar, fliest 40 Meilen östlich, beugt sich weiterhin in ihrem nördlichen Laufe etwas westwärts, und fällt nach einem
Laufe von beinahe 100 Meilen in das *Baltische
Meer.* Bei den *Russen* wird die *Weichsel*, *Weifs-
Wasser* genannt, vom *Pomponius Mela*, *Visula*,
bei andern *Vistula.* *Alfred* im neunten Jahrhundert, nennt diesen nordischen Flufs *Weichsel*,
und seine Umgebungen *Weichselland.* *Wit*, *wis*,
weis, *weifs Wasser*, scheinen gleichbedeutend
zu seyn. *Dlugofs* leitet den Namen *Wisla* von
dem slawischen Worte *wisnanc*, woher das jetzt
noch gebräuchliche Wort: *rawisnanc*, herablaufen,
herabschiefsen. Eine Meile von *Danzig*, unweit
Weichselmünde (bei einem polnischen Schriftsteller sonderbar genug *Wislouyscie*) ist die Mündung der *Weichsel.* Die *Weichsel* nimmt folgende Flüsse auf. Links: 1. die *Pilica*, unterhalb
Mniozow, 7 Meilen von Warschau, ehemaliger
Gränzflufs zwischen Oesterreich und Preufsen,
entspringt in dem Depart. Kalisz bei Pilica, trennt
die Depp. Kalisz und Warschau von den Depp.
Krakau und Radom, und schlängelt sich durch
die schönsten holzreichesten Wälder des Herzogthums. — 2. Die *Nida*, unterhalb Neustadt
(Korczyn genannt), entspringt unweit Moskorzo-
we. — 3. Die *Bzura*, unterhalb Kamionka, Wys-
nogrod gegenüber. Sie entspringt unterhalb La-
giewnik, unweit Zgierza. — Rechts: 1. die
Drwenca unterhalb Zlotorya, unweit Thorn. Sie
nimmt ihren Ursprung aus dem See *Drwenca* in
Preufsen; 2. den *Bug*, unterhalb Nowydwor. Er
entspringt in der Gegend von Wierzchobuz unweit Oleska und Golychor. In den *Bug* fliefsen:
a) die *Wkra* unterhalb Nowydwor aus Preufsen;
b) der *Narew* bei Sierock, aus den litauischen
Sümpfen um Slonim; und *c*) der *Wieprz*, aus

dem District Zamósc. — 3. den *San,* zwischen
Sandomirz und Zawichost. Er entspringt auf dem
Karpatischen Gebirgstheile Biésciad.

III. Der *Niemen* (teutsch die *Memel,* latein.
Chronus), aus Wäldern bei Kopielow, durchfliefst Litauen in einem Bette, und theilt sich
bei der preufsischen Stadt Ragnit in die Flüsse
Rossa und *Gilge,* welche in mehreren Mündungen ins Kurische Haff fallen.

Schiffbare Flüsse des Herzogthums sind: die
Brda, der *Bug,* der *Narew,* der *Niemen,* die
Pilica, der *Sun,* die *Warta,* der *Wieprz* und
die *Weichsel.* Auf der *Radomka* und *Bzura*
wird blofs geflöfst.

Der *Bromberger Canal* verbindet die Brda
mit der Notec (Netze), und folglich die Weichsel mit der Warta und Oder. Oberhalb Bromberg fällt die Brda in die Weichsel. Von hier
geht der Canal 4 Meilen lang und 5 Ruthen breit,
bis in die Netze. 10 Schleusen halten das Wasser. *Friedrich II.* legte diesen Canal an, dessen
Ausgrabung 200,000 Rthlr. kostete. Gegenwärtig
beträgt der jährliche Unterhaltungs - Aufwand
5000 Rthlr., die Einkünfte aber 18,000 Rthlr.

S e e n : der *Bdanier - See* unweit Dolsk,
der *Bielsko - See* bei Bielsk; der *Bladno-
See* bei Zbaszyn; der See *Czartorya* bei Neu-
Korczyn, ein Werk *Kasimir's III.* — Der
Bielsko hat Muränen, der *Bladno* Aale. — Die
merkwürdigsten Seen sind noch: der *Drawsko,*
aus welchem der Flufs Drawa bei Drahim entspringt; der *Goplo,* einer der gröfsten Seen, mit
unergründlichen Tiefen; der *Jelen* bei Gniezno
(Gnesen); der *Kramsko* bei Walecz, und andere
um Posen, Lenczna und Chelm.

Berge. Bis an die Pilica ist das Herzog-

thum *Warschau* gröfstentheils eben. Hin und
wieder erheben sich blofs einige Berge, als: der
Turza am Gromadno; der *Rzezuchower*-Berg an
der Warta; die *Zyrker Berge* an der Lutnia,
unweit Pyzdrzy (Peisern), der *Giec* unweit Gniezno (Gnesen) und Posen; der *Niecko* an der Wkra,
im Plockischen u. a. Von der Pilica südwärts
bis zur Weichsel und dem Wieprz ist das Land
gebirgig. Die höchsten Berge sind hier die *Lysa*,
1920 Fufs hoch, mit der Benedictiner Abtei zum
heil. Kreutz (Swienty Krzyz), und der heil. Katha-
rinenberg, mit einem Dominicaner-Kloster, 2000
Fufs über der baltischen Meeresfläche. Mehrere
Gebirgsäste erstrecken sich von beiden Bergen
nördlich gegen Wanchock, Szydlowiec, Chlewiska,
und östlich nach Sandomirz, Zawichost, Kasimirz
und Pulawy. Von den zwei Chelmer Bergen befindet sich der eine Kreide-Berg im Dep. Lublin
bei Chelm, der andere im Sieradzschen.

Klima. Die Luft ist rein und gesund. Die
strengste Winterkälte und die gröfste Sommer-
hitze steigen nie über den 26º.

Beschaffenheit des Bodens. Nördlich
bis an den Wieprz und die Pilica ist das Erd-
reich sandig, strichweise lehmig und fett, hin
und wieder gemischt. Im Ganzen ist der Boden
fruchtbar. Das beste Land trifft man an der Nida und Nidzica im Sandomirschen und Proszowskischen, um Posen, Krakau, Warschau, im Kujawischen, und in den Districten Kalwary und
Maryanpol im Dep. Lomza. Den meisten Sand
dagegen an der Widawa im Dep. Lomza, im Dep.
Lublin und fleckweise im Dep. Krakau. Sümpfe
sind am häufigsten im Chelmschen, Plockschen
und Brombergschen an der Netze.

Erzeugnisse. Der gröfste Reichthum der
Gutsbesitzer ist das ungehörnte Vieh. Händler

aus der Gegend von Pyzdrzy (Peisern), Wieruszów
und anderwärts, kaufen in der Ukraine und Wallachei Vieh auf, und verführen es mit dem Warschauischen nach Schlesien und Brandenburg.
Das ziemlich zahlreiche *Hornvieh* reicht nicht
im Lande aus. Daher werden viele Ochsen aus
Schwarzreußen und der Moldau zum auswärtigen
Handel und zur Schlachtbank ins Herzogthum
gebracht. Lowicz, Lenczna am Wieprz und Wlodawa haben die berühmtesten Viehmärkte. Der
Jude, Armenier, und der polnische, vorzüglich
der Ukrainische Adel, machen auf denselben die
meisten Geschäfte. Die abgetriebenen Ochsen
mästen sich auf den polnischen Stoppelfeldern
und Wiesen, und werden auf den Schlesischen
Märkten, in Namslau, Brieg und Breslau, gut
bezahlt.

Unter den *Pferden* ist die ächt polnische
Rasse seit der Barer Conföderation selten geworden, und findet sich nur noch auf manchen
herrschaftlichen Höfen. Die Bauernpferde sind
klein, und laufen schnell, können aber zur Be-
frachtung nicht gebraucht werden. Ausdauer,
Schnelligkeit und Unerschrockenheit sind die gewöhnlichen guten Eigenschaften aller polnischen
Pferde. Mehrere herrschaftliche Höfe haben
durch türkische Hengste viel gute Pferde gezogen.

Die schönsten *Schaafheerden* findet man im
Dep. Posen und Bydgoszcz (Bromberg). In anderen Gegenden des Herzogthums könnte die Schaafzucht, der Weide nach, einen höheren Grad von
Vollkommenheit erreichen. Das Dep. Lublin
hatte sonst die schönste Wolle, welche unter
Stanislaus August in den Grodzienker Fabriken
verarbeitet wurde; und auch noch jetzt findet
man die veredelten Schaafheerden dieses Dep. in
Piaski, Stryna und Wronow, deren Wolle schon
seit den Zeiten der Orzechowskischen Arianer

berühmt ist. Als die neueste und beste Schäferei
zeichnet sich die Denbliner aus, bei Bobrowniki
am Wieprz. In Lowicz sind die bedeutendsten
Schaafmärkte.

Die vielen *Bienen* haben sich zugleich
mit den Wäldern außerordentlich vermindert.
Aus den Wäldern um Preny, wo die meisten
Linden wachsen, wird der beste Jungfernhonig
gewonnen.

Unter den *Fischen* sind Flußfische die gewöhnlichsten; seltener sind Seefische.

Das *Wild* ist bei weitem nicht mehr so
zahlreich, als ehedem. Wölfe und Füchse findet
man noch am häufigsten; Bäre und Leoparden
gehören unter die Seltenheiten; Elennthiere ver-
irren sich zuweilen noch aus der Hansburger
Heide bis nach Ostrolenka. Auerochsen trifft
man gar nicht mehr.

Das *Getraide* ist von allen Erzeugnissen des
Herzogthums das allgemeinste. Waizen, Korn,
Hafer, Gerste und Heidekorn wachsen überall
in Menge. Im Sandomirschen, Proszowskischen,
Posenschen und Kujawischen wird der meiste, im
Sandomirschen aber der beste Waizen gezeugt.
Die Kornausfuhr nach Danzig und Elbing hat
sich durch die vielen Branntweinbrennereien ver-
mindert, und ist durch die Kriege gänzlich in
Stocken gerathen.

Gegen die *Bestellung der Aecker* läßt sich
im Ganzen nichts einwenden. Die Drangsale
des Krieges und der unselige Regierungswechsel
haben jedoch in mehreren Gegenden landwirth-
schaftliche Verbesserungen unmöglich gemacht.
Das größte Hinderniß zur Vervollkommnung im
Ackerbau ist unstreitig die Armuth, Unwissenheit und Trunkenheit des Bauern, dessen Einfalt, Unbekanntschaft mit ausländischen Genüs-

sen, dauerhafte Natur und alte Sitte auf der anderen Seite nicht wenig beiträgt, das Vaterland mitten unter den Stürmen der Zeit und Weltereignisse aufrecht zu erhalten. — Krakau, Posen und Warschau liefern Gartengewächse und Gemüse von vorzüglicher Güte. Krakauer Artischocken und Gurken sind im Lande überall beliebt.

Spuren von *Weinbau* in älteren Zeiten finden sich bei Klöstern, und in der Nähe grofser Städte. Jetzt wird aber kein Wein mehr gebaut. Der Meth hatte vor dem herben Wein den Vorzug erhalten, und der Branntwein ist ganz an seine Stelle getreten. Die Nordwinde lassen den Wein auch nie ganz zur Reife kommen. Uebrigens ist der inländische Wein entbehrlich, da das nahe Ungarn von seinen Karpaten dem Lande sehr guten und wohlfeilen Wein liefert.

An dem nothwendigsten Erzeugnisse des Pflanzenreichs, am *Holze*, leidet dies Land bis jetzt noch keinen Mangel, da die Departements Kalisz und Sieldce, vorzüglich aber die Depart. Lomza und Plock bedeutende Waldungen haben. Warschau erhält sein Brennholz aus der Kapinosker Heide und aus anderen Orten. In den Dep. Krakau und Posen wird aber die Abnahme des Holzes bemerkbar, obgleich in ersterem die Steinkohlen den Mangel desselben ersetzen. Die Gegenden an der Pilica, das Dep. Lomza und das Dep. Plock, wo bei Ostrolenka die gröfste Heide des Landes ist, liefern das schönste Bauholz. Kiefern, Eichen, Ellern, Linden und Birken sind die gewöhnlichsten Holzarten. Seltener sind die Lerchenbäume, Buchen und Ahorn. Um Warka im Rawaschen, wächst der schönste Birkenwald, und um Preny am Niemen, findet man die meisten Linden.

Das Gebirgsland zwischen der Pilica und
Weichsel ist reich an *Metallen* und *Fossilien* aller Art. Bei Olkusz wird Silber gegraben. Seit
langer Zeit sind aber die dortigen Minen, welche oft sehr weit unter der Erde fortlaufen,
vom Wasser überschwemmt. Der Bach Babia,
der in der Nähe derselben auf der Erdoberfläche
verschwindet, hat wahrscheinlich diese Ueberschwemmung veranlaßt. Blei, Galmey und Zink
werden in hinlänglicher Menge gewonnen, und
auswärts verarbeitet.. Das Konsker, Samsonower
und Sucheniower Eisen gleicht dem Schwedi-
schen. Wieliczka südlich der Weichsel, hat die
reichsten Salzgruben, welche Warschau und
Oesterreich gemeinschaftlich besitzen. Um Swo-
szowice, diesseits der Weichsel, sieht man überall
auf der Erde Kiese mit gediegenem Schwefel.
Es befindet sich hier eine Schwefelfabrik. Czarn-
kowo bei Kielce, hat ebenfalls Ueberfluß an
Schwefel. Die Bergwerke bei Kielce liefern Kupfer und Eisen. Um Szydlowo, Xianz, Dzialos-
zyce wird Kalk gefunden, und um Krzeszowice,
Kamiennagora, Danbrik und Cheneine giebt es
die schönsten Marmorbrüche. Die Chelmer Berge bestehen größtentheils aus Kreide.

Gewerbfleiſs. Bei den Verfolgungen der
Heterodoxen unter *Sigismund III.*, und der seit
dieser Zeit bis zur Regierung *Stanislaus Augustus* herrschenden Intoleranz war an kein Auf-
kommen des Gewerbfleißes unter den Städtebe-
wohnern zu denken. Juden siedelten sich überall an, betrieben pfuschermäſsig Schneider-,
Kürschner- und Keßlerhandwerke, und bereicher-
ten die ausländischen Märkte in Breslau, Königsberg und Danzig durch Aufkauf der gewöhnlichsten Handarbeiten. Nach den vielen Kriegen
unter *Johann Kasimir*, den Plünderungen *Karl's
XII.* und *Peter's des Groſsen*, und der Pest von
1709, verwandelten sich endlich die Städte in

Schutthaufen. Teutschen Ankömmlingen hatte
Polen wieder die ersten Keime von Industrie zu
verdanken. Unter *Wladislaw IV.* waren mehrere Tuchmacher wegen Religionsbedrückungen
aus Schlesien über die Gränzen von Polen ge-
flüchtet, und hatten an denselben Städte erbaut,
wie Bojanowo und Rawicz, oder andere bevölkert, wie Wschowa (Fraustadt), Leino (Lissa),
und Kóscian (Kosten), *) Miendzyrzec (Meseritz)
und Rawicz lieferten bald die besten Tücher,
welche die Juden jetzt nicht selten für Schlesi-
sche und Holländische verkaufen. Der Tuch-
handel wird aber nie dem Schlesischen oder
Sächsischen gleichen, weil es durchgängig im
Lande an.Capitalien fehlt. Schlesien kauft daher viel Grofspolnische Tücher auf, besonders
in den Departements Posen und Bromberg, und
verschickt sie nach Rufsland. Aus Meseritz gehen jedoch unmittelbar viele Tücher nach Rufsland, und von da nach China. Der polnische
Bauer trägt nach der Sitte der Gegend blau und
weifs wollene Röcke oder blofs Kittel, die er
sich selbst verfertigt. So weben die Weiber um
Sulmierzyc, im Dep. Kalisz, sehr gute kasimir-
artige Zeuche zu Kleidern und Unterröcken. In
Warschau und Posen werden die besten Frauen-
zimmer-Schuhe verfertigt, welche auch ins Ausland gehen. Die Leinwand, welche in den Dep.
Posen und Bromberg häufig geweht wird, kommt
zwar noch lange nicht an Güte der Schlesischen
und Krakauischen Gebirgsleinwand gleich; aber
es läfst sich hierin, so wie überhaupt in allem,
für die Zukunft mehr erwarten, da die Befreiung
von der Leibeigenschaft schon viele Bauernsöhne
in Werkstätten führt, und wohlthätige Wirkun-

*) Die Doppelbenennung vieler polnischen Städte rührt
von den eingewanderten Teutschen, welche neben
den ursprünglich polnischen Namen der Städte noch
besondere, ihrem Idiom entsprechende, ersannen.

gen auf die Industrie äufsert. Der polnische
Charakter, was man auch dagegen sagen mag,
ist einem hohen Grade von Vollkommenheit in
Künsten und Handwerken nicht entgegen. Beweise davon geben der Maler *Smuglewicz* in Petersburg, der Uhrmacher *Chencinski* in Breslau,
der Mechanicus *Maslowski* in Posen *), und
viele andere, deren Namen Vergessenheit ver-
schweigt. Die Proszkower Fayence in Schlesien,
und die Korecker in Vollhynien, ist ein Werk
polnischer Hände. Die Podgursker Tischtücher
verdienen den Vorzug vor vielen teutschen. Schweden kauft Bilgorayer Siebe aus dem Dep. Lublin, und Denkower Töpfe aus dem Sandomirschen. Alle Eisenwaaren endlich im Schlesischen
Gebirge, und die Fabrikarbeiten in den Dep.
Krakau und Sandomirz gehen durch die Hände
der Polen. — Auch darf hier die künstliche Bearbeitung des Krakauischen Marmors von Dorf-
bewohnern in Denbnik und von Handwerkern in
Krzeszowice nicht unerwähnt bleiben. Die Kra-
kauische Grütze und das Marimonter Mehl, welches selbst nach Paris verschickt wird, sind
bekannt.

Die *Brauereien* einiger Gutsbesitzer, wie z.
B. die in Bodzechowo, wo englisches Bier ge-
braut wird, Nieborowo, die Konsker Colonien,
Zamosc und Warschau, liefern die besten Biere.
Sonst ist das Dorfbier gröfstentheils schlecht, und
kaum zu trinken; ebenso der *Branntwein.* In
Sieldce und Murowana-Goslin, im Dep. Posen,
wird vorzüglich guter Branntwein gebraut. —
Pottasch-Siedereien, Wachsbleichen, Glashütten,
Eisen- und Kupferhämmer, beleben den Volks-
fleifs am meisten im Krakauischen.

*) Erfinder des herrlichen musikalischen Instruments
Coelisonum, das durch seinen entzückenden Ton die
Harmonica weit hinter sich läfst.

Handel. Der Handel des Herzogthums ist meist in den Händen der Juden. Diese kaufen im Lande rohe Producte auf, vorzüglich Leder und Wolle, und setzen sie mit Gewinn im Preußsischen ab. Auf den Sächsischen Messen werden von ihnen im Ganzen Luxusartikel und Modewaaren eingehandelt, und einzeln im Lande verkauft. Die christlichen Kaufleute beschäftigen sich weniger mit dem Handel, weil sie ihre erworbenen Capitalien durch Güter-Speculationen wieder verlieren. Polnische Kaufleute haben sich am zahlreichsten in *Krakau*, Teutsche und Italiener in *Warschau* und *Posen* etablirt. Französische Handelsleute giebt es sehr wenige im Lande. Den gröſsten Nutzen brachten dem Lande von jeher die ansässigen und nationalisirten Teutschen, welche sich durch Industrie und eine auſserordentliche Vaterlandsliebe auszeichnen. Von ihnen wird der Tuch-, Wein-, Holz- und Getraidehandel mit Vortheil betrieben. Der Wein wird zwar in Ungarn baar eingekauft; das Geld kommt aber auch dafür wieder aus Schlesien, wo besonders an der Gränze aus Polen viel Ungarwein gezogen wird, wieder zurück. Holz und Getraide wurde nach *Danzig* und *Elbing* verführt. Dieser vortheilhafte Handelszweig ist aber bei den gegenwärtigen Zeitverhältnissen völlig in Stocken gerathen.

Bevölkerung. Das Herzogthum hat 3,800.000 Einwohner: 1615 Seelen auf eine Qu. Meile. Die Departements *Posen, Bromberg, Warschau, Krakau* und das *Sandomirsche*, sind am meisten bevölkert, weniger die Departements *Lomza, Plock* und *Kalisz.* *Filippiner* und aus Ruſsland entwichene *Roskolniken* bevölkerten die Gegenden um den *Niemen* (Memel). Die durch den Wiener Frieden mit dem Herzogthume vereinigten Departements verdanken ihre Bevölkerung der gewaltsamen Werbung *Joseph's II.*, wodurch unzähli-

ge Einwohner nach Polen entflohen. In den Grofspolnischen Departements des Landes entstanden
viele teutsche Hanländereien. 1793 kamen *Bam-*
berger und *Schwaben* nach Polen; Wenigen behagte
das Klima. Von den Schwäbischen Colonisten,
welche die Preufsische und Oesterreichische Regierung ins Land zog, siedelten sich einige gut
an, andere verderbten die Wälder. Das Gesindel
unter den Ankömmlingen, die überspannten Hoffnungen mehrerer, und die Habsucht der Beamten, liefsen nur wenige der neuen Anpflanzun-
gen gedeihen. Die ältesten Spuren von Hanlän-
dern oder Rodern in polnischen Wäldern findet
man schon 1230. Sie wanderten anfänglich aus
Holland ein, später aus Teutschland. *Neudorf*
und *Neubruch* bei Slawatyce am Bug, gehören
unter die Zahl der uralten Hanländereien, welche sich überhaupt durch eine leichte Unterthä-
nigkeit und den Besitz von ein und mehreren
Hufen Landes auszeichnen. Den neuen Rodern
sind nur wenige Morgen zur Urbarmachung zugetheilt, weil man bei ihnen mehr Recrutirfähi-
ge Köpfe, als sorgenfreie Existenz in Anschlag
brachte. —

Das Herzogthum zählt über 600 Städte und
Flecken, und 21,000 Dörfer. Unter den ersteren
giebt es sehr viele schlecht gebaute und gewerb-
lose, unter den letzteren dagegen öfters ausge-
zeichnet schöne und bevölkerte, wie z. B. die
Dörfer *Szymanow* bei Warschau, *Dobrojow* bei
Posen, *Kwielc*, *Pulawy* mit 3000 Einw., *Jab-*
lonna, *Nieborow* und andere. Im Allgemeinen
sind die Dörfer, wie ihre Besitzer, arm und
dürftig.

Kirchlicher Zustand. Die herrschende
Kirche im Lande ist die katholische, nach römi-
schem Ritus. An der Spitze derselben steht der
Erzbischof zu Gnesen, und 9 Bischöfe zu Krakau,

Kujavien, Posen, Plock, Chelm, Lublinisch-
Chelm, Wygier und Kielce. Der Erzbischof von
Gnesen ist zugleich Administrator des Bisthums
zu Warschau. In dem Galizischen Departement
zu Chelm ist ein Bischof der Unitarier des Russischen Ritus, welcher 200 Parochien vorsteht.
Armenische Unitarier giebt es nur in den grossen Städten. Ihre Beschäftigung ist Handel und
Handarbeit, und ohne besondere Geistlichkeit
halten sie sich entweder zur römischen oder
griechischen Kirche. Unter den Akatholiken im
Lande befinden sich:

1. Evangelisch-lutherische (Augsburgische Con-
fessionsverwandte) am häufigsten in den Depart.
Posen und Bromberg, wo sie oft ganze Städte
bewohnen, wie Wschowa (Fraustadt), Rawicz,
Bojanowo, Trzcianka (Schönlanke), Bydgosecz
(Bromberg) und ganze Dörfer, so wie Hanländereien, besonders in dem Dep. Kalisz. Für beinahe 300.000 evangelische Glaubensgenossen im
Herzogthum giebt es im Depart. Posen 63 Kirchen, im Depart. Bromberg 26, im Depart. Kalisz 9, im Depart. Warschau 2, im Depart. Lublin 1, im Depart. Krakau 1, und im Departem.
Sieldce 1. —

2. Evangelisch - reformirte wohnen in gros-
ser Menge in der Stadt Lissa, in einigen Parochien an der Schlesischen Gränze, im Krakauischen, Lublinischen, Sandomirschen und am
Niemen, wo es noch einige altadliche reformirte
polnische Familien giebt. Der gröfsere Theil
derselben, welcher sich im sechszehnten Jahrhundert zur evangelischen Lehre bekannte, wurde durch die Verfolgungen unter *Sigismund III.*
unterdrückt. Auf 30,000 Reformirte kommen 22
Kirchen mit schwachen Gemeinden; Lissa und
Posen mit 6000 Reformirten, ausgenommen. —
An der Spitze der Geistlichkeit beiderlei Glaubensgenossen, stehen unter dem Minister des
Cultus Superintendenten und Consistorien.

Nicht unirte Griechen und Russen, Raitzen und Serbler (hier *Ungern* genannt) beschäftigen sich meis¹ mit dem Weinhandel. Die meisten wohnen in den Departements Lomza und Siedlce, wo es aber noch weit mehr Unitarier giebt. — Die Filippiner, eine Abart der Nicht-Unitarier des Russischen Ritus, führen ein sehr einfaches Leben; sind arbeitsam und sittsam, aber dabei habsüchtig und zum Diebstahl geneigt. Ueber 1000 Familien derselben wohnen im Departement Lomza, besonders häufig im District Wygier. — Die Mennoniten beschäftigen sich in den Dep. Bromberg und Lublin mit Verfertigung guter Butter und schmackhafter Käse. In der Stadt Danzig nähren sie sich vom Handel und Branntweinschank.

Aufser den christlichen Secten giebt es im Lande noch über 100 Familien muhammedanischer Tataren im Dep. Lomza, und über 500,000 Juden. Die Hauptbeschäftigungen der Letzteren sind: Handel, Factorei, Schacher, leichte Handwerke, und der Bier - und Branntwein - Schank auf Dörfern. Auch hier verläugnet, so wie unter allen Nationen, der Hebräer nicht seine Charakterzüge. Im ganzen Herzogthum zählt man 500 Synagogen. Die gröfste gemauerte ist in Lublin, die geschmackvollste in Wschowa (Fraustadt).

Staatsverfassung. Der König von *Sachsen* ist Herzog von *Warschau.* In seinen Händen ist die executive und intuitive Gewalt. Die legislative theilt er mit dem, aus dem Senate, und der Landbotenstube gebildeten, Reichstage. Der Senat besteht aus dem Erzbischof, 10 Bischöfen, 10 Woiewoden und 10 Castellanen; die Landbotenstube aus 100 adlichen Landständen und 66 Bürgerdeputirten. Alle 2 Jahre wird der Reichstag vom Könige nach *Warschau* berufen.

Staatsverwaltung. a) *Justiz.* Jedes
Departement hat ein Tribunal erster Instanz, jeder District ein Friedens- und ein Untergericht.
Die höchste gerichtliche Instanz ist das Appellationsgericht in *Warschau.* Zwei Departements
haben allemal ein Criminalgericht, von dem man
an das Appellationsgericht in *Warschau* appelliren
kann. Dergleichen sind in *Warschau* für die
Depart. Warschau und Kalisz ; in *Posen* für die
Dep. Posen und Bromberg; in *Plock* für die Dep.
Plock und Lomza; in *Krakau* für die Dep. Krakau und Radom; in *Lublin* für die Dep. Lublin
und Sieldce. Der Cassationshof ist aus dem
Staatsrathe gebildet. Die Advocaten daselbst haben den Namen *Maecenaten.* Der König hat das
Begnadigungsrecht. Als Gesetzbuch ist der *Code
Napoléon* in allen seinen Theilen eingeführt.

b) *Administration.* Alle administrative
Geschäfte des Departements besorgt ein Präfect,
dem ein Unterpräfect in jedem Districte in die
Hand arbeitet. Die Streitigkeiten in Administrationssachen zwischen der Regierung und den Unterthanen, z. B. über das Pachtquantum der Nationalgüter, Remissionen, Zahlung der Arbeiter
bei Bauen, schlichtet ein Präfecturrath, in welchem der Präfect präsidirt.

An der Spitze des gesammten Justiz- und
Administrationswesens steht der *Ministerial-* und
Staatsrath, welcher zugleich die königlichen Befehle und Beschlüsse des Reichstages vollziehet.
Er besteht aus 5 Ministern, 1. dem Justizminister, 2. dem Minister der innern Angelegenheiten und des Cultus, 3. dem Kriegsminister, 4.
dem Policeiminister, 5. dem Staatssecretärminister. Bei dem Staatsrathe arbeiten noch besonders ernannte Staatsräthe und Referendäre.

Orden. Der *weisse Adlerorden,* gestiftet

von *August II.* 1704; der *Stanilausorden*, gestiftet von *Stanislaus Augustus* 1766, und das
Militär - Kreutz, sind die Orden des Landes. Der
erste Anfang des *weifsen Adlerordens* fällt
schon in das dreizehnte Jahrhundert, unter die
Regierung der Könige *Przemislaw* und *Wladislaw Lokietek.*

Bewaffnete Macht. Die Armee zählt
gegenwärtig 60,000 Mann, und besteht aus 17 Regimentern zu Fufs, 16 Regimentern zu Pferde,
1 Reg. Artillerie zu Fufs, und 1 Reg. Artillerie
zu Pferde. In Hinsicht der Bewirthschaftung und
der Garnisonen hat das Militär 4 Kreise. Den
ersten bilden die Departements *Warschau*, *Plock*
und *Lomza*; den zweiten die Depart. *Posen,*
Bromberg und *Kalisz*; den dritten die Depart.
Lublin und *Sieldce*; den vierten die Dep. *Krakau* und *Radom*. An der Spitze der Militärver-
waltung steht der Kriegsminister Fürst *Ponia-
towski.*

*Geographische und politische Einthei-
lung des Herzogthums Warschau.*

Das Herzogthum *Warschau* hat 10 Departements, und diese haben wieder besondere Districte.

I. Departement Warschau

mit 12 Districten; als: 1. District *Warschau,*
mit der Departements - und Districtsstadt Warschau, an der Weichsel. 76,000 Einwohner, 100
Paläste. Die Kirche der 20 Missionare, mit einer trefflichen Bibliothek; die Piaristenkirche, mit
einer schönen Façade; die Kathedral-, Domini-
caner - und evangelische Kirche, zeichnen sich
besonders aus. Zu den ältesten Theilen der
Stadt gehört die Altstadt und Neustadt. Die Krakauer Vorstadt, die neue Welt, Leszno, Nowe

Lipie, Grzybowo, sonst abgesonderte Städte, bilden jetzt ein Ganzes in 9 Abtheilungen oder Cirkeln. Eine sehr wichtige Anstalt ist das vom Missionär *Boudouin* gestiftete Hospital zum Kindlein Jesu, von den barmherzigen Jungfern, welche 3 Klöster haben, verwaltet. Nahe an der Stadt liegen Lazienki, Belveder und Ujazdow. Lustörter um die Stadt sind: Wola, Marymont, Biala, Nowydwor, Piaseczna und Pawanski, 1794 durch den Krieg verwüstet. Das schöne Lustschlofs Willanow, dem Grafen *Potocki* gehörig, ist von *Johann III.* angelegt. — 2. District *Czersk* mit Czersk an der Weichsel, einer alten, aber merkwürdigen Stadt. — Góra mit einem Piaristencollegium, Kirchen und Klöstern. — Groiec. — Mogielnica Warka. — 3. District *Rawa* mit Rawa, an der Rawka, ehemalige starke Festung. *Karolusynus* oder *Karl Gildenholm*, natürlicher Sohn des Königs von Schweden *Karl IX.*, starb hier als Gefangener. — Skierniwice, schönes, volkreiches Städtchen an der Ruowka. Das dortige Schlofs, der Garten und die Kirche sind Werke des Erzbischofs *Ostrowski*, der in letzterer begraben ist. — Nowemiasto. — 4. District *Brzeziny* mit Brzeziny, Städtchen mit 1800 Einwohnern, der Familie *Lasocki* gehörig. — Bentkow. — Bielawy. — Inowlodz. — Strykow, das gröfste Städtchen im ganzen District, mit 1200 Einw. — Ujard. — 5. District *Lenczyca* mit Lenczyca an der Bzura, in einer Sumpfgegend. — Grabow. — Grzegorzewo. — Krasniewice. — Städtchen Klodawa, Ort mit 1200 Einw. — 6. District *Orlow* mit Orlow, Städtchen an der Bzura. — Dombrowice. — Zychlin. — Kutno mit 2000 Einw., die bedeutendste Stadt im ganzen District. — 7. District *Gostynin* mit Gostynin, einem kleinen Orte, wo unter *Sigismund III.* der Zar *Wasil Szuyski*, als Gefangener starb. — Garbin. — Kiernozie. — 8. District *Sochaczew* mit Sochaczew an der Bzura, Stadt mit sehr vielen Juden. — *Lowicz* an der Bzura, ist dem Herzog von *Auerstädt*, Prinz von *Eckmühl* (Marschall *Davoust*) gehörig. Die Stadt ist die beste im ganzen Depart. Warschau, hat schöne Kirchen, ein Piaristencollegium, und grofse Märkte. Sie war ehedem der Hauptort des Fürstenthums *Lowicz*, welches 1240 nach Ermordung *Johann's von Zapolia* dem Primat von *Conrad dem Masovier* unterworfen wurde. Zum Zeichen der Lehnsuntertbänigkeit mufsten sich die Erzbischöfe von *Gnesen* Bischöfe von *Plock* nennen, und jährlich eine Mark Silbers an den Schatz der masovischen Fürsten zahlen. — Niehoròw, Wohnsitz der Radziwiler, mit einer Gemäldesammlung, einem französischen Garten, und einer sehenswerthen Orangerie. — Arcadien, sonst Lupia genannt, mit einem englischen Garten, von der Fürstin *Helena Radziwil* angelegt, in welchem mehrere Schätze des griechischen Alterthums aus dem Archipelagus zu sehen sind. — Bolimòw. — Wiskitki. — 9. District *Blonie* mit Blonie, einer gut gebauten, aber unbedeutenden Stadt. — Grodzisk. — Mszezonòw, ist das bewohnteste Städtchen im ganzen District, mit 1110 Einw. — Nadarzyn. — Tarczyn. — 10. District *Zgiera* mit Zgiera, einer Stadt mitten unter grofsen Wäldern. — Parzenczòw. — Piantek. — 11. District *Stanislawòw* mit Okuniow und Stanislawòw. — 12. District *Siennice* mit Siennice.

II. Das Departement Krakau

hat 11 Districte, als: 1. District *Krakau* mit der Departements- und Districts-Stadt Krakau, der ehemaligen Residenz der polnischen Könige, in einer angenehmen und fruchtbaren Gegend an der Weichsel, mit 20,000 Einwohnern. Die polnischen Könige und der heilige *Stanislaus* sind in der dortigen Schlofskirche begraben. Von den

vielen prächtigen Klöstern wurden mehrere unter
der Oesterreichischen Regierung aufgehoben. Zu
den schönsten Gebäuden der Stadt gehören: die
Akademie, und eine Tuchfabrik, das Monument
des ehemals blühenden Handels. — Stradom,
Piasek, Wesola, Zwierzyniec und Kasimirz, sind
Vorstädte Krakau's. Jenseits der Weichsel liegt
Podgorze, von *Joseph II.* angelegt, um den Krakauer Handel zu heben. Die Höhe der Zölle
und Mauthen vereitelten aber die gute Absicht.
Der Handel von Krakau hob sich von selbst
durch preußische Einfuhrverbote in die Mark
und Schlesien, und sank wieder durch das Oesterreichische Papiergeld. Krakau ist gegenwärtig
eine freie Handelsstadt, und sieht besseren Zeiten entgegen. — Wieliczka jenseits der Weichsel, 1 Meile von Krakau, berühmt durch seine
Salzbergwerke, welche, so wie die Stadt, dem
Herzoge von Warschau und dem Kaiser von Oesterreich gemeinschaftlich gehören. Die Gegend ist
reich an schönen Früchten. — Mogila, Cistercienser - Abtei, am entgegengesetzten Ufer der
Weichsel. — Tyniec, Benedictiner - Abtei. — 2.
District *Szkalmierz* mit dem Städtchen Szkalmierz an der Nidzica. Die hiesigen Tuchmacher
fertigen viel grobes Tuch zu Bauerröcken. — 3. District *Hebdòw* mit der Norbertaner Abtei Hebdòw.
— 4. District *Stobnica* mit der gleichnamigen
Stadt. — 5 District *Szydlow* mit Szydlow. —
6. District *Miechòw* mit Miechòw, wo sonst eine
reiche Abtei war. — 7. District *Jendrzejow* mit
Jendrzejow, Stadt und Cistercienser Abtei. —
8. District *Olkusz* mit der, durch seine Bergwerke berühmten, Stadt Olkusz. — 9. Distr. *Krzeszo-*
wice mit dem Städtchen Krzeszowice. Die Fürstin
Czatoryska - Lubomirska hatte als Besitzerin die
hiesigen warmen Schwefelbäder und Promenaden
angelegt. Krzeszowice gleicht in seinen Umgebungen denen von Carlsbad, nur sind die Berge
hier nicht so hoch. — Czyrna, Karmeliten-Klo-

ster. In der Gegend wird Marmor gefunden, welchen polnische Künstler in Krzeszowice bearbeiten. — District *Pilica* mit den Städtchen Pilica und Zarki, wo gute Grütze gemacht wird. — 11. District *Lelòw* mit Lelòw.

III. Departement Posen

hat 14 Districte, als: 1. District *Posen* mit der Departements- und Districtsstadt Posen, an der Warta. Die Stadt hat schöne Gebäude, 20,000 Einwohner, und treibt bedeutenden Handel; sie ist durch ihre Johannis - Contracte berühmt. Ueber der Warta bildet die sogenannte Chwaliszewo (Walischey) mit einer schönen Domkirche einen besonderen Theil der Stadt. — Swarzendz (Schwersenz), adliche Stadt mit 2506 Einwohnern, worunter viel Leineweber sind. — Stenczewo. — Pniewy (Pinne), adliche Städtchen. — 2. Distr. *Babimost* (Bombst) mit dem gleichnamigen Städtchen, an der Schlesischen und Brandenburgischen Gränze am Fluſs Obra, berühmt durch seine Hopfen - und Weingärten, so wie durch treffliches Obst. — Zbanszyn (Benschen), adliche Stadt am Fl. Obra, mit einem alten Schlosse, und dem ältesten englischen Garten in Polen. Es giebt hier viel Weingärten. — Kargowa (Unruhstadt), am Fl. Obra, mit vielen Tuchmachern, und ansehnlichen Märkten. — Trzeiel (Tirschtigel). — Nowy Tomysl (Neutomischel). — Pczewo (Betsche), kleiner Ort. — Broyce (Bratz). — Skwierzyna (Schwerin), Nationalstadt, d. i. dem Staate eigene Stadt. Alle die genannten Orte sind gröſstentheils von Teutschen bewohnt. — 3. District *Gniezno* mit Gniezno (Gnesen), sonst die Hauptstadt von ganz Groſspolen, jetzt der Sitz eines Erzbischofs, mit 4000 Einw., und besuchten Märkten. — Klecko und Pobiedziska (Pudewitz), — Lopienno, — Kiszkowo, kleine Städte. — 4. District *Powidz* mit Powidz, ei-

nem ärmlichen Ort zwischen Seen. — Trzemes-
no, bedeutendes Städtchen, mit 1400 Einw. —
5. District *Wangrowiec* mit Wangrowiec, einem
schlecht gebaueten Orte. — Skoki (Schokken), adliche Stadt mit einer reform. Kirche. — 6. District
Kóscian mit Kóscian (Kosten), am Fl. Obra, eine
gut gebaute und bewohnte Stadt. — Grodzisko
(Grätz), – Krzywin, — Rostarzewo, — Wielicho-
wo, kleine Städte. — Moszyna, schlechter Ort
mit vielen Töpfern. — 7. District *Wschowa*
mit Wschowa (Fraustadt), eine volkreiche Handelsstadt an der schlesischen Gränze, mit vielen
Tuchmachern und anderen Handwerkern. Die
Stadt, so wie die Gegend, ist von Teutschen
bewohnt. — Leszno (Lissa), ehemals Besitzung
der Familie *Leszynski,* jetzt der Fürsten *Sulkows-
ki.* — Rydzyna, (Reisen) Residenz des Fürsten *Sul-
kowski,* mit einem schönen Schlosse. — Szmigiel
(Schmiegel) an der schlesischen Gränze, mit vielen Tuchmachern. — Osieczno (Storchnest), —
Zaborowo, Szlichtinkowo (Schlichtingsheim),
adliche Städte. — 8. District *Kröben* oder Krobia, mit der gleichnamigen Stadt. — Rawicz,
schön gebaute adliche Stadt mit 8000 Einw.,
meist teutschen Tuchmachern. — Bojanowo, adliche Stadt mit teutschen Tuchmachern. — Go-
styn, berühmt durch seine Jahrmärkte. — Dupi-
no, an der Orla. — 9. District *Krotoszyn* mit
Krotoszyn, einer weitläuftigen, aber nicht schön
gebauten Stadt, mit 4000 Einw. — Zduny, mit
vielen Tuchmachern. — Dobrzyce, — Kobilino, —
Introszyno, Jaroszyn, sind kleine adliche Städte.
— 10. District *Miendzyrzecz* mit der Stadt Miendzyrzecz (Meseritz), am Fl. Obra. Sie hat Lehm-
häuser, viele teutsche Einwohner, und treibt einen bedeutenden Handel, welcher, so wie die
Industrie der Gegend, vorzüglich durch die
Tuchmanufactur des Kaufmanns *Volmer* belebt
wird. — Miedzychod (Birnbaum), mit vielen
Tuchmachern und anderen Handwerkern. — Sie-

rakow (Zirke) an der Warte. — Kamienno, eine
halbe Meile von der Warte, adliche Städte. —
Bledzow (Blesen) am Fl. Obra, Nationalstadt. —
11. District *Pyzdrzy* mit Pyzdrzy (Peisern), bevölkerte Stadt an der Warta, mit vielen Bier-
brauern und Tuchmachern. — Kasimirz, merkwürdig durch *Patkul's* Tod. — Wrzeznia (Wre-
schen). — Slenczyn. — Slupce. — 12. District
Szroda mit gleichnamigem Hauptort. — Nowe
Miasto an der Warta. — Mieszków. — Milostaw
und andere kleine unbedeutende Städte. — 13.
District *Obornik* mit Obornik, an der Warta. —
Rogozno (Rogasen), Stadt an einem See mit 3000
Einw., unter welchen Tuchmacher, Käufleute
und an 1080 Juden sind. Die Jahrmärkte sind
bedeutend. 1296 ermordeten hier die Markgra-
fen von Brandenburg verrätherischer Weise den
König *Przemislaw*. — Szamotuly (Samter); eine
halbe Meile von der Warta. — Nowymost (Neu-
brück) und Oberzycko an der Warta, bevölkerte
Städte mit Tuchmachern. — Ostrorog (Scharfen-
ort), kleine Stadt, der Familie *Kwilecki* gehörig.
— 14. District *Szrém* mit der Stadt Szrém, an
der Warta. Hält grofse Getraidemärkte. — Dols-
ko (Dolzig), — Bnin, — Kostrzyn, — Zaniemysl
(Santomischel), sind kleine Städte.

IV. Das Departement Kalisz

hat 11 Districte, als: 1. District *Kalisz* mit der
Departements - und Districtsstadt Kalisz, in einem Thale an der Prosna. Sie ist gut gebaut. —
2. District *Konin* mit Konin, in einer angenehmen Gegend. — Kolo. — 3. District *Warta*
mit der Stadt Warta, berühmt durch ihre Jahrmärkte, und bewohnt von Juden und Ackerbauern.
Von hier an wird die Warta schiffbar. — 4. District *Szadkow* mit Szadkow. — Lask. — Luto-
mirsk und Fabianice am Nér. — 5. District
Sieradz mit Sieradz. — Szezerzów. — Widawa
an der Widawka. — 6. District *Piotrków* mit

Piotrkòw, weitläufige Stadt mit gemauerten Häusern, ehemals der Sitz eines Grofspolnischen
Tribunals. Die hiesige Judenstadt hat hölzerne
Häuser, und ist, wie überall, unreinlich. —
Belchatow, Rosprza, Sulejow, Tuszyn und Rzgòw
sind kleine Städte. Wolborz an der Wolbocka,
ist der Sommeraufenthalt der Kujawischen Bischöfe. — 7. District *Radomsko* mit Radomsko.
— Brzeznica. — Kaminsko. — Koniecpol. —
Paienczno. — Plawno. — 8. District *Czensto-*
chowa mit Alt- und Neu-Czenstochowa, 2 Städte,
eine Viertelmeile von einander entfernt. Bei
Neu-Czenstochowa ist Jasnogòra, ein Berg, auf
welchem das Paulinerkloster mit dem wunder-
thätigen Marienbilde liegt. Dasselbe ist von
Mauern umgeben, und hat 4 Basteien, nach Art
einer Festung, welche auch zu verschiedenen
Malen die Angriffe der *Schweden*, *Russen* und
Oesterreicher abhielt. Dem Jasnoberg zur Seite
liegt das Kloster S. Barbara und das Noviciat der
Pauliner, mit einer zahlreichen Handwerker-Co-
lonie, in einer Ebene. — Klobucko. — Krzepice,
kleine Städte, einst Starosteien, jetzt Klöster-Be-
sitzungen zur Unterhaltung der Jasnogorer Besatzung, aus Warschauischen Truppen bestehend.
— Mstòw. — Przyròw. — 9. District *Wielun*
mit der Stadt Wielun, die ein Piaristencollegium
und wenige Einwohner hat. — Dziatoszyn. —
Prazka mit vielen Eisenhütten. — 10. District
Ostrzeszow mit Ostrzeszow (Schildberg), kleine
Stadt. — Kenpno (Kempen) an der Prosna, Stadt
mit hölzernen Gebäuden und 4000 Einw. an der
schlesischen Gränze; der Handel ist hier bedeutend. — Grabòw. — Baranòw. — Wiernszòw. —
11. District *Odolanow* mit Odolanow (Adelnau).

V. Das Departement Radom

hat 10 Kreise, als: 1. District *Radom* mit Radom, einer gut gebauten, aber wenig bevölker-

ten Stadt. — 2. Distr. *Koziennice* mit Koziennice, welche Stadt in einer sandigen Gegend und in einem grofsen Walde liegt, wo die polnischen Könige sonst zu jagen pflegten. — 3. Distr. *Opatow* mit Opatow, bewohntes Städtchen, ehemals den Tempelherren, nachher den Bischöfen von *Leubus* in der Neumark gehörig, und 1518 durch Kauf, Eigenthum der *Szydlowsker*, von welchen es an die jetzigen Besitzer, die *Potocker*, kam. 4. District *Solec* mit Solec, an der Weichsel, wo ein altes Schlofs ist. — 5. Distr *Sandomierz* mit der, sehr viel durch Kriege erlittenen, Stadt gleiches Namens. — 6. District *Staszow* mit dem Städtchen Staszow. Der dortige Kupferhammer liefert viel Gefäfse von Siedmiogroder Kupfer. Die Staszower Säbelfabrik ist berühmt. — 7. District *Szydlowiec* mit Szydlowiec, Stadt, der Familie *Radziwil* gehörig. In der Nähe sind Kalkberge. — 8. District *Kielce* mit Kielce, ehemals Besitzung der Bischöfe von *Krakau*. — Borenein und andere, sonst geistliche Städte. In diesem District liegt der *Lysa-* und der heil. *Katharinen-*Berg. — 9. District *Konskie* mit der Stadt Konskie, berühmt durch seine Eisenarbeiten und die dort verfertigten Wagen. — 10. District *Opoczno* mit der alten verödeten Stadt Opoczno, wo sonst *Kasimir's III.* Maitresse, die Jüdin *Esther*, wohnte.

VI. *Das Departement Bromberg*

hat 10 Districte, als: 1. District *Bydgoszcz* mit der Stadt Bydgoszcz (Bromberg), an der Brda, die grofsen Handel treibt. — Srzcianka (Schönlanke), Städtchen mit vielen Tuchmachern. — Fordon. — 2. District *Chelmno* (Culm) mit der Stadt gleiches Namens. — 3. District *Torun* mit Torun (Thorn), einer gut gebauten, und von Neuem befestigten Stadt. Auf der sonst gröfseren und tieferen Weichsel kamen die Seeschiffe

bis in die Nähe der Stadt. Der Thorner bedeutende Handel, welcher nach der preußischen Be-
sitznahme sank, hat sich seitdem nicht mehr gehoben. Die hiesigen Pfefferkuchen sind berühmt.
— 4. District *Kamieri* mit Wyrzysk, Districtsstadt und Kamieri. — Lobzenica war die ehemalige Districtsstadt. — 5. District *Walecz* mit Pi-
la, Districtsstadt. — Walecz. — Strzelce, adliches
Dorf, sonst Districts-Hauptort. — 6. *Inowroclaw*
mit Inowroclaw. — Kruswica am Goplo-See, die
älteste Hauptstadt Polen's, ist jetzt ein kleiner Ort
unter Ruinen. — 7. Distr. *Michalòw* (Michelau)
mit Brodnica (Straußberg), Districtsstadt an der
Drwenca. — Michalòw, kleine adliche Stadt. —
8. District *Brzesc* mit Kujawisch-Brzesc, einer Stadt, 1½ Meile von der Weichsel. — Wro-
clawek oder Wloclawek an der Weichsel, ist ein
gut gebautes Städtchen und Sitz des Kujawischen
Bisthums, mit 2300 Einw. — Lubraniec, adliches
Städtchen. — 9 District *Kowal* mit Kowal, einem adlichen Städtchen, und 1400 E. — Prze-
deor, Lubin, Izbica und Chodec, sind kleine
Städte. — 10. District *Radziejewo* mit Radziejewo. Racianzek, Sluzewo, Sempolno und Nies-
zawa, sind kleine Städte.

VII. Das Departement Lublin

hat 10 Districte, als: 1. District *Lublin* mit
Lublin, einer bedeutenden Stadt mit 10000 Ein-
wohnern. Seit dem Brande 1803 unter der öster-
reichischen Regierung sind noch viele Plätze am
Markte und in der Krakauer Vorstadt unbebaut.
Das Schloß, auf einem hohen Berge, verfällt.
Unter dem Schlosse ist das von Juden bewohnte
Viertel der Stadt. — Nalenczow, 3 Meilen von
Lublin, mit mineralischen Heilquellen, welche
wirksamer sind, als die zu Bardyowo. Das hie-
sige Schloß mit seinen Nebengebäuden, zeichnet
sich aus. Nicht weit davon liegt das Pfarrdorf

Bochoinica. — Lenvina ist berühmt durch seine
Jahrmärkte, und war sonst Besitzung der Fürsten
Sapieha, jetzt Eigenthum der Familie *Kalkreuth.*
— 2. District *Lubartow*, mit dem Städtchen Lubartow, das ein schönes Schloß hat, und den
Fürsten *Sanguszko*, sonst *Firley* genannt, gehört. In der Gegend wird das Städtchen noch
zuweilen *Lewartow*, nach dem alten Stammna-
men der Besitzer, genannt. — 3. *Kasimierz* mit
der Handelsstadt Kasimierz an der Weichsel, wo
grofse Speicher gebaut sind. Die gebirgige Gegend um die Stadt liefert gute Gartenfrüchte. —
— Pulawy, eine halbe Meile von Kasimierz, an
der Weichsel, ist ein Dorf mit 3000 Einw., und
die Residenz des Fürsten *Adam Czatoryiski*. Das
hiesige Schloß gehört zu den schönsten in Polen. In dem daran stofsenden englischen Garten
ist ein Tempel der Sibylle, welcher eine Sammlung der seltensten polnischen Alterthümer enthält. — 4. District *Krasnik* mit Krasnik. —
5. District *Krasnostaw* mit dem Städtchen Krasnostaw, das gemauerte Häuser hat. In dem dortigen Schlosse safs als Gefangener bei *Bieczyn*
1588 der polnische Kronprätendent, Erzherzog
Maximilian. — 6. District *Chelm* mit Chelm. —
7. District *Rubieszòw* mit Rubieszòw oder Hrubieszòw. — 8. District *Tomaszòw* mit Tomaszòw.
— 9. District *Zamosc* mit Zamosc oder Nowyza-
mosc (Neu-Zamosc), einer gut gebauten Stadt
und Festung. *Johann Zamoyski* erbaute sie, stif-
tete daselbst eine Akademie, und machte sie zum
Hauptsitz eines Majorats. — 10. District *Tarnogròd* mit Tarnogròd.

VIII. Das Departement Plock

mit 6 Districten, als: 1. District *Plock* oder Wyszogrod mit Plock an der Weichsel, einer Stadt
mit 4000 Einw. — Wyszogrod, Zakroczym, Czer-
winsk und Plonsk, sind kleine Städte. — Modlin

ist eine Festung am Zusammenfluſs des Bug und der Narew. — 2. District *Lipno* mit Lipno, Dobrzyn, Rypin, Alles kleine Städte. — 3. District *Pultusk* mit Pultusk, Sitz der Bischöfe von Plock, an der Narew in der Gegend, wo der Fl. Omulew einfällt. — Sierock. — 4. Distr. *Mlawa* — Biezun — Radzanowo — Racianz. — 5. District *Prasznyz* mit Prasznyz, Ciechanöw, Chorzele, Niecborz, Alles kleine Städte. — 6. District *Ostrolenka* mit Ostrolenka, Nur, Ostrow.

IX. *Das Departement Lomza*

mit 7 Districten. als: 1. Distr. *Lomza* mit Lomza am Narew, sonst eine bedeutende Stadt, welche nach der Zerstörung durch die Schweden ganz verfiel. Nowogrod und Kolno sind kleine Städte. — 2. District *Tykocin* mit Tykocin, ist eine ehemalige Donation des *Stephan Czarnecki*, dessen Bildsäule auf dem Markte steht. — Suraz. - 3. District *Biebrzan* mit Wizna, Augustowo, Radzitow, Raygrod und Szezncin, kleinen Orten. — 4. District *Seyny* mit Seyny, einem Städtchen, das seit kurzem ein gutes Gymnasium hat. Das dortige Dominicanerkloster ist wegen seiner Ablässe berühmt. — 5. District *Kalwary* mit Kalwary, einer weitläuftigen, aber nicht gutgebauten Stadt, an der Szezupa, in einer sumpfigen Gegend, mit 3000 Einw. — Wilkowiszki. — Urdamin. — 6. District *Maryanpol* mit Maryanpol oder Staropol an der Szezupa. — Nowemiasto. — Preny. — 7. District *Dambrowo* mit der Districtsstadt Augustowo. — Dambrowo, Städtchen, eine halbe Meile vom Dominicanerkloster *Rozanystok.* — Lipska.

X. *Das Departement Sieldce*

mit 9 Districten, als: 1. District *Sieldce* mit Sieldce, einer nicht groſsen, aber angenehmen Stadt, sonst den Czatoryiskern gehörig, und der

Sitz der Gemahlin des Hettmann *Oginski*, welcher die Stadt ihre Verschönerung verdankt. Der von dieser Fürstin benannte *Alexandria-Garten* ist eingegangen. Die Stadt aber verschönert sich noch jetzt, und wird einmal zu den schönsten in Polen gehören. — 2. District *Garwolén* mit Garwolén. — 3. District *Zelechòw* mit Zelechòw. — 4. District *Wengrow* mit Wengrow, einem volkreichen, aber schlecht gebauten Städtchen. — 5. District *Losice* mit Losice. — 6. District *Lukòw* mit Lukòw. — 7. District *Radzyn* mit Radzyn. Das dortige Schloß ist von den Potockern angelegt; die Stadt gehört jetzt dem Fürsten *Sapieha.* — 8. District *Biala* mit Biala, Eigenthum des Fürsten *Sapieha.* — Terespol, freie Handelsstadt am Bug, der litauischen Stadt *Brzesc* gegenüber. — 9. District *Wlodawa* mit Wlodawa, am Bug, eine Stadt, die durch ihre Ochsenmärkte berühmt ist. Sie gehört den Czatoryiskern.

Versammlungsorte zu den Vorlandtagen und Gemeindeversammlungen.

I. *Im Depart. Warschau.* 1. *Warschau* für die Districte Warschau, Blonie, Stanislawòw und Siennice. — 2. *Piantek* für die Districte Brzeziny und Zgierz. — 3. *Lenczyca* für die Districte Lenczyca und Orlòw. — 4. *Gostynin* für die Districte Sochaczew und Gostynin. — 5. *Rawa* für die Districte Czersk und Rawa.

II. *Im Depart. Krakau:* 1. *Krakau* für den District und die Stadt Krakau. — 2. *Skalmierz* für die Districte Skalmierz und Hebdòw. — 3. *Stobnica* für die Districte Stòbnica und Szydlòw. — 4. *Miechow* für die Districte Miechow und Jendrzejow. — 5. *Krzeszowice* fur die Districte Olkusz und Krzeszowice. — 6. *Czenstochau* im

Depart. Kalisz, für die Districte Pilica, Czenstochau und Zelow.

III. *Im Depart.* *Posen:* 1. *Posen* für den
District und die Stadt Posen, und für den District Szrém. — 2. *Gniezno* (Gnesen) für die
Districte Gniezno und Powidz. — 3. *Szroda*
für die Districte Pyzdrzy und Szroda. — 4. *Krotoszyn* für die Districte Krotoszyn und Krobia. —
5. *Koscian* für die Districte Wschowa (Fraustadt)
und Koscian (Kosten). — 6. *Miendzyrzecz* (Meseritz) für die Districte Meseritz und Babimost
(Bomst). — 7. *Wangrowiec* für die Distr. Wangrowiec und Oborniki.

IV. *Im Depart. Kalisz:* 1. *Kalisz* für den
Distr. und die Stadt Kalisz. — 2. *Sieradz* für
die Distr. Sieradz und Szadkow. — 3. *Odelanow*
(Adelnau) für den District Odelanow. — 4. *Piotrkow* für die Districte Piotrkow (Petrikau) und
Radomsko. — 5. *Konin* für die Districte Warta
und Konin. — 6. *Czenstochowa.* S. oben II.
No. 6. — 7. *Wielun* für die Distr. Ostrzeszow
und Wielun.

V. *Im Depart. Radom:* 1. *Radom* für die
Districte Kozcenice und Radom. — 2. *Opatow*
für die Districte Solec und Opatow. — 3. *Sandomirz* für die Districte und die Stadt Sandomirz
und den District Staszow. — 4. *Kielze* für die
Districte Szydlowiec und Kielce. — 5. *Opoczno*
für die Districte Konskie und Opoczno.

VI. *Im Depart. Bydgoszcz:* 1. *Bydgoszcz*
für die Districte Chelmno und Bydgoszcz. — 2.
Brzésc für die Districte Kowal und Brzésc. — 3.
Wyrzysk für die Districte Walecz und Kamien.
— 4. *Torun* für die Stadt und die Districte Torun und Michalow.

VII. *Im Depart. Lublin:* 1. *Lublin* für den District und die Stadt Lublin, und den District Lubastow. — 2. *Kazimierz* für die Districte Krasnik und Kazimierz. — 3. *Krasnostaw* für die Districte Chelm und Krasnostaw. — 4. *Hrubieszòw* für die Districte Tomaszow und Hrubieszòw. — 5. *Zamosc* für die Distr. Tarnogrod und *Zamosc.*

VIII. *Im Depart. Plock:* 1. *Plock* für die Districte Wyszogrod und Plock. — 2. *Ostrolenka* für die Districte Prasznyz und Ostrolenka. — 3. *Mlawa* für die Districte Lipno und Mlawa.

IX. *Im Depart. Lomza:* 1. *Lomza* für die Districte Lomza und Tykoczin. — 2. *Maryanpol* für die Districte Kalwary und Maryanpol. — 3. *Seyny* für die Districte Dambrowa, Seyny und Biebrzan.

X. *Im Depart. Sieldce:* 1. *Sieldce* für die Districte Sieldce, Garwolin und Zelechow. — 2. *Wengrow* für die Districte Losice und Wengrow. — 3. *Lukow* für die Districte Radzyn und Lukow. — 4. *Biala* für die Districte Wlodawa und Biala.

*   *   *

Nachschrift des Herausgebers.

Da dem Herzogthume *Warschau* anjetzt eine grofse politische Veränderung, so wie dem Königreiche *Polen* überhaupt seine Wiederherstellung bevorsteht, so konnte diese interessante statistische Uebersicht zu keiner gelegeneren Zeit, als eben jetzt kommen. Die Veranlassung dazu gab die Recension von *Flatt's* Topographie des Herzogthums *Warschau* in den *A. G. E.*, und der Herr Verfasser, welcher mir dieselbe vor Kurzem zuschickte, erklärt sich darüber gegen mich folgendergestalt:

,,In einem Hefte Ihrer *A. G. E.* (ich glaube im October 1810) wurde ein Auszug aus der *Flatt'schen* To-

„pographie des Herzogthums *Warschau* geliefert, und
„dabei über die Unvollständigkeit der Zusätze in Bezug
„auf die neuen Provinzen geklagt.   Ich bekenne mich
„als Uebersetzer der unvollkommenen Topographie. wel-
„che aus mancherlei Umständen, zu früh, und eher
„im Druck erschien, als die nöthigen Data sich in mei-
„nen Händen befanden.   Um meinen Fehler wieder eini-
„germafsen zu verbessern, sende ich Ihnen hierbei eine
„möglichst vollständige und gedrängte *statistische Ueber-*
„*sicht* des Herzogthums *Warschau*; die neueste politi-
„sche Eintheilung der durch den *Wiener Frieden* hinzu-
„gekommenen Provinzen mit einbegriffen; und es würde
„mir angenehm seyn, wenn sie dieselbe mit in die *A.*
„*G. G.* aufnehmen wollten.   Sie ist eine Bearbeitung
„der Zusätze zu der in polnischer Sprache geschriebe-
„nen vortrefflichen politischen Geographie des Herrn
„*v. Wybicki*, aus authentischen Quellen geschöpft, und
„hat einen wesentlichen Vorzug vor der *Flatt*'schen To-
„pographie, welche jedoch ihrer Ausführlichkeit wegen
„immer noch brauchbar bleibt.“

Ich zweifle nicht, dafs mir die Leser der *A. G. E.*
für die Mittheilung dieses interessanten Beitrags Dank
wissen werden; denn *Polen* bekomme auch bei seiner
jetzigen bevorstehenden Wiedergeburt eine Form, welche
es wolle, so bleibt es immer ein sehr schätzbares stati-
stisch-geographisches Material für die Zukunft.

                                                             B.

2.

Auszug aus Hooker's Reise nach Island im Jahre 1811.

Der erste Anblick der *Isländer* ist für den
Fremden wenig einladend.   Was Hrn. *Hooker*

gleich Anfangs am meisten befremdete, war,
dafs fast alle Einwohner die Krätze hatten, und
mit Ungeziefer bedeckt waren. Blofs sehr wohl-
habende Leute machten Ausnahmen davon. Die
Armuth ist so grofs, dafs die Frauen kaum die
Hälfte ihrer Kinder erziehen können, und da
die Insel fast gar keinen Handel hat, ist eine
Verbesserung dieses Zustandes wenig wahrscheinlich. Und doch mufs man die Eigenheit der *Isländer* rühmen, dafs sie aufserordentlich dank-
bar gegen die Vorsicht, für das, was sie ihnen
geschenkt hat, sind. Ein *Isländer*, gänzlich
von allen Ländern getrennt, in denen Ueberflufs
herrscht, kann sich keine andere Lage, als die
seinige denken. Er speiset seinen rohen Fisch
und seine ranzige Butter mit eben so viel Efs-
lust und Vergnügen, als wäre dies das köstlichste
Mahl. Auch hat er eine besondere Anhänglich-
keit an sein Land. Weder die Vulkane, die
sein Land verwüsten, noch Krankheiten und Hungersnoth veranlassen in ihm den Wunsch, sich
vom vaterländischen Boden zu entfernen. Die
wenigen, nach *Dänemark* gebrachten *Isländer*,
die hier mit Nachsicht und Güte behandelt worden, wünschten immer wieder auf ihre Insel zurückzukehren.

Der Mensch, den ich als Wegweiser bei meinen Excursionen brauchte, war zwei Jahre in
Kopenhagen gewesen, und gab mir zwar zu, das
Klima sey dort milder, und die Lebensmittel
überflüssiger und wohlfeiler, als auf *Island*, aber
er wolle doch lieber hier leben.

Der Verf. bemerkt, dafs ein einziges Gefäng-
nifs für eine Volksmenge von 48,000 Einwohnern
hinreiche. Er kam kurz vor der Zeit, wo der
peinliche Gerichtshof seine Sitzungen hatte, in
Island an. Fünf oder sechs Personen waren wegen leichter Vergehungen verhaftet, und nur ein

einziger grofser Verbrecher, ein Vorfall, den man
seit langer Zeit nicht erlebt hatte.

Der Gottesdienst wird mit sehr wenigem
Prunke gehalten. Die Kirchen sind schlechte
niedrige Gebäude, und oft mufs der Koffer, der
die Sonntagskleider enthält, in der Kirche zugleich zum Sitze dienen. Die Art, wie sie das
heilige Abendmahl geniefsen, ist höchst einfach.
Uebrigens sind die *Isländer* im Allgemeinen sehr
fromm. Man wundert sich, wie wenige Kenntnisse die Bewohner dieser Insel jetzt besitzen,
auf der sonst Wissenschaft und Kunst so schön
blühten.

Hr. *Hooker* konnte sich nicht an die weibliche, hier übliche, Tracht gewöhnen. Indem er
eine Mahlzeit beschreibt, bei der man nach Landessitte den Versuch machte, wie stark die Ver-
dauungskräfte des Fremden wären, setzt er hinzu: Wir wurden bei der Tafel von zwei sehr
sorgfältig angekleideten Frauenzimmern bedient,
und ich vermuthete, dafs dies keine Domestiken
wären. Ich hörte nachdem, man sey hier gewohnt, Fremde durch die Damen des Hauses bedienen zu lassen, und diese, welche uns hier auf-
warteten, wären Frau und Tochter eines Geistlichen. Beide waren schön.

Hr. *H.* theilt eine Zeichnung von dem Kopf-
putze dieser Damen mit. Er besteht aus einem
18 Zoll langen Cylinder, der alle Haare verbirgt,
und *Faldur* heifst. Zwei gegitterte Tücher befestigen ihn an den Kopf, und er ist mit goldenen Zierrathen versehen. Das grünsammtene und
mit goldenen Tressen besetzte Leibchen wird
vorn durch silberne Schnallen mittelst rother, ge-
wellter Sammtbänder befestigt. An das Leibchen
stöfst ein Unterrock von feinem grünen Tuch,
und darüber geht ein kürzerer Rock von blauem

Tuche mit einer, mit Blumen gestickten Kante.
Ihre Schürze ist von rothem Tuche, und mit Blumen am Rande gestickt. Oben von dieser Schürze
hängen drei hohle metallene Zierrathen herab,
die ein Glockengetön geben, wenn die Frau geht.
Der Gürtel besteht aus Silberstücken, die mit einander verbunden sind, und eine fünf Fufs lange
Kette bilden. Aufserdem tragen sie ein offenes
Kamisol von schwarzem Sammt mit goldenen
Tressen. Bei Hochzeiten wird noch eine silberne
Schnur um den Kopf gebunden, und ein Achsel-
band von vergoldetem Silber, aus 7 Silberstücken, die so grofs als ein Laubthaler sind, bestehend, getragen. Eine auf die Religion Bezug habende Medaille vollendet den ganzen Anzug.

Hrn. *H's.* Absicht bei seiner Reise war eigentlich die Erweiterung der Pflanzenkunde. Allein
nichts reizte seine Neugierde mehr, als die berühmten siedenden Quellen *Island's.* Hier folgt
seine Beschreibung von der gröfsten, dem *Geyser.*

,,Diese Quelle, sagt Hr. *H.*, wird von einer kreis-
förmigen Erhöhung, die, nach *Bergmann,* aus Kie-
selerde besteht, umgeben. Diese Höhe ist beträchtlicher, als bei anderen ähnlichen Quellen. Ihre
Farbe ist bräunlicht, und sie ist mit kleinen Hügeln, wie die der Maulwürfe sind, bedeckt, auf denen sich noch kleinere, mit einer sehr schönen
Efflorescenz befinden, die dem Blumenkohl ähnlich
ist. Wie ich auf die Höhe dieses kieserdigten
Walls kam, entdeckte ich ein grofses, kreisförmi-
ges Becken, einer weiten Untertasse mit einer
Oeffnung in der Mitte, ähnlich. Das kreisförmige
Loch oder der Crater, aus dem das Wasser emporsteigt, liegt 3 bis 4 Fufs tiefer, als der Rand
des Beckens, und ist 70 Fufs von der Höhe, auf
der ich mich befand, entfernt, welche Distanz ich
nachher durch Messungen richtig fand. Der Unterschied der verschiedenen Halbmesser dieses Bek-

kens, vom Sprudel an gerechnet, beträgt keinen ganzen Fuſs. Die innere Oberfläche desselben war nicht so höckrigt, als die äuſsere, fühlte sich aber so hart wie eine Feile an. Man sah hier keine solche, Maulwurfshaufen ähnliche, Hügel, wie auf der Auſsenseite, sondern nur eine zahllose Menge ganz kleiner, durch das Wasser abgeglätteter Erhöhungen."

„Weil das Becken voll Wasser war, konnte man unmöglich hineingeben. Das Wasser war ganz klar. Im Mittelpuncte des Beckens sah ich ein Aufwallen, und es erhob sich eine Dampfsäule, die in ihrer Dichtigkeit nach Verhältniſs des stärkeren und geringeren Aufkochens verschieden war. Um 9 Uhr hörte ich ein unterirdisches Getöse, das sich dreimal immer in kürzerer Zeit wiederholte. Vorzüglich schnell folgten die beiden letzten Getöse, die sehr groſse Aehnlichkeit mit fernem Kanonendonner hatten. Bei jeder Detonation fühlte ich den Boden unter mir leicht erbeben. Kurz nachher fieng das Wasser stärker zu sieden und sich heftiger zu bewegen an. Anfänglich rollten die Wogen ohne Geräusch bis über das Ufer des Bassins; aber plötzlich bildete sich im Mittelpuncte des Beckens eine Wassersäule von zehn bis zwölf Fuſs Höhe, und zugleich erfolgte eine starke Explosion. Nachdem sich das Wasser zu besagter Höhe erhoben hatte, fiel es, und stieg über den Rand des Beckens. In weniger als 30 Secunden nachher erfolgte ein ähnlicher Auswurf, und das Wasser gieng über den Rand, wie vorher."

Bei Beschreibung eines dieser Springbrunnen, dessen Wassersäule 90 Fuſs Höhe und 50 Fuſs im Durchmesser hatte, fügt Hr. *H.* noch Folgendes bei: „Die Basis der Säule war eine Masse weiſser Dämpfe. Ein wenig darüber und mitten in dem dichten Gewölke der, aus dem Crater gekommenen Dämpfe, sah ich das Wasser sich in einer

dichten Säule erheben, die sich nachher in eine
unendliche Menge kleiner Wasserstrahlen zertheilte, die theils in verticaler Richtung eine unermefsliche Höhe erreichten, theils in schiefer Lage in beträchtliche Entfernungen geworfen wurden. Wie der dritte, viel schwächere Auswurf,
als die beiden ersteren, erfolgt war, senkte sich
das Wasser im Bassin ungemein schnell, und man
sah nur noch den Dampf, dessen Umfang seit
dem Moment des Ausbruchs sich ungemein vergröfsert hatte. Er erhob sich vertical bis zu einer
ungemeinen Höhe, weil kein Wind war, und der
Durchmesser desselben nahm im Verhältnifs seiner steigenden Höhe zu, verminderte aber in
demselben Verhältnifs seine Dichtigkeit. Der höchste Theil verlor sich in der Atmosphäre. Ich
konnte in dem Bassin nicht bis zum Crater gelangen, welcher nach *Povelsen* und *Olafsen* eine
Tiefe von 50 bis 60 Fufs haben soll. Nach Zu-
rücktretung des Wassers mufste ich 20 Minuten
warten, ehe ich die Hand darin leiden konnte."

„Mein Zelt war ungefähr 200 Toisen vom
Geyser, bei einem sehr grofsen Crater, aufge-
schlagen, der mir noch keine besondere Beobachtung dargeboten hatte. Wie ich eben beschäftigt
war, die gestern gesammelten Pflanzen zu untersuchen, hörte ich mit einmal ein fürchterliches
Geräusch, etwa so wie eines grofsen, dicht neben
mir niederstürzenden Wasserfalls. Ich schob den
Vorhang meines Zeltes zurück, und entdeckte
in einer Entfernung von 50 Toisen eine Wassersäule, die sich vertical aus dem grofsen Crater zu
einer ungemeinen Höhe erhob. Ich war so er-
staunt und erfreut über dieses Schauspiel, dafs ich
nicht gleich daran dachte, die Höhe der Säule
zu bestimmen. Mein Erstes war, nach meinem
Portefeuille zu eilen, um diesen Anblick abzu-
zeichnen. Aber dies war mir eben so unmöglich,
als wenn ich ihn durch Worte darstellen wollte.

Ich mufste mich mit einer leichten Skizze dieser prachtvollen Wassersäule begnügen, auf der ich derselben Verhältnisse angab. An Zeit fehlte es mir zur Beobachtung derselben nicht. Denn sie erhielt sich anderthalb Stunden in der Höhe von 150 Fufsen. Ihr Durchmesser betrug gegen 17 Fufs. Die Kraft und die Schnelligkeit, mit denen sich das Wasser erhob, waren so grofs, dafs die Säule dieselben Dimensionen, wie bei dem Crater beibehielt, mit Ausnahme einiger Fufs von der gröfsten Höhe, wo sich das Wasser gleichsam in Staub zertheilte. Ein schwacher Wind, der eben blies, trieb sie ein wenig hin und her, und entfernte sie selbst einige Schritte vom Crater. Von Zeit zu Zeit vertrieb der Wind die sie umgebenden Dünste, und dann konnte man die ganze Wassersäule übersehen. Wir erkannten ihre Basis ganz deutlich, von der ein Theil mit Schaum umgeben war, weil das in die Höhe steigende Wasser sich gegen einen Felsen stiefs, der etwas in der Oeffnung des Craters hervorragte. Aber von da an bis zum Gipfel der Säule unterbrach nichts die Richtung des Wassers, und die Sonne, deren Strahlen von der Säule zurückgeworfen wurden, gaben derselben einen ungemeinen Glanz. Vermittelst des Ortes, den wir im Bezug auf den Stand der Sonne eingenommen hatten, hatten wir alle Farben des Regenbogens vor Augen.‟

„Ich versuchte, mich mitten in den warmen Regen zu stellen, der von einer so beträchtlichen Höhe herunterfiel, und blieb, bis meine Kleider durchnäfst waren, stehen, merkte aber kaum, dafs das Wasser viel heifser war, als meine eigene Temperatur. Wir warfen in den Crater grofse Steine und Bruchstücke von kiesigten Felsen. Der Wasserstrom rifs sie mit sich in die Höhe, und sie zerbrachen durch ihren Fall. Oft wurden die Steine höher, als die Wassersäule selbst war, geworfen. Wir hörten, dafs im Frühjahre

1808 sich während eines Erdbebens eine neue
Oeffnung gebildet habe, aus der ein neuer Wasserstrom emporgestiegen sey, und dafs während
den vierzehn Tagen des Ausbruchs desselben, die
anderen Springbrunnen gefeiert hätten."

Island's Vulkane sind seit langen Zeiten berühmt. So ferne sie auch von dem festen Lande
Europa's liegen, so scheinen sie doch Einflufs
auf dessen Atmosphäre zu haben. Die aufserordentlichen Nebel, die im Sommer d. J. 1783 so
lange anhielten, werden einem ungemein heftigen Ausbruche des *Hekla* zugeschrieben, der alle
nördliche Gegenden mit Rauch erfüllte. Zu
gleicher Zeit war auch der *Vesuv* in Thätigkeit,
und die Erdbeben verwüsteten *Calabrien*, welches eine Verbindung der Zugröhren des weit
ausgedehnten vulkanischen Laboratoriums vermuthen läfst.

Herr *Hooker* konnte den *Hekla* so wenig besuchen, als die anderen Vulkane, weil sich die
Wegweiser des Landes weigerten, ihn während
einer so nassen Witterung, dafs alle Flüsse ausgetreten und die Wege durch die Moräste ge-
fährlicher als je, waren, zu begleiten. Ueberhaupt nähern sich die *Isländer* diesen Vulkanen
nur ungern, in denen, nach ihrer Meinung, der
Wohnsitz der Verdammten ist. Denselben Aberglauben trifft man auch in *Japan* und *Sicilien*.

3.

Beschreibung der Wüste Aïdab.

(Auszug aus der: *Déscription du désert Aïdab*, in *Et.*
Quatremère's Mémoires géogr. et histor. sur l'Egypte
et sur quelques cóntrées voisines, recueillis et extraits
des Manuscrits Coptes, Arabes etc. de la Bibliothèque
Impériale. Paris, 1811. T. II. p. 162—172.).

Nach *Macrizy* nahmen seit einigen Jahrhunderten die ägyptischen und afrikanischen Pilgrimme ihren Weg nach *Mekka* durch die Wüste
Aïdab. Sie schifften sich in *Fostat* ein, giengen
den *Nil* bis nach *Kuhs* hinauf, und durchreiseten auf Kameelen die Wüste, welche sich von
hier bis nach *Aïdab* am rothen Meere erstreckt.
Doch verhinderten die Unruhen, die unter dem
Khalifen *Mostanser - Billah* Aegypten zerrütteten,
dafs die Pilgrimme diesen Weg ferner nehmen
konnten. Im J. 1238 n. Chr. G. (655 d. Hedschi-
ra) gieng die erste Karavane Pilgrimme zu Lande
nach *Mekka*, und seitdem gehen nur sehr wenige durch die Wüste *Aïdab.* Inzwischen fuhren
Kaufleute fort, ihre Waaren auf diesem Wege
von *Kuhs* nach *Aïdab* zu transportiren, bis auch
dieses um 1340 (760 d. H.) ganz aufhörte. Von
dieser Zeit an datirt sich der Verfall der Stadt
Kuhs. Von ihr bis *Aïdab* braucht man 17 Tagereisen, um durch die Wüste zu kommen, und
man mufs oft 3 bis 4 Tage nach einander zubrin-
gen, ohne Wasser zu treffen.

Aïdab liegt an der Westküste des Meeres von
Dschidda, und ist ohne Mauern. Die meisten
Wohnungen sind Schilfhütten. Ehemals war hier
einer der besuchtesten Häven in der Welt. Schiffe
aus *Yemen* und *Indien* ladeten hier ihre Waaren
aus, ohne die Nachen zu rechnen, welche die

Pilgrimme hin - und herüberschifften. So wie
die Schiffe von gedachten Ländern statt hier im
Haven *Aden* in *Yemen* anlegten, verlor *Aïdab*
den ganzen Gewinn. *Aden* behauptete sich in
dem Range des ersten Handelsplatzes am rothen
Meere bis um 1417 (820 d. H.), wo sich der
Handel nach *Dschiddah* und *Ormus* zog. Letzterer Ort hat einen trefflichen Haven. *Aïdab*
liegt hingegen in einer äufserst wasserarmen und
unfruchtbaren Gegend, und alle Bedürfnisse, selbst
süfses Wasser, müssen dort erst hingebracht werden. Ehemals zogen *Aïdab's* Einwohner ungemeinen Vortheil von Kaufleuten und Pilgern.
Von jeder Last (jedem Sack?) Mehl, welche letztere bei sich hatten, mufsten sie ihnen eine feste Abgabe entrichten. Sie vermietheten ihnen
die Barken *), mit denen sie nach *Dschidda* über
und von da nach *Aïdab* zurückfuhren, und fast
jeder Bewohner des Ortes besafs 1 bis 2 Barken.

Gegen *Aïdab* über liegen in kleiner Entfer-
nung Inseln, an denen Perlenfischerei von den
Bewohnern dieses Ortes getrieben wird. Der
Meeresgrund ist hier nicht sehr tief, und die
Fischerei ist nur eine gewisse Zeit im Jahre ge-
stattet.

Die Bewohner *Aïdab's* leben wie das Vieh,
und sind in ihrem Betragen wilden Thieren
ähnlicher, als Menschen. Die Pilger, die auf ihren Nachen überschifften, waren den gröfsten
Gefahren ausgesetzt. Oft trieb sie der Südwind
in verlassene, abgelegene Häven. Die *Bedschah's*
vermietheten ihnen ihre Kameele, um durch die
Wüste *Aïdab* zu kommen, führten sie aber durch
wasserlose Wege, auf denen der gröfste Theil der

---

*) In der einfachen Zahl *Dschelbah*, in der mehrfachen
Dschilab genannt, welches Pater *Lobo* durch *Gelves*
übersetzt.

Pilger für Durst umkam. Andere verfehlten den
Weg, und mußten gleichfalls verdursten. Wer
nun auch glücklich diesen Gefahren entgieng,
und nach *Aïdab* gelangte, sah wie eine Leiche
entstellt aus. Der größte Theil der Pilger kam
in diesen Wüsten um.

An den Nachen, die zur Ueberfahrt der
Uebriggebliebenen nach *Dschidda* dienten, ist
kein Nagel. Die Breter werden mit den Fasern
der Kokospalme zusammengenäht, und die Spalten
dazwischen mit dem klebrichten Mark des Stammes dieser Palme, das man mit Oel von der Pal-
ma-Christi oder mit Hayfisch- (*Karsch*-) Thran
mengt, ausgefüllt. Die Segel bestehen aus Matten von Mokl-Blättern.

Die *Aïdaber* betrugen sich gegen die Pilger
teuflisch (infernal). Aus Habsucht packten sie
so viel Pilger in den Nachen, als er nur fassen
konnte, und diese mußten über einander liegen.
Sie bekümmerten sich auch bei Unglücksfällen
des Schiffs so wenig um die Klagen der Pilger,
daß sie ihnen erwiederten: „sie selbst hätten
nur für ihren Nachen, die Pilger aber für ihr Leben zu sorgen!“

Die *Aïdaber* gehören zu den *Bedschah's*, und
stehen unter einem Oberhaupte von ihrem Volke,
und einem Statthalter von Seiten der ägyptischen
Regierung. Sie haben, wie die *Bedschah's* überhaupt, weder Religion, noch Kenntnisse. Männer
und Weiber gehen ganz nackt, ohne den Lappen,
der ihre Schaam deckt. Dieser fällt aber bei dem
gemeineren, zahlreicheren Volke auch weg.

In *Aïdab* ist die Hitze sehr groß, und ein
glühender Wind, *Semuhm* (Vergifter) und von
den Türken *Sam-yéli*, d. i. vergifteter Wind,
genannt, durchstreicht diese Gegend zum öftern.

Al - Edrisi sagt über die Wüste *Aïdab:* „.In
derselben giebt es keine ordentliche Strafse. Blofs
nach den Bergen, und am öftersten nach Sonne
und Gestirnen richtet man seinen Weg ein. Vom
Haven *Aïdab* bis *Dschiddah* überzufahren,
braucht man 24 Stunden. — Obenerwähnte beide
Befehlshaber theilen die Einkünfte des Bezirks.
Dafür schafft der vom *Bedschah*-Stamme aus *Habesch* und der von *Aegypten* gesetzte aus diesem
Lande Victualien und andere Bedürfnisse. Ersterer residirt in der Wüste, und kommt nur selten
in die Stadt. Die *Aïdaber* durchstreifen unauf-
hörlich die den *Bedschah's* zuständigen Bezirke
des Handels halber, und bringen Butter, Milch
und Honig mit zurück. Mit ihren vielen Barken
treiben sie starken Fischfang im Meere von *Kol-
zum,* und die Fische sind sehr wohlschmeckend.

Jeder Pilger aus *Magreb* nach *Mekka* mufste
in *Aïdab* 8 Dinare bezahlen.

BÜCHER - RECENSIONEN.

I.

Martin v. S c h w a r t n e r's (*Professors der Diplomatik, erstem Bibliotheks - Custos und Professors der philosophischen Facultät an der königl. Ungr. Universität zu Pest*) *S t a t i s t i k des Königreichs Ungern. I. Th. Zweite vermehrte und verbesserte Ausgabe. Ofen,* 1809. 8. *XVIII u.* 445 *S. II. u. III. Theil. Ebendas.* 1811. *Zusammen XII u.* 552 *S.* Mit dem Motto: *Speak of me, as I am* (*Sprich von mir, wie ich bin.*).

(Fortsetzung von Seite 454 des Augustheftes.)

Unter *Ungarn's Naturproducten aus dem Thierreiche* verdienen die *Pferde* nicht den ersten Rang. Sie sind zwar gute Läufer, aber gröſstentheils klein, mager, kraftlos, und ohne Ansehen; zu ihrer Veredlung wurde 1785 von *Joseph II.* die groſse Stuterei zu *Mezőhegyes* durch Anschaffung ausländischer (teutscher und türki-

scher) Hengste errichtet, die Roſsarzneischule zu *Pest*
angelegt, und der ungrische Landmann, der sein Pferd
sehr lieb hat, zur Pferdezucht kräftig aufgemuntert,
welches auch nicht ohne Wirkung blieb. Die meisten
und gröſsten Gestüte (*Ménes* ungr.) sind in den groſsen
Steppen zwischen der *Donau* und *Theiſs*, auch weiter
südöstlich befindlich, wo die Pferde in der Jugend wild
grasen. Ihre Wärter, *Tsikos* genannt, Söhne der blos-
sen Natur, werden, gleich ihren Pferden, ihrer Neigung
gemäſs, zur Ergänzung der ungrischen Husarenregimen-
ter angewendet. Im Pferdehandel mit dem Auslande
verlor aber *Ungarn* immer, und es blieb jenem im Jahre 1802 unter andern für Pferde 129,889 Gulden schuldig.

Schafe. Nach dem Wollequantum, das sie geben,
muſs ihre Zahl an 8 Mill. betragen. 1773 wurde zu ihrer Veredlung zu *Mercopail* an der Caroliner Straſse eine
Stamm - Colonie von 325 Spanischen Schafen angelegt,
durch wiederholte Ankunft frischer Colonisten belebt
und durchs Land verpflanzt, wodurch die Schäfereien
auffallend verbessert wurden. Vom 1. Novbr. 1801 bis
31. Octbr. 1802 lieferte *Ungarn* für baares Geld in die
Fremde 536,340 Schafe, Böcke und Ziegen, 170,068 Schaf-
und Ziegenlämmer, 12,481,414 Pfund rohe Wolle, und
4410 Stück (aus der groben, langen, gewellten Wolle
des ächten ungrischen Schafs (*Ovis strepsiceros*), das
aus *Creta* stammen soll, gewebter) Pferde - und Bett-
decken. Nach dem Zollanschlag wurde nun zwar für die
Wolle 4,999,060 Gulden von den nächsten Nachbarn bezahlt; aber der Oesterreichische, Böhmische und Mähri-
sche Kaufmann holte für Tücher und andere wollene
Zeuche in demselben Jahre 4,668,068 Gulden aus dem
Lande wieder ab.

Ochsen und Büffel von schöner weiſsgrauer Farbe
und hohem Wuchs, festem Blicke und sehr schmackhaf-
tem Fleisch brachte *Ungarn* von 1777 bis 1786, nachdem
für die innere, ziemlich starke Consumtion schon ge-
sorgt war, an 30 Millionen, und in dem Friedensjahre
1802: 5,736,887 Gulden ein. Zwar kommen für die, an

Viehzucht und fetter Weide armen, nördlichen und nordöstlichen Comitate jährlich wohl 20,000 Stück Rindvieh
aus *Galizien* und der *Moldau*, welche in den genannten
10 Jahren an 5 Millionen Gulden (1802, 412,407 Fl.) ko-
steten; allein diesen Geldabfluſs ersetzte *Oesterreich,
Mähren*, *Böhmen* sechsfach.

Schweine. Die innere Consumtion derselben beträgt
für's Jahr an 2 Millionen. Der groſse Schwein- und
Speckmarkt zu *Debretzin* gleich nach dem neuen Jahre,
versorgt das sämmtliche *Oberungarn* bis *Arva* und *Liptau* damit. Sehr viele Schweine kommen aus *Bosnien*
und *Servien*, die kraushaarig sind, *Mongulitza* heiſsen,
und einen weicheren Speck haben, als die gewöhnlichen.
Man rechnet, daſs in manchem Jahre wohl 200,000 gros-
ser und kleiner Schweine über die türkisch-ungrische
Gränze gebracht, und blofs auf den Oedenburger Wo-
chenmärkten 80,000 Stück verkauft werden. Der gröſste
Theil wird erst mit türkischem Waizen (Kukuruts) in
Sirmien gemästet, und dann über *Oedenburg* nach *Wien*
getrieben. In den Jahren 1777 bis 1786 hat Ungarn im
Durchschnitt jährlich für 531,973 Fl. Schweine gekauft,
und für 895,357 Fl. aus dem Lande getrieben. 1802 giengen 278,415 groſse und kleine Schweine über die Gränze,
auf 1,723,224 Fl. geschätzt.

Für entbehrliches *Hausgeflügel* nahm *Ungarn* im J.
1802 112,335 Fl. ein, und es wurden 358,881 Pfund Bett-
und 445 Pfund Pflaumfedern, die nach Böhmen giengen,
auf der Gränze verzollt.

Fische sind bei dem Ueberflusse an Gewässern im
südlichen *Ungarn* sehr häufig, und man kann in *Szege-
din* wohl 100 schöne Karpfen für 2 Ducaten erhalten.
Trotz der starken, durch die vielen Fasttage, vorzüglich
der Griechen, erzeugten Consumtion derselben, konnten
doch 1802, 117 vierspännige und 122 zweispännige lebendiger, so wie 74 vierspännige Wagen todter Fische ausgeführt werden. In der Donau finden sich wohl 15 Centner schwere Hausen, im *Plattensee* der *Fogas* (Perca lu-

cioperca), im *Dunawetz* und in der *Poper* Lachsforellen u. s. f. Doch übersteigt die Einfuhr fremder Fische bei weitem die Ausfuhr. 1802 zahlte *Ungarn* für fremde Fische (Häringe, Bricken u. s. w.) 70,747 Fl., und erhielt für seine Fische, Frösche und 9040 Schock Krebse nur 24,181 Fl.

Seidenwürmer. Die Seidencultur fieng 1765 — Graf *Mercy* hatte schon 30 Jahre vorher im Banat glückliche Versuche gemacht — unter *M. Theresia* zum zweitenmale in Slavonien an. Kaiser *Joseph II.* beförderte diese Unternehmung mit möglichster Sorgfalt, und rufte italienische Kunstverständige herbei; 1765 betrug die Seidenärndte 183; 1785, 13,100 Pfund, und 1802 lösete die Hofkammer 178 Centner und 31 Pfund abgezogene Seide aus Ungarn und dessen Confinien ein. Es wurde aber außerdem in vielen Comitaten der Seidenbau cultivirt, und von den Einwohnern selbst die gewonnene Seide verbraucht, so daß man die Seidenärndte auf 200 Centner anschlagen kann. — Die *Bienenzucht*, bringt für Honig und Wachs, ohne was davon im Lande und von dem ersteren auch zu Meth consumirt wird, in guten Jahren wohl 300,000 Fl. ein.

Wilde Thiere. In den hohen Waldungen des nördlichen und nordöstlichen *Ungarn's* werden oft noch Bären- und Wolfsjagden mit gutem Erfolge angestellt. Nur selten läßt sich ein Auerochse sehen. Hasen sind sehr häufig, und im J. 1802 giengen 5488 Hasen und 92,540 Pfund rohe Hasenbälge aus dem Lande. An Hirschen und Rehen fehlt es auch nicht. Oft thun die Feldmäuse und die Heuschrecken, (diese suchten vorzüglich das *Banat* und *Sirmien* in den J. 1780, 1781 und 1782 zum letztenmale heim) gewaltigen Schaden.

Ungarn besitzt reiche *mineralische Schätze.* So gab in den Friedensjahren *Joseph's II.* vor dem Kriege mit den Türken Niederungarn jährlich 12 bis 1300 Mark Gold, Ober-Ungarn 300 bis 400, zusammen 15 bis 1700 Mark oder bis 8¾ Centner. An *Silber* gewann man in

Ober-Ungarn 12 bis 15,000, in Nieder-Ungarn 58 bis
59,000, und in *Siebenbürgen* 5000, aus blofsen Sil-
bererzen 79 bis 80,000 Mark. (Warum hier gerade der
höchste Ertrag eines Jahres genommen, und die Summe
willkührlich um 1000 Mark vermehrt ist, ist schwer zu
begreifen. Nimmt man, wie billig, die Mittelzahlen, so
ist der Ertrag 77.000 Mark.) Hierzu kommen für *Un-*
garn und *Siebenbürgen* bis 12,000 Mark aus silberhaltigen Kupfererzen. Also der ganze Ertrag eines Jahres
an Silber 92,000 Mark. (Im Mitteljahre nur 89,000
Mark.) Da man aber hier nicht zugleich den Silber-
ertrag *Siebenbürgen's* sucht, so müssen aufser obigen 5000 Mark noch 780 Mark als *Siebenbürgen's* Antheil
an den 12,000 Mark aus silberhaltigen Kupfererzen, also
zusammen 5780 Mark von 89,000 Mark abgezogen werden, wenn man den mittleren Ertrag der Silberbergwer-
ke *Ungarn's* allein, mit dem sich diese Statistik doch
ausschliefslich beschäftigt, wissen will. Es bleiben dann
für das Mitteljahr 83,220 Mark Silbers. Rechnet man
1 Mark Silbers zu 24 und die Mark Goldes zu 366 Gulden, und summirt beider Betrag, so erhält man 2,582,880
Gulden, als den Ertrag eines Mitteljahres. Die Gold-
wäscherei im *Banat* brachte vor etwa 20 Jahren jährlich
1000 Ducaten ein.

Ober-Ungarn liefert ungefähr 24,000, *Nieder-Un-*
garn 4000, das *Banat* 9861, *Croatien* 960 Centner Kupfer,
was zusammen 38,821 Centner beträgt. Rechnet man
den Centner nur 100 Gulden, so giebt dies jährlich eine
Ausbeute von 3,882,100 Gulden.

An *Blei* ertrugen die niederungrischen Bergwerke
während der 10 ersten Regierungsjahre *Joseph's II.* im
Durchschnitt 12 bis 13,000 Centner.

Den jährlichen Ertrag des Eisens kann man schwerlich bestimmen, weil der Gewinn desselben keinem
Zehnden unterliegt. Zahlreiche Eisengruben sind in der
Gömörer, *Zipser*, *Liptauer*, *Sohler*, *Abaujvarer* und *Bi-*
harer Gespanschaft. Allein der in diesen Gegenden zu-

nehmende Holzmangel läßt manchen Eisenhammer oft
lange ruhen. Im *Gömörer* Comitat werden jährlich 94
bis 95,000 Centner Eisen gewonnen, welches 14 bis 15
Fl. für 1 Centner gerechnet, 1,304,240 Fl. in Umlauf
bringt. Der kleine Bergflecken *Sloofs* in der Zips, lieferte um 1770 jährlich 4500 Centner Eisen, von denen
bei der Cement-Kupfererzeugung in *Schmölnitz* jährlich
3000 verbraucht wurden. *Ungarn* erhält beinahe fünf-
mal mehr fremdes rohes und verarbeitetes Eisen, vorzüglich aus *Steiermark*, als es, besonders nach *Galizien*,
abgiebt. 1802 kamen für Eisen und Eisengeräthe 173,234
Gulden ein, und 778,309 Gulden giengen dafür aus dem
Lande.

Obwohl *Ungarn* an *Kochsalze* reich genug ist, muß
doch noch vieles aus dem Auslande herbeigeschafft werden.
Gegen 120,000 Centner werden in *Sóvár* im *Szarozscher*
Comitat, aus Soole gesotten. An Steinsalz werden im
Marmaroscher Comitat jährlich 600,000 Centner, vorzüglich in *Rhonaszék*, gebrochen. Allein die jährliche Consumtion des Salzes in *Ungarn* betrug nach den Acten des
Reichstages von 1802, nach einem siebenjährigen (vom
1. Novbr. 1794 bis 31. Octbr. 1801) Durchschnitt jährlich 1,299,839 Centner, überstieg also die innere Salzer-
zeugung. 1794 ward daher erlaubt 280,000 Cntr. *Widdi-
ner* Salz, à 2 Fl. 36 kr., den Gränzern zuzuführen, —
die *Croaten* brauchten Meersalz, und die Comitate *Thurocz*, *Arva* und *Liptau*, vermöge alter Rechte, polnisches,
ungleich wohlfeileres.

Mineralwasser und *Bäder* sind in *Ungarn* sehr häu-
fig. G. *Joh. v. Crantz* giebt in seiner Schrift: *Gesund-
brunnen der österr. Monarchie* (Wien, 1777. 4.) deren
Zahl in Ungarn zu 230 an. Warme Bäder sind in *Ofen*,
Trentschin, *Groswardein*, *Lutschka*, ein wirksames Ei-
senbad zu *Wichnye*, gute Sauerbrunnen bei *Bartfeld*,
Neulublau, und vorzüglich zu *Füred* am Plattensee,
Grofsschlagendorf und *Rank*. Dessenungeachtet geht sehr
viel Geld für *Biliner*, *Spaa*- und *Selter*-Wasser aus dem
Lande.

D 2

Sehr bedeutend ist der Reichthum an *Soda* (Mineralalkali, Natrum, ungr. *Széskó*). Vom *Pesther* und *Botscher* Comitat und den 2 *Banat* - Regimentern, bis zum *Szathmarer* hinauf, sind Strecken von halben und ganzen Tagereisen mit Soda wie besäet. Sie dient zum Bleichen, zum Seifensieden u. a. m., besser als die theure Holzasche. In *Debretzin* werden mit ihr jährlich über 7000 Centner Seife gesotten, welche Vorzüge vor der gewöhnlichen hat. — Unfern *Ofen* findet sich in einem Sumpfe natürliches Glaubersalz, entdeckt vom Dr. *M. Oesterreicher*, was den Apothekerpreis desselben auf ein Sechszehntel heruntersetzte.

Salpeter findet sich in *Ungarn* reichlich. Die gröfsten Salpetersiedereien sind um *Nagy - Kálló*, *Nyiregyháza* und *Debretzin*. Im *Szaboltscher* Comitat ist die Erde sehr mit Salpeter geschwängert. 1802 giengen 6784 Ctnr. auf Aerarialrechnung nach Oesterreich, und 276 Ctnr. nach Galizien. — Zwei *Alaun* - Siedereien zu *Parád* und in der Nähe, liefern jährl. 12 bis 1300 Ctnr.; die bei *Munkatsch* 1000 Ctnr., und bei *Vissegrad* wird jetzt ein neues Alaunwerk angelegt. Um 1802 wurden 1752 Ctnr. Alaun nach *Ungarn* ein - und 42,763 Pfund ausgeführt. In der Nähe von *Tokay* liegt auch nutzbarer Alaunschiefer.

An *Spiefsglanz* wurden 1802 bei *Rosenau* 1950 Ctnr. und an *Kobalt* werden bei *Topschau* monatlich 110 bis 116 Ctnr. gewonnen. Andere mineralische Producte sind: edle Opale, Chalcedone, Granaten, — Marmor verschiedener Farben, — glasartige Lava (bei *Tokay*, *Gyöngyös*, und auf den *Karpathen*) — Schwefel, Bergöl, Berggrün bei *Neusohl*, von dem 1700 Ctnr. jährlich nach *Wien* gehen, Steinkohlen (bei *Fünfkirchen*, *Vissegrad*, und auf dem Brennberge bei *Oedenburg*, wo im J. 1804 200,432 Centner gebrochen wurden,) und Torf um *Pest*, im *Banate*, in der *Hanságh*, bei *Stuhlweifsenburg* und anderen Orten.

Der Verf. schätzt den Ertrag sämmtlichen *Getraides*

in *Ungarn* (*Siebenbürgen* ausgeschlossen) im Mitteljahre
6o Millionen Wiener oder alte Preſsburger Metzen. *)
Gehen hiervon für die Aussaat, Consumtion, Fütterung,
Ausfuhr, Verderbniſs in den Gruben, Mäusefraſs, Bierbrauen, Branntweinbrennen, Stärke- und Pudermachen
52½ Mill. ab, so bleiben 7½ Mill. Metzen Vorrath. An
Kukuritza (so nennen die Ungarn den Mais, die Türken:
Kukuru) werden allein in *Sirmien* 720,000 Metzen jährlich im Durchschnitt gewonnen, in der Herrschaft
Czáktornia 12 bis 15,000. Auch gedeihet im *Banate* der
Reiſsbau. Um 1794 war die jährliche Aerndte gegen
10,000 Metzen. Der Freiherr *Nic. v. Vay* hat im J. 1803
der hohen Landesstelle den Vorschlag gethan, den drei-
fachen Körösch (*Sebes-*, *Feket-* und *Fejér-Körös*) zu re-
guliren, und die seichten und fruchtbaren Ufer desselben zu Reiſsfeldern umzuschaffen. Das nur von *Sebes-
Körös* verschlungene, ganz unbrauchbare Land, schätzt
er auf 55,000 Joch, und auf 70,000 Joch die Moorfelder,
die nur von Zeit zu Zeit überschwemmt werden. — Schon
vor 35 bis 36 Jahren baute der Dr. *Pfeiffer* auf dem
Acker bei *Kesmark* Waid (*Isatis tinctoria*), woraus er
einen dem Westindischen gleichen Indigo gewinnt. Seit
1790 ist bei *Pered* im Preſsburger Comitat, eine Waid-
plantage, in der jährlich 300 Centner erbaut werden.
Auch im *Stuhlweiſsenburger* und *Neitraer* Comitat wird
dieses Handelskraut cultivirt, welches um *Temesvár* und
Mezohögyes mannshoch wächst.

Im südlichen *Ungarn* wachsen die trefflichsten Zuk-
ker- und *Wasser*-Melonen. Nicht so ist es mit dem
Obste, trotz des schönen Klima. Der Pflaumenbaum
wird besonders in *Sirmien* gezogen, wo die Pflaumen-
gärten 7000 Joch einnehmen. Von ihren Früchten wird
daselbst Branntwein abgezogen, der *Sliwowicze* heiſst,
und von dem man in guten Jahren wohl 40,000 Eimer

*) Eine solche Metze beträgt 3100 Pariser Cubikzolle, deren
5338 einen Dresdner, und 2741 1/2 einen Berliner Scheffel
machen.

erhält, Kastanien, Mandeln, Feigen reifen in den südlicheren Comitaten,

Der edelste *Wein* Ungarn's, der *Tokayer*, wächst keineswegs um den engen Flecken *Tokay*, dessen Werk nicht viel taugen soll, sondern in der ehemaligen, zum Schlosse gleiches Namens gehörenden, Herrschaft *Tokay*, und ihren Umgebungen, welche sich an die letzte und unterste Reihe der Karpathischen Vorgebirge (*Négyallya*) im Zempliner Comitate anlehnen, und einen Flächeninhalt von 4 bis 5 ungr. Qu. Meilen mit mehreren Flecken und Dörfern haben. Seit 1711 sind sie gröfstentheils Königl. Domainen. Um 1655 fieng man an, die trocknen, von den gelbgrünen Beeren zu sondern, und *Ausbruch* (Trockenbeerwein, *aszzú szölö bor* ungr.) und *Maschlasche* aus den noch frischen Beeren zu verfertigen. Die Weingärten der ganzen *Hégyallya* betrugen gegen Ende des achtzehnten Jahrhunderts 80,000 Hauer- oder Tagwerke. Jedes derselben trägt im Durchschnitt 1 Fafs Wein (nicht Ausbruch); also ist der sämmtliche Ertrag in einem Mitteljahre 80,000 Fafs (das Fafs hat 180 Halben). Nach dem *Tokayer* kommt der *Oedenburger* und *Ruster* Wein. In der Feldmark ersterer Stadt werden jährlich im Durchschnitt 32,000 *Oedenburger* Eimer, und in der des letzten Städtchens 9000 solcher Eimer zu 80 bis 84 Halben gewonnen. — Das Weingartenland der Stadt *Ofen* beträgt 7600 Viertel (1 V. = 800 Quadrat-Klafter). Auf jedes Viertel 30 bis 35 Eimer (zu 60 Halben) gerechnet, bringen die Ofner Weingärten im Mitteljahre 237,000 Eimer. Die *Sirmischen* Weingebirge bringen in einem Mitteljahre 256,440, das *Werschetzer* im Banat an 80,000 Eimer. Um *Grofswardein* wurden im J. 1804 20,188 Eimer weifser, und um *Erlau* werden im Durchschnitt jährlich 20,000 Eimer, meistens rother Wein, gewonnen. Das *Honther* Comitat bringt jährlich gegen 40,000 Eimer eines Weins hervor, der dem Champagner ähneln soll. S. M. der Kaiser *Franz* befahl im J. 1804: „von nun an keine ausländischen Weine mehr auf die Kaiserliche Tafel zu setzen, da die gute Quali-

tät der inländischen, *besonders der ungrischen* Weine,
alle fremden entbehrlich mache."

Die ungrischen Waldungen haben in neueren Zeiten
sehr abgenommen, namentlich der grofse *Bakonyer Wald.*
In *Ofen* und *Pest* ist das Holz jetzt doppelt so theuer, als
vor 20 Jahren. Ein grofser Theil *Ungarn's* (von *Pest*
bis *Debretzin*, rechts hin bis *Peterwardein*, und links bis
an die *Kraschowner* Bergwerke) hat keine Waldungen.
500,000 Klaftern gehen jährlich bei dem Hüttenwesen auf.
Auch die Weinbergsstäbe, die vielen Tausend grofsen
und kleinen Fässer, die der Weinbau erfordert, kosten
Holz. Familien, die sich sonst mit einem Ofen behal-
fen, leben jetzt in mehreren Zimmern. Auch die 30000
Centner Potasche, die *Ungarn* erzeugt, kosten ungemei-
nes Holz. — Der ferneren Verwüstung der Wälder
ist durch ein Gesetz des Reichstages von 1807 kräftig
und bestimmt vorgebeugt.

Der ungrische *Tabak*, der dem besten Virginischen
beikommt, wird seit 1784 roh an das Königl. Tabaksappalto in *Pest* und dessen 3 Factoreien zu *Debretzin*, *Sze-
gedin* und *Tolna*, theils für die K. K. Tabaksregie in
den teutschen Erbländern, theils zum Verkauf, auch
zum Austausch veredelter Tabaksorten aus dem Auslande,
geliefert. Im J. 1802 kaufte genanntes Tabaksappalto 170,338
Centner rohe Blätter, und darunter 490 türkische. Aus-
serdem giengen 17,000 Centner aus dem Lande. Der beste ungrische Tabak wächst bei *Tolna*, *Fünfkirchen* und
auf der Gräfl. *Festeticz*'schen Halbinsel *Murau* (Mura-
köz) zwischen der *Drave* und *Mur.* *)

Ungarn ist in der Landwirthschaft noch sehr zurück.
Moräste von vielen Quadratmeilen, und Sandfelder von
ganzen Tagereisen, ohne Schatten der Bäume bald der
glühendsten Sonnenhitze, bald den heftigsten Stürmen
ausgesetzt, die wohl ganze Viehheerden fortreifsen, lie-

---

*) Sie ist 16 Qu. Meilen grofs, zählt 113 Ortschaften, und
46,000 Einwohner, mehrentheils C r o a t e n.

gen unangebaut. Statt das Getraide auszudreschen,
wird es nach morgenländischer, bequemer Art von Ochsen und Pferden ausgetreten, und in Süd - Ungarn häufig
in Erdgruben verwahrt. Unkraut wuchert auf fast allen
Aeckern und Wiesen. Seit beinahe 100 Jahren hat die
Viehseuche nie ganz aufgehört. Noch 1807 im Herbste
richtete sie grofse Verwüstungen an. Trotz aller Er-
munterungen ist die Pferdezucht noch sehr zurück, und
die Schafzucht hat sich nur auf Kosten der Rindvieh-
zucht so ungemein vermehrt. Ueberhaupt rechnet man
zu viel auf die Güte des Ackers und der Vorschung, zu
wenig aber auf eigene Vorsicht und gute Anstalten.
Doch ist schon in der Stille sehr Vieles für eine bessere
Landwirthschaft geschehen.

Der Zustand der Handwerker, die nicht katholisch
sind, ist seit *Joseph's II.* Zeiten sehr gebessert. Doch
hat *Ungarn* lange nicht hinreichende Handwerker, oder
der Luxus findet nur das Ausländische schön. Hüte für
die Herren, Schuhe für die Damen, müssen alle aus
Wien seyn. Für 100,000 Gulden Tischlerwaaren werden
jährlich eingeführt. Bierbrauen versteht jede Bürgers-
frau in Ober - Ungarn, und in ganz Ungarn wissen die
Hausmütter Brodt zu backen. In *Cumanien* und *Debre-
zin* dirigiren die Frauen die beträchtlichen Seifensiede-
reien. Die *Walachin* webt und färbt sich Rock und
Gürtel selbst. Viele Bauern verstehen das Wagner - und
Böttcher - Handwerk, wie Meister. Das Schlimmste ist,
dafs Handwerker in den kleinen Oberungrischen Städten
oft aus Nahrungsmangel den Pflug ergreifen, und um-
gekehrt andere, wenn sie in den Orten des flachen Landes zu Kräften gekommen sind, sich Grundstücke kaufen, den Herrn spielen, und Leisten und Nähnadel an
den Nagel hängen.

Unter den Manufacturen *Ungarn's* zeichnet sich die
Leinwandweberei in der *Zips*, wo zum Verkauf jährlich
an 6 Mill. Ellen feinere und mittlere Leinwand vom
weiblichen Geschlechte gesponnen, gewebt und gebleicht
werden, aus. In den Comitaten *Liptau*, *Arva*, *Thurocz*,

Zolyom, Trentschin, Gömör, Zemplin und vorzüglich in
Scharosch, kommen jährlich an 10 Mill. Ellen Leinwand
als entbehrliches Handelsgut von der Bleiche. Die listi-
gen *Griechen, Zinzaren* und *Serbler* zahlen aber den ar-
beitsamen *Zipsern* den Lohn ihres Fleißes kaum zur
Hälfte. In *Kesmark* werden gegen 2 Millionen Wiener
Ellen dieser Leinwand schwarz, blau und roth gefärbt,
oder appretirt.

Die ungrischen *Papiermühlen* — 40 an der Zahl —
liefern weder hinlängliches, noch genug feines Gut.
Außer dem fremden Postpapier, das mehr kostet, als
die Ausfuhr des im Lande fabricirten Concept - und
Druckpapiers einbringt, werden noch 20,000 Ries Canz-
leipapier gekauft. — Die Cattunfabrik zu *Saßin*, die
1756 von K. *Franz I.* gestiftet ward, und jetzt dem Ritter
von Puthon gehört, verfertigt jährlich 54 bis 60,000 Stück
an verschiedenen Cattunsorten. Sie soll an 10,000 (?)
Menschen beschäftigen. — In der *Zips* wird fast in
jeder Hauswirthschaft sehr guter Fruchtbranntwein ge-
brennt. Die Ungarn bereiten ihn aus Weintrebern. Berühmt ist die gräfl. *Forgaczische* Liqueurfabrik in
Ujlak, im Neitraer Comitat. — Zu *Kis-Szántó*, unfern
Groswardein, wird aus dem Saamen der Sonnenblumen
ein schmackhaftes Oel zum Tischgebrauch geschlagen.
— Die einzige in Ungarn noch bestehende Zuckerraffi-
nerie ist in *Oedenburg* erst seit 1804 in ordentlichem
Gange, und verfertigt seit 1806 auch weißen Hutzucker.
— Die Wollenzeuch - und Tuchmanufacturen Ungarn's
sind ganz bedeutungslos, bis auf die der Städte *Oeden-
burg* und *Günfs*, und die gräfl. *Forgaczische* Zeuch - und
Tuchmanufactur zu *Gacz*. — Unter den Seidenzeuch-
und Flormanufacturen behauptet die *Th. Valero's*che in
Pest den Vorrang, da sie an 50 Centner Seide auf 80 bis
100 Stühlen jährlich verarbeitet, und 3 bis 400 Menschen
Brodt gieht. Außerdem sind in *Pest* noch 3 kleinere
Seidenmanufacturen, und 1 Strumpfmanufactur von 7
Stühlen. Im April 1804 waren 190 (?) Stühle in vollem
Gange, deren Herren auf 114½ Centner reiner Seide bei
der Hofkammer zur jährlichen Verarbeitung Anspruch

machten. — 1802 giengen 13,075 Centner *Käse*, der
schwer vom Schweizerkäse zu unterscheiden ist, aus
dem Lande. — Glashütten sind über 25 in Ungarn,
aber es wird noch viel böhmisches Glas eingeführt. —
An Töpferwaaren ist kein Mangel. Zu *Tür*, im *Heve*-
scher Comitat, versehen 60 Töpfer die Gegend um *Debretzin*, auf 17 Meilen im Umfange, mit brauchbaren
Wasserkrügen. Steingutfabriken sind zu *Ofen*, *Kaschau*,
Papa und *Dotis*. — In *Debretzin* werden jährlich an
11 Mill. Pfeifenköpfe aus rothem Thon von 140 Meistern
und deren Gehülfen verfertigt. Ob nun gleich ein grös-
serer Kopf nur 1, ein kleinerer $\frac{1}{2}$ Kreuzer kommt, so
beträgt doch der Werth obiger Menge Köpfe 137,500
Gulden.

Die Ungrischen Münzen sind den Oesterreichischen
gleich. Nur einige eingebildete Silbermünzen sind
Ungarn eigenthümlich, als der *Bauergulden* in der *Zips*
$= 49\frac{1}{2}$ Kr. $= 33$ Polturaken; der ungrische Gulden
(*kurta Forint*) $= 50$ Kr.; der Vonásgulden $= 3$ Mariás-
(17 Kr. Stücken) $= 51$ Kr.; der Ort $= 12$ Kr. Vermöge
Art. 22 des Reichstages von 1807 ist der rheinische Gulden zum einzigen Richtgulden im Handel und gemeinen
Leben vorgeschrieben. In den ungrischen Gesetzen und
Gerichten kommt häufig die *Mark* vor. Die Goldmark
ist $= 72$ Fl., die schwere Silbermark $= 4$ Fl., die leichte
$= 1$ Fl. Die kupfernen Polturaken, die noch im Um-
lauf sind, gelten $1\frac{1}{2}$ Kr., die Gröschel $\frac{1}{2}$ Polturaken und
5 ungrische (Pfennige), 3 Kr., also 100 $= 1$ Fl.

Da die ungrischen Meilen ungemein verschieden
sind, und eine derselben auf dem flachen Lande oft eine
halbe Tagereise beträgt, so ist die Annahme, dafs 13
derselben $= 15$ geogr. M. sind, ganz unbrauchbar für
die Reisenden. Richtiger betragen 12 alte ungrische
Meilen 15 geographische. Jetzt hält man sich an die
österreich. Postmeilen von 4000 Wiener Klaftern zu 6
Fufs. Ein ungrisches Joch hat im Mittel 1200 Quadrat-
Klafter.

Die Preſsburger, anstatt der ehemaligen Ofner, für ganz Ungarn 1715 vorgeschriebene Metze (*Kila*) faſste bisher 75 Halben Wasser, die Halbe 46 Cubikzoll, und die ganze Presburger Metze war 2 Cubikfuſs Wiener Maas oder ungefähr = 1 Metze Wien. 1807 verordnete aber der Reichstag Art. 22, die Preſsburger Metze sollte nur 64 (unveränderte) Halben, also 11 weniger, als die vorige, fassen. Die neue ist auch schon überall eingeführt, und hat 2944 Cubikzoll. Die Pester Metze war um ⅛ gröſser, als die Preſsburger.

Das Maas der flüssigen Sachen ist sehr verschieden in *Ungarn*. Ein Eimer zu *Oedenburg* und *Wien* hält 84, in *Preſsburg*, *Pest* und *Ofen* 64 Halben mit den Hefen, für die man 4 Halben rechnet. Die Oedenburger Halbe verhält sich aber zur Preſsburger = 4 : 3. In den Zipser Städten sind 4 groſse Branntweinhalben = 5 kleinen Weinhalben. Die Halbe (*itze*) wird in 2 Seidel (*meszely*), das Seidel aber in 2 Rimpel (*fél meszely*) getheilt.

Im Handel mit den *Türken* und *Griechen* bedient man sich der Ocka = 2¼ Pfund. Der Stein in Ober-Ungarn hat 24 Pfund. Nach strenger Vorschrift des Reichsgesetzes von 1807 aber soll das Preſsburger Längen- und Körpermaas durchaus durch ganz *Ungarn* das einzige Richtmaas seyn.

Ungarn's Hauptmärkte werden in „*Pest*, *Debretzin* und *Essek* gehalten, welche *Oesterreicher* und *Türken* besuchen. Aufserdem hat Ungarn an 2000 Märkte. Diese fielen sonst immer auf den Sonntag, der daher im Ungrischen *Vásárnap*, Markttag heifst. *M. Theresia* verlegte, um die Sonntage, als Ruhetage, nicht entweihen zu lassen, die Märkte überall auf einen der Wochentage, wodurch sie aber neue Feiertage bewirkte.

Viel zum inneren Commerz tragen der *Temescher* oder *Bega-Canal* und der neue *Franz-Canal*, im Batscher Comitate, bei. Ersterer ist eigentlich das neue, so viel als möglich gerade, von *Faschet* bis *Beczkerek*,

etwa 16 teutsche Meilen lange Strombette des, sich ehedem schlangenartig durch die Mitte des Temescher der
Theifs zu windenden, *Beg -* oder *Bega* Flusses. Der
Feldmarschall Graf *Mercy* ordnete dies, für die Gesund-
heit d r Menschen und den Handel so wichtige, Werk
an. Letzterer wurde 1793 angefangen, und im Sommer
1801, nach dem Entwurfe der Brüder *von Kifs*, vollendet. Dieser ist 13½ Meilen lang, hat 5 grofse gemauerte
Kastenschlensen, den Unterschied der Höhe der *Donau*
und der *Theifs*, 27 Pufs auszugleichen, und kürzt den
beschwerlichen und weiten Umweg aus der *Donau* nach
den korn - und salzreichen Ufern der *Theifs* von 2 bis 3
Wochen auf 2 bis 3 Tage ab. (Man sehe *A. G. E.* VIII.
S. 554.) Vom 1. Novbr. 1806 bis 31. Octbr. 1807 giengen
durch diesen Canal 331 unbeladene und 582 befrachtete
Schiffe. *)

Die Hauptstrafse für den österreichisch - ungrisch-
türkischen Handel geht über *Semlin*. Hier soll das sogenannte Dreifsigst **) bereits vor einigen 20 Jahren (der

---

*) Nach der W i e n e r Z e i t u n g f. 1808 No. 8. bestand die
  Ladung der letzteren in folgenden Artikeln: 309,418 Ctnr.
  12 1/2 Pfd. Waizen; 69,511 Ctnr. 12 1/2 Pfd. Roggen oder
  Korn; 1204 Ctnr. 20 Pfd. Mais oder Kukurutz; 29,088 Ctnr.
  20 Pfd. Hirse; 63,096 Ctnr. 75 Pfd. Gerste; 211,676 Ctnr. 50
  Pfd. Hafer; 56,596 Ctnr. 50 Pfd. oder 56,596 1/2 Eimer Wein;
  königl. Salz 306,776 Ctnr.; Kupfer und Silbermetall 1583
  Ctnr. 25 Pfd., Bau - und Brennholz 88,419 Ctnr. 75 Pfd.;
  Bau - und Mühlsteine 8068 Ctnr.; Kalk 14,681 Ctnr. 25 Pf.;
  Kohlen und Pech 3336 Ctnr.; Tabak 40,343 Ctnr.; Haus-,
  Keller- und Küchengeräthe 12,222 Ctnr.; Häute, Eichen-
  knoppern und Gärberlohe 1304 Ctnr. 75 Pfd.; Mehl, Obst,
  und andere Victualien 2909 Ctnr. 75 Pfd.; Glas 324 Ctnr.
  75 Pfd.; zusammen an 12,205,80 Ctnr. Da nun in diesem
  Canale für 1 Ctnr. 1/2 Kr. von der Meile gegeben wird, so
  kostet, wenn die Ladung durch den ganzen, 13 1/2 Meilen
  langen Canal geht, der Ctnr. 63/4 Kr., und es würden
  von obiger Ladung 159.805 Fl. 115/8 Kr. in obigem Jahre
  eingekommen seyn, welches aber zu viel ist, da viele
  Schiffe erst im Canale selbst befrachtet werden. Die
  wahrscheinliche Summe des Ertrags kann man auf 95,080
  Fl. schätzen.
**) Das D r e i f s i g s t ist die Abgabe vom dreifsigsten Theile
  oder 31/3 Procent des Waarenwerthes.

Verf. schrieb dies 1809) 100,000 Fl. und die Contumaz
bis 20,000 Fl. einbringen. Die Ueberfahrt nach *Belgrad*
war für 15,000 Fl. verpachtet.

Nach den fast nie ganz richtigen Commerz- und
Dreifsizst - Tabellen, wo der Schätzungspreis der mauth-
baren Waaren nicht ganz zuverlässig ist, und von Contrebande gar nichts vorkommt, betrug sämmtliche Ausfuhr
aus Ungarn von 1777 bis 1786 die Summe von 148,229,177,
die Einfuhr 106,721,371 Fl. Es hätte also Ungarn in diesen
10 Jahren 41,507,806, oder im Durchschnitt jedes Jahr
4,150,780 Fl. gewonnen. Vom 1. Novbr. 1799 bis 31. October 1800 betrug die Ausfuhr aus Ungarn und Siebenbürgen in die Kaiserl. teutschen Erbländer 24,465,005,
in fremde Staaten 4,657,910, zusammen 29,122,915 Fl.;
die Einfuhr aus den Kaiserl. teutschen Staaten 16,643,877,
aus fremden Ländern 3,519,254, zusammen 20,163,132 Fl.
und mithin war die Ausfuhr um 8,959,783 Fl. gröfser, als
die Einfuhr. Im J. 1802 sind die ungrischen Exporten
nach den übrigen Kaiserl. Staaten im Werthe 24,515,078$\frac{2}{3}$
Fl. in den Zollregistern berechnet. Die Importen aus
den Kaiserl. teutschen Erbländern betrugen 18,390,122$\frac{2}{3}$
Gulden.

Ein starkes Hindernifs der Ausfuhr der ungrischen
Weine ins Ausland ward durch Art. 7 des Reichstags-
schlusses von 1807 weggeräumt. Der gerechte König,
durchdrungen von den Vorstellungen der Stände, decre-
tirte: dafs die Ausfuhr des ungrischen Weins nach *Wien*
und *Oesterreich* auch auf der *Donau*, gleich wie es
schon seit einigen Jahren geschah, erlaubt seyn soll;
dafs *Niemand*, der ungrischen Wein ins fremde Ausland
zu Land oder zu Wasser führt, *gehalten seyn soll, auch*
österreichischen mitzunehmen. •

Eine Ausnahme von dem jetzt gewöhnlichen Zollta-
rif machen die *Türken*, die nach bestehenden alten
Tractaten nur $\frac{1}{20}$ vom Werthe der Waaren an Essito-,
Consumo - und Transito - Zoll beim Gränz - Zollamte
entrichten. *Ungarn's* und *Oesterreich's* Handel mit der

Türkei ist in der Regel passiv. Nur aus *Thessalonich* erhielt *Oesterreich* und *Ungarn* von 1787 bis 1797 jährlich für 5 Mill. Piaster Waaren, als Baumwolle, rothes baumwollenes Garn, für 60,000 Piaster Saffian u. s. f., und bezahlten davon kaum 2 Mill. mit teutschen Kunstproducten, das übrige mit kaiserl. harten Thalern (à $1\frac{1}{4}$ Rthlr.), welche in der Türkei vor allen anderen Münzen gesucht werden. *Oesterreich's* Verlust hierbei ist aber nur scheinbar. *Oesterreich* verarbeitet viele rohe Wolle aus der *Wallachei* und *Natolien*, versieht einen Theil *Teutschland's* mit türkischem rothem Garne, und verkauft aus Wolle und Baumwolle verfertigte Zeuche den Türken wieder. Nicht so *Ungarn*, welches 1779 für 1,086,564 baare Gulden mehr türkische Waaren consumirte, als es von seinen Producten an die Türken abgab.

(Der Schluſs folgt.)

2.

Bemerkungen auf einer Reise um die Welt in den Jahren 1803 *bis* 1807, *von G. H.* von Langsdorf, *Kaiserlich-Russischem Hofrath, Ritter des St. Annen-Ordens zweiter Classe, Mitglied mehrerer Akademien und gelehrten Gesellschaften.* Erster Band. *Mit* 28 *Kupfern, und einem Musikblatt. Frankfurt am Main, im Verlag bei Friedrich Wilmans.* 1812.

Die erste, von den *Russen* unternommene Reise um die Welt, ist von Herrn *von Krusenstern*, dem hochverdienten Commandeur jener Expedition, so ausführ-

lich und musterhaft beschrieben worden, daſs es — wie
Hr. *von Langsdorf* selbst bemerkt, gewagt scheinen
kann, wenn ein anderer Gefährte der Reise nach ihm
einen Bericht über dieselbe dem Publicum vorlegt.
Hierüber erklärt Hr. v. *Langsdorf:* „daſs er sein Augen-
merk als Arzt und Naturforscher auf andere Gegenstände zu richten verpflichtet war, als der gelehrte und
wissenschaftliche Nautiker, und daſs von *Kamtschatka*
aus seine Reise eine andere Richtung nahm, indem er
das von Hrn. v. *Krusenstern* commandirte Schiff, die
Nadeschda, bei der Rückkunft von *Japan* verlieſs, die
Aleutischen Inseln und die Nordwestküste von *America*
besuchte, und endlich zu Lande durch *Sibirien* nach
Ruſsland zurückkehrte.‟ Auſser diesen angegebenen
Gründen, die Hrn. v. *Langsdorf* bestimmten, seine Bemerkungen bekannt zu machen, scheinen noch andere
mitgewirkt zu haben, die bei der Beurtheilung dieses
Werkes nicht zu übersehen sind. Die v. *Krusenstern'sche*
Reisebeschreibung enthält ein groſses nautisches und
astronomisches Detail, wodurch sie unstreitig in den
Augen wissenschaftlicher Kenner den vorzüglichsten
Werth erhält; aber es giebt eine Menge Leser, welche
sich bescheiden, daſs sie zu diesen wissenschaftlichen
Kennern nicht gehören, welche gleichwohl an Reisebeschreibungen ein groſses Gefallen haben, und gern wissen mögen, wie es in entfernten Ländern aussieht. Diese
Leser werden in *Teutschland* seit einigen Jahren gewöhnlich unter der allgemeinen Benennung der *gebildeten* begriffen; Herr *von Langsdorf* nennt sie schicklicher
„*die Lesewelt aller Stände,*‟ und bekennt, daſs es seine
Absicht war, für sie „in einem populären Vortrag die
ihm allgemein interessant scheinenden Gegenstände, die
Sitten und Gebräuche verschiedener Völker, ihre Lebensart, die Producte der Länder im Allgemeinen, und
den historischen Verlauf der Reise herauszuheben.‟

Diese Absicht hat der talentvolle Herr Verf. vollkommen erreicht, wie man ihm — ohne Schmeichelei —
zugestehen muſs. Er hat auch aus eben diesem Grunde
strengwissenschaftliche Beschreibungen vermieden, die

von ihm, dem Naturforscher, vielleicht erwartet wurden; vielmehr giebt er seine naturhistorischen Entdeckungen, die er auf der Reise sammelte, in besonderen
Heften *) heraus, wie dem gelehrten Publicum bereits
bekannt ist. Daher findet man in dieser Reisebeschreibung, aufser mehreren Namen von Pflanzen und Thieren, keine naturgeschichtliche Beschreibung, die nicht
jeder gebildete Leser verstehen könnte. Mit steter Rücksicht auf sein Publicum, die Lesewelt aller Stände, hat
Hr. v. *Langsdorf* sich gehütet, zu tief in die Gegenstände seiner Bemerkungen einzudringen; sondern sich
vielmehr in die Lage eines völlig unbefangenen Reisenden versetzt, der, von tausend neuen Eindrücken über-
rascht, seine Empfindungen und seine ersten Gedanken
in einer leichten angenehmen Schreibart darzustellen bemüht ist, — sicher dadurch die meisten Theilnehmer
und Leser zu finden.

So sehr wir nun diesen Ruhm dem unterrichteten
und talentvollen Hrn. Verfasser einräumen müssen: so
scheint es uns doch eben nicht ungerecht, von einem
Weltumsegler der neueren Zeit zu erwarten, dafs er
seine Leser auf einen höheren Standpunct erhebe, von
welchem aus sie die Erde nicht als ein zufälliges Aggre-
gat unähnlicher Theile, sondern als ein organisches
Ganzes ansehen lernen; dafs er auf die Spuren des ehemaligen, auf den Charakter des gegenwärtigen, und die
Andeutungen des künftigen physischen Lebens des Welt-
körpers aufmerksam mache, und Geogenie, Geognosie
mit Naturgeschichte, Physik und Anthropologie in Verbindung bringe, wodurch der Freund der Länder - und
Völkerkunde zur philosophischen Kenntnifs der Erde geleitet werden kann, und wodurch die Geographie eine
philosophische Wissenschaft wird, was sie, wie bereits
Strabo behauptet, seyn soll. Recensent gesteht, dafs er
wenig Bemerkungen in der Reisebeschreibung des Hrn.
v. Langsdorf gefunden habe, welche unmittelbar auf
ein solches Ziel gerichtet wären; indessen hat die unbe-

*) Bei C o t t a in Tübingen.

fangene Darstellung des Gesehenen auch ihren Werth,
und liefert immer noch Materialien zu einem künftigen
wissenschaftlichen Gebäude, die unter gewissen Umständen schätzbarer seyn können, als eine eigensinnige
Systemsucht, welche die Gegenstände mit gefärbter
Brille ansieht.

Dieses sey uns erlaubt, über das Ganze der Reisebeschreibung, so viel sich aus dem ersten Theile urtheilen
len läfst, angedeutet zu haben. Die einzelnen Details
der Reise werden, sowohl in Rücksicht auf das Interesse des Gegenstandes, welches berührt wird, als auf
die gefällige Darstellung, unstreitig die Aufmerksamkeit
der Leser fesseln, und ihren Beifall erhalten. Wir wollen in der Kürze den Inhalt der Capitel anzeigen, einige der interessantesten Stellen ausheben, und über verschiedene Aeufserungen des Verfassers unsere Bemerkungen mittheilen.

Der *erste Theil* enthält die Beschreibung der Reise
von *Kopenhagen*, bis zu dem Augenblick, wo die Schiffe
zum zweitenmal in *Kamtschatka* landeten. Der Cours,
den die Russischen Weltumsegler nahmen, ist zu bekannt, als dafs wir ihn hier noch einmal angeben sollten; überdem geht er aus dem Inhalte der Capitel
hervor.

*Capitel I. Abreise von Kopenhagen nach England,
Aufenthalt in Falmouth. Seereise nach Teneriffa. Beschreibung dieser Insel und des Pic's. Reise nach Brasilien.* — Wem die Reisen von *Bory de St. Vincent* und
Ledrü noch im Andenken sind, der wird hier wenig Neues,
aber auch das Alte auf eine leichte, angenehme Art dargestellt finden. Die Naturforscher der Russischen Expedition haben den *Pic* nicht besteigen können. Herr
v. Langsdorf kann daher seinen Lesern nur die Resultate
der neuesten Bemerkungen eines anderen, des Herrn
Cordier, aus einem Manuscripte mittheilen. ,,Um zum
Gipfel des *Pic's* zu kommen, klimmt man über Haufen
von glasiger Lava, welche aus sehr grofsen, rauhen und

schneidenden Stücken bestehen. Der steile Abhang, der zum Gipfel führt, ist mit zertrümmerten Bimssteinen, die wegen ihrer Beweglichkeit sehr ermüden, übersäet. — Die Wände des Craters sind inwendig steil, und nach der Nordseite höher. Man kann nur durch die Spalten hinuntersteigen. Der innere Raum ist elliptisch, etwa 1200 Fuls im Umkreis, und 110 Fuls tief. Die steilen Abhänge, die nach der Tiefe des Craters führen, bestehen aus einer weifsen Erde, die eine Decomposition der vitrösen Lava ist. — Schwefelkrystalle von der schönsten Farbe und dem lebhaftesten Glanze, zieren die inneren Wände. Die heifsen Dämpfe, welche häufig von allen Seiten aufstiegen, kamen sicher einige Stunden weit aus der Tiefe, und machten, dafs das in eine Spalte gehaltene Thermometer über 80° Reaum. stieg; sie bestehen blofs aus Schwefel und einem unvollkommenen geschmacklosen Wasser. Merkwürdig ist, dafs neben den Incrustationen von Schwefel, welche durch diese Dämpfe in kurzer Zeit gebildet werden, Opal in verschiedener Form gefunden wird. — Nach *Cordier's* Beobachtungen ist die Höhe des *Pic's* 1901,02 franz. Toisen. Die Inclination der Magnetnadel war beständig mehr als 5° nach dem Südpol gerichtet."

Seite 20 findet sich in diesem Capitel eine Bemerkung, die wir nicht unerwähnt lassen können, weil sie zu den wenigen in diesem Werke gehört, welche im Allgemeinen auf den Charakter des Menschen in den verschiedenen Zonen hindeuten. Hr. v. *L.* sagt: „dafs „die Existenz des Menschen in milderen Zonen die na- „türliche, und die in kälteren die künstliche sey, und „eben daher ist auch wohl da, wo die Noth uns zwingt, „den Geist mehr anzustrengen, und wo wechselseitige „Betriebsamkeit blofs Befriedigung der Nahrungssorgen „zum Endzweck hat, bei weitem höhere Cultur zu su- „chen," — Recensent weifs nicht, ob Hr. v. *L.* unter Cultur blofs die Bearbeitung des Bodens, und überhaupt die Thätigkeit des Menschen zur Sicherstellung seiner Existenz, versteht, oder ob er auch die Entwickelung des Geistes darunter begreift. Im ersten Fall hat er

vollkommen Recht; denn wo die Natur viel thut, da arbeitet der Mensch weniger; aber aus blofser Betriebsamkeit für Befriedigung der Nahrungssorgen geht noch
keine geistige Cultur hervor, die nur das Resultat einer
freien Thätigkeit und eines natürlichen Ueberflusses ist,
wie die Geschichte aller cultivirten Völker beweiset.
Die Bewohner der unfruchtbaren rauhen Zonen blieben
jederzeit Barbaren, auch wenn sie in mancherlei nützlichen Künsten unterrichtet und geübt wurden. — Auch
ist es nur auf den ersten Anschein wahr, dafs die Cultur ein erkünstelter Zustand sey. Der unterscheidende
Charakter der Menschheit vor der Thierheit besteht gerade darin, dafs der Mensch nur durch Cultur zu seinem natürlichen (humanen) Zustande gelangen kann.
    *Cap. II. Ankunft in Brasilien. Aufenthalt in St.
Catharina. Villa nossa Senhorra do Destesso. Sitten
und Gebräuche. Tanz der Negersclaven. Excursion nach
dem festen Lande. Künste, Wissenschaften und öffent-
liche Anstalten. Thransiederei. Medicinische und naturhistorische Bemerkungen.* — Die lebhafte, schöne Beschreibung des herrlichen Landes, „das mit aller denk-
baren Anmuth prangt,‟ wird unfehlbar mit grofsem Interesse gelesen werden. „Grofse Schmetterlinge umflat-
terten viele noch nie, oder in unseren Gewächshäusern
nur als Krüppel gesehene, und hier im üppigen Wuchse
blühende, Prachtpflanzen. — Die goldblitzenden Coli-
bri's umschwirrten die honigreichen Blumen der Ba-
nanenwälder, und wiederhallender Gesang noch nie
gehörter Vögel ertönte in den wasserreichen Thälern,
und entzückte Herz und Ohr. — Dunkele über-
schattete Wege schlängelten sich von einer friedlichen
Hütte zur anderen, und übertrafen an Schönheit und
Anmuth, an Abwechselung und Einfalt jede noch so ge-
künstelte Anlage unserer europäischen Gärten.‟ — Und
dieses paradiesische Land wird von abergläubischen
Priestern beherrscht, welche keine Vernachlässigung
der Ceremonien dulden, aber es geschehen lassen, dafs
die unglücklichen Negersclaven kaum als Menschen behandelt werden. — Künste, Wissenschaften und öffent-
liche Anstalten befinden sich in elendem Zustande; so-

gar ,,Werkzeuge, mechanische Instrumente und Geräthschaften der Haushaltung und des Ackerbaues, sind
schlecht und unvollkommen. Alles seufzet unter dem
Drucke einer Regierungsform, deren Staatsklugheit es
ist, die Unterthanen nicht aufzuklären, damit diese
nicht in der Folge mächtig genug dem kleinen Portugiesischen Reiche Trotz bieten, und das drückende Joch
von sich abschütteln möchten. — Daher werden selbst
der Thätigkeit und Industrie die grölsten Schwierigkeiten in den Weg gestellt." —

*Cap. III. Abreise von Brasilien. Umschiffung des
Cap Horn. Osterinsel. Ankunft in Nukahiwa, einer der
Washington-Inseln. Erster Eindruck.* — Auf der Osterinsel war Hr. v. L. nicht, sondern hebt nur einige Notizen aus älteren Reisebeschreibungen aus. — Die Beschreibung des seltenen Schauspiels bei *Nukahiwa*, als
einige Hundert nackte Männer, Weiber und Mädchen
um das Schiff schwammen, und im lautesten Jubel,
nach unserer Art zu reden — allerlei Unanständigkeiten
begiengen, ist so üppig als lebendig.

*Cap. IV. Beschreibung der Insel Nukahiwa. Einlei-
tung. Kurze Uebersicht der Marquesas- und Washington-
Inselgruppe. Beschreibung der Insel. Klima. Lage.
Bevölkerung. Landesproducte. Eewohner.* — Herr von
Langsdorf rechtfertiget sich angelegentlich darüber, dafs
seine Bemerkungen zum Theil von denen des Herrn von
Krusenstern verschieden sind. ,,Dafs ich durch diese
Verschiedenheit der Meinung oder einzelner Thatsachen,"
sagt er, ,,keine vorsätzlichen oder gar beleidigenden Absichten habe, und den würdigen v. *Krusenstern*, ohne
dessen Unterstützung ich diese Bemerkungen nicht dem
Publicum vorlegen könnte, einzelner Unwahrheiten be-
schuldigen oder öffentlich gegen ihn auftreten will, das
wird wohl keinem billigen Richter einfallen" u. s. w. —
In der That, nicht nur keinem billigen Richter kann so
etwas einfallen; man müfste ein völliger Barbar seyn,
wenn man aus dem Umstande, dafs ein Gelehrter nicht
unbedingt mit dem andern übereinstimmt, auf ,,niedrige

Absichten" schliefsen wollte. Ueberdem ist die Abweichung keineswegs so grofs, dafs sie auffallend wäre. Herr *von Krusenstern* meint, dafs die Männer in *Nukahiwa* nicht eifersüchtig seyn müfsten; Herr *v. L.* glaubt dagegen, dafs Eifersucht allerdings statt finden könne, u. dergl. — Wir gestehen, dafs wir keine wichtige, Land und Menschen charakterisirende Bemerkung hier gefunden haben, die wesentlich dem Hrn. *v. Krusenstern* widersprochen hätte; jeder unbefangene Leser wird beide Schriftsteller mit Interesse lesen, wird beiden für ihre Bemühungen Dank wissen, und ihren Werth anerkennen, und doch vielleicht nicht durchgängig mit ihnen übereinstimmen. Ohne um die Welt gesegelt zu seyn, begreift man, dafs die Menschen nicht alle einerlei Meinung seyn können. — Die Bewohner der *Washingtons-Inseln* sind für den Menschenbeobachter ein merkwürdiges Volk: unter den schönsten Himmelsstrich versetzt, leben sie in ewigen Kriegen mit einander, und sind Canibalen. Des *Hobbes Krieg aller gegen alle*, findet hier eine auffallende Bestätigung. — Die Männer auf *Nukahiwa* können als Muster männlicher Schönheit angesehen werden. Vor allen zog ein gewisser *Mufau* in Absicht der Proportion aller einzelnen Theile seines Körpers die Aufmerksamkeit auf sich. Hr. Hofrath *Tilesius* nahm sich die Mühe, alle einzelnen Theile und Verhältnisse dieses Mannes genau auszumessen. Er theilte seine Beobachtungen dem Herrn Hofrath *Blumenbach* in Göttingen mit, und dieser stellte eine Vergleichung zwischen *Mufau* und dem *Apollo von Belvedere* an, und fand, was Niemand ahnete, aus den ihm vorliegenden Beweisen, dafs dieses Meisterstück der schöpferischen Kunst der *Griechen* in seinen Verhältnissen mit dem Bewohner von *Nukahiwa* übereinstimme.

Cap. V. Tatuirung. Kleidung. Nahrung. Brodbaum. Wohnungen. — Ueber die merkwürdige Gewohnheit der Tatuirung hat Hr. *v. L.* dem Publicum bereits in anderen Blättern und auch in den *A. G. E.* interessante Notizen mitgetheilt.

Cap. VI. Gesellschaftliche Einrichtung. Religion und Gesetze. — Die *Russen* hielten sich nur wenige Tage auf *Nukahiwa* auf; was daher über die angezeigten Gegenstände bemerkt wird, beruht auf Aussagen zweier europäischen Matrosen, die mehrere Jahre in *Nukahiwa* gewohnt hatten. Der eine war ein Franzose, den sich Herr von *Langsdorf* zum Gewährsmann gewählt. Herr von *Krusenstern* glaubte dem anderen, einem Engländer, mehr, und hieraus erklärt sich die Verschiedenheit der Angaben beider Schriftsteller.

Cap. VII. Sitten und Gebräuche der Nukahiwer. Anthropologie (soll heifsen Authropophagie). *Krieg, Geburt. Ehestand. Begräbnifs. Zauberei. Beschneidung. Tanzfeste. Musik. Stelzenlaufen. Schwimmen. Zierrathen. Geräthschaften. Spielzeug. Canots. Kurze Bemerkungen. Sprachproben.* — Schon die Ueberschrift zeigt die Reichhaltigkeit dieses Capitels. Herr v. *L.* theilt hier auch einige Bemerkungen, aus einem Manuscripte des *J. de Loureiro* mit, das er bei seinem Aufenthalte in *Lissabon* benutzen durfte. — Die Bemerkungen über die Anthropophagie sind keines Auszugs fähig. — Als eine Curiosität verdient die Mittheilung eines *Nukahiwah*'schen Liedes, mit Text und Musik, bemerkt zu werden. Die Melodie ist sehr einfach. Sie geht vom Grundton durch die Secunde und kleine Terze in die grofse Terze und so wieder zurück; bisweilen sinkt sie auch um einen halben Ton unter den Grundton, und besteht sonach aus fünf Tönen, die abwechselnd immer wiederkehren. Rec. erinnert sich, bei den Bauern in *Lithauen* ähnliche Musik gehört zu haben. — Die Sprachproben werden den Linguisten willkommen seyn. Es wäre ein Verdienst, wenn man alle, von den Seefahrern bisher gelieferten, Sprachproben der Südsee-Insulaner vergleichen wollte.

Cap. VIII. Abreise von Nukahiwa. Ankunft bei Owaihi. Bemerkungen über diese Insel. Trennung von der Newa (dem anderen Schiff der Expedition). *Reise nach Kamtschatka. Ankunft und Aufenthalt daselbst.* — „Vor eini-

gen Jahren hat man auf *Owaihi* die äufserst merkwürdige Entdeckung einer, zum Bau der Schiffe dienlichen,
Holzart gemacht, die ganz und gar nicht von dem, in
diesen Gewässern so gefährlichen Schiffs - oder Bohr-
wurm (*Teredo navalis L.*) angegriffen wird. Das sonst
schlechterdings nothwendige Beschlagen der Schiffe mit
Kupferplatten ist durch diese Entdeckung, wenn sie sich
anders bestätigt, gänzlich überflüssig geworden." —
Durch *Cook* und *Vancouver* ist die Insel *Owaihi* hinlänglich bekannt; letzterer hat auch eine Charte der ganzen
Inselgruppe geliefert. — Wir wollen eine interessante Stelle aus dem Bericht des Hrn. *v. Langsdorf* über *Owaihi*
herausheben. S. 167 heifst es: ,,Die Menge der in der
Karecacua-Bai ankommenden Schiffe und der öftere
Handelsverkehr hat bisher einen so grofsen Einflufs auf
die Cultur dieser Inseln geäufsert, dafs diese Eingebornen in ihrer Civilisation mit Riesenschritten vorgerückt
sind, und sich schneller, als irgend andere Insulaner
der Südsee, zu einem gebildeten Handelsstaat umschaffen werden. — Der König *Tomoomo* hat durch den beständigen Verkehr mit den Seefahrern der Americanischen Freistaaten, und besonders durch die Herren
Joung und *Davie*, die schon Jahre lang bei ihm wohnen, und gleichsam seine Minister sind, europäische
Sitten, englische Sprache und Gebräuche angenommen,
so dafs die mehresten und thätigsten Bewohner dieser
Insel jetzt Englisch sprechen. *Tomoomo* hat sich alle
Inseln dieser Gruppe zu unterwerfen gewufst, und ist
Alleinherrscher derselben. Durch den beständigen Handel und Umtausch lernte er in wenig Jahren den Werth
des Silbers kennen, und verkaufte den ankommenden
Schiffen seine Landesproducte am liebsten gegen baare
billige Bezahlung, in spanischen Thalern oder Piastern.
Sobald er eine hinlängliche Summe beisammen hatte,
kaufte er von einem Americaner ein Schiff, bemannte
es theils mit seinen eigenen, theils mit ausländischen
Matrosen, deren heut zu Tage sehr viele in *Owaihi* leben; denn im Ueberflusse von Naturproducten, bei weniger
Arbeit und schönen Mädchen, behagt es den Seemän-
nern der vereinigten Staaten so wohl daselbst, dafs bei-

nahe kein Schiffer absegelt, der nicht einen oder einige
von seiner Mannschaft zurückliefse. Nur Leute von guter Aufführung und mit guten Zeugnissen ihres Capi-
tains versehen, duldet der König auf seiner Insel, und
die Eingebornen haben sich unterdessen so sehr an das
Seeleben gewöhnt, dafs sie vortreffliche Matrosen geworden sind. An der Nordwestküste von *America* habe
ich auf Bostonianischen Schiffen, die von *Owaihi* kamen, Einwohner dieser Insel gesprochen, die als Matrosen dienten, und 10 bis 12 Piaster monatlichen Dienst-
lohn erhielten."

Seite 173 befindet sich folgende Anmerkung: „Da
die Linie des beständigen Schnee's im 46° in Europa
1460 Toisen über der Meeresfläche erhaben ist, so kann
man, glaube ich, die mittlere Höhe der Schneeberge in
Kamtschatka dreist 1000 Toisen hoch annehmen." Rec.
weifs nicht, nach welchem Verhältnifs Hr. *v. L.* hier
rechnet; aber er hält es für gewagt, bei der Schätzung
der Schneelinie blofs auf Breitengrade Rücksicht zu
nehmen, da bekanntlich in Breitengraden, die mit europäischen Ländern übereinstimmen, in *Asien* und *Europa* so auffallend verschiedene Temperaturen gefunden
werden, (wie Hr. *v. L.* selbst S. 280 bemerkt) ohne dafs
die gröfsere oder geringere Erhabenheit der Länder über
der Meeresfläche diese Verschiedenheit zu bewirken
scheint. Auf diesen höchst wichtigen Umstand sollten
die Naturforscher, welche Gelegenheit haben, um die
Welt zu reisen, ganz vorzüglich ihre Aufmerksamkeit
richten. Herr Professor *Butte* in Landshut hat in seiner
Arithmetik des menschlichen Lebens eine seltsame py-
thagoreische Zahlentheorie auf jede klimatische Verschiedenheit der Längengrade gegründet. An den reisenden Physikern wäre es, uns haltbarere Ideen darüber
zu liefern.

*Cap. IX. Reise nach Japan. Einleitung zu der Ge-
sandtschaftsreise. Abreise von Kamtschatka. Seereise.
Krönungsfest* (des Kaisers *Alexander I.*). *Fürchterlicher
Orcan. Ankunft in Japan.*

Cap. X. Aufenthalt in Japan. Rhede vor dem Haven von Nangasaki. Ankerplatz vor dem Papenberg. Veränderung des Ankerplatzes. Ereignisse daselbst vom 8ten bis zum 17ten October.

Cap. XI. Rhede hinter dem Papenberg. Ereignisse daselbst vom 17. Octbr. bis zum 9. Novbr. Ankerplatz vor den kaiserlichen Wachten, und Verhandlungen daselbst. Verlassung des Ankerplatzes, und Einzug in Megasaki.

Cap. XII. Aufenthalt in Megasaki.

Cap. XIII. Kurze Uebersicht des Vorhergegangenen. Ankündigung der Ankunft eines Botschafters von Jedo. Vorbereitungen zur Audienz. Antritts-, Geschäfts- und Abschieds-Audienz.

Es ist aus Herrn *von Krusenstern's* Reise bekannt, daſs die Gesandtschaft an den Kaiser von *Japan* nicht angenommen wurde, daſs die ceremoniösen, eifersüchtigen und abgeschmackten *Japaner* es für gut fanden, die *Russen* in einer wahren Gefangenschaft, unter Schloſs und Riegel, zu halten, ihnen aber gleichwohl mit einer Art von stolzer barbarischer Groſsmuth, Lebensmittel und alle zur Ausbesserung des Schiffs nöthigen Materialien unentgeldlich zukommen lieſsen; und daſs unter diesen Umständen die Keuntniſs der Europäer von *Japan* nicht sehr befördert werden konnte. Aus eben diesem Grunde wird auch kein billiger Leser vom Herrn *von Langsdorf* neue Aufschlüsse über *Japan* erwarten. Einzelne Züge zur Charakteristik der wunderlichen Nation findet man hier mehr, als in Hrn. *von Krusenstern's* Schrift. Die beiden Berichte im Ganzen muſsten sich natürlich sehr ähnlich werden. Herr *v. L.* hat zu seiner Beschreibung einzelne Noten über Japanische Charten und Sprache vom Hrn. *Julius von Klapproth* hinzugefügt. — Eine Rüge können wir nicht unbemerkt lassen. Hr. *v. L.* erzählt, daſs von *Nangasaki* ein einziger Brief nach *Europa* befördert wurde, und daſs folglich die angeblichen Briefe über Sitten und Gewohnhei-

ten der *Japaner*, welche in einigen teutschen Zeitschriften dem Publicum als Originalschreiben aufgebürdet
wurden, nichts mehr als Erdichtungen oder Compilatio-
nen aus *Charlevoix*, *Thunberg* und *Kämpfer* waren.
Dieser literarische Betrug verdiente eine ernste Züchti-
gung. Hr. *v. L.* hätte sich um das Publicum verdient
gemacht, wenn er die Zeitschriften, die sich eine solche Sünde zu Schulden kommen liefsen, namentlich angezeigt hätte.

  *Cap. XIV. Abreise von Japan. Seereise von Japan
nach Kamtschatka. Cap und Strafse von Sangar. Beschreibung der West - und Nordwestküste von Jesso. Aufenthalt in der Aniwabai; Beschreibung derselben und der S.
O. Küste von Sagalien oder Tschoka. Seereise von Tschoka nach Kamtschatka. Ankunft daselbst.* — Mit diesem
Capitel schliefst der *erste Theil* der Reisebeschreibung
des Herrn *von Langsdorf*. Bekanntlich hat die Russische
Expedition in den Gewässern von *Jesso* und *Sagalien*
ihre eigentlichen Entdeckungen gemacht; *) daher ist
auch dieser Theil der Reisebeschreibung des Herrn *von
Krusenstern* der wichtigste für die Geographie, und dieser grofse Seemann hat ihm soviel Ausführlichkeit gegeben, dafs Hr. *v. L.* nur wenig eigene Bemerkungen
hat hinzusetzen können. — In den Noten, mit welchen
Herr *Julius von Klapproth* auch diesen Theil der Reise
versehen hat, finden wir die Behauptung aufgestellt,
dafs alle Völker, welche von *Kamtschatka* aus über die
Kurilen, über *Jesso* und *Sagalien* sich ausbreiten, und
die Küsten der sogenannten *Chinesischen Tatarei* bewohnen, zu Einem Stamme, zu den *Kurilen* gehören. Das
letztere ist neu, und widerspricht dem, was *La Pérouse*
und Herr *von Krusenstern* in Rücksicht jener Küsten bemerkt haben. Ersterer fand an den westlichen Küsten
des Sagalischen Busens ein, von den Bewohnern von
Tschoka verschiedenes, Volk, deren Physiognomie mongolisch war, und die offenbar zu den *Mantschu - Stämmen*
gehörten. Ebenso fand Hr. *v. Krusenstern* in dem nörd-

  *) Siehe A. G. E. Band XXXVIII. Seite 411 ff.

lichen Theile von *Tschoka* oder *Sagalien*, *Mantschu* und
keine *Kurilen* oder *Aino's*. Rec. wagt es nicht, hierüber
zu entscheiden, so wenig als er Jemand seine Meinung aufdringen will; aber er gesteht, dafs *La Pérouse*
und *von Krusenstern* für ihn gröfsere Autoritäten sind,
als Herr *Julius von Klapproth*, besonders da letzterer
seine Kenntnifs der *Fiatta*-Sprache, die nach ihm mit
der *Kurilischen* Eins seyn soll, weder beurkundet, noch
die Quellen, aus denen er die Vergleichung herleitete,
angegeben hat.

Wir müssen uns mit diesen wenigen Bemerkungen
über das Werk des Herrn von *Langsdorf* begnügen, weil
eine weitere Analyse uns zu weit führen könnte. Selbst
dadurch, dafs wir nicht durchaus mit dem verdienst-
vollen Verfasser übereinstimmen, glauben wir unsere
Achtung für seine Talente an den Tag gelegt zu haben;
denn einem unbedeutenden Werke zu widersprechen,
wäre so unnütz, als es einem Weltumsegler lächerlich
scheinen müfste, wenn man ihn durch leeres Lob zu
erheben vermeinte. Zum Schlufs wollen wir noch die
Kupfer anzeigen, wodurch Hr. v. L. seine Reisebeschreibung geziert hat.

Auf das Portrait des Hrn. von *Langsdorf* folgt die
bildliche Darstellung eines an der norwegischen Küste
beobachteten Nordlichtes; sodann Taf. 2. Costüme der
ärmeren Classe der Bewohner von *Teneriffa*; Taf. 3. das
Innere einer Wohnung in *Brasilien*; die beiden Weiber, die
Baumwolle sondern, sind wahrhaft griechische Gestalten,
ob in der Natur oder nur auf dem Kupfer? — ist wenigstens
zweifelhaft; Taf. 4 u. 5. Ansichten der Insel *Nukahiwa*;
Taf. 6. Bildnifs des auf *Nukahiwa* verwilderten Franzosen *Jean Baptist Cubri*; Taf. 7 u. 8. tatuirte Bewohner
von *Nukahiwa*; Taf. 9. verschiedene Hauptfiguren der
Tatuirung; Taf. 10. Ansicht eines bewohnten Thales
auf *Nukahiwa*; Taf. 11. das Innere einer Hütte auf dieser Insel; Taf. 12. Waffen und Geräthschaften, und
Taf. 13. Grundrifs und Ausmessung eines Canots der
Nukahiwer; Taf. 14. ein Canot der *Sandwich*-Insulaner;
Taf. 15. eine Landschaft im Haven von *Nangasaki*;

Taf. 16. eine mit Gardinen behängte japanische Festung;
Taf. 17. die Wohnung des Russischen Ambassadeurs in
Nangasaki; Taf. 18. ein japanischer Officier, der auf
die Wache zieht; Taf. 19. ein japanischer Arzt, nach
einer ächt japanischen Zeichnung; Taf. 20. ein aus
Früchten, Kuchen, Setang, Papier u. s. w. bestehendes
japanisches Neujahrsgeschenk, — ein wunderliches Still-
leben; Taf. 21. Landung in *Nangasaki* am Audienztage,
und feierlicher Zug des Gesandten zu dem Gouverneur;
Taf. 22 bis 26. Japaner in verschiedenen Costümes; Taf.
27. ein Kahn von der Insel *Tschoka* oder *Sagalien*; Taf.
28. Musik und Text einer Brasilianischen Arie, und Musik und Text des oben angeführten Gesanges der *Nukahiwer.*

Wir sind überzeugt, daſs das Publicum mit uns der
Fortsetzung dieser merkwürdigen Reisebeschreibung um
so mehr entgegensehen wird, als von nun an Hr. *v. L.*
einen eigenen Weg nahm, sich von der Expedition
trennte, und also eine ganz neue Reise beschreiben wird.
Wir hoffen, auf diesen interessanten Bericht nicht lange
warten zu dürfen.

3.

*Staats - und Addreſs-Handbuch der
Staaten des Rheinischen Bundes für
das J.* 1812, *von Dr. Heinrich* SCHORCH.
*Mit Kupfern und Tabellen. Weimar, im Ver-
lage des Landes-Industrie - Comptoirs.* 1812.

Auch unter dem Titel:

*Allgemeines Europäisches Staats- und
Addreſs - Handbuch, fortgesetzt von Dr.*

Heinrich Schorch. *Zweiter Band, für
das Jahr* 1812, *welcher die sämmtlichen Staaten des Rheinischen Bundes enthält.* Mit 6
Kupfern. Weimar, *im Verlage des Landes-
Industrie - Comptoirs,* 1812.

Die Nothwendigkeit eines Handbuches für die Rheinischen Bundesstaaten hat gewiſs jeder Geschäftsmann
vielfältig erkannt; auch ist der Beifall, den bereits der
erste Jahrgang des hier angezeigten Werkes bei dem
Publicum gefunden hat, ein Beweis, daſs der Gedanke,
ein solches Handbuch zu liefern, mit dem allgemeinen
Bedürfniſs zusammentraf. Bei der vielfältigen Berüh-
rung der einzelnen Staaten unseres Vaterlandes unter
einander, tritt fast täglich der Fall ein, daſs die Unterthanen und Beamten eines Staates Unterricht über die
Verfassung und Verwaltung des anderen bedürfen, um
sich über dessen Verhältnisse aufzuklären, und nicht in
ihren etwanigen Erwartungen und Ansprüchen getäuscht
zu werden. Dieses Bedürfniſs wird um so dringender,
wenn, wie in der gegenwärtigen Zeit, Alles um uns her
sich neu gestaltet, und die Staatsveränderungen nicht
blofs auf das Innere, sondern nothwendig auch auf das
Aeuſsere wirken. So lange diese Umbildungen noch im
Werden und Fortschreiten sind, kann daher auch kein
Werk geliefert werden, welches ein für allemal den Umfang, die Kräfte und die Einrichtungen der einzelnen
Länder beschreibt; sondern das einzige Mittel, die Forderungen des dabei interessirten Publicums zu befriedigen,
besteht darin, daſs in einem statistisch - politischen
Jahrbuche der gegenwärtige Bestand der Dinge dargestellt
werde. Je sorgfältiger die neuesten Veränderungen dabei aufgezeichnet werden, desto gröfser ist der Werth
und die Brauchbarkeit eines solchen Jahrbuches.

Mit dieser Ansicht gieng Recensent an die Lectüre
des *Schorch*'schen Staatshandbuches, und verglich den ge-

genwärtigen Jahrgang mit dem vorigen. Er hält es für
seine Pflicht, den Lesern der *A. G. E.* gewissenhaft das
Resultat dieser Vergleichung vorzulegen.

Fast auf jeder Seite finden sich in diesem neuen
Jahrgange bedeutende Verbesserungen, und die Mühe
und Sorgfalt des rühmlich bekannten Herrn Herausgebers, sich der Vollkommenheit immer mehr zu nähern,
sind unverkennbar. Keine neuere wichtige Veränderung
ist übergangen worden, keine frühere Unbestimmtheit
ist beibehalten, kein Irrthum unberichtigt gelassen.
Ueberall wird man gewahr, daſs in den einzelnen Staaten sachkundige Männer die früheren Angaben geprüft,
und wichtige Berichtigungen eingesendet haben müssen.
Denn aus gedruckten Quellen wäre es unmöglich gewesen, alle die neuen Notizen zu sammeln. Es müssen
die Regierungen selbst mitgewirkt haben, das patrioti-
sche Unternehmen des Herausgebers möglichst zu befördern. Und dies ist auch wirklich der Fall gewesen. Eine
solche Aufmerksamkeit und Theilnahme höherer Behörden ist nicht bloſs eine Empfehlung für das Werk selbst,
sondern ein Beweis, daſs ein liberaler Geist in den
teutschen Staaten, oder vielmehr in den Canzeleien,
einheimisch wird, und daſs man einsieht, wie lächerlich
es sey, aus der Statistik und den Staatseinrichtungen
ein Geheimniſs machen zu wollen.

Durch dieses, auf solche Art berichtigte, und der
Vollkommenheit nahe gebrachte, Staatshandbuch ist es
nun möglich, eine Uebersicht der Kräfte und Verfassungen der einzelnen Staaten und des ganzen Bundesstaates
zu erlangen: eine Uebersicht, welche in so vielfacher
Rücksicht interessant ist, weil sie auf unsere Wünsche
und Hoffnungen für die Zukunft von entschiedenem
Einflusse seyn muſs. — Die Rheinischen Bundesstaaten
haben noch einen Umfang von 5333,78 Qu. Meilen, werden von 13,787,108 Menschen bewohnt, und liefern zum
Contingente eine Armee von 119,180 Mann auserlesener
Truppen. Es mag paradox klingen, aber es ist deswegen nicht weniger wahr, die teutsche Armee ist jetzt,

nachdem mehr als die Hälfte des Bodens von dem ehemaligen Reichsverbande getrennt wurde, mächtiger als
jemals; denn wer wollte es läugnen, dafs mit den jetzigen Bundestruppen die ehemalige Reichsarmee unfehlbar
besiegt werden würde? — Doch wir wollen hier nicht
allgemeine Betrachtungen veranlassen; wir wollten nur
andeuten, dafs die nähere Kenntnifs des Vaterlandes,
welche zu befördern, das Staatshandbuch des Hrn. Prof.
Schorch ein treffliches Hülfsmittel ist, zu Resultaten
führen kann, die erfreulich genannt zu werden verdienen. Wir wollen jetzt mehr auf das Einzelne unsere
Aufmerksamkeit wenden, um den Leser wo möglich für
unsere Ueberzeugung zu gewinnen, dafs das angezeigte
Werk eine allgemeine Theilnahme aller patriotisch ge-
sinnten Teutschen verdient, weil es, wie der Herausgeber in der Vorrede sagt: ,,der teutschen Lande kraft-
und würdevolle Regierung den Mitbürgern darzulegen‘‘
bestimmt ist.

Die Leser dieser Zeitschrift sind durch die ausführliche Anzeige des *Schorch*'schen *Staats - Handbuches* im
XXXV. Band Seite 429 ff. der *A. G. E.* mit der Einrichtung desselben hinlänglich bekannt, daher wir uns hier
nur auf das, in diesem Jahrgange neu Hinzugekommene
beschränken können.

Anhalt. Der Ueberblick der Geschichte ist völlig
umgearbeitet, und das Capitel über *Verfassung* und *Ver-*
waltung ansehnlich vermehrt worden; so dafs der Leser
von dem Zustande dieser interessanten Länder eine vollständige und genaue Uebersicht erhält.

Baden. Die nicht zu weitläuftige, doch ziemlich
ausführliche Statistik ist neu, und erscheint hier, so
viel Recensent weils, zum erstenmale in einer öffentlichen Schrift. Sie ist ein, dem Geographen und Statistiker gleich schätzenswerther Beitrag. Auch die Skizzen der Verfassung und Verwaltung haben einzelne Berichtigungen erhalten, die von der Sorgfalt der Redac-

tion, sich einer officiellen Genauigkeit zu nähern, gün-
stiges Zeugnifs geben.

Baiern. In der statistischen Uebersicht sind bei
den Kreisen die Landgerichte namhaft gemacht; aber
weder der Umfang, noch die Bevölkerung angegeben.
Recensent ist im Besitz des Bairischen Staats-Kalenders
von 1812, wo er einen gleichen Mangel bemerkte, und
schliefst daraus, dafs die hierher gehörigen Data noch
nicht bei der Regierung eingelangt sind; welches jedoch von der anderen Seite unwahrscheinlich ist, da
die Kreisdirectorien die genauesten statistischen Tabellen an das Ministerium einzuschicken angewiesen sind.
— Die Verwaltung in *Baiern* hat sich, wie aus dem
Staats-Handbuche zu ersehen, nicht wesentlich verändert.

Berg. Der durch das kaiserliche Decret vom 10.
Decbr. 1810 bewirkte Verlust und die Entschädigung
durch *Recklinghausen* sind angezeigt. Den Gewinn vom
Verlust abgezogen, bleibt noch ein Verlust von 96 Qu.
Meilen und 147,210 Einwohnern. Die neue Justiz-Or-
ganisation, bestimmt durch das Decret vom 17. Decbr.
1811, hat Rec. mit Vergnügen hier bereits beschrieben
gefunden.

Frankfurt. Die Ausdehnung des Landes und die
Bevölkerung sind nach den Angaben des, vom Hrn. *Win-
kopp* herausgegebenen, musterhaften *Frankfurter Staats-
Kalenders* berichtiget. Ein wichtiger Zusatz in dem
diesjährigen Handbuche des Herrn Prof. *Schorch* legt ein
so sprechendes Zeugnifs von der vorschreitenden Huma-
nität in den teutschen Verfassungen ab, dafs Rec. nicht
umhin kann, die Stelle hier abzuschreiben. Seite 92
heifst es: „Die Leibeigenschaft ist aufgehoben, der
Adel hat keine Begünstigung, und nach der Constitution haben alle verschiedene, verfassungsmäfsig aufge-
nommene, Religionsbekenntnisse freie Ausübung des Got-
tesdienstes. Nach Verordnung vom 28. Decbr. 1811 ist
die Judengemeinde zu *Frankfurt* mit den anderen Unterthanen rechtsgleich." — Wer hätte vor 30 Jahren ge-

glaubt, daſs eine solche liberale Constitution in dem Staate eines geistlichen Fürsten Platz greifen würde? Die grofsen Begebenheiten, die wir erlebt haben, muſsten vorausgehen, um dieses möglich zu machen.

Hessen. Unter den verschiedenen neuen Zusätzen bemerken wir, daſs auch hier die Leibeigenschaft durch eine Verordnung vom 5. Mai 1811 abgeschafft ist.

Bei *Hohenzollern, Isenburg, Leyen, Liechtenstein* und *Lippe* finden wir ebenfalls eine sorgsam verbessernde Hand, und über diese kleinen Staaten mehrere, zum Theil bisher unbekannte Notizen.

Der Artikel *Mecklenburg* hat, besonders in dem historischen Theil, einige nicht gleichgültige Veränderungen erlitten.

Nassau. Im vorigen Jahrgange waren drei Regierungsbezirke angegeben; in diesem fällt der Regierungsbezirk *Hachenburg* weg, welcher unter die anderen vertheilt ist. Statistische Angaben der Gröſse und Bevölkerung der einzelnen Bezirke fehlen. *Nassau* hat 100 Quadratmeilen mit 300,000 Einwohnern. Die Zahl der Einwohner ist aus dem *Almanach impérial* von 1812 entlehnt, woraus zu schließen ist, daſs keine genauere bekannt war.

Reuſs - Plauen. *Greiz* war im vorigen Jahre mit 21,800 Einwohnern angesetzt; hier nur mit 19,850.

Sachsen. (Königreich.) Es würde uns hier zu weit führen, wenn wir auch nur die bedeutendsten Aenderungen und Berichtigungen anzeigen wollten, welche dieser Artikel erhalten hat. Der Leser, welcher die Mühe der Vergleichung nicht scheut, wird Mehreres bemerken, das in Absicht auf den Geist der Zeit und der Verfassung dieses Königreiches nicht gleichgültig ist.

Bei den Herzoglich Sächsischen Häusern ist gleichfalls in allen einzelnen Abschnitten eine strenge und vorsichtige Correctur zu bemerken. Bei *Weimar* sind

neue statistische Angaben hinzugekommen. Bei *Gotha*
ist der historische Ueberblick völlig umgearbeitet, und
in der Skizze der Verwaltung und Verfassung überall
gröfsere Bestimmtheit und Genauigkeit sichtbar. Ein
Gleiches gilt von den anderen Herzogl. Sächs. Häusern.

Bei *Schwarzburg* und bei *Waldeck* wird man
ebenfalls die sorgsamste Revision nicht übersehen.

Westphalen hat in dem statistischen Theil wichtige Zusätze erhalten.

Würtemberg. Die neuere Organisation des Königreichs, die Einrichtungen des Staatsrathes, und die
neuen Attributionen der Ministerien, sind hier sämmtlich
beschrieben worden. Dieser Artikel hat, der eingetrete-
nen Veränderungen wegen, daher auch die meisten Berichtigungen erhalten müssen.

Würzburg. Recensent weifs aus eigener Erfahrung, wie schwer es hält, hier statistische Notizen zu
sammeln; gleichwohl hat er auch in diesem Artikel einige gefunden, die ihm neu schienen.

Den Beschlufs machen die reservirten Provinzen *Erfurt* und *Nieder - Katzenellenbogen.*

Die Kupfer, welche diesem Jahrgange beigefügt sind,
liefern die Wappen: 1) der Herzoge von *Anhalt*, der
Grofsherzogthümer 2) *Frankfurt* und 3) *Hessen*, 4) der
Herzoge von *Mecklenburg*, 5) von *Nassau*, und 6) von
Sachsen. Diese Zugabe ist um so schätzbarer, da alle
Jahre andere Wappen geliefert werden, und man also
in einigen Jahren eine vollständige Sammlung aller
Wappen der Souveraine des Rheinischen Bundes besi-
zen wird.

Wir haben uns bisher nur auf die Anzeige der *ersten Abtheilung*, welche die Genealogie, die historische
und statistische Uebersicht und die Skizzen der Verfassung und Verwaltung enthält, eingeschränkt, wo wir
zum Schlusse noch erinnern, dafs auf die Genealogie

der souverainen Häuser ein vorzüglicher Fleiß verwendet worden.

Jetzt sey es erlaubt, nur im Allgemeinen von der *zweiten Abtheilung* oder den *Addressen* zu bemerken, daß Rec. letztere, so viel er verglichen hat, durchgängig aus den neuesten Staats-Kalendern ausgezogen gefunden hat: so daß diese Addressen vollkommen als officiell anzusehen sind. Bei einigen wenigen, wo keine Staats-Kalender und Addreßbücher zu erhalten waren, hat die Redaction dieses gewissenhaft angezeigt. Bei anderen, wie z. B. bei *Anhalt, Hohenzollern, Isenburg, Leyen, Liechtenstein* und *Graiz*, müssen der Redaction officielle Angaben mitgetheilt worden seyn.

Recensent begnügt sich mit dieser allgemeinen Anzeige. Er würde ausführlicher gewesen seyn, wenn er nicht besorgt hätte, daß sein Lob in dieser Zeitschrift für parteiisch gehalten werden könnte, welches zu seyn er gleichwohl keine Ursache hat, indem ihn bloß die Ueberzeugung von der allumfassenden Brauchbarkeit dieses Werkes und von dessen Unentbehrlichkeit für Geschäftsmänner bestimmt hat, sein unbefangenes Urtheil laut werden zu lassen. Es ist nur ein Act der Gerechtigkeit, den er ausübt, wenn er versichert, daß Herr Professor *Schorch* durch sein Staats-Handbuch sich um das Vaterland verdient gemacht habe, und daß sein Unternehmen der möglichsten Aufmunterung von Seiten unserer liberalen Regierungen vollkommen würdig sey.

F 2

CHARTEN — RECENSIONEN.

I.

Geographische Karte der Länder zwischen der Elbe und Weser, auch Trave und Hunte, besonders der vormaligen Churfürstlich - und Herzoglich - Braunschweig - Lüneburgischen Lande, nach ihrer gegenwärtigen Vertheilung zwischen dem Kaiserthume Frankreich und dem Königreiche Westphalen etc. aus topographischen Messungen, und den besten Karten zusammengetragen, und herausgegeben von J. L. Hogreve, Ingenieur - Obristen, und L. F. W. Heiliger, General - Inspecteur der indirecten Steuern im Jahr 1812.

Es war ein langgefühltes Bedürfnifs des geographischen Publicums, von den Niedersächsischen Ländern, und besonders von dem, jetzt mit dem Königreiche *West-*

phalen gröfstentheils vereinigten, vormaligen Kurfürsten-
thum *Hannover*, eine gute und brauchbare Charte zu
besitzen, und um so willkommner mufste die Ankündigung einer Charte seyn, welche nicht allein diesem Bedürfnisse völlig abzuhelfen versprach, sondern die auch
aufserdem noch bedeutende Theile der angränzenden,
Provinzen darstellen sollte. Da man sich von den Herausgebern dieser Charte nichts Mittelmäfsiges versprechen durfte, so sah man um desto sehnlicher der Vollendung derselben entgegen. Diese ist nun erfolgt, und
wir erhalten dieselbe so eben. Sie besteht aus 6 zusam-
menhängenden Blättern oder Sectionen, jedes 26 Calenbergische *) Zoll breit, und 21 dergleichen Zoll hoch,
wovon je zwei Blätter in der Breite, und drei in der
Höhe zu stehen kommen. Diese 6 Blätter enthalten das
kaiserl. Französische Departement der *Elb - Mündung*
ganz, die Departements der *Weser - Mündung* und *Ober-
Ems* zum Theil; ferner die Westphälischen Departements der *Aller, Oker* und *Leine* völlig, des *Harzes* fast
ganz, und die der *Elbe* und *Saale* zum Theil; desgleichen die Fürstenthümer *Lippe - Dettmold* und *Lippe - Bük-
keburg,* wie auch die Grafschaft *Pyrmont.*

Der Maasstab der Charte ist zu 1,58 Calenbergische
Zoll auf die teutsche oder geographische Meile ange-
nommen, und die letztere zu 1584½ Calenbergische
Ruthen.

Die Charte verdankt ihren Ursprung den Vermessungen einiger Hannöverischen Ingenieurs, welche zuerst
kleine Theile des ehemaligen Kurfürstenthums *Hannover*
vermittelst des Mefstisches topographisch aufnahmen,
und erst später wurde diese Vermessung auf das ganze
Land ausgedehnt. Dieserhalb ist auch vor der Vermes-

___

*) Wir geben hier die Dimensionen der Sectionen so, wie
sie nach der Ankündigung der Herausgeber seyn sollen,
da sie auf den Sectionen selbst zu sehr von einander abweichen, als dafs sie sich mit Genauigkeit angeben
liefsen.

sung kein trigonometrisches Netz entworfen worden,
sondern die jährlichen Arbeiten wurden durch gemeinschaftlich festbestimmte Puncte gebunden und zusammengetragen. Dessen ungeachtet haben sich bei der Graduirung der Charte, nach Angabe der Herausgeber, nur sehr
kleine Abweichungen von den, von verschiedenen Orten bereits bekannten und richtig bestimmten geographischen Längen und Breiten ergeben.

Die sechs Blätter oder Sectionen sind folgenden besonderen Inhalts:

Auf der ersten, oder der linker Hand in der ersten
Horizontalreihe *) befindlichen Section finden wir einen
Theil des Laufes der *Elbe* und *Weser*, erstere vom Dorfe
Neuenfels unweit *Buxtehude*, und letztere von *Bremen*,
bis zu ihren Einmündungen in die Nordsee, nebst mehreren kleineren, sich in dieselben ergiefsenden Flüssen,
als der *Hunte*, *Wumme*, *Geste*, in die *Weser*, und *Oste*,
Schwinge, *Este* u. s. w. in die *Elbe*; ferner die *Jahde*,
ebenfalls mit ihrer Mündung in die Nordsee, von welcher ein kleiner Theil in die nordwestliche Ecke der
Section fällt. Das ganze Terrain auf diesem Blatte ist
Niederland, und von unzähligen Mooren und Brüchen
durchschnitten; kein Hügel ist in der ganzen Gegend
zu erblicken. Diese Section enthält den District *Stade*,
und einen kleinen Theil des Districts *Lüneburg* vom Departement der *Elb*-Mündung; ferner den District *Bre-
merlehe*, und Theile der Districte *Oldenburg* und *Bremen* vom Departement der *Weser*-Mündung. Die bedeutendsten Orte auf diesem Blatte sind: *Bremen*, *Stade*,
Glückstadt, *Oldenburg*, *Rotenburg*, *Varel* und *Buxtehude*. Die beiden Departements sind durch Gränzillu-
minirung von einander unterschieden, die Districte durch
(in einem kleinen Carton erklärte) Zahlen bezeichnet,
jedoch nirgends eine wirkliche Districts- oder Cantons-
Gränze angegeben. Die Cantonal-Hauptorte sind mit

*) Die Sectionen sind nicht durch Zahlen, oder sonst auf ir-
gend eine Art bezeichnet.

der Departements - Gränzfarbe, und die Mairie - Orte mit
einer schwarzen Linie unterstrichen, auch durch eine
angebrachte Numerirung der letzteren leicht zu ersehen,
wie viel, und welche Mairie - Orte zu jedem Canton gehören.

Auf der zweiten, oder rechts an der vorigen anstos-
senden Section finden wir die Fortsetzung des *Elbe-*
Stroms von *Lentzen* bis *Altona,* wo er in die vorige Section übertritt, mit einem Theile seines Flufsgebietes.
Von den sich hier in die *Elbe* ergiefsenden Gewässern
sind die vorzüglichsten die *Seve,* die *Ilmenau,* welche
kurz vor ihrem Einflusse in die *Elbe* die *Lühe* aufnimmt, und die *Jetzel* südlich, die *Alster,* *Bille,* *Steck-
nitz,* *Sude* und *Elde* nördlich derselben. Aufserdem ist
noch die *Trave* mit ihrem Einflusse in die Ostsee auf
diesem Blatte befindlich, welche bei *Schwartau* die
Schwarze Aue aufnimmt. An Seen sind der *Ratzeburger,*
Schal und *Schwerinsche* See zu bemerken.

Diese Section enthält den übrigen Theil des *Districts*
Lüneburg, und die Districte *Hamburg* und *Lübeck* des
Departements der *Elb* - Mündung; ferner einen Theil
des Districts *Ueltzen* vom kön. Westphälischen Dep. der
Aller, und einen kleinen Theil des ebenfalls Westphälischen *Elb* - Departements (District *Salzwedel*). Die angränzenden Theile von *Holstein* und *Mecklenburg-Schwe-*
rin sind nur skizzirt, jedoch der Lauf der Gewässer genau angegeben. Die Bezeichnung der Gränzen, Districte etc. des *Elb* - Departements ist wie im vorigen
Blatte; in den Westphälischen Departements sind, aufser
der Numerirung der Districte, auch die Gränzen derselben, so wie jedes einzelnen Cantons, angegeben
und illuminirt. Die vorzüglichsten Orte auf diesem
Blatte sind: *Hamburg, Lübeck, Lüneburg, Altona, Leuen-
burg, Harburg, Winsen* (an der Lühe), *Ratzeburg, Dan-
nenberg, Hitzacker, Boitzenburg, Schwerin, Ludwigslust,
Oldesloh, Schwartau* und *Travemünde.* Das Terrain ist
durchaus flach, jedoch nicht so moorig, wie auf der

vorigen Section; dagegen ist mehr Waldung darauf verbreitet.

Die dritte oder südlich an die erste stofsende Section enthält einen bedeutenden Theil des Laufs der *Weser*, welche sie in nördlicher Richtung durchschneidet, und unweit *Verden* die *Aller* aufnimmt. Ebenfalls finden wir östlich den Lauf der *Leine* von *Hannover* bis zu ihrem Einflusse in die *Aller*, westlich die *Hunte* von ihrem Ursprunge an, bis zum nördlichen Rande der Section, ferner den von der *Hunte* durchströmten *Dümmer-See*, und das *Steinhuder* Meer im Fürstenthum *Lippe-Bückeburg*. Der gröfste Theil des auf diesem Blatte befindlichen Terrains ist Niederland, und wie auf der ersten Section, von vielen und zuweilen grofsen Mooren durchschnitten, welche daher auch gemeiniglich den Namen *Grofse Moor* führen. Nur der südliche Theil dieser Section enthält schon bergiges Terrain, wovon der *Bückeberg* und das *Deister* Gebirge sich besonders hervorheben, von welchen in westlicher Richtung bis an den Rand der Section eine lange Reihe einzelner Berge sich bis nördlich von *Osnabrück* zieht; Waldung findet sich ebenfalls hin und wieder, jedoch nicht zu stark zerstreut.

Den gröfsten Theil dieser Section nehmen noch Stücke der beiden Französischen Departements der *Ober-Ems* und *Weser-* Mündung ein, und zwar von ersterem, Theile der Districte *Minden*, *Osnabrück* und *Quackenbrück*, und von letzterem beinahe der ganze District *Nienburg*, und kleine Theile der Districte *Bremen* und *Oldenburg*. Auch hier sind nur die Departements begränzt, und durch Illumination unterschieden, die Districte aber wie oben, ohne Gränzen. Zwar finden sich auf dieser Section hin und wieder punctirte Linien, die aber weder District - noch Canton - Gränzen seyn können, welches sich leicht bei der Ansicht einsehen läfst. Aufserdem finden wir noch einen Theil des Westphälischen *Aller*-Departements, ein Stück des Districts *Rinteln* vom *Leine*-Departement, und endlich das Fürsten-

thum *Lippe-Bückeburg* auf dieser Section. Die vorzüg-
lichsten Orte auf derselben sind: *Hannover*, *Minden*,
Nienburg, *Osnabrück*, *Verden*, *Rinteln*, *Delmenhorst*,
Walsrode, *Bückeburg*, *Wunstorf*, *Springe* u. s. w.

Die vierte, oder südlich an die zweite anstofsende
Section wird von der *Aller* in nordwestlicher Richtung
durchschnitten, deren Lauf vom Dorfe *Wormsdorf* unweit *Helmstädt*, bis zum Dorfe *Wietze* westlich von *Celle*,
so wie der Einflufs der *Ocker* in dieselbe, und deren
Lauf von *Wolfenbüttel* an, ebenfalls darauf befindlich
ist. In der südwestlichen Ecke der Section findet man
noch einen kleinen Theil der *Leine*, welche hier unweit
Sarstedt die von *Hildesheim* kommende *Innerste* aufnimmt. An kleineren Flüssen sind vorzüglich die *Oer-
tze*, *Lachte*, *Ise*, *Wietze*, *Aue* und *Fuse*, noch zum Flufs-
gebiet der *Aller* gehörig, die *Ohra*, und die zum Flufs-
gebiet der *Elbe* gehörige *Biese*, *Jetzel*, und *Ilmenau*, zu
bemerken. Letzteren Flufs findet man auf dieser Section nicht beschrieben, so dafs man beim einzelnen Gebrauche derselben die zweite Section zu Hülfe nehmen
mufs, um den Namen dieses Flusses zu erfahren. Dies
ist um so unangenehmer, da südlich von *Uelzen* mehrere Bäche (ebenfalls ohne Namen) von allen Seiten
sich in diesen Flufs ergiefsen, so dafs man von hier aus
nicht im Stande ist, genau zu bestimmen, welches die
Ilmenau ist, und wo sie ihren Ursprung hat. An Seen
findet sich nur der *Arendsee*, im Canton *Arendsee* des
Westphälischen *Elb*-Departements, dicht neben dem
Flecken gleiches Namens auf dieser Section. Auch auf
diesem Blatte erheben sich am südlichen Rande schon
einige Bergpartieen, als Vorläufer des, auf dem südlich
an denselben anstofsenden Blatte befindlichen Harzgebirges. Das übrige Terrain wird von einigen bedeutenden Mooren durchschnitten, unter denen sich das *Grofse*,
Stüder und *Westerbecker Moor*, welche indessen nur ein
Ganzes von 2½ Meilen Länge und ¼ Meilen Breite ausmachen, besonders auszeichnen.

Alle auf diesem Blatte befindlichen Länder gehören

zum Königreiche *Westphalen*, von welchem Theile aller
3 Districte des *Aller*-Departements, und Theile des *Elb*-
(District *Salzwedel* und *Neuhaldensleben*), und *Ocker*-
(Theile der Districte *Braunschweig, Helmstädt* und *Hil-*
desheim) Departements darauf fallen. Departements-,
Districts- und Cantons-Gränzen sind auf diesem Blatte
ebenfalls bemerkt, und durch die Illumination leicht
aufzufinden.

Die vornehmsten Orte auf dieser Section sind:
Braunschweig, Hildesheim, Wolfenbüttel, Helmstädt, Celle,
Salzwedel, Gardelegen und *Ueltzen.*

Auf der fünften, oder südlich an der dritten anstos-
senden Section, ist noch der übrige Theil der *Weser*
von *Münden* bis zu dem Puncte nördlich von *Hameln,*
wo sie in die dritte Section übertritt, befindlich, und
auch noch ein Theil der *Fulda* und *Werra*, durch deren
Vereinigung bei *Münden* gedachter Fluß gebildet wird.
Außerdem finden sich keine Gewässer von Bedeutung
auf diesem Blatte. Das Terrain ist durchgängig bergig,
und sehr waldig, und als eine westliche niedere Fortsetzung des Harzgebirges anzusehen. Außer einem Theile
des Westphälischen *Leine*-Departements, und beinahe
dem ganzen Fürstenthume *Lippe-Dettmold*, ist noch die
Grafschaft *Pyrmont*, und ein kleiner Theil des *Fulda*-
Departements mit der Residenzstadt *Cassel*, auf diesem
Blatte befindlich. Einen großen Theil desselben nimmt
der lange Titel der Charte (über welchen unten ein
Mehreres) sowohl in teutscher als französischer Sprache
ein; unter dem teutschen befindet sich der Maasstab
von geographischen Meilen, unter dem französischen
aber deren zwei, von Myriametres und franz. Lieues oder
Stunden.

Die Hauptorte auf dieser Section sind: *Cassel, Ha-*
meln, Münden, Höxter, Bielefeld, Dettmold, Lemgo,
Holzminden, Lüde, Oldendorf und *Pyrmont.*

Die sechste oder südlich an die vierte angränzende

Section wird von der *Leine*, von ihrem Ursprunge beim
Dorfe *Leinefeld*, unweit *Heiligenstadt*, an, bis *Burg
Stemmen*, wo sie in die vierte Section übergeht, in
nördlicher Richtung durohschnitten, welche hier aufser
mehreren kleineren Gewässern die *Ruhme* aufnimmt.
In der südwestlichen Ecke der Section befindet sich noch
ein kleines Stück der *Werra*, welche hier in einer Krüm-
mung von *Allendorf* gegen Westen bis *Hedemünden* läuft,
wo sie in die fünfte Section übergeht. Aufserdem finden
wir noch auf diesem Blatte den Ursprung der *Ocker* auf
dem *Harze*, und der *Innerste*, welche in nördlicher
Richtung bis zum Rande der Section fortlaufen, nachdem die erstere beim Dorfe *Borsum* die *Ilse* aufgenommen hat. Südlich enthält diese Section noch den Ursprung, und kleine Theile der *Unstrut* und *Wipper*, erstere bis zum Dorfe *Horstmar*, letztere bis *Sondershausen*.

Die Mitte des Blattes nimmt das *Harzgebirge* mit
dem *Brocken*, östlich bis zu einer Linie von *Blankenburg*
bis zum Flecken *Neustadt* unweit *Nordhausen*, und westlich bis *Seesen* und *Osterode*, ein, von wo aus sich indessen niedere Bergketten bis an den westlichen Rand
der Section ziehen. Nördlich von *Goslar* und *Wernige-
rode*, und südlich von *Osterode* und *Nordhausen* aus,
senkt sich das Terrain allmählich, ist jedoch auf der
ganzen Section bergig, und gröfstentheils waldig. Das
ganze, auf diesem Blatte befindliche Land ist Westphä-
lisch, und enthält beinahe das ganze *Harz* - und beträchtliche Theile des *Ocker* -, *Leine* - und *Saal* - Departements.

Die bemerkenswerthesten Orte auf demselben sind:
*Göttingen, Heiligenstadt, Nordhausen. Halberstadt, Eim-
beck, Sondershausen, Duderstadt, Osterode, Nordheim*
und *Elrich*.

Noch befindet sich in der unteren östlichen Ecke
der Section die sehr vollständige und zweckmäfsige
Zeichen - Erklärung.

Unsere Leser haben hier nun eine detaillirte Uebersicht von dem, was sie auf dieser Charte und ihren verschiedenen einzelnen Sectionen zu finden haben, es sey
uns nun vergönnt, noch Einiges über den inneren Ge-
halt der Charte selbst hinzuzufügen. —

Wenn das geographische Publicum, wie gesagt, von
den bekannten Verdiensten eines *Hogreve* ein ganz voll-
kommenes Product erwartete, so ist diese Erwartung
doch nicht ganz in Erfüllung gegangen, da die Charte
mehrere wesentliche Fehler hat. Erstens weichen mehrere Orte bedeutend, und die mehresten etwas, von
denen, bereits von ihnen bekannten und richtig angenommenen, Längen und Breiten ab. Ferner enthält sie nicht
alle Ortschaften, was doch bei diesem Maasstabe sehr
wohl hätte seyn können, auch überdies als Haupteigen-
schaft der Charte in der Ankündigung versprochen wurde. Sehr oft ist in der Orthographie gefehlt, ja manchen Orten sind hin und wieder ganz unrichtige Namen
beigelegt. Besonders zeichnet sich aber die Charte
durch einen noch weniger als mittelmäßigen Stich vor
allen neueren Charten aus: vorzüglich sind die Gewässer,
Berge und Schrift äußerst schlecht gearbeitet, und es
ist zu verwundern, daß man in jetzigen Zeiten, wo man
so allgemein bemüht ist, die Bergzeichnung zu vervollkommnen, noch mit einer so schlechten Darstellung der
Berge auftreten konnte, wie sie auf dieser Charte zu sehen ist. Wir sind auch sehr geneigt, den größten Theil
der übrigen Mängel der Charte ganz auf die Rechnung
des schlechten Stechers *) zu bringen, da dieser mit einer beispiellosen Nachlässigkeit gearbeitet hat. Die
Zeichnung dieser Charte ist unstreitig richtiger und voll-
kommener gewesen, und die Herausgeber sind zu bedauern, daß ihr Werk durch den schlechten Stich so
sehr verloren hat. Indessen hätte bei einem so mittelmäßigen Subjecte die Correctur der Charte desto sorgfältiger seyn sollen, damit die groben Fehler des Stech-

*) Hrn. Sulzenberg zu Hannover, den wir hiermit nach
Gebühr bestens empfehlen wollen.

ers nicht den Herausgebern mit zur Last gefallen wären, da es jetzt in manchen Fällen nicht zu beurtheilen ist, wem man den Fehler zuschreiben soll. Als Belege unseres obigen Urtheils mögen folgende nähere Angaben und Untersuchungen dienen.

Was die. Abweichungen der geographischen Lage mehrerer Orte anbetrifft, so heben wir hier nur einige wenige davon aus, und fügen zugleich die bereits von ihnen bekannten Ortsbestimmungen hinzu, wornach ein Jeder die Wahrheit des Gesagten beurtheilen kann.

Orte	Quellen	Nach and. Bestimmungen Breite	Nach and. Bestimmungen Länge	Auf der Charte Breite	Auf der Charte Länge
Dannenberg	Ende's Ortsbest.	53° 8′ 30″	28° 50′ 48″	53° 57′ 5″	28° 40′ 30″
Hitzacker	D.gl.	53° 8′ 59″	28° 47′ 40″	53° 45′ 10″	28° 37′ 30″
Lauenburg	Desgl.	53° 22′ —	28° 17′ 3″	53° 48′ 23″	28° 7′ —
Lüneburg	Desgl.	53° 15′ 7″	28° 4′ 37″	53° 54′ 15″	27° 59′ —
Uelzen	D.sgl.	52° 57′ 50″	28° 11′ 2″	52° 4′ 59″	28° 9′ 42″
Celle	Ende Ortsbest.	52° 47′ 27″	27° 12′ 51″	52° 58′ 37″	27° 41′ 29″
Helmstädt	M. Corr. X. Bd.	52° 3′ 45″	28° 41′ —	52° 8′ 15″	28° 48′ 22″
Braunschweig	Desgl.	52° 15′ 45″	28° 12′ 12″	52° 45′ 16″	28° 0′ 19″
Göttingen	Wurm. Liecht. A. A. G. E. IV. Bd.	51° 31′ 58″	27° 35′ 40″	51° 12′ 32″	27° 35′ 12″
Hannover	C. d. T.	52° 22′ 18″	27° 24′ 15″	52° 30′ 21″	27° 21′ —

Aus diesem kleinen Auszuge ergiebt sich, dafs mehr
in der geographischen Länge als Breite gefehlt ist; ferner dafs, je mehr die Orte südlich liegen, je richtiger
ihre geographische Lage ist, nördlich, und besonders
im nördlichen Theil des *Elb*- und *Aller*-Departements
die Fehler, besonders in den geographischen Längen,
am gröfsten sind.   Da die Länder des ehemaligen Kurfürstenthums *Hannover* nach der topographischen Aufnahme, die angränzenden Länder aber aus anderen Charten (deren wir indessen noch keine ganz richtige besitzen) eingetragen sind, so ergiebt sich hieraus leicht
der Grund der, in dem ersteren Theile im Ganzen rich-
tigeren, Lage der Orte.

Zum Beweise der zweiten Behauptung wollen wir
ebenfalls einige Specialia ausheben.   Wir nehmen zu
dem Ende die vierte Section zur Hand.   Hier fehlt in.
dem Canton *Gifhorn* des Districts *Celle* im *Aller*-Depar-
tement, das Forsthaus der *Dragen*, das Vorwerk *Exberg*,
und das *krumme Haus* unweit *Kästorf*.   Das auf der
Charte *Rebbeck* benannte Dorf heifst *Repke*. — In dem,
westlich des vorigen Cantons liegenden, Canton *Wienhau-*
sen desselben Districts und Departements fehlen die
Dörfer *Burg*, *Katzhorn* und *Seelhop*; ferner der *Krops-*
hof bei *Alten-Zelle*; die beiden kleinen Dörfer *Paul-*
mans und *Fernen Habighorst*, sind unrichtig *Paulmans*
und *Fernen Havekost* benannt.   Unter dem Dorfe *Lang-*
lingen findet man zwei Worte: *In dem*, ohne weiteres
Orts- oder anderes geographisches Zeichen, so dafs man
sich die Bedeutung desselben nicht erklären kann.

In dem, südwestlich des vorigen liegenden Canton
Burgdorf (auf der Charte heifst der Canton *Burgdorf*,
die Stadt aber *Burgtorf*) fehlt das Dorf *Klein Steinwe-*
del, der *Oehlzengarten*, der *Dellinghausgarten* bei *Ahr-*
beck, das *Forsthaus* unweit *Immensen*, und die *Walk-*
mühle; bei der *Knopsberger* Mühle fehlt der Name; unrichtig sind die Orte *Calshorn*, *Röddersen*, *Schillerschla-*
ge und *Diepenauer* Mühle, als *Colshorn*, *Rödensen*,
Schildersage und *Depenau*-Mühle beschrieben.

In dem Canton *Bergen*, nördlich von *Celle*, fehlt das

kleine Dorf *Hope*; die Orte *Hasselhof, Dageförde, Bol-
lersen, Offen, Guenhof,* und der einzelne Hof *Hielster,*
sind unrichtig *Hasselhorst, Bellersen, Offensen, Baeren-
hof* und *Hister* benannt.

Die District·Gränze zwischen dem District *Salzwedel*
und *Neu-Haldensleben* ist ganz unrichtig gezogen; diese
geht weit mehr nördlich, und durch diesen Fehler sind
die Cantons *Zichtau, Miesie,* Stadtcanton *Gardelegen,* und
ein Theil des Landcanton *Gardelegen,* welche zum District *Neu Haldensleben* gehören, unrichtig zum District
Salzwedel gezogen. Es ist möglich, dafs dies nur ein Il-
luminir Fehler ist, da die Districts- und Cantonsgränzen
aufser der Illumination nicht verschieden sind; indefs da
wir 2 Exemplare der Charte vor uns liegen haben, auf
welchen beiden dieser Fehler ist, so müssen wir auch
hieran zweifeln.

Wir gehen zur Veränderung zu der, westlich an der
vorigen stofsenden dritten Section über, um auch hier
einige Data für unsere Behauptung herauszuheben.

In dem Canton *Osterwald* des Districts *Hannover* im
Aller-Departement, fehlen die Dörfer *Bafsriede* und
Vor-Neustadt; die Orte *Averhoy, Otterhagen* und *Meyen-
feld,* heifsen auf der Charte *Overheg, Otternhagen* und
Meinfeld.

Im Canton *Gehrden,* südlich des vorigen, ist Canton
und Cantonal·Hauptort unrichtig *Gerden* benannt; es
fehlen das Dorf *Altenhof* und die *Grims-Mühle,* der Ort
Egestorf ist zweimal vorhanden, wovon der eine bei Sor-
sum *Evestorf* heifst.

Im Canton *Rodenberg,* westlich des vorigen, fehlt
das Salzwerk *Masch,* das Vorwerk *Oelbergen,* und das
Landgut *Bodenengen.* Die Orte *Sooldorf, Rhaden, Rheins-
dorf, Rheinsdorfer Landwehr, Apelern, Algesdorf* und
Wattringhausen, sind unrichtig als *Salzdorf, Rahen,
Reindorf, Landwehr, Aplern, Algestorf, Waltringhausen*
angegeben.

Auch aus der sechsten Section wollen wir einige Belege des Gesagten ausheben.

In dem Canton *Salzgitter,* des Districts *Goslar,* vom
Ocker-Departement, ist die Stadt *Salzgitter,* und zu-

gleich Cantons-Hauptort, als Dorf (ohne Kirche) angegeben, dagegen das bei der Stadt liegende Salzwerk
Salzliebenhall als Stadt selbst angegeben; dagegen fehlt
das Dorf *Gitter am Berge*, welches an der Stelle liegt,
wo auf der Charte *Salzgitter* steht.

Die Stadt *Dardesheim*, im Canton gleiches Namens,
im *Saal*-Departement, heifst auf der Charte *Darelsheim*.

Wir würden unsere Leser ermüden, wenn wir fort-
fahren wollten, alle die einzelnen Fehler in der Orthographie sowohl, als in der theils unrichtigen, theils
ausgelassenen Angabe vieler Orte, auf der Charte aufzu-
führen; es wird schon an Obigem genügen, um unsere
Leser von der Wahrheit unsers Urtheils zu überzeugen;
wir können indessen versichern, dafs wir nur in wenigen Theilen der Charte eine vollkommene Uebereins-
stimmung mit den neuesten *Hasselschen* statistischen
Tabellen von *Westphalen* gefunden haben, die wir doch,
besonders in Rücksicht der Rechtschreibung, als richtiger annehmen müssen. Bei den mehresten Fällen sieht
man leicht ein, dafs nur der Stecher sich durch seine
Fehler zu verewigen gesucht hat; indessen macht doch
die Menge dieser, wenn auch zuweilen nur unbedeutenden orthographischen Fehler, für die Beurtheilung
derjenigen Theile der Charte, deren Richtigkeit man
ohne ganz genaue Specialkenntnifs nicht so genau zu beurtheilen im Stande ist (wie z. B. Einzelheiten des Terrains) eine ungünstige Wirkung.

Um die grofsen Verdienste des Stechers um diese
Charte noch etwas besser ans Licht zu bringen, mögen folgende Bemerkungen dienen. Vorzüglich schlecht
sind Berge und Gewässer gearbeitet; erstere scheinen,
so wie beinahe die ganze Charte, nur radiert zu seyn;
vor Allen ist die Bearbeitung und die Haltung des *Harzgebirges* schlecht gerathen, der *Brocken* sieht eher einer
vielfüfsigen Spinne, als einem Berge ähnlich. Die
Flüsse sind da, wo sie nicht breit sind, herzlich
schlecht, mit, dem Laufe derselben parallelen, Strichen
schraffirt, sobald sie aber etwas breit werden, wie z. B.
auf der ersten und zweiten Section, hat der Stecher sie,
beliebiger Kürze halber, mit Horizontalstrichen schraf-

firt (wie man sonst wohl stehende Gewässer bearbeitet).
Die Bäche sind so hölzern und steif, und manchmal so
gerade und dünne, dafs man sie oft für Wege hält: oft
verschwinden sie auch plötzlich von der Erde, wie z.
B. der Bach im Canton *Rotgersbüttel* auf der vierten
Section, der vom *Massel* Busche bis zum Dorfe *Ribbet-
büttel* läuft, hier aber aufhört, obgleich er kurz vorher
bei dem Forsthause *Druffelbeck* eine Mühle treibt. Dies
Phaenomen ist schwer zu erklären, kommt indessen
noch mehrere Male in der Charte vor, z. B. bei dem
Dorfe *Barmcke* nördlich von *Helmstädt*, wo der Bach bei
diesem Dorfe, wo er ebenfalls eine Mühle treibt, auf
einmal sein Ende nimmt. Derselbe Fall findet sich
beim Dorfe *Harber* im Canton *Fallingbostel*, wo ein, eine Mühle treibender, Bach plötzlich aufhört.

Eine Unvollkommenheit der Charte ist auch die,
dafs die wenigsten Bäche benannt sind, obgleich oft
Raum genug da wäre, den Namen zehnmal anzubringen. — Wie viele Aufmerksamkeit der Stecher auf die
Richtigkeit seiner Schrift verwendet hat, erhellet aus
zwei auffallenden orthographischen Fehlern in dem
französischen Titel, wo er *Krushsvic* statt *Brunsvic*, und
Françoir statt *François* hineingestochen hat; und es ist
viel, dafs auch diese beiden, so hart in die Augen fallenden, Fehler der Correctur entgangen sind.

Weniger wird dies jedoch dem genauen Untersucher
der Charte auffallen, wenn er erst gefunden haben wird,
wie schlecht die Graduirung derselben gerathen ist. Die
Meridiane sind nämlich von 10 zu 10 Minuten gezogen,
die Theile auf den Parallelkreisen differiren indessen
nicht selten bis ⅓ Z ll von einander. Doch auch dies
nimmt uns nicht Wunder, wenn man gewahr wird, in
welchen zickzackförmigen Linien die Meridiane über die
Charte herablaufen; am auffallendsten ist dies am südwestlichen Rande der zweiten, und am nordöstlichen der
sechsten Section, wo die Meridiane so sehr von der geraden
Linie abweichen, dafs der dadurch gebildete Winkel beinahe 3 Grad beträgt; auf eine völlige Genauigkeit war also
bei den oben aus der Charte abgenommenen Längen und
Breiten einiger Orte gar nicht zu rechnen. —

Wir glauben jetzt genug zur richtigen Beurtheilung dieser Charte gesagt zu haben; unsere Leser, denen sie zu Gesichte kommen sollte, werden es bei genauer Prüfung mit uns bedauern, dafs die Herausgeber
dieser theuern Charte den Stich keinem besseren Künstler anvertrauten. Die Kosten würden nicht bedeutend,
der Gewinn indefs in jeder Rücksicht bei weitem grös-
ser gewesen seyn.

2.

Chorographische Kaart van Holland
vereenigd met het Fransche Ryk. (Cho-
rographische Charte von dem mit dem Fran-
zösischen Reiche vereinigten Holland. Unter
dem Rande: Dépôt generaal van Oorlog (Ge-
neral-Kriegs-Dépôt.) No. I. II. III. u. IV.

Endlick können wir die wirkliche Erscheinung der
ersten vier Blätter dieser, auf astronomische Bestimmungen und trigonometrische Vermessungen gegründe-
ten grofsen und sehr schätzbaren, Charte von *Holland,*
die unter der Leitung und persönlichen Theilnahme des
Herrn Generals *von Krayenhof* an den Vermessungen
und der Aufsicht auf Zeichner und Stecher, veranstaltet
wurde, anzeigen. Man sehe über dieselbe deren Ankündigung in den *A. G. E.* Bd. XXXII, S. 85 f., und das
dazu gehörende *Tableau d'Assemblage,* welches dem
Maistücke der *A. G. E.* von 1810 beigefügt ist.

Die ganzen Sectionen, — denn es giebt auch halbe
und kleinere, wie erwähnte Uebersichtscharte zeigt, —
sind innerhalb dem Gradrande 29 Par. Zoll 7 L. hoch,
und 31 P. Z. 8¼ L. breit. Der Maasstab ist 5 Uuren
Gaans $=$ 7380 Rh. Rhoeden (oder: 5 Stunden Gehens

= 7380 Rh. Ruthen) = 8$\frac{3}{4}$ Par. Zoll oder 1 geogr. M.
= 2 P. Z. 5$\frac{1}{2}$ L. Dieser Maasstab war grofs genug, um
etwas ausgedehnte Dörfer im Grundrisse auf die Charte
niederzulegen. Allein sämmtlich sind sie nur durch
kleine Thürmchen angedeutet, deren Basis ein kleiner
Zirkel mit einem Mittelpuncte ist. Da sich in dem
Grundrissen der Städte ähnliche kleine Kreise finden,
so bezeichnen diese unstreitig den Punct des Ortes oder
der Stadt, für die seine Länge und Breite ausgemittelt ist.
Alle andere Situation ist sehr brav gerathen, und auch
der Stich empfiehlt sich durch Eleganz und Deutlichkeit.

No. 1. Die südwestlichste Section dieser Charte
geht von 51° 10' bis 52° N. Br., und von 20° 45' bis 22°
12' 40'' Oestl. L. *), und stellt das ganze Departement
Zeeland und Theile der Departements *Maasland*, *Brabant*, der *Lys*, der *Scheldt* und der beiden *Nethen* vor.
Da sich diese Charte auf trigonometrische Messungen,
mit Zuziehung astronomischer Beobachtungen gründet, so
folgt hier ein Verzeichnifs der Längen und Breiten mehrerer Orte, wie solche auf die Charte niedergelegt sind,
wobei jederzeit der Punct gemeint ist, der sich im
Centro des kleinen Kreises, der nicht nur in dem
Grundrisse gröfserer Orte, wie *Brügge*, *Antwerpen* u.
s. f., sondern auch bei vielen Dörfen angemerkt ist, befindet.

O r t e.	Oestl. L.			N. Br.		
	°	'	''	°	'	''
Rotterdam	22	8	56	51	55	20
Brielle	21	49	35	51	55	37
Helvoetsluis	21	47	40	51	49	29
Brouwershaven	21	34	55	51	43	42
Zierickzee	21	34	44	51	39	10
Klundert	21	11	50	51	40	0

*) Den ersten Meridian 200 westlich von Paris gesetzt. Die
Charte zählt vom Pariser Meridian an.

Orte.	Oestl. L.			N. Br.		
	o	'	"	o	'	"
Steendam	21	59	5	51	35	20
Westcapelle	21	6	40	51	31	55
Middelburg	21	16	42	51	30	9
Arnemuyden	21	20	28	51	30	6
Goes	21	33	35	51	30	15
Tholen	21	53	12	51	31	50
Vlifsingen	21	14	45	51	26	36
Rozendaal	22	7	15	51	32	0
Bergen op Zoom	21	57	10	51	29	44
Sandvliet	21	58	15	51	21	35
ter Neuse	21	29	50	51	20	5
Damme	20	56	45	51	15	10
Sluis	21	3	18	51	18	36
Aardenburg	21	6	45	51	16	20
Yzendyke	21	17	0	51	19	15
Biervliet	21	21	17	51	19	47
Philippine	21	25	30	51	16	50
Axel	21	34	30	51	16	5
Hulst	21	43	15	51	16	54
Antwerpen	22	3	52	51	13	22
Saas van Gent . . .	21	28	20	51	13	47
Brügge	20	53	18	51	12	38

No. II. geht von 52° bis 52° 50′ N. Br. Die Länge ist wie bei No. I. Dies Blatt ist fast ganz leer, und enthält nur in der südöstlichen Ecke einen kleinen Theil der N. N. Westküste Holland's. Den übrigen Raum nimmt die Nordsee ein. Die Küste erstreckt sich südlich von ter Heide bis nördlich über Zandvoort hinaus, und in einiger Entfernung von der, durch Sanddünen

gegen die Ueberschwemmungen der Fluth gesicherte Küste, liegen *Delft*, *den Haag* und *Leyden*. [1]

Folgendes sind einige, aus diesem Blatte entnommene,
Längen- und Breiten-Bestimmungen.

Orte.	Oestl. L.			N. Br.		
	°	′	″	°	′	″
ter Heide	21	50	0	52	1	54
Scheveningen	21	50	6	52	0	33
Delft	22	1	30	52	0	49
den Haag	21	58	25	52	4	45
Leyden	22	9	20	52	9	26
Zandvoort	22	11	26	52	22	27

No. III. ist das Titelblatt.

No. IV. schliefst sich westlich an *No. I.* an, und
geht von 22° 12′ 40″ bis 23° 40′ 15″ Oestl. L., und von
51° 10′ bis 52° N. Br. Sie stellt folgende Gegenden und
Bezirke dar. *Rotterdam, Krimpener Waard, Vyfheeren-
landen, Neder- en Over-Betuwe, Kwartier van Nymegen,
Land tuschen Maas en Whaal, Thieler Waard, Alblasser
Waard, Kwartier van Dordrecht, de Biesbosch, het Berg-
sche Veld, het Land van Altena, Bommeler Waard, Maasland, het Land Ravenstein, het Ryk van Nymegen, Lan-
gestraat, Kwartier van Bosch, het Land van Kuik, de
Peel, Kwartier van Breda, Kwartier van Eyndhoven,
Theile der Departements der beiden Nethen, der Rhein-
mündungen und der Niedermaas.*

Folgende Längen- und Breiten-Angaben sind aus
diesem Blatte genommen.

O r t e.	Oestl. L.			N. Br.		
	°	′	″	°	′	″
Schoonhofen	22	30	50	51	57	0
Nieuwport	22	32	18	51	56	25
Kuilenburg	22	53	45	51	57	28
Vianen	22	45	30	51	59	40
Rhenen	23	13	45	51	57	25
Arnhem	23	44	26	51	58	40
Leerdam	22	44	28	52	53	30
Asperen	22	46	30	51	52	55
Heukelum	22	44	28	51	52	28
Thiel	23	5	45	51	53	0
Nymegen *)	23	31	28	51	50	45
Dordrecht	22	19	27	51	48	54
Gorinchem	22	38	15	51	49	50
Woudrichem	22	40	0	51	49	0
Bommel	22	54	40	51	48	50
Osch	23	11	0	51	46	10
Grave	23	24	0	51	45	30
Kranenburg	23	39	50	51	47	12
Gennep	23	38	5	51	42	12
den Bosch **)	22	58	27	51	41	34
Heusden	22	48	10	51	44	4
Gertruidenberg	22	31	39	51	32	5
Breda	22	26	9	51	35	23
Osterhout	22	31	20	51	39	0
Boxtel	22	59	15	51	35	28
Gemert	23	20	33	51	33	30
Overloon	23	36	45	51	34	28
Helmond	23	19	25	51	29	4

*) Nimwegen.

**) Herzogenbusch.

O r t e.	Oestl. L.			N. Br.		
	°	′	″	°	′	″
Eyndhofen	23	8	25	51	25	26
Brecht	21	16	55	51	22	0
Hogsträten.	22	25	28	51	24	26
Weert	23	22	5	51	15	4
Hamont	23	12	25	51	15	6
Herenthals	22	30	0	51	10	12
Turnhout	22	36	35	51	19	34
Roermond	23	39	36	51	12	35

Vergleicht man diese Längen und Breiten der Orte auf der Charte mit den im VIII. Bande der *Monatl. Correspondenz* vom Herrn General *v. Krayenhof* selbst mitgetheilten Bestimmungen, so findet sich zwischen letzteren und deren Niederlegung auf der Charte völlige Uebereinstimmung.

Gewifs wird jeder Freund der Erdkunde mit uns wünschen, dafs die Herausgeber der folgenden Sectionen dieser schätzbaren Charte, die unstreitig die vorzüglichste von allen, bisher über *Holland* erschienenen ist, baldigst erfolgen möge.

———

3.

NORDMANN, *A. P. H., nouvelle Carte des Postes des états les plus fréquentés de l'Europe, limitée par les villes de Paris, Londres, Hambourg, Danzig, Odessa, Constantino-*

ple, Naples etc, avec le supplement jusqu'à
Petersbourg, Moscou, Madrit et Stockholm.
Vienne, chez Artaria et Comp., Mannheim,
chez Domenico Artaria, Milan, chez Ferd.
Artaria. 1812. 4 *Bl.*

Diese Charte hat zusammengestoßen 33 Par. Z. 8 L.
Höhe, und 44 Z. 6½ L. Breite.   Der Maasstab ist 2½ P.
Z. auf 1° der Breite.

Sie geht im Westen bis *Orleans* und *London*, nördlich bis *Schleswig* und *Tilsit*, östlich bis *Kiew* und *Kon-
stantinopel*, südlich bis *Neapel* und *Salonik*. Auf dem
west- und östlichen Rande der Charte sind Streifen angebracht, auf denen die Straßen von *Orléans* nach *Madrid*, von *Montpellier* und von *Barcellona* eben dahin,
von *Kowno* (*Kauen*) nach *Petersburg*, und von *Wilna*
nach *Moskw*, mit ihren Stationen angegeben sind.
Die Straße von *Barcellona* nach *Madrid* möchte wohl
aber nicht so schnurgerade laufen.   Auch ist es fehlerhaft, daß deren Richtung im Ganzen nicht durch Angabe der Weltgegenden mittelst einer Nordnadel orien-
tirt ist. Eine Unwahrheit des Titels ist, daß sich auch
eine Reiseroute nach *Stockholm* auf derselben befindet,
von welcher gar nichts zu sehen ist.

Sie stellt übrigens das mittlere *Europa* nach seiner
dermaligen politischen Eintheilung vor.   Man übersieht
Oesterreich's Verlust durch den *Wiener* Frieden; den
Umfang der Rheinischen Conföderation, die Einverleibung von einem beträchtlichen Theile Nordwest-Teutsch-
land's in das französische Kaiserthum, und den dermaligen Umfang des Herzogthums *Warschau*.

Bei den russischen Straßen ist die Entfernung von
einer Station zur andern in Zahlen der Werste beigesetzt.

Der Stich ist nur mittelmäßig, und auch bei dem
flüchtigsten Ueberblick entdeckt man viel orthographi-

sche Fehler, als: *Novigrad-Wolinek, Gitomir, Konigs-
berg, Tilsit, Vesprun, Giugiuo, Sabaez, Göthen, Losan-
ne,* statt Nowgorod-Wolünskoi, Shitomir, Königsberg,
Tilsit, Veszprin, Giurgewo; Szabacz, Köthen, Lausanne.
Da übrigens auf dieser Charte, wo es angieng, die
französische Sprache gebraucht ward, warum liest man
denn in Italien *Firenze, Venezia, Torino, Napoli* u. s. f.?

4.

*R E Y M A N N 's, D. G., Karte von Esthland,
Livland, Curland und Semgallen.
Auf den Grund des grofsen Atlasses von Rufsland in 107 Blättern und nach anderen zuverlässigen Handzeichnungen und Materialien
auf IV Blättern entworfen und gezeichnet.
Berlin, 1802.*

Diese 27 Pariser Zoll hohe, und 32½ dergl. breite
Charte stellt die Erdoberfläche von 31° 10′ bis 45° 48′
östl. L., und von 55° 58′ bis 60° 48′ nördl. Br. auf dem
mittleren Meridian nach einem Maasstabe von 1⅜ Par.
Z. für 5 geogr. Meilen vor. Der Stich ist sehr gut und
deutlich gerathen, und das Wasser durch blaue Illumination angedeutet, welches bei Küsten, die durch so
zahlreiche Klippen und Scheren umgeben sind, wie die
Finländischen und die der Ålands-Inseln weit mehr
Deutlichkeit giebt, als die auf Landcharten gewöhnliche
Bezeichnungsart des Meeres, durch den Küsten parallel-
laufende oder auf ihnen horizontalstehende Linien es
gestattet. Aufser den, auf dem Titel genannten, Ländern
begreift die Charte noch die Küsten *Schweden's,* von

Gefle bis zur Insel *Malmö*, eines Theils der Insel *Öland*, und der Insel *Gotland*, nächst dem die Ålands- (nicht *Alands*) Inseln, und die Finländischen Küsten von *Sundsholm* über Åbo (nicht *Abo*) bis *Sjakaiwi.* Im Innern der letzteren Inseln und von *Finland* sind, da beide neuerlich dem Russischen Reiche einverleibt wurden, viele Orte angegeben. Auch sind die Haupt- und Nebenstrafsen auf der Charte angemerkt, die übrigens sehr vollständig an Orten und anderen topographischen Gegenständen ist, und daher sehr gut dient, von einem Theile der Gegenden, in denen gegenwärtig der Krieg geführt wird, den Zeitungslesern eine deutliche Ansicht zu geben. Zu einer vollständigen Charte, auf der man die dermaligen Kriegsoperationen übersehen könnte, ist sie aber bei weitem nicht hinreichend, obgleich in jeder anderen Hinsicht sehr zu empfehlen.

Folgende Vergleichung der Längen und Breiten mehrerer, auf dieser Charte niedergelegten Puncte mit anderen guten Bestimmungen derselben, wird dienen, in Hinsicht ihrer Richtigkeit ein Urtheil über sie zu fällen.

Orte	nach der Charte			nach and. Bestimmungen			Quellen der letztern.
	W. (° ′)	L.N. (° ′)	Br. (° ′)	W. (° ′)	L.N. (° ′)	Br. (′)	
Åbo	39 54	60 50	40 30	39 55	60 27	7	Prosperin Par. Läng.-Bureau.
Dagerort, C.	39 50	58 0	39 6	39 49	58 50	0	Ch. von Rufsl. in 12 Blättern.
Dorpat	44 29	58 28	6 44	44 22	55 2	30	Bode's J. B. 1792. *Hallström.*
Gefle	34 39	60 40	34 0	34 48	60 49	43	A. G. E. IX.
Hapsal	41 14	58 56	0 41	41 18	68 53	45	Bode's IVter Suppl. B.
Höberg, S.C. v. *Gotland*	35 44	56 30	20 35	50 45	56 55	7	Ch. von Rufsland in 12 Bl.
Liebau	38 34	56 10	0 38	35 15	56 31	36	*Textor.*
Memel	38 45	55 0	0 41	45 5	55 42	15	
Mitau	41 23	56 39	30 45	23 0	56 39	10	Petersburger Kalender.
Narva	45 42	69 42	30 34	54 15	59 22	53	*Hallström. Schulten.*
Nyköping	34 41	58 44	15 39	39 18	58 45	24	Bode's Jahrb. 1792.
Oregrund	35 58	45 0	36 6	6 15	60 20	45	*Mellin.* Pet. Kal.
Pernau	42 17	58 23	30 41	41 16	58 22	29	Petersb. Kal.
Reval	42 26	59 26	30 42	42 25	59 26	32	—
Riga *)	41 42	56 56	30 41	47 30	56 56	31	Bode's IVter Suppl. Bd.
Södertelje	35 17	59 10	20 35	15 5	59 12	10	—
Trosa	35 12	58 53	30 35	15 37	58 55	50	Conn. d. T.
Upsal	35 16	59 24	15 35	18 45	59 51	30	Petersb. Kal.
Windau	39 3	57 20	50 39	3 15	57 25	15	Bode's IVter Suppl. Bd.
Wisby	36 6	57 38	0 36	6 15	57 39		

*) Nach der Conn. des Tems liegt Riga unter 41° 42′ 15″ O. L. Also mit kleinem Unterschied wie auf der Charte.

5.

Charte von dem Herzogthum G o t h a *und dem
Fürstenthum* E i s e n a c h. *Nach Originalquel-
len entworfen von Fr. W.* S T R E I T, *und gezeichnet von H. v.* R H E I N. *Weimar, im Verlage des geograph. Instituts.* 1812.

Es bedarf wohl keiner Auseinandersetzung, wie angenehm sowohl dem geographischen Publicum im Allgemeinen, als auch besonders allen Bewohnern eines kleineren Staates, die Erscheinung einer genauen, und in
jeder Rücksicht vollständigen Charte ihres Vaterlandes
seyn muſs, besonders wenn die Besitzungen desselben
zerstreut und nicht zusammenhängend liegen, und daher
die richtige Angabe der Gränzen desto schwieriger und
weitläuftiger wird. — Das *geograph. Institut* hat sich
durch Herausgabe obiger Charte ein neues Verdienst er-
worben, und dadurch wieder eine Lücke in dem Theile
der darstellenden Geographie gefüllt, in der noch so
viel zu thun übrig ist.

Gedachte Charte ist ganz in dem Formate und nach
dem Maasstabe, wie die früher erschienene Charte des
Herzogthums *Weimar* und des *Erfurtschen* Gebietes (deren Reoension im 2ten Stück des XXXV. Bandes unserer
A. G. E. geliefert worden) gearbeitet, und steht ihr an
innerem Gehalte gewiſs in keinem Stücke nach. Die
Gränzen sowohl der beiden Hauptländer mit ihren zerstreut liegenden Parzellen und Enclaven, als auch aller
angränzenden Länder, soweit die Charte reicht, sind
auf das genaueste angegeben, und durch Illumination
herausgehoben, welches hier um so willkommener ist,
da auf diese einzige Charte Theile von neun verschiedenen Ländern fallen. Die auſser dem Umfange
der Charte fallenden Aemter *Volkenrode* (Herzogl. Go-

thaisch) und *Ostheim* (Fürstl. Eisenachisch), und ein
Theil des F. Eisenachischen Amtes *Kalten - Nordheim*,
sind in zwei Cartons besonders angebracht.

Die Bearbeitung der Charte ist übrigens nach eben
den Grundsätzen, wie die der Charte von *Weimar* und
Erfurt, geschehen. Die Städte sind mit ihren Grundrissen, die Dörfer indessen nur durch kleine Kreise bezeichnet. Die Bergzeichnung ist so vollkommen, als es
der Maasstab und die gewählte Bezeichnungsart (mit
den gewöhnlichen Schwungstrichen) nur zuläfst, und
besonders interessant, da auf die Charte ein grofser
Theil des Thüringer Waldgebirges fällt. Sie kann in
dieser Rücksicht sehr gut als ein militärischer Plan betrachtet, und nöthigen Falls auch dazu benutzt werden.

Allen Geschäftsmännern in beiden, auf dieser Charte
dargestellten Ländern, ist dieselbe besonders zu empfehlen, und da sie auch alle Poststrafsen und Poststationen enthält, kann sie zugleich als Postcharte beider
Länder angesehen und benutzt werden.

Der Stecher hat ebenfalls dazu beigetragen, um
auch seinerseits dieser Charte gleichen Werth wie ihrer
Nachbarin zu geben.

A.

VERMISCHTE NACHRICHTEN.

I.

Uebersicht der Canäle von Frankreich. *)

Obgleich in *Frankreich* bereits unter der königlichen Regierung mehrere grofse und bewundernswürdige Canäle zu Stande gekommen sind, so macht doch *Napoleon's des Grofsen* Regierung auch von dieser Seite Epoche, und nur seinem schöpferischen Geiste konnte es gelingen, mit kluger Wahl so viel beträchtliche Arbeiten der Art auf einmal zu unternehmen, und rastlos mit der Ausführung derselben fortzuschreiten. Folgende

*) Wir gaben zwar schon im Maihefte unserer A. G. E. S. 109 eine kurze Notiz von den neuen franz. Land - und Wasserstrafsen aus Hrn. Courtin's interessantem Werke, welches vor kurzem unter dem Titel: Travaux des Ponts et Chaussées depuis 1800, ou tableau des constructions neuves faites sous le régne de Sa Majesté, en routes, ponts, canaux et des travaux entrepris pour la navigation fluviale, les desséchemens, les ports de commerce etc. par M. Courtin, sécrétaire-général de la direction générale des Ponts et Chaussées. Paris, 1812. 8. zu Paris erschien. Da aber eine ausführlichere Uebersicht der sämmtlichen Canäle von Frankreich unseren Lesern gewifs sehr interessant und willkommen seyn wird, so liefern wir hier einen vollständigen Auszug aus gedachtem Werke über diesen Gegenstand.
                                                    D. H.

Uebersicht dessen, was in älteren und den neuesten Zeiten für die innere Wassercommunication in dem französischen Reiche geschehen ist, wird auch in geographischer Hinsicht nicht uninteressant seyn.

Von *Carl dem Grofsen* bis auf *Franz I.* scheint die Regierung der Binnenschifffahrt noch keine grofse Aufmerksamkeit gewidmet zu haben, oder diese blieb wenigstens ohne Erfolg. Späterhin war mehrmals von einer Verbindung der Meere und einer Communication des Nordens mit dem Süden, mittelst Vereinigung der *Saône* und *Loire* durch die Grafschaft *Charolais*, die Rede. *Adam de Crapont*, derselbe, dem man den nach ihm benannten Canal in der Provence verdankt, legte 1515 den Plan dazu vor, der unter *Heinrich II.* angenommen wurde, aber nach dem Tode seines Urhebers unausgeführt blieb. Unter *Carl IX.* wurde vorgeschlagen, die *Saône* mit der *Seine* über *Dijon* unmittelbar in Verbindung zu setzen, welches nützlicher für Frankreich als die Verbindung der *Saône* mit der *Loire* sey, aber dieser Plan hatte kein besseres Glück als der vorige; die Unglücksfälle unter dieser Regierung erlaubten nicht, sich damit zu beschäftigen. Unter *Heinrich IV.* wurden mehrere grofse Communicationen auf die Bahn gebracht. Man fieng zur Verbindung der *Seine* und *Loire* den Canal von *Briare* an, welcher unter seinem Nachfolger zu Stande kam. *Ludwig XIV.* baute den Canal von *Languedoc*, dessen ganze Wichtigkeit er einsah, ohne sich durch die Schwierigkeiten in der Ausführung abhalten zu lassen, die seine Vorgänger daran verhindert hatten. Der Ocean wurde mit dem Mittelländischen Meere verbunden, und dieses grofse Werk öffnete nicht nur dem Handel beider Meere eine neue Strafse, sondern erhöhte auch die Industrie der angränzenden Provinzen durch den erleichterten Absatz ihrer Producte. Unter dieser Regierung wurde auch der Canal von *Orléans* gebaut, der ein wenig oberhalb dieser Stadt anfängt, und in den Flufs *Loing* ausgeht. Der Regent hatte vor, einen Canal anzulegen, der von dem Meere bei *Saint-Thomas* in der Nähe von *Marseille* ausgehe, und auf der einen

Seite nach *Avignon*, auf der anderen nach *Donzere*, in
der Dauphiné, führen sollte. Im Jahre 1724 ergieng ein
Edict wegen Vereinigung der *Somme* und *Oise* mittelst
eines Canals. Eine Gesellschaft unternahm die Anlage
desselben gegen einige Bewilligungen und ein Zollprivi-
legium; aber als es zur Ausführung kam, geschah wenig. Mehrere Staatsraths-Decrete erlaubten unter derselben Regierung die Anlegung von Canälen Privatge-
sellschaften, die aber, aus Mangel an Hülfsmitteln, die
Bedingungen nicht erfüllen konnten, zu welchen sie sich
selbst anheischig gemacht hatten. Auch wurden um
diese Zeit mehrere Projecte zu Verbindungscanälen zwischen dem *Rhein* und der *Rhone*, der *Oise* und *Schelde*,
den Flüssen *Sevres*, *Thoré* und *Vendée* in Nieder-Poitu
in Vorschlag gebracht. Unter der letzten Regierung
wurde der mittlere Canal (*canal du centre*) 1782 angefangen, und 1791 beendigt. Er hat seinen Ursprung bei
Dijon, geht über *Monial* u. s. w., und nimmt seinen
Ausfluss in die *Saône* bei *Châlons*. Er hat 81 Schleus-
sen, und verbindet die mittäglichen Provinzen mit der
Hauptstadt, durch die *Rhone*, *Saône*, *Loire*, den Canal
von *Briare* und die *Seine*. Mehrere andere in Vorschlag
gebrachte Canäle, unter andern von *Nantes* nach *Brest*,
der, besonders im Fall eines Seekrieges, grossen Nutzen
stiften sollte, kamen nicht zur Ausführung. Andere waren nur Bewässerungs- oder Entwässerungs-Canäle, dergleichen in dem ehemaligen *Brabant* vorkommen.

Die Canäle, welche sich in den neuen Departements
vorfanden, und von ihrer ehemaligen Regierung her-
rührten, dienten nur zur Erleichterung der S..chiff-
fahrt, oder zur Herstellung nothwendiger Verbindungen,
jedoch nur auf kurzen Strecken, daher als bedeutende
Arbeiten der Art aus den früheren Jahrhunderten im
französischen Reiche nur der Canal von *Briare*, der
mittägliche, der von *Orléans* und der mittlere Canal
angesehen werden können. Mehrere andere, die vor
dem laufenden Jahrhunderte unternommen und angefangen, aber erst unter der gegenwärtigen Regierung voll-

endet worden sind, finden deshalb unter den neueren Canälen ihre Stelle.

Diese sind vorzüglich:

I. *Der Canal von St. Quentin*, veranlaßt durch ein Edict vom März 1724. Ein Theil davon wurde damals ausgeführt, und die Verbindung zwischen *Chaulny* und *Saint-Quentin* durch den sogenannten Canal von *Crozat* hergestellt; aber in diesem Zustande blieben auch die Arbeiten bis zum Anfange dieses Jahrhunderts liegen. Auf der Reise, die der Kaiser 1801 vornahm, nahm er selbst die Lage und den Zustand des Canals von *Saint-Quentin* in Augenschein, und befahl, die alten Projecte über die Führung desselben von neuem zu untersuchen. Das Institut und eine Versammlung von Ingenieurs entschieden; man nahm eine neue Directionslinie an, und in dieser veränderten Richtung wurde nach siebenjähriger Arbeit der Canal eröffnet, der jetzt die *Somme* mit der *Schelde*, zwischen *Saint-Quentin* und *Cambray*, in einer Entfernung von dreizehn Lieues verbindet. Ausser dem Quellwasser erhält er sein Wasser von diesen beiden Flüssen. Obgleich er ungefähr schon 1809 beendigt war, so wurde er doch erst 1810 für die Schifffahrt eröffnet. Seit der Wiederaufnahme der Arbeiten hat er 10 Millionen Franken gekostet, und noch ist eine halbe Million nöthig, um ihn ganz zu vervollkommnen, und besonders zur Beendigung des unterirdischen Weges von *Riqueval*. Die Classe der Geschichte und Literatur des Instituts hat vier Inschriften, zwei in französischer und zwei in lateinischer Sprache verfaßt, von denen die französische auf der Seite von *Cambray* also lautet:

Napoleon, Empereur et Roi,
a terminé l'an 1809
le canal qui réunit la Seine à l'Escaut:
ouvrage commencé, repris et deux fois interrompu
sous les régnes précédens.

Da, wo der unterirdische Weg durch einen offenen Canal unterbrochen ist, werden an dem sich gegenüber

A. G. E. XXXIX. Bds. I. St. H

stehenden Aus- und Eingange des ersteren zwei andere
Inschriften angebracht werden. Die französische ist
folgende:

> *Napoleon, Empereur et Roi,*
> *pour rendre plus commode et plus salubre*
> *la navigation du canal de Saint - Quentin,*
> *a reduit à six mille huit cents mètres,*
> *les excavations souterraines*
> *portées à treize mille dans les plans*
> *de ses prédécesseurs.*

2. Der *zweite* Canal, der für die Hauptstadt von
grofser Wichtigkeit und Nutzen ist, ist der *des Ourcq.*
Mehrere Projecte dazu waren zu verschiedenen Zeiten
vorgelegt worden. Unter der vorigen Regierung wollte
man sich dazu des Flusses *Yvelle* bedienen, nach einem
späteren Vorschlag von *Bruslé* sollte das Wasser der
Beuvronne nach der Barrière *Saint - Martin* geleitet werden. Letzteren nahm die constituirende Versammlung
an, aber die Umstände gestatteten damals die Ausführung nicht. Endlich wurde durch ein Gesetz vom 19.
Mai 1802 verordnet, dafs das Wasser des *Ourcq*-Flusses
nach *Paris* in ein Bassin bei *la Villette* geleitet, und
aufserdem ein schiffbarer Canal eröffnet werden solle,
der von der *Seine,* bei der Bastei des Zeughauses aus,
in gedachtes Bassin und von da über *Saint-Denys* durch
das Thal von *Montmorency* gehen, und sich in den *Oise*-
Flufs bei *Pontoise* ergiefsen soll. Dieser Canal wird,
aufser dem Wasser des *Ourcq,* auch das der *Beuvronne*
aufnehmen, welches schon nach *Paris* geleitet ist, so
wie das der *Therouenne,* welches noch in diesem Jahre
dahin geleitet werden wird. Alle Theile desselben, so
weit er in der Ebene ausgegraben werden mufs, sind
zwischen *Lisy* und *Claye,* auf einer Länge von 9 Lieues
fertig, auch so weit Abtragungen vorzunehmen sind,
sind die Arbeiten auf einer Länge von drei und einer
halben Lieue weit vorgerückt; es bleibt daher nur noch
der Theil zwischen *Mareuil* und *Lisy* von vier und einer
halben Lieue übrig. Von der Aufnahme der *Beuvronne*

bis *Paris* ist der Canal auf einer Länge von sechs Lieues beendigt, es sind also im Ganzen fünfzehn Lieues fertig, drei und eine halbe Lieue in Arbeit, und vier und eine halbe Lieue noch ganz zu bauen übrig. Man hofft, in fünf Jahren damit zu Stande zu kommen, und schlägt die Summe aller Kosten nach Beendigung aller Arbeiten, mit Inbegriff der Wasserkünste bis zum Zeughause und *Saint-Denys*, auf 20 Millionen an. Zu den Vortheilen dieser trefflichen Unternehmung gehört die grofse Wasserversorgung der Hauptstadt, die, wie man behaupten will, dadurch mehr an Wasser empfängt, als dem alten *Rom* zugeführt wurde.

3. *Der Canal*, *der von Mons nach Condé geht,* wo er sich in die *Schelde* ergiefst, ist für den Transport der Steinkohlen aus dem ehemaligen *Brabant* von Wichtigkeit, und stellt mit *Paris* durch den Canal von *Saint-Quentin* eine Verbindung her. Er ist auf Befehl des Kaisers unternommen worden, schon sehr weit vorgerückt, und wird wahrscheinlich in zwei Jahren beendigt seyn.

4. *Der grofse nordische Canal,* der den *Rhein* mit der *Maas* verbinden sollte, ist liegen geblieben, seitdem der Kaiser die Fortsetzung des Canals von *Lübeck* nach *Hamburg* befohlen hat, der nun von der letzteren Stadt aus nach dem *Rhein* gehen, und diesen mit der *Ostsee* verbinden wird, welches jenen Canal unnütz macht.

5. *Der Canal von Sedan* setzt die *Ober-* und *Nieder-Maas* in Verbindung. Er wurde 1803 angefangen, und 1810 eröffnet.

6. *Der Canal von Bourgogné,* wurde in den beiden letzten Jahrhunderten entworfen, und mehrere Plane zur Ausführung gemacht. Diese wurden jedoch nicht eher ins Werk gesetzt, als bis *Colbert* sich 1764 damit beschäftigte. *Pertonet* und *de Chery* wurden mit dem Bau beauftragt, und fanden das Unternehmen möglich, wenn man die Flüsse *Ouche, Brame* und *Armançon* ver-

folgt, und den Punct der Wasservertheilung bei *Poully*
annimmt. Die Länge des Canals wurde auf 50 Licues
geschätzt, von *Saint-Jean-de-Losne* an, wo er von der
Saône ausgeht, bis *Brisson*, am Flufs *Armançon*, der
zwei Lieues vor seinem Einfall in die *Yonne* schiffbar
wird. Die Kosten wurden auf 20 Millionen berechnet.
Der Theil des Canals zwischen *Saint-Jean-de-Losne* und
Dijon ist jetzt beendigt, und die Schifffahrt auf demselben zwischen beiden Städten 1807 eröffnet. Der übrige
Theil wird in einigen Jahren beendigt werden.

7. *Der Napoleons-Canal*, der das Mittelländische
Meer mit der Nordsee durch die *Rhone* und den *Rhein*
in Verbindung setzt. Er war schon unter den beiden
letzten Regierungen zur Sprache gebracht worden, und
der Ingenieur *de la Chiche* hatte einen Entwurf zu seiner Ausführung gemacht, der angenommen wurde, nachher aber wieder liegen blieb. 1804 wurden die Arbeiten
auf Befehl der Regierung, nach einem Entwurf von *le
Liard*, wieder begonnen. Dieser Canal, der ehemals
den Namen des *Elsasser Canals* führte, fängt unterhalb
Dôle an der *Saône* an, und geht nach dem *Rhein* und
Strafsburg, wo er in den *Ill* fällt. Er hat den Zweck,
am *Rhein* den Transport der Producte, die auf diesem
Strom verführt werden, zu erleichtern, indem die Fahrt
auf demselben von *Strafsburg* nach *Basel* aufwärts
schwierig ist. Auf der anderen Seite verschafft er aber
auch den Departements vom *Jura*, der *Côte d'or*, des
Doubs, des *Ober-* und *Nieder-Rheins*, eine grofse Erleichterung im Handel und Absatz ihrer Producte. Die
Kosten sind auf 17 Millionen angeschlagen. Die Arbeiten werden auf der ganzen Linie thätig betrieben; er
wird in fünf Jahren beendigt seyn.

8. *Der Salz-Canal* hat seinen Namen daher, weil
er hauptsächlich zur Erleichterung des Transports des-
jenigen Salzes dient, was in den Departements, die er
berührt, gewonnen wird. Auch vermindert er um
500,000 Franken jährlich die Transportkosten der Steinkohlen von *Saarbrück*, welche in den Salzwerken von

Dieuze und in den Glashütten an den Ufern der Saar und *Seille* gebraucht werden. Dieser Canal ist durch den unmittelbaren Vortheil, den er stiftet, einer der interessantesten. Er geht von der *Seille* aus, nach der *Saar*, die er 12 Lieues weit schiffbar macht. Der künstliche Canal hat 16 Schleusen. Wahrscheinlich wird die ganze Unternehmung in fünf Jahren beendigt seyn.«

9. *Der Canal von Arles* hat die Regierung seit dem Anfange des siebenzehnten Jahrhunderts beschäftigt. Auf *Colbert's* Bericht an den König über die Gefahren, welchen die Schiffe ausgesetzt wären, die in den Ausfluß der *Rhone* kämen, wurde 1662 den Schatzmeistern von Frankreich im Finanzbureau, die damals das Departement der Wasser- und Landwege hatten, ihr Gutachten über die Anlegung eines Canals von *Tarascone* an der *Rhone*, bis zum See von *Berra* und zum *Mer de Martigues* abgefordert. Nachdem sich der Marschall von *Belleisle* von den Schwierigkeiten überzeugt hatte, die der Transport der Kriegsmunition auf der *Rhone* von *Tarascon* nach *Marseille* hatte, setzte er 1746 in einem Memoire die Mittel aus einander, um diesem abzuhelfen, und die Communication zu erleichtern, und schlug zu dem Ende einen Canal, vom *Port de Bouc* bei *Saint-Trophine-sur-le-Rhône* unterhalb *Arles*, vor. Dieser Vorschlag wurde zum Theil angenommen, aber die Richtung des Canals nach *Arles*, welche *Pollart* 1750 in Antrag brachte, vorgezogen. Hiernach hat auch der Kaiser die Ausführung angeordnet; der Canal wird 1815 beendigt seyn, und 7 Millionen kosten. Schon jetzt ist ein großer Theil der Arbeiten fertig.

10. *Der Canal von Beaucaire*, der schon längst beabsichtigt worden war, ergänzt den von *Languedoc*, und wird seit dem December 1811 befahren. Er nimmt das Wasser bei *Beaucaire* aus der *Rhone* auf, und geht nach *Aigues-Mortes*, wo er sich mit den Canälen von *la Radelle* und *Bourgidon* vereinigt, von da geht er bis an das Meer unter dem Namen *Grande-Roubine.*

11. *Der Canal von Carcassonne*, unter der letzten Regierung angefangen, hat den Zweck, diese Stadt an den Vortheilen des mittäglichen Canals Theil nehmen zu lassen. Die Arbeiten sind 1810 beendigt worden, und haben zwei Millionen Franken gekostet.

12. *Der Canal des Landes* verbindet den *Adour* mit der *Garonne*. Er wurde zum Behuf der kleinen Schifffahrt auf einen Befehl des Kaisers vom 12. Jul. 1808 angelegt, und fängt bei *Mont-de-Marsan* an der *Doure* an, die bis *Bayonne* schiffbar ist, geht mehrere kleine Städte vorbei, und ergiefst sich in die *Baise*, die bis in die *Garonne* schiffbar ist. Dieser Canal ist gleichfalls einer von denen, die mehr Vortheile verschaffen, als es der Anschein hat; er bahnt einen Ausweg für die Producte eines Landstrichs, der reich an Wiesen, Wäldern und grofsen Weinbergen ist; er erleichtert den Transport, der bis dahin nur auf weiten, und einen grofsen Theil des Jahres hindurch nicht gut zu befahrenden, Wegen möglich war; endlich ist er für den Seehandel nützlich, indem eine Menge Branntwein, Breter, Kork, Mehl auf demselben verführt werden, die über *Bayonne*, *Bordeaux* und durch den mittäglichen Canal ausgehen.

Endlich sind auch ähnliche Arbeiten in den Departements von *Bretagne* im Gange, wo die Canäle von *Lille* und *Rance*, von *Blavet*, von *Nantes* nach *Brest* gebaut werden, alle drei von der gröfsten Nutzbarkeit, indem sie eine lange vermifste Verbindung zwischen den Seehäven herstellen, durch welche die Küstenfahrt erspart wird.

2.

Nachrichten über Canada. *)

(Aus L a m b e r t's Reisen nach Nieder-Canada. London, 1810.)

Die Stadt *Quebec* gewährt einen prachtvollen Anblick. Um sie her liegen ein grofses Wasserbecken, in dem mehrere Flotten mit Sicherheit ankern können, ein schöner Flufs, Ufer mit steilen Felsen besetzt, auf welchen hier und dort Wälder und Häuser sich erheben, die beiden Vorgebirge *Pointe - Levi* und *Cap - Diamant*, die freundliche Insel *Orléans* und der majestätische Wasserfall von *Montmorency.* — Die durch den letzten Gouverneur Sir *James Craigh* verbesserten Festungswerke dieser Stadt machen sie, in Verbindung mit ihrer Lage, zu einem wichtigen Platze in Kriegszeiten. Aber sie erfordert eine Besatzung von 10,000 Mann, um eine Belagerung auszuhalten. Im Sommer kann zwar eine Flotte leicht den Ort mit Proviant versehen. Aber im Winter sind die Gewässer umher dick zugefroren, und alle Hülfe ist dann unmöglich. Die englische Regierung scheint im Fall eines Krieges wenig auf die französischen Bewohner dieses Landes zu rechnen. Im Jahre 1807 boten sie ihre Dienste, als Landwehr gegen die Americaner, an. Man nahm nun zwar 5000 Mann an; aber nur 1000 erhielten Waffen und Kleidung.

Die *Canadier* gewinnen viel Zucker aus Ahornsaft, und geben ihn für den halben Preis des Rohrzuckers. Man zapft die Bäume wenn der Saft in ihnen emporsteigt, wo es noch sehr kalt ist. Der Ahornzucker ist zu *Quebec* braun und sehr hart, zergeht schwer, und hat mehr Säure als Süfse. Die Bewohner *Ober - Canada's* aber raffiniren, und liefern ihn dem besten Hutzukker gleich.

*) Da C a n a d a anjetzt wegen des neuausgebrochenen Krieges zwischen den vereinigten Staaten von Nord-America und England, ein politisch wichtiger Punct wird, so hoffen wir, dafs diese interessante Notiz von C a n a d a unseren Lesern willkommen seyn werde.

D. H.

Seit der Getraide-Theurung in England ist der Bau desselben in *Canada* sehr gestiegen, da stark nach demselben gefragt ward, obwohl in den neuesten Zeiten nicht mehr so sehr. Im J. 1795 betrug die Ausfuhr nach Grosbritannien 3106, 1802: 1,010,033 und 1808: 186,708 Bushels. Das meiste Getraide und Mehl geht nach *Glasgow*, und wird in Schottland verbraucht. Ein Theil geht nach den englischen Antillen.

So wie die Bewohner *Nieder-Canada's* von Franzosen abstammen, so ward *Ober-Canada* durch mifsvergnügte Irländer bevölkert, die sich erst nach den vereinigten Staaten, aber in ihren Erwartungen hier getäuscht, nach *Ober-Canada* begaben. Doch haben sich viele derselben am südlichen Ufer des *St. Lorenzo*-Stromes niedergelassen.

Nieder-Canada zählte im J. 1808: 200,000 Menschen, 3,760,000 Acres, 920,000 Morgen Saatland, 79,000 Pferde, 236,000 Stück Hornvieh, 286,000 Schafe, und 212,000 Schweine.

Die Bewohner desselben verläugnen bis jetzt ihre Abkunft aus Frankreich noch nicht. Sie zeigen eine anständige ungezwungene Höflichkeit in ihrem Umgange, und haben mehr das Ansehen der Bewohner einer grossen Stadt, als einer halben Wüstenei. Gegen ihre Obern zeigen sie Unterwürfigkeit, und keine Härte gegen die Niedrigeren. Sie leben sehr friedlich beisammen. Oft bewohnen die Urenkel das grofsväterliche Haus. Ihre liegenden Gründe pflegen sie, so gut es gehen will, unter ihre Abkommen zu vertheilen, damit sie sich nicht von einander trennen sollen, welches, wenn gleich in Bezug auf die Staatswirthschaft schädlich, doch das gute Vernehmen der Glieder einer Familie unter einander beweiset. Sie verheirathen sich jung, und haben früh schon zahlreiche Abkömmlinge. Aufserhalb den Städten sind ihre Sitten rein, und ihre Ehen glücklich. Diese *Canadier* haben noch die etwas altfränkische Aussprache, die zu *Racine's* und *Boileau's* Zeiten üblich war, wozu

sich noch Normännische Provinzialismen gesellen. So
sprechen sie *frète* statt *froid*, *icite* statt *ici*, *parié* statt
prét u. s. f.

Grosbritannien zieht keine baaren Einkünfte aus *Canada*. Diese Colonie bringt ihm nicht so viel ein, als
die bürgerliche Verwaltung ihm kostet. Eine ausführliche Uebersicht der Einnahme und Ausgabe zeigt, dafs
letztere 12,000 Pfund Sterl. gröfser, als erstere sey. Dies
wäre noch nicht beträchtlich. Aber durch den Aufwand
auf das Militär steigt dieses Deficit weit höher. Man
schlug es sonst jährlich auf 100,000 Pfd. Sterl. an, aber
im J. 1808 betrug es an 500,000 Pf. Sterl. Aufserdem bezahlt Grosbritannien die protestantische Geistlichkeit,
und macht den Indianern beträchtliche Geschenke für
ihre zweideutige Unterwürfigkeit. *Canada* ist daher eine
ziemlich kostspielige Provinz; allein ihr Besitz ist in
mehreren Rücksichten den Engländern wichtig. Sie bildet einen Ring der Kette, welche mit ihr *Newfoundland*,
Newscotland und *Newbrunswick* verbindet. Diese Colonien, welche durch *Ober-Canada* sich an die grofsen
Länder, welche die Wilden bewohnen, anschliefsen, umgeben die Nordamericanischen Staaten gegen Norden,
und würden zu Kriegszeiten den Lieblingsplan der englischen Minister, genannte Staaten wieder durch innere
Unruhen und Kriege zu erobern, in verschiedener Hinsicht unterstützen. Dieser eben so ungerechte, als thö-
rigte Plan ist durch die zu *Washington* herausgegebene
Correspondenz des Sir *James Craigh* mit dem Capitän
Henry bewiesen. In Friedenszeiten ist *Canada* einer der
Abzugs-Canäle der englischen Manufacturwaaren, theils
durch offenen Handel, theils durch Contrebande, nach
den Americanischen Freistaaten. Dies wird aus folgenden Angaben deutlich.

Im J. 1808 betrug die Einfuhr von *Canada* den Werth
von 610,000, und die Ausfuhr 1,156,000 Pf. Sterl. Unter
letzterer nehmen englische Manufacturwaaren, Zucker,
Thee, Kaffee u. s. f. die ersten Stellen ein. Unter ersterer stehen: Eichen- und Fichtenholz, Fafsdauben,

Breter, Ruder, Maste, Segelstangen u. s. f. Alle diese
Artikel sind einzeln angegeben.

Hieraus sieht man unter andern, dafs *England* in
einem Jahre aus *Canada* 3994 Mastbäume erhielt.
Sollte England *Canada* und den Handel an den Küsten
der Ostsee zugleich verlieren, so kann seine Seemacht
nicht mehr bestehen. Auch der canadische Pelzhandel
ist für England von gröfster Wichtigkeit. Sein Sitz ist
zu *Montreal.* Zwei Schottländer, *Mac-Tavish*, und der
durch seine Reisen berühmte, *Mac-Kenzie*, gründeten hier zwei Pelzhandels-Gesellschaften, die sich nach
Mac-Tavish's Tod in eine vereinigten. Diese Nord-
west-Compagnie hat als Agenten, Factore und Jäger
3000 Angestellte in Diensten. Sehr häufig suchen die
Schotten diese Stellen. Nach 20 bis 30 Jahren eines traurigen und mühevollen Lebens setzen sich dann manche mit
einem zerrütteten Körper und 10 bis 20,000 Pf. Sterl. Vermögen zur Ruhe. Seit einigen Jahren besteht eine ähnliche Südwest-Gesellschaft, deren Hauptsitz zu *Mischil-
limakinak*, im oberen *Canada*, ist. Ihr Erwerb geschieht
auf dem Boden der vereinigten Staaten gegen den *Mis-
sissipi* und *Missury* zu. Allein die Regierung genannter
Staaten hat dieser nicht erlaubten Thätigkeit Gränzen
gesetzt.

Aufser diesen Betrachtungen über die politisch-mer-
cantilische Wichtigkeit *Canada's*, mufs man noch die
Menge der Matrosen in Erwägung ziehen, die in diesen
gefährlichen Gewässern gebildet werden. *Cook* hatte
hier auch einige Zeit in der Lehre gestanden. Im J. 1807
betrug die Tonnenzahl der, für den Handel *Canada's* thätigen, Schiffe 70,225, und die Zahl der Matrosen und Seeleute 3520.

Die Eroberung *Canada's* wird in den nordamericanischen Freistaaten für so leicht gehalten, dafs die Provinz
Vermont sich erboten hat, solche auf seine Kosten und
sein Risico allein auszuführen.

3.

Herrn de Bouge's neue Hemisphären.

Hr. *de Bouge* in Paris, der schon durch mehrere geographische Werke vortheilhaft bekannt ist, beschäftigt sich
jetzt mit einer Arbeit, welche der Kenner und Freunde
der Erdkunde Aufmerksamkeit verdient. Es ist dies eine
Charte von der ganzen Erdoberfläche, nach einer Pro-
jection, die sich am meisten der Kugelform nähert, entworfen, an welche man eine mechanische Vorrichtung
auf den Polen mit einer Alhidade befestigen kann, welche in ihrem Gange die tägliche Bewegung der Erde um
ihre Axe und die 24 Stunden des Tages, die auf den Um-
kreisen beider Hemisphären bemerkt sind, anzeigt.

Jede Hemisphäre wird gegen 32 Zoll im Durchmesser haben, eine Größe, die bis jetzt noch kein Plani-
globium hatte, und soll viele interessante Details enthalten, die man bis jetzt auf keiner Charte dieser Art
findet.

Der Verf. hat dabei die besten geographischen Werke und Berichte der Reisenden und Seefahrer, die Entdeckungen gemacht haben, benutzt.

Die Meere werden nicht blofs durch die Linien der
Küsten angedeutet, sondern angefüllt, wodurch ihre natürliche Wirkung bemerkbar gemacht wird. Die Bergketten und ihre Abästungen werden die Unebenheiten
der Erdkugel und die Becken, welche sie formen, darstellen. Die Natur des Bodens jeder Gegend wird abgebildet seyn; und jeder Gegenstand insbesondere nach
den Regeln der Kunst mit allem Detail und möglichster
Genauigkeit behandelt werden.

Die Graduation wird in Sexagesimalen und Decimalen
angegeben: auf einem Meridiane die Breite der Klima's
und die Länge der Tage bemerken. Um den Aequator
kommen die Namen und die Breite von 800, durch Beobachtungen bestimmten, Orten, ein leichtes Mittel, um

einen Ort auf der Charte zu finden. Den Stich und die Schrift dieser Hemisphäre werden zwei der geschicktesten Künstler der Hauptstadt (*Paris*) besorgen, und die Charten auf Grand-Monde-Papier abgedruckt werden.

Zu dieser Charte gehören 9 Text-Tableaux, als 1) Physische Beschreibung der Erde; 2) Vulkane und Berge der Erde, sammt Angabe ihrer Höhe über dem Meeresspiegel; 3) Flüsse, deren Quellen, die Länge ihres Laufs, ihre Mündungen; 4) Flächeninhalt, Bevölkerung und grofse Territorial-Eintheilungen jedes Staates; 5) Uebersicht der verschiedenen Völker; 6) nach dem Klima geordnete Zoologie; 7) Producte jeder Gegend; 8) Verzeichnifs der Namen der Reisenden und Seefahrer, die seit *America's* Entdeckung neue dergleichen gemacht haben; 9) Verzeichnifs der Friedenstractate von 1772 bis jetzt.

Man kann auf dieses Werk bei *Didot dem ältern,* rue du Pont-de-Lodi zu Paris, subscribiren.

4.

Geograph. statist. Novellistik.

A.

Regeneration des Königreichs Polen.

Warschau, vom 29. Junius. — Eine neue merkwürdige Epoche beginnt jetzt für *Polen.* Es erhält seinen alten Glanz und Gröfse wieder. Der jetzige Reichstag wird in den Annalen desselben auf immer merkwürdig bleiben. Folgendes sind die näheren Nachrichten:

„Am 26. dieses ward zu *Warschau* der aufserordentliche Reichstag mit allen Ceremonien eröffnet, und die Ernen-

nung des General-Feldmarschalls, Fürsten *Adam Czartoryski*, zum Reichstags Marschall bekannt gemacht. Hernach ward eine Petition der Einwohner und reichsten Güterbesitzer in *Russisch-Polen* vorgelegt, in welcher sie
um Befreiung von der Russischen Herrschaft ersuchen.

In der gestrigen denkwürdigen Reichstags-Sitzung
ist das *Königreich Polen* mit allen Polnischen Provinzen,
die im Besitze *Rußland's* sind, proclamirt worden, folglich hat nun das Herzogthum *Warschau* aufgehört, nach
seiner bisherigen Benennung zu existiren. Bei Bekanntmachung dieser Staats-Veränderung ertönte in dem
Reichstags-Saale der Ausruf: *Es lebe Napoleon der Große!*
Die Damen und die übrigen Anwesenden legten sogleich
die National-Cocarden von blauer und rother Farbe mit
lauter Freude an. Auf dem Platze des Regierungs-Pal-
lastes wurden Kanonen gelöset, und es entstand ein Enthusiasmus bei den Einwohnern und in der Reichstags-
Sitzung, der nicht zu beschreiben ist.

In der Stadt ist nun wieder die alte Polnische Flagge
zu sehen, nämlich der *weiße Adler* mit dem Wappen von
Litthauen, einen geharnischten Ritter zu Pferde vor-
stellend.

Es ist auch von dem Reichstage eine Conföderations-
acte unterschrieben und eine Declaration erlassen, wodurch alle *Polen*, die sich in Russischen Militär- und
Civildiensten befinden, in Polnische Dienste zu treten
aufgefordert, und von dem, dem Russ. Kaiser geleiste-
ten, Eide befreit worden sind.

Allgemeine Conföderationsacte von Polen.

„Da wir Unterzeichnete, welche den allgemeinen
Reichstag zu *Warschau* ausmachen, in einem Augenblicke
versammelt sind, wo Alles, was Uns umgiebt, Uns mit
Erstaunen und Bewunderung erfüllt, wo Alles uns mit
der feurigsten Liebe des Vaterlandes begeistert, und uns
zu erkennen giebt, daß die Nation nachdrückliche Maas-
regeln von uns erwartet, daß die Welt die Augen auf

uns gerichtet hat, daſs die Nachwelt, die uns nach unseren Werken richtet, unser Andenken entweder segnen
oder verfluchen wird; und da wir die ganze Wichtigkeit
der jetzigen Umstände reiflich erwägen wollen, so haben
wir einen Ausschuſs ernannt, um uns den jetzigen Zustand der Dinge vorzulegen, so wie die Mittel, die Gelegenheit zu benutzen, welche der Himmel uns darbietet,
um den Zweck aller unserer Wünsche zu erreichen. Unsere Erwartung ist erfüllt worden. In dem Berichte,
welchen der Ausschuſs uns heute abgestattet, hat er die
Gesinnungen, die uns beseelen, und die unverjährbaren
Rechte der Polnischen Nation treu dargestellt, hat uns
zugleich das Ziel, nach welchem wir streben, und den
Weg, dem wir folgen müssen, angezeigt.

„Wir erklären demnach, daſs wir uns entschlossen
haben, uns in eine allgemeine *Conföderation* zu bilden.

„Um die Reinheit unserer Beweggründe und unserer
Absichten desto ausdrücklicher und desto deutlicher zu
erkennen zu geben, so erklären wir im Angesichte des
Himmels und der Erde und vor der ganzen Polnischen
Nation, daſs wir keine andere Absicht und keinen anderen Wunsch haben, als unser Vaterland, welches durch die
ungerechteste Gewaltthätigkeit zerstückelt worden, wieder herzustellen, und ihm seine alte Existenz und Flor
wieder zu geben; wir erklären, daſs, indem wir uns mit
Genehmigung und unter Autorität Sr. Maj. des Königs
von Sachsen, *Friedrich August's*, Groſsherzogs von Warschau, unsers allergnädigsten Souverains, in eine allgemeine Conföderation bilden, wobei wir den Fürsten *Adam
Czartoryski*, General-Starosten von *Podolien*, Landboten
von *Warschau*, einen Bürger an unserer Spitze haben, der
durch sein Alter, seine Tugenden und seine Dienste ehr-
würdig, geliebt und geachtet überall ist, wohin sich das
Polnische Gebiet erstreckt, — wir dem Glauben unserer
Väter, der römisch-katholisch-apostolischen Religion,
die wir auf immer für die Religion des Staats erkennen,
treu bleiben; wir respectiren die Autorität und die Prä-
rogativen des Throns, so wie die Nationalgesetze, und
wir werden in seiner ganzen Reinheit und Kraft jenen

Nationalgeist erhalten, der den Stürmen und Widerwärtigkeiten widerstanden hat, und der als der ausgezeich-
netste Zug des Polnischen Charakters auf die entferntesten Jahrhunderte übergehen muſs.

„Um dieser Conföderation, welche aus den Mitgliedern
des Reichstags, den öffentlichen Behörden, kurz aus der
ganzen Nation besteht, mehrere Mittel zu verschaffen,
mit Thätigkeit zu agiren, so übertragen wir die Macht,
womit sie bekleidet ist, einem Generalconseil, welches
dem Marschall zur Seite gesetzt werden, und zu *Warschau* seinen Sitz haben soll.

„Ein Unternehmen, welches durch so tugendhafte Beweggründe eingegeben worden und auf der augenschein-
lichsten Gerechtigkeit beruht, verdient mit dem Namen
und der Genehmigung Sr. Maj. des Königs von Sachsen,
Grofsherzogs von Warschau, unsers theuersten Monarchen, beehrt zu werden. Hat er diesmal nicht persönlich auf jenem Throne unter uns Sitz nehmen können,
den er mit seinen in Europa verehrten Tugenden ziert,
so ist er nicht destoweniger unsern Herzen anwesend.
Wir haben demnach beschlossen, eine Deputation an Se,
Maj. den König von Sachsen zu schicken, um Höchstdie-
selben zu bitten, dieser allgemeinen Conföderations-Acte
beizutreten, und sie zu genehmigen.

„Die Sache der unterdrückten Unschuld kann als die
Sache *Gottes* angesehen werden; eine auffallende Handlung der Gerechtigkeit kann allein alle die Uebel wieder
gut machen, welche die Ungerechtigkeit über Europa
verbreitet hat. Da diese wichtige Veränderung alle diejenigen Veränderungen vollenden würde, welche der
Welt eine neue Gestalt geben, und die Wohlfahrt des
menschlichen Geschlechts gründen; da die Existenz eines Polnischen Reichs, welches alle seine alte Macht wieder erhalten, dem ersten Reiche der Welt einen Alliirten
verschaffte, dessen Treue ihm gesichert wäre, einen Alliirten, von dem es nie eine Gefahr zu besorgen hätte;
einen Alliirten, der durch seine geographische Lage,
durch seinen Nationalcharakter und durch so viele andere
Verhältnisse nicht ohne Nutzen seyn würde, — warum

sollten wir da nicht hoffen dürfen, daß Derjenige, der
Seiner nichts würdig findet, als das edel und groß ist:
Derjenige, dem wir unsere gegenwärtige Existenz verdanken, und der mit einem Worte, mit einem Gedanken
unserer künftigen Existenz alle den Glanz geben kann,
deren sie fähig ist, — unserm Unternehmen Seinen all-
mächtigen Beistand nicht versagen werde? Wir werden
also die Huldigung unserer Ergebenheit und unseres Zu-
trauens zu den Füßen seines Throns, so wie unsere Bitten und Hoffnungen, niederlegen; wir werden Ihn bitten, jenes schöpferische Wort auszusprechen, welches die
Existenz vollenden wird, die wir schon von Ihm em-
pfangen haben.

„Um uns aber Seines Schutzes desto würdiger zu machen, so gehen wir hier die feierliche Verpflichtung ein,
daß keine Begebenheit jenen Enthusiasmus erkalten soll,
der uns begeistert und vereinigt; daß keine menschliche
Macht jenen Muth und jene Ergebenheit schwächen soll,
womit wir uns auf die edelste Laufbahn begeben; daß
wir unerschütterlich bei dem Vorhaben, welches wir
heute proclamiren, so lange verharren werden, bis wir
die zerstreuten Theile unserer alten Familie, bis wir jene
Brüder wieder mit uns vereinigt haben, die unsere Liebe
stets jenseits der Gränzen aufsuchte, welche die Tyrannei
gezogen hatte, um uns von ihnen zu trennen.

"Polen! ihr, die ihr durch unsere Wünsche in unsere
Mitte berufen werdet, wir schließen von euren Gesinnungen nach den unsrigen, und laden euch im Namen unseres gemeinschaftlichen Vaterlandes ein, alle eure Kräfte
zu vereinigen, um demselben zu Hülfe zu eilen. Laßt uns
also brüderlich einander die Hand reichen, und die göttliche Gerechtigkeit wird uns den Lohn nicht versagen,
den wir erwarten, nämlich das Wappen *Litthauen's* wieder in unserm Wappenschilde zu sehen, und in den fruchtbaren Gefilden *Volhynien's*, so wie in den weiten Ebenen *Podolien's* und der *Ukraine*, den Freude-Ausruf zu
hören: *Es lebe Polen! Es lebe das Vaterland!*

B.

Neueste Organisation des Cultus im Kön. Baiern.

(Aus dem Journal de l'Empire vom 21. Jul. 1812.)

Im ganzen Reiche werden ein Erzbischof und neun Bischöfe seyn, als in *Augsburg, Bamberg, Brixen, Eichstädt, Freisingen, Kostnitz, Passau, Regensburg* und *Salzburg.* Noch weifs man nicht, wen der König zum Erzbischof ernennen wird. Die noch nicht verkauften Güter des Malteser-Ordens werden die Dotation dieser Stellen geben. Jetzt sind nur die bischöflichen Sitze zu *Augsburg, Brixen, Eichstädt* und *Passau* besetzt. Also sind noch fünf Bischöfe zu ernennen. — Die protestantischen Gemeinden haben ein General-Consistorium in *München,* eine Centralcommission zur Prüfung der Candidaten in *Nürnberg,* vier General-Decanate zu *Baireuth, Regensburg, Anspach* und *München* für die 8 Kreise, wo christliche Glaubensverwandte gemischt wohnen, und 54 Districts-Decanate.

* * *

C.

Leblond's Reisen in Süd-America.

Hr. *Leblond,* Correspondent des franz. k. Instituts, ist schon durch mehrere geschätzte Schriften über die Heilkunde und die Naturgeschichte bekannt, und will jetzt eine Beschreibung seiner seit 1766 bis 1802 in den *Antillen,* in *Trinidad, Caracas, Neu-Granada, Quito* und *Peru* gemachten Reisen herausgeben. Dieser kenntnifsreiche Beobachter hatte als Arzt mehr Gelegenheit, mit dem Innern der Familien bekannt zu werden, als irgend ein anderer Reisender. Er beobachtete den Menschen und die Natur, das Klima, die Krankheiten, die Producte und die politischen Begebenheiten in diesen Gegenden mit gleicher Sorgfalt. Durch ihn lernt man die Geschichte eines Kriegs kennen, den ein Abkömmling der *Inkas* etwa vor 30 Jahren anfieng, um sich zum Beherrscher *Peru's* zu machen, und das Reich seiner Vorfahren wieder herzustellen. Von diesem Kriege hatte man bis jetzt nur sehr

unbestimmte Nachrichten, und dieser Bericht wird über
die neuere Geschichte *Peru's* viel Licht verbreiten.

* * *

D.

N e k r o l o g

von Charles Sigisbert Sonnini de Manoncour.

Geboren am 1. Februar 1751 zu *Luneville*, starb *Sonnini*
zu *Paris* den 9. Mai dieses Jahres. Er ist als Naturforscher
und als sehr gut beobachtender Reisebeschreiber hinreichend bekannt. Früher war er des grofsen Naturfor-
schers *Buffon* Mitarbeiter, von dessen Werke er nach
dessen Tode eine, durch eigene Erfahrungen und alle
neue Beobachtungen der Zoologen, verbesserte Ausgabe
besorgte. Auch nahm er grofsen Theil an der Ausarbeitung des *Dictionnaire d'histoire naturelle.* Seine Reisebeschreibungen sind den Freunden der Erdkunde rühmlich bekannt. Seine letzte Reise war in die *Moldau* und
Wallachei. Da wir die Hoffnung haben, nächstens eine
biographische Nachricht über ihn durch seinen Zögling
und Freund, Hrn. *Thiebaut de Berneaud*, zu erhalten,
der ihm auch, in Verbindung mit anderen Freunden, ein
Denkmal setzen lassen will, so wird diese sogleich in
den *A. G. E.* mitgetheilt werden.

* * *

E.

Professor G ö d e's Tod.

Am 4. Julius 1812 starb zu *Göttingen* Prof. *Göde*,
durch seine Reisen in *England*, *Schottland* und *Wallis*
rühmlichst bekannt, im besten Manns-Alter an der Lun-
gensucht.

INHALT.

I 2

———————

. In den *A. G. E.* Bd. XXXVIII. lese man:

Seite 481 Zeile 2 st. Thorn, Ploek
   —   491   —   13 — vorbunden, verbunden
   —   491   —   31 — äufserst, äufsert
   —   496   —   13 — Schen ked., Schenk ed.

———————

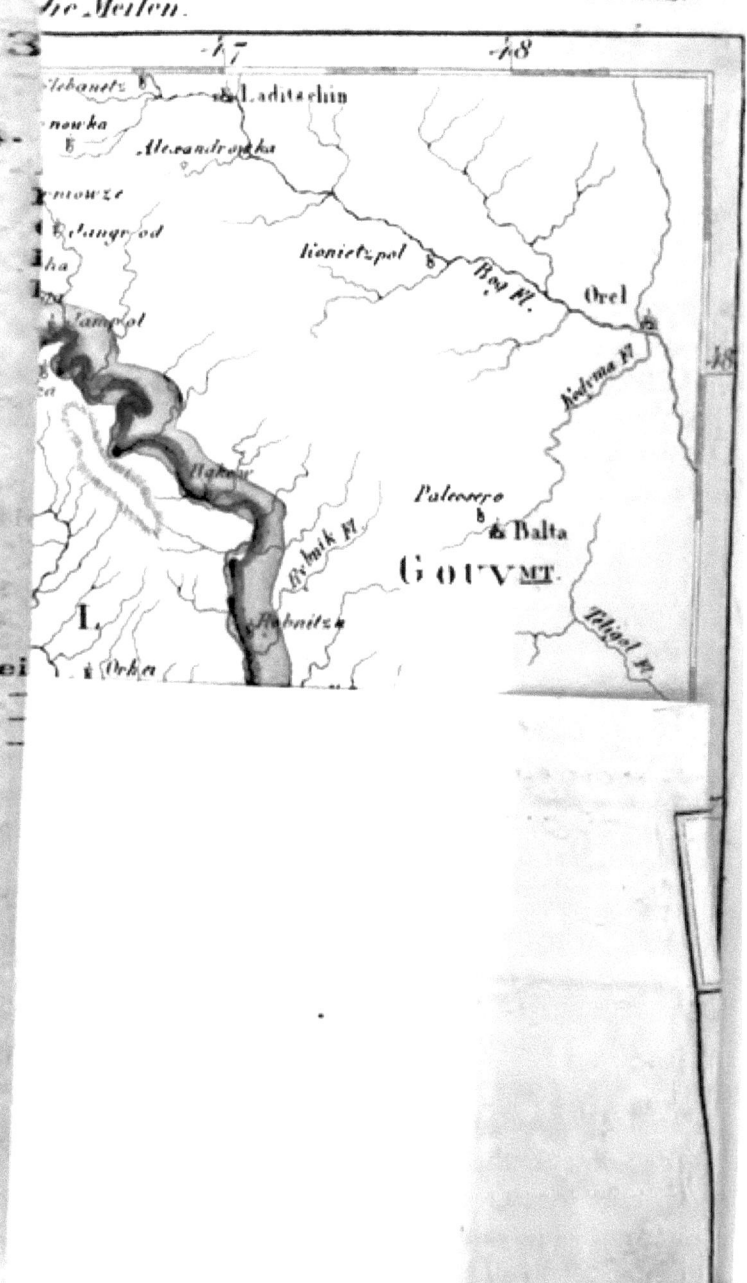

Allgemeine
Geographische
EPHEMERIDEN.

XXXIX. Bds. zweites Stück. October. 1812

ABHANDLUNGEN.

I.

Bemerkungen

über

Bessarabien und den östlichen Theil der Moldau.

Bei Gelegenheit des Russisch - Türkischen Friedens von
Bucharest am 14. Julius 1812.

(Nebst einer Charte.)

Die Nachricht von einem zwischen *Rufsland*
und der *Othomanischen Pforte* abgeschlossenen
Frieden, mufste bei den gegenwärtigen politischen Verhältnissen im Norden unseres Weltthei-
les eine noch gröfsere Aufmerksamkeit erregen,
als die Sache selbst, auch unter anderen Umstän-

den schon verdient haben würde. Noch ist das
Actenstück, welches den Friedensschluß enthält,
nicht öffentlich bekannt.gemacht worden. Obgleich nun der Friede an und für sich ein unstreitig wichtiges, gewiß folgenreiches Ereigniß
seyn dürfte, so würde doch die eigentliche politische Bedeutsamkeit desselben erst aus den Bedingungen erkannt werden können. Von diesen
sind dem Divan der Moldau nur so viel mitgetheilt worden, als sich unmittelbar auf das letztere Land bezieht. Man ersieht daraus wenigstens die Abtretungen in *Europa* von Seiten der
Pforte, und die Vergrößerung *Rußland's* in
dieser Gegend, wodurch die Geographie derselben ein anderes Ansehen erhält. In dieser letzteren Beziehung können wir die Begebenheit in
unseren *A. G. E.* nicht unerwähnt lassen, und
glauben dem Wunsche der Leser entgegen zu
kommen, wenn wir ihnen eine kurze Beschreibung des abgetretenen Landes, und einige Bemerkungen über die Wichtigkeit desselben mittheilen. Zugleich lassen wir die erwähnte Bekanntmachung, als das einzige bisher zur Kenntniß des Publicums gekommene Actenstück, hier
abdrucken, wie es die öffentlichen Blätter lieferten. Diese enthalten nachstehenden Artikel:

*   *   *

,,Der russische General *Tschitschagoff* hat
folgende Ordre an den Divan der *Moldau* vom
6ten (18ten) Julius erlassen: ,,Da die Auswechslung des zwischen *Rußland* und der *Othomanischen Pforte* abgeschlossenen und ratificirten
Friedenstractats am 2ten (14ten) *Julius* vor sich

gegangen ist, so glaube ich, diejenigen Artikel
des Friedenstractats, die euer Vaterland angehen,
euch bekannt machen zu müssen. Die Haupt-
puncte sind folgende:

„Die ausgesöhnten hohen Contrahirenden versichern, nach der Herstellung des Friedens eine
vollkommene Amnestie und Verzeihung allen ihren
Unterthanen, welche im Verlaufe des Krieges an militärischen Handlungen Theil genommen, oder
auf irgend eine Art dem Interesse ihres Landesherrn oder ihres Landes entgegen gehandelt haben.

„Alle Tractaten und Uebereinkünfte, die bei
mehreren vorigen Friedensnegotiationen geschlossen, und sowohl von dem Kaiserl. Russischen
Hofe, als der Othomanischen Pforte anerkannt
worden sind, werden bestättigt, mit Ausnahme
derjenigen Artikel, welche in der Folge der Zeit
einige Abänderung erlitten haben. Es versprechen
daher beide hohe contrahirende Theile, sowohl
den gegenwärtigen, als die vorbesagten Tractaten
wechselseitig aufs heiligste zu halten.

„Mittelst des ersten Artikels der Präliminarien
ist festgesetzt worden, dafs der *Pruth*-Flufs von da,
wo er in die *Moldau* eintritt, bis zu seiner Mündung in die *Donau*, von da aber das linke Ufer
des letztgedachten Stroms bis *Kilia* und dessen Mündung ins Schwarze Meer die Gränze zwischen beiden Mächten bilden soll. Die Schifffahrt bleibt
indessen beiden Theilen gemeinschaftlich.

„Die kleinen, und vor dem Ausbruche des
Krieges unbewohnt gewesenen Donauinseln, die
jenseits *Ismail* anfangen und bis *Kilia* anzu-

K 2

treffen sind, sollen zwar, in sofern sie dem linken Ufer näher liegen, unter russische Botmäs-
sigkeit kommen, werden jedoch von keiner dieser Mächte beherrscht, auch darf auf ihnen von
nun an keine Befestigung aufgeführt werden, sondern sie sollen öde bleiben, doch ist es beiderseitigen Unterthanen freigelassen, daselbst zu
fischen oder Holz zu fällen. Die ganz grofsen,
Ismail und *Kilia* gegenüber stehenden, Inseln
bleiben ebenfalls, eine Stunde Weges vom nächsten linken Donauufer an gerechnet, öde. Die
Etablissements, die vor dem Ausbruche des Krieges bestanden, so wie *Alt-Kilia*, sind in dieser
Gränzlinie nicht eingeschlossen.

„Die Othomanische Pforte übergiebt dem Russischen Hofe das Land am linken *Pruth*-Ufer mit
allen Festungen, Städten und Wohnungen, die
sich in diesem Theile befinden, nebst der Hälfte
des *Pruth*-Flusses, der die Gränze zwischen den
beiden Monarchien bildet.

„Beider Höfe Handelsschiffe können auf dem
Arm bei *Kilia* ein- und auslaufen, und den ganzen
Donaustrom befahren. Was aber die russ. Kriegsschiffe betrifft, so können diese nur bis zur Mündung
des *Pruth*-Flusses auf der *Donau* hinauffahren.

„Se. Maj. der Kaiser aller Reussen giebt der hohen Othoman. Pforte denjenigen Theil zurück, welcher auf dem rechten Ufer des *Pruth*-Flusses liegt,
so wie die grofse und kleine *Wallachei*, nebst allen
Festungen, Städten, Marktflecken, Dörfern u. s. w.

„Die Contracte und Conventionen, welche
unter die Privilegien der *Moldau* und *Walla-*

chei gezäblt werden, und bis zum Ausbruche
dieses Krieges beobachtet worden sind, werden
bestätigt. Die besonderen Conventionen bleiben
ebenfalls in ihrer vollen Wirkung, welche festsetzen, dafs keine Entschädigung für die entgangenen Revenüen verlangt, und keine Steuer
für die Dauer der ganzen Kriegszeit begehrt werden soll, und dafs die Einwohner dieser Provinzen in Zeit von zwei Jahren, von der Auswechslung des Tractats an gerechnet, von jeder Steuer
frei bleiben, und zu etwaniger Auswanderung in
andere Staaten einen angemessenen Termin erhalten sollen, wozu ihnen eine viermonatliche
Frist bewilligt, und dafs die hohe Pforte gewähren wird, die Steuern der *Moldau* nach Maas ihrer gegenwärtigen Gröfse aufzulegen.

„Diejenigen Othoman. Unterthanen, die nach
Beginnen des Krieges in dem nun an *Rufsland* abgetretenen Theile geblieben, oder während des
Krieges dahin gekommen sind, können in die
Länder der hohen Pforte sammt ihren Familien
und ihrer Habe ziehen, ohne dafs sie Jemand
daran hindere. Diese Erlaubnifs wird selbst auf
die Eingebornen des abgetretenen Strichs Landes,
die daselbst einiges Vermögen besitzen, sich aber
gegenwärtig in den Staaten der Othomanischen
Pforte aufhalten, ausgedehnt, und sowohl diesen
als den erstgedachten zur Regulirung ihrer Angelegenheiten ein 18monatlicher Termin bewilligt.
Ingleichen können die *Tataren*, die während dieses Krieges aus *Bessarabien* nach *Rufsland* gewandert sind, wenn sie wollen, nach den Othomanischen Staaten zurückkehren, jedoch mit der

Bedingnifs, dafs die Pforte verpflichtet sey, die mit
der Uebersiedlung und Etablirung dieser *Tataren*
gehabten Kosten dem Russischen Hofe zu ersetzen.

„Nicht weniger können die Christen, die
in dem an *Rufsland* abgetretenen Lande Vermögen besitzen, daselbst gebürtig sind, nun aber
sich in anderen Theilen der Othomanischen Staaten aufhalten, wenn sie wollen, nach dem abgetretenen Lande zurückkehren, und sich daselbst
sammt ihren Familien und ihrer Habe niederlassen. Auch ist ihnen erlaubt, ihr Vermögen
in den Staaten der Othomanischen Pforte an die
Othomanischen Unterthanen zu veräufsern, und
das gelöfste Geld nach den Russischen Staaten
mitzunehmen. Auch diesen wird der 18monatli-
che Termin verstattet.

„Alle Rechtshändel der beiderseitigen Unterthanen, die wegen der Kriegsumstände nicht haben beendigt werden können, sind nicht als aufgehoben
anzusehen, sondern müssen erst nach erfolgtem
Frieden im Wege Rechtens entschieden werden.

„Alle gegenseitige Forderungen der Unterthanen, so wie auch jene des Fiscus, sind beizutreiben.

„Zu Folge des Friedenstractats müssen die Landarmeen und die Flotten des Russ. Hofes zur Räumung der Othomanischen Staaten und Gewässer
schreiten; es kann aber dieses wegen der grofsen
Entfernung nicht so leicht bewirkt werden. Daher
haben beide Theile zur gänzlichen Räumung der
europäischen und asiatischen Provinzen einen
dreimonatlichen Termin vom Tage der Auswechs-

lung des Tractats festgesetzt. Diejenigen Othomanischen Oerter und Festungen, in denen die
Russische Armee bis zum Ausgange dieses Termins verweilen wird, bleiben bis zur Räumung
wie bisher, unter der Administration des Russischen Hofes.

„So geschehen zu *Bucharest*, den 16ten (28sten)
Julius 1812.“

Unterzeichnet

Andreas Italinsky. Andreas Sabanieff.

Joseph Fonton.

*   *   *

Aus dieser Proclamation ersieht man, daß
nicht nur Europäische, sondern auch Asiatische
Provinzen des Türkischen Reichs von den Russischen Truppen besetzt sind, und nach drei Monaten geräumt werden sollen. Wie weit die *Russen* in *Asien* vorgedrungen seyn mögen, ist nicht
bekannt; die Zeitungen haben nur einer Expedition gegen Türkisch *Georgien* erwähnt, und, so
viel wir uns erinnern, von einigen Verbindungen
gen der *Russen* mit den, unter Türkischer Hoheit stehenden *Tscherkassen* am *Kaukasus* gesprochen. Eben so wenig ersieht man aus dem
Briefe in den Divan der Moldau, ob die *Türken* auch in *Asien* sich zu Länderabtretungen
anheischig gemacht haben. Wir halten uns daher nur an die Abtretung in *Europa*, und an
die neue Gränze, welche das linke Ufer des
Pruth bis zu seiner Mündung in die *Donau* und

von hier das linke Ufer der *Donau* bis zum Ausfluſs ins Schwarze Meer bilden.

Die *beiliegende Charte* giebt von den Veränderungen, welche die politische Geographie
dadurch erleidet, einen anschaulichen Begriff.
Die *Türken* verlieren das rechte Ufer des *Dniester* bis zu seiner Mündung, und dadurch die
Wassercommunication mit den Ländern, aus welchen dieser Strom herabkommt; sie verlieren
den dritten Theil der *Moldau*, ganz *Bessarabien*, entsagen dem ausschlieſsenden Besitze der
Donau und ihrer Mündung, wodurch sie bisher
alleinige Beherrscher der Schifffahrt aus derselben in das Schwarze Meer waren, und überlassen den *Russen* ein Land von wenigstens 850 geographischen Quadratmeilen.

Die Lage dieses Landes zwischen 45° 20
und 48° 40' N. B. läſst ein mildes Klima erwarten; auch zeigt die Kräftigkeit der Bewohner im
Ganzen, daſs es gesund sey. Gleichwohl bemerkt man in mehreren Gegenden der Moldau,
und namentlich in der Nähe der Hauptstadt, eine
schnelle Abwechselung von Hitze und Kälte, und
häufige, fast stinkende Nebel. Diese und andere Beschwerlichkeiten des Klima's sind theils
in der offenen Lage gegen Osten, theils in den
Sümpfen gegründet, die bei der fortwährenden
Trägheit der Einwohner sich immer mehr an-
häufen. Die *Moldau*, eines der fruchtbarsten
Länder in *Europa*, würde durch Cultur und
zweckmäſsige Anstalten sicher auch in Milde des

Klima's gewinnen. *Bessarabien* ist nicht weniger fruchtbar, aber die grofse Hitze trocknet im Sommer die vielen Flüsse aus, welche in den anderen Jahreszeiten das Land bewässern. Beide Provinzen sind durch die vielen Kriege und noch mehr durch den Unverstand und den Despotismus der Regierung gleichsam wieder in den rohen Zustand der Natur zurückgekehrt; dadurch ist das Klima selbst verwildert. Da indessen Pflanzen und Thiere bei aller Vernachlässigung vortrefflich gedeihen; so läfst sich vermuthen, dafs der Fleifs, vom Verstande geleitet, diese Provinzen in ein Paradies umschaffen könnte.

„Beinahe an allen Artikeln der drei bekannten Naturreiche," sagt *Wolf,* *) fände man in diesem, schon Jahrhunderte lang, ganz unbearbeitetem Lande einen Ueberflufs, wenn man hier, vom Geiste der Industrie beseelt, die Zeit dazu benutzen wollte, und — unter einer oligarchischen Regierung — auch dürfte."

Nach Traditionen sollen ehedem Bergwerke in der oberen Moldau gewesen seyn. Ob in demjenigen kleinen Theile der oberen Moldau, der den *Russen* im Nordwesten des Landes zugefallen ist, Erzgebirge zu finden wären, is zwar nicht mit Gewifsheit zu entscheiden; indessen nicht unwahrsoheinlich. Das hohe Gebirge des *Kukuraza* und *Inco,* zwischen *Siebenbürgen*

---

*) S. Beiträge zu einer statistisch - historischen Beschreibung des Fürstenthums Moldau, von *A. Wolf.* Hermannstadt, 1805.

und der *Bukowina*, hatte ehedem beträchtliche
Gold-, Silber- und Bleibergwerke. *) Von diesem Gebirge aber ziehen sich Nebenäste bis gegen und über den *Pruth.* — Salpeter wird bei
Soroko am Dniester gewonnen; nur die Trägheit der Bewohner ist Schuld, dafs die Ausbeute
nicht beträchtlicher ist.

Beinahe alle Getraidearten würden auf dem
fruchtbaren Boden gedeihen, wenn gehörige Mühe darauf verwendet würde, und der unglückliche Landmann nicht bisher hätte befürchten
müssen, dafs seine Schutzherren, die *Ispravniks*
oder Moldauischen Präfecten, ihm die Früchte
seines Fleifses raubten. Waizen wird wenig gebaut, obgleich er gedeiht. Türkisches Korn,
Sommerwaizen, Gerste und Hirsen, trägt das
Land im Ueberflufs und ohne sorgfältige Cultur.
Dieses gilt auch von *Bessarabien*, wo überdem
im Süden, bei *Ismael* und *Kilia*, Wein gebaut
wird. Auch die *Moldau* hat Wein, aber wenig
in den östlichen Gegenden. Die fetten ausgedehnten Wiesen liefern in beiden Ländern reich-
liches Gras. Die *Moldau* hat grofse Waldungen;
Bessarabien aber keine, und statt des Brennhol-
zes bedient man sich des gedörrten Kuhmistes.
Tabak wird in Menge erzeugt, aber nur für den
Gebrauch des gemeinen Mannes; die Vornehmen
bedienen sich des Türkischen Tabaks.

---

*) S. *Hacquet's* Reisen durch die Dacischen und Sar-
matischen Karpathen. Nürnberg, 1790. Th. I. S. 5.

Die Viehzucht ist unter allen Zweigen der
Industrie am meisten im Flor, wie dies allezeit
in einem Lande der Fall ist, wo der Bewohner
aus Mangel an Sicherheit sich an keine festen
Wohnplätze gewöhnen kann. Rindvieh, Pferde,
Schafe, Schweine u. s. w. sind in so grofser
Menge vorhanden, dafs jährlich eine beträchtliche Anzahl ausgeführt werden können. Vorzüglich gehören die Schafe zu dem Reichthum des
Landes; man rechnet deren für die *Moldau* allein über 3 Mill. Stück. Den gröfsten Vortheil
davon aber ziehen nur die Adelichen und die
Geistlichen, denn der Bauer war verpflichtet,
den *Türken* jährlich für einen sehr geringen
Preis seine Schafe zu verkaufen. — Die Wolle
der Moldauischen Schafe ist weniger fein, als
die der Wallachischen. — *Bessarabien* hat dieselben Thiergattungen, vorzüglich viele wilde
Pferde. Auch Honig wird viel gewonnen.

Für das Wild ist dieses Land ein von der
Natur angelegter Thiergarten, wo Rehe, Hirsche,
wilde Schweine, Bären, Wölfe, Hasen, Füchse
u. s. w. in Menge angetroffen werden. Gleichwohl sind die Moldauer zu faul zur Jagd. In
schneereichen Wintern schlagen die Bauern un-
zählige Hasen mit Knütteln todt. — Die Stein-
marder geben ein sehr gutes Pelzwerk.

Diese zerstreuten Bemerkungen lassen schon
auf den natürlichen Reichthum des Landes
schliefsen. Und doch ist dasselbe wenig bewohnt.
Die Bevölkerung ist zwar nicht bekannt, und

die Moldauer und Bessarabier wissen selbst ihre
Zahl nicht anzugeben, da sie keine Kirchenbü-
cher oder dergleichen halten, und überdem bei
den häufigen Aus - und Einwanderungen sich
jährlich die Anzahl verändert. Indessen läfst sich
nach einer wahrscheinlichen Schätzung die Volkszahl der ganzen Moldau schwerlich höher als
400,000 Seelen annehmen. Ein Drittel davon
gäbe also für den gegenwärtig Russischen Antheil etwa 133,000 Einwohner. *Bessarabien* ist
noch viel weniger bevölkert, und kann kaum
auf 100,000 Einwohner angeschlagen werden; so
dafs die 850 Quadratmeilen, welche *Rufsland*
gewonnen hat, höchstens von 233,000 Menschen
bewohnt werden. Dies giebt auf die Quadratmeile 291 Einwohner; eine schreckliche Entvöl-
kerung für ein Land, das leicht 1,500,000 Menschen ernähren könnte.

Die Ursachen, welche dazu beigetragen haben, so fruchtbare Provinzen zu einer Einöde
zu machen, fliefsen alle aus einer gemeinschaftlichen Quelle, aus dem Despotismus und dem
Unverstande der Regierung; denn dieser mufs
man sogar die Schuld beimessen, dafs die Pest
so fürchterliche Verheerungen hat anrichten
können.

Seitdem der Divan in *Constantinopel* die
Fürsten der *Moldau* nach Willkühr ein - und absetzt, haben diese keine Sicherheit gehabt,
sich lange im Besitz des Landes zu sehen. Sie
erhielten das Fürstenthum durch Ränke, erkauf-

ten es durch Bestechung, und wufsten wohl, dafs
ähnliche Mittel jedem anderen Griechen die Gelegenheit geben könnten, sie zu stürzen. Sie benutzten daher die kurze ungewisse Zeit ihrer
Herrschaft, um sich durch Erpressungen aller
Art schnell zu bereichern, und hatten sonach
kein Interesse, für das Beste ihrer Unterthanen
zu sorgen.

Bessarabien war als eine unmittelbare Provinz der Othomanen noch übler daran, und wurde so sehr entvölkert, dafs die Türken sich genöthigt sahen, nomadische Tataren hierher zu
versetzen. Unter diesen wilden Bewohnern hat
das Land nicht gewinnen können.

In welchen elenden Zustand die nördlichen
Provinzen der Europäischen Türkei versunken
sind, sieht man auf den ersten Blick bei ihren
sogenannten Städten. Die kleinen Häuser sind
von Holz, und mit angefeuchtetem Lehm, den
Wolf, so derb als wahr, Koth nennt, beworfen;
die Gärten sind verwüstet, und mitten in den
Strafsen findet man stinkende Moräste. Man
sieht einige hölzerne Kramläden, schmutzige Ku-
chenbäckereien (Platschinterieen), ein Paar
Backöfen, wo halbgebackenes Brod zu haben ist,
und ein wüstes Wirthshaus voll Ungeziefer, aber
ohne Lebensmittel. Wenn auch irgendwo das
Quartier der Ispravniks oder Oberaufseher aus
Steinen aufgeführt ist, so sieht man doch das
Dach den Einsturz drohen, so dafs bei einem
heftigen Winde Niemand sicher auf der Gasse

ist. Der Fufsboden in diesen Palästen besteht
aus einem Estrich, das Berg und Thal zeigt;
die Thüren passen nicht, und die Fenster sind
mit Papier verkleistert. Dazu kommt noch, dafs
der Zugang oder der Hofraum mit Mistpfützen
angefüllt ist. — Aus diesem Zustande der
Städte und der Häuser der Vornehmen wird man
sich einen Begriff von den Wohnungen der armen gedrückten Landleute machen können.

Der Charakter der Bewohner eines Landes,
das sich auf diese Art ankündiget, wird keine
günstigen Vorurtheile für sich erwecken. Der
Moldauer hat natürlich gute Eigenschaften, aber
der Druck, unter welchem er seufzet, hat die
Entwickelung derselben nicht zugelassen. Er ist
faul und tückisch geworden, und kann, wie Hr.
von Tott ein auffallendes Beispiel anführt, nur
durch Prügel dahin gebracht werden, sich zu
seinem eigenen Vortheil in Thätigkeit zu setzen.
Der Fürst *Kantemir* sagt von seinen Landsleuten: ,,Der Uebermuth und der Stolz ist die
Mutter und Schwester der Moldauer. Alle sind
verwegen, frech und zu Händeln aufgelegt.‘‘
Der Fürst hatte bei dieser Schilderung nur den
Adel oder die Bojaren vor Augen; indessen zeigt
sich unter den Vornehmen der Nationalcharakter
deutlicher, als bei den armen Sclaven. Dafs die
Moldauer bei ihrer Lebhaftigkeit des Temperaments faul geworden, ist offenbar nur die Folge
ihrer Verfassung, die mit dem Fleifse Gefahren
der Plünderung verbunden hat.

Eine blühende Industrie wird hier Niemand
erwarten. Aufser der Lederbereitung und einigen schlecht unterhaltenen Salz- und Salpetersiedereien, sieht man keine Spur von Fabriken.
Selbst die Handwerker sind ungeschickt, und so
träge als alle Moldauer. An dem Handel mit
inländischen Producten nehmen die Fürsten einen sehr nachtheiligen Antheil, indem sie alles,
selbst die Lebensmittel, aufkaufen lassen, und
dann den Preis bestimmen, den der Arme her-
beischaffen muſs, um nicht zu verhungern. Dies
System von Aufkäuferei ist in der *Moldau* so sehr
an der Tagesordnung, daſs es unter den *Russen*
schwerlich ganz abgeschafft werden wird. Der
auswärtige Handel ist gröſstentheils in den Händen der *Griechen*, die teutsche, französische und
russische Waaren an die Bojaren oder Edelleute
verkaufen, und bei diesem Handel ansehnlich
gewinnen.

Aus dem bisher Gesagten erhellet, daſs die
neue Vergröſserung der *Russen*, in Ansehung
des gegenwärtigen Zustandes des Landes, eben
keine glänzende Erwerbung genannt werden
kann. Eine andere Frage aber ist es, ob dies
bis jetzt unglückliche Land nicht unter einer besseren Administration schnell zu einem bedeutenden Flor erhoben werden kann, und dann im
Stande wäre, für *Ruſsland* eine wichtige Besitzung zu werden? Und hier ist nicht zu läugnen, daſs *Ruſsland* allerdings viel gewonnen
hat. Durch den Ausfluſs des *Dniester* beherrscht
es die Communication mit dem Theile von *Po-*

len, durch welchen der Strom fliefst, und wird,
was auch das Schicksal von *Polen* seyn mag, den
Handel von dieser Seite allemal in seiner Gewalt haben. Wichtiger ist noch der Besitz des
linken Donauufers an der Mündung derselben.
Dieser kann und wird Einflufs auf den südteut-
schen Handel, und zunächst auf den österreichischen, haben. Es scheint zwar, fürs erste vortheilhafter zu seyn, den Handel aus der *Donau*
ins Schwarze Meer nicht blofs von den barbari-
schen *Türken*, sondern auch zugleich von den
Russen abhängig zu wissen, indem die letzteren,
ihres eigenen Vortheils wegen, sich sicher nicht
solche willkührliche Erpressungen werden zu
Schulden kommen lassen, als sie die Donauschif-
fer bisher von den Othomanen erfuhren. Allein
die *Russen* an der Donau werden, wenn sie sich
auf ihren Vortheil verstehen, in diesen fruchtbaren Provinzen bald einen anderen Zustand hervorbringen, der den teutschen Fabricanten, die
bisher ihre Waaren nach der *Türkei* schickten,
mit der Zeit diesen Markt verschliefsen könnte.

In dieser Hinsicht, und weil sich überhaupt
eine jede Macht von einer anderen nicht gerne
umzingeln, und die Ausgänge der Ströme besez-
zen läfst, ist der Friede von *Bucharest* für
Oesterreich und *Polen* kein gleichgültiges Er-
eignifs.

Zum Schlufs dieser kurzen Abhandlung, die
auf keine Vollständigkeit Anspruch machen kann,
und nur einige Andeutungen enthalten sollte,

wollen wir noch eine topographische Uebersicht
der Russischen Erwerbung hinzufügen, weil solche in dieser Zeitschrift erwartet werden dürfte.

Nach einer alten Eintheilung unterschied
man die *obere* und *untere Moldau* und *Bessarabien*, das ehedem gleichfalls zur Moldau gehörte, nachher aber zu einer unmittelbaren türkischen Provinz gemacht wurde. Von der *Moldau* selbst wurden noch die Festungen *Bender*
und *Chotschim*, mit ihrem Gebiet, der Gerichts-
barkeit der Woiwoden von der *Moldau* entzo-
gen, und standen unter einem Othomanischen
Militärgouverneur. Beide Theile der *Moldau*
waren in Districte eingetheilt, und an den Gränzen gab es Capitanien, welche Ueberbleibsel jener
Zeit waren, als der Fürst der *Moldau* eigenes
Militär halten durfte.

Von der *oberen Moldau* sind an *Rufsland*
nur das Gebiet von *Chotschim*, und der östliche
Theil des Districts *Harlev*, am linken Ufer des
Pruth, gekommen. Die Stadt *Chotschim* ist eine
der gröfsten des Landes, und wurde für eine der
wichtigsten Gränzfestungen gehalten.

Von der *unteren Moldau* sind folgende Theile
den *Russen* zugefallen:

1. Der District *Sorocka* mit der Stadt gleiches Namens, welche ehedem eine Festung war,
aber in Verfall gerieth, und im J. 1769 von den
Russen verbrannt wurde. — *Sorocka* ist jetzt ein
elender Ort, der sich mit keinem Sächsischen

Dorfe messen könnte. Man findet Salpetersiedereien in der Gegend. Der nordwestliche Theil des Districts ist eine völlige Wüste, die an Holz und Wasser Mangel leidet.

2. Der District *Orhei*; die kleine Stadt, von welcher er den Namen hat, liegt am Flusse *Reut*, der sich in den *Dniester* ausmündet. Der Flufs bildet hier einen See, der anderthalb Meilen lang und eine halbe Meile breit ist. In der Mitte desselben liegt eine angenehme Insel, auf welcher ehedem Wein und Obst gebaut wurde.

3. Der östliche Theil des Districts *Jassi*, mit einigen elenden Dörfern.

4. Der District *Lapuschna*, wozu ehedem die Festung *Bender* gehörte. Der gegenwärtige Hauptort ist der Flecken *Lapuschna*. Dieser District ist ein ehemaliges militärisches Gränzgouvernement oder Capitanie, die von einem *Grofs-Serdar* oder Moldauischen General verwaltet wurde. Von dem Dorfe *Kischau* in diesem District erstreckt sich bis in die *Krimm* eine colossale Mauer, welche eine alte Römische Vertheidigungslinie zu seyn scheint, von den Landleuten aber für ein Werk der Geister gehalten wird.

5. Der östliche Theil des Districts *Faltschi*, besteht zum Theil aus einem grofsen Walde, *Kiagintschisch Kodru*, dessen Umfang auf sieben bis acht teutsche Meilen angegeben wird. Die *Kodräny* (Waldbewohner) sind Räuber, die un-

ter einem eigenen Hauptmann standen, und dem
Fürsten der *Moldau* nur geringe Abgaben zahl-
ten. Diese Gegend ist mehr historisch merkwürdig, als für den Besitzer einträglich; denn hier
wurde *Sobieski* von den *Türken* geschlagen, und
hier gerieth *Peter der Grofse* in Gefahr, von
der Armee des Grofsveziers gefangen zu werden.

Bessarabien besteht: aus dem *Gebiet der Tataren*, in der Mitte des Landes, und aus den
Landschaften: *Ackierman* , *Kilia* und *Ismael*.
Die *Tataren* dieser Gegend sind ein Nomaden-
volk, das im J. 1568 von der *Wolga* hierher
versetzt wurde. Sie theilen sich in zwei Stämme, *Orak-Ougly* und *Orumbet - Ougly*, und
bewahrten zur Zeit des Fürsten *Kantemir* sorgfältig ihre Geschlechtsregister. Den ersten Nogaischen *Tataren*, die sich hier ansiedelten, folgten
in späteren Zeiten andere, die sich ansehnlich
vermehrt haben. Sie sollen das Joch der *Türken*
nur mit Widerwillen ertragen haben. *)

Ackierman, Alba Julia der *Römer*, ist eine
auf türkische Art befestigte, mittelmäfsige Stadt.

Kilia war selbst unter den *Türken* ein bedeutender Handelsort, und kann es, vermöge
seiner Lage an der Donau, und in einer gerin-

---

*) S. Mémoires et actes autenthiques relatifs aux né-
gociations, qui ont précédées le partage de la Pologne, tirées du Portefeuille d'un ancien ministre
du XVIII siècle. Weimar 1810.

gen Entfernung vom Schwarzen Meere, in noch
höherem Grade werden.

Ismael, ist eine mittelmäfsige Festung. Das
Fort *Reny,* unfern der Mündung des *Pruth,* war
bisher schlecht befestigt.

Dies ist das Land, wodurch das Russische
Reich vergröfsert worden ist. Wenig bedeutend
in seinem gegenwärtigen Zustande, kann es seinen Besitzern die gröfsten Vortheile bringen,
wenn die Nachbarn sie in ruhigem Genusse desselben lassen. Hierüber wird eine wahrscheinlich nicht sehr ferne Zukunft entscheiden.

2.

B e m e r k u n g e n
ü b e r
N e u - S ü d - W a l l i s.

Gesammelt im J. 1804 von einem Engl. Seeofficier.

(Fortsetzung und Schlufs der im vierten Stück Bd. XXXVII.
S. 407 der A. G. E. abgebrochenen Abhandlung.)

Die *Handlungsschiffe* der Colonie bestehen
aus etwa zwölf Schoonern oder Sloops von 30 bis
60 Tonnen, die in der *Bas's* - Strafse zum Fang

der Seekälber gebraucht werden, und in einigen
verdeckten oder halbverdeckten Fahrzeugen und
Barken von zehn bis fünfzehn Tonnen, welche
das Getraide von dem *Hawkesbury*-Flusse nach
Port Jakson verführen. Einige kleinere Fahr-
zeuge, auch eine Brick von 250 und eine andere
von 200 Tonnen, liegen auf dem Stapel In
England herrscht das Vorurtheil, als ob das Holz
von *Neu-Süd-Wallis*, seiner Härte und Schwere
wegen, zum Schiffsbau nichts tauge; ich bin
aber der Meinung, daß dieses Holz überhaupt
und namentlich das Zedern-, Acajou- oder Ma-
hagoni-Holz, in der Colonie ungleich besser zu
bearbeiten und leichter sey, als alle Arten von
Eichenholz.

Die *Manufacturen*, welche man anzulegen
versucht hat, beschränkten sich bisher auf Verfertigung irdener Geschirre zum täglichen Gebrauch, einiger Gattungen Musseline und grober
Baumwollenzeuge, welche von den Weibern
der Verurtheilten zu ihrer Kleidung gewebt wurden. Man brauet auch Bier, und zwar in ziemli-
cher Menge; weil aber statt Hopfenblättern eine
Art von Nachtschatten (*Solanum*) zugesetzt wird,
so hat das Bier, bis man sich daran gewöhnt, einen widrigen Geschmack. Das Brennen von
Kornbranntwein ist streng verboten, denselben
Grundsätzen zu Folge, welche die Einfuhr desselben beschränkt haben.

Als Bezahlung im Handel und Wandel cursiren Scheine, wodurch der Schuldner Zahlung

zu leisten verspricht; aufserdem vertritt hier der
Branntwein die Stelle der Münze. Jeder kann
Scheine ohne Einschränkung ausstellen; sie wan-
deln aus einer Hand in die andere, und müssen
die klingende Münze ersetzen, welche hier sehr
selten ist; Alles, was man davon sieht, sind Pen-
nys, die zu doppeltem Nominalwerth cursiren.
Eigentliches Silbergeld kommt hier nicht in Cir-
culation, einige spanische harte Piaster ausgenommen, welche die Regierung, da sie eigentlich zum Ankauf von Waaren aus *Europa* oder
Indien bestimmt waren, zufällig in Umlauf gesetzt hat.

Dieser Mangel an Baarschaft hat nicht nur
allerlei Unregelmäfsigkeiten veranlafst, sondern
ist auch für die Industrie von höchst nachtheiligen Folgen. Je leichter der Mensch seine Wünsche befriedigen kann, desto mehr vervielfälti-
gen sie sich, und wer blofs durch das Hinsetzen
seines Namens auf ein Stück Papier sich alles
Nöthige verschaffen kann, wird nur zu oft in
Versuchung gerathen, mehr Zettel auszustellen,
als er je einzulösen im Stande ist. Dies geschieht denn auch in *Neu-Süd-Wallis* so gut,
wie in *England* bei den Banquiers. Daraus entstehen zwischen den Kleinverkäufern und den
Landeigenthümern, die ihnen die Materialien
liefern, so viele Processe, dafs die Civilbehör-
den nie ohne Beschäftigung sind.

Durch eben diesen Mangel an baarem Gelde
sehen sich auch die Besitzer von Grundstücken

genöthigt, eine Menge in ihrer Haushaltung
nothwendiger Gegenstände gegen Erzeugnisse ihres Bodens auszutauschen. Nun hat aber der
Kaufmann, welcher mit jenen Artikeln handelt,
oft nicht Korn, sondern Geld nöthig; läfst er es
sich also gefallen, Getraide statt Münze anzuneh-
men, so geschieht dieses nur zu den niedrigsten
Preisen; dies bewirkt er aber mit besonderer
Feinheit, nicht durch Herabsetzung des Korn-
preises, sondern durch Steigerung seiner eigenen
Waare. Auf solche Art verschafft er sich einen
Vorrath von Getraide, der ihm wenig kostet, und
den Landbauer von aller Concurrenz ausschliefst;
denn braucht die Regierung Getraide, so kann
der Kaufmann es ihr, selbst *unter* der von ihr
festgesetzten Taxe, liefern.

Diese Erpressung von Seiten der Krämer, die
den Einwohnern und der Regierung Gesetze vorschreiben, hat die letztere veranlafst, Transport-
schiffe mit europäischen Waaren im Lande her-
umzuschicken, und diese den Colonisten gegen
Erlegung von 50 Procent des Einkaufspreises zu
überlassen. Allein diese Maasregel scheint gegen Erwarten ein anderes Uebel erzeugt zu haben; sie hat zur Verminderung der Landesindu-
strie beigetragen. Der Landbauer, welcher weifs,
dafs er seine Bedürfnisse aus den öffentlichen
Magazinen auf Credit beziehen kann, wird dadurch sorglos und träge. Das Wort „*Regierung*" ist ihm etwas Fernes und Allgemeines,
worunter er sich keine bestimmte Person denkt;
er betrachtet also eine, gegen die Regierung con-

trahirte Schuld aus einem ganz anderen Gesichts-
punkte, als seine Schuld gegen den Krämer.
Ueberdem weifs er, dafs die Regierung ihn nicht
mit Strenge zur Bezahlung anhalten kann, ohne
ihren eigenen Zwecken entgegen zu arbeiten,
und deshalb ermangelt er nicht, unter dem wahren oder ersonnenen Vorwande einer schlecht
ausgefallenen Aerndte, den Zahlungstermin von
einer Jahreszeit auf die andere hinauszusetzen,
und die Schuld nach und nach so sehr zu ver-
gröfsern, dafs er zuletzt insolvent wird.

Handel. Die Artikel, deren die Colonie
von *Europa* bedarf, sind breite Tücher, kurze
Waaren, Musseline, Hutmacherarbeit, Schuh-
werk, Weine, Butter, Seife, Eisenwaaren und
grobe Schlosserarbeit, Segel - und Tauwerk, nebst
Blei. Aus *Indien* bezieht sie seidene und baumwollene Zeuge, Thee, Zucker, Caffee, Gewür-
ze, Tabak, Porzellan, gebrannte Wasser und
Reifs. Der jährliche Verbrauch indischer Producte beträgt höchstens eine Ladung von 200 Tonnen; derjenige aber, der diese Waaren einführt,
gewinnt dabei immer 100 bis 150 Procent, obgleich sein Kram nur der Ausschufs der indischen Bazars oder Märkte ist. Eine beladene
Kiste oder ein Ballen bezahlt nicht mehr als 6
Pence oder 12 französische Sous Einfuhrgebühr;
die gebrannten Wasser und Liqueurs aber sind
bei der Einfuhr besonderen Verordnungen unterworfen. Was die letztgenannten Artikel betrifft,
so scheint die Leichtigkeit, womit sich die Deportirten sowohl, als die übrigen in der Colo-

nie Angesiedelten, dieselben verschaffen konnten,
verbunden mit ihren wohlfeilen Preisen, eine
Hauptursache des Mangels an Industrie im Lande und der daher entspringenden Laster aller
Art gewesen zu seyn. Diesem Unheil glaubte
man am besten steuern zu können, wenn man
die Anschaffung jener gefährlichen Getränke er-
schwerte; man erlaubte demnach die Einführung
derselben, selbst in der geringsten Quantität,
nur gegen schriftliche Bewilligung des Gouverneurs. Wenn ein mit Branntwein beladenes
Schiff anlangt, so untersucht der Gouverneur den
Bedarf der Colonie; läfst ihn unter die Officiers
und Beamten vertheilen, worauf man sodann an
die Kleinhändler Licenzen austheilt; die übrigen
Einwohner dürfen nur in sehr kleinen Portio-
nen, und selbst dieses nur durch besondere Begünstigung, Branntwein einkaufen. Wer dergleichen einführt, mufs für die Gallone 10 Schilling bezahlen. Den Officieren ist gestattet, ihre
diesfällsige Provision gegen Waaren, die auf dem
Markte zu verkaufen stehen, umzutauschen. Wer
eine Licenz erhalten hat, darf den Branntwein
zu 20 Schilling die Gallone verkaufen; allein
der Taxe ungeachtet, wird diese kostbare Waare
doch gewöhnlich zu einem dreifach höheren
Preise umgesetzt; denn die Frage ist nicht, wie
viel baar Geld, sondern wie viel andere Waaren
man für seinen Branntwein erhalten werde. —
So bekommt man gewöhnlich einen Käse, dessen Nominalwerth zu 3 Pfund Sterling angesetzt
ist, für 2 bis 3 Gallonen schlechten Bengali-
schen Rum.

Es ist gleichfalls verboten, den Handwerkern und Arbeitern ihren Lohn in gebrannten
Wassern zu entrichten. Die Officiere führten
bittere Klagen über diese Verfügung; denn vorher waren sie, bei der aufserordentlichen Gierig-
keit, womit die Tagelöbner nach jener Art von
Bezahlung haschten, im Stande gewesen, ein
Stück Arbeit zu einem unverhältnifsmäfsig niedrigen Preise vollenden zu lassen; und wenn
gleich eine allgemeine Trunkenheit die Folge
davon war, *) so ist doch nicht zu läugnen,
dafs die Feldarbeiten in den Besitzungen der
Officiere mit sehr grofser Schnelligkeit vollführt
wurden.

Verfassung und Regierung. Eine
Colonie, wie *Neu - Süd - Wallis*, die aus den
Volkshefen eines anderen Landes zusammenge-
setzt wurde, kann anfänglich nicht durch Gesetze allein, ja nicht einmal durch Zwangsmaas-
regeln, regiert werden; sie gleicht einem Mili-
tär-Gouvernement, wo eine grofse willkührliche
Gewalt den Häuptern der Regierung übertragen
wird, damit Ordnung und Gehorsam gesichert
sey, was denn auch bei der Regierung dieses
Landes wirklich der Fall ist.

Die höchste militärische Gewalt liegt in den
Händen des Gouverneurs, in sofern er General-

---

*) Diese Trunkenheit hat vor 3 oder 4 Jahren einen
Aufstand erregt, den der Gouverneur nur mit grofs-
ser Mühe unterdrücken konnte.
                                    Anm. d. Fr. H.

capitän ist, und in dieser Eigenschaft allgemeine
Kriegsgerichte anordnet, ihre Urtheilssprüche bestättigt oder für ungültig erklärt; er hat auch das
Generalcommando über alle königliche Schiffe,
welche nicht unter eigenen Havencapitäns fahren.

Als Civilbeamter hat der Gouverneur das
Recht, so oft die Umstände es erfordern, ein
Civil- oder Criminalgericht zusammen zu berufen, das aus Richtern und Advocaten besteht,
und wobei drei Officiere von der Armee und
eben so viele von der Marine präsidiren. Dieser Gerichtshof beschränkt sich zwar darauf, die
Proceduren einzuleiten, die Schuldigen zu ver-
hören, und im Geist der englischen Gesetze ab-
zuurtheilen; 'übrigens aber unterscheidet er sich
in seinen Formen nur wenig von einem Kriegsgerichte. Kein Todesurtheil kann vollzogen werden, wenn nicht eine Majorität von fünf Stim-
men gegen zwei vorhanden ist; durch die blofse
Majorität wird der Angeklagte ohne Appellation
frei gesprochen, his der Wille des Königs über
die Angelegenheit bekannt gemacht wird.

Der Gouverneur ist berechtigt, nicht blofs
den Personen, welche in der Colonie gegen die
Gesetze handeln, sondern auch den aus England
herüber gebrachten Verbrechern Gnade zu ertheilen. Diese Begnadigungen sind entweder *be-*
dingt oder *unbedingt.* Durch jene wird dem
Delinquenten seine Strafe in der Colonie erlassen, und er wird in seine bürgerlichen Rechte
wieder eingesetzt, ohne jedoch nach England zu-

rückkehren zu dürfen; seine Deportation wird
also in eine einfache Verbannung verwandelt.
Wer hingegen unbedingte Verzeihung erhält,
kann sogleich und ohne alle Einschränkung nach
England zurückkehren.

Das Civilgericht besteht aus einem Richter-
Advocaten, und zwei Notabeln, oder in der Colonie ansässigen Gutsbesitzern; sie werden von
dem Gouverneur besoldet oder ernannt, an den
man gegen die Aussprüche dieses Tribunals appelliren kann. Beträgt der Werth des streitigen
Gegenstandes über 300 Pfund Sterliug, so findet
von dem Gouverneur Appellation an den König
in seinem Staatsrathe Statt. Auch werden von
dem Richter - Advocaten, in Verbindung mit einem Friedensgericht, ungerechte Deportationen
untersucht.

Der Gouverneur, der Vicegouverneur und
der Richter-Advocat sind Richter kraft ihres Amtes. Zu Friedensrichtern ernennt der Gouverneur so viel Officiere, als die Ausdehnung und
wachsende Bevölkerung der Colonie erfordern.

Das Tribunal oder der Gerichtshof der Vice-
admiralität ist aus dem Vicegouverneur (*Lieute-
nant du Gouverneur*) als Richter, aus dem
Richter-Advocaten und einem Kriegsprofos, zu-
sammengesetzt.

Die Verfügungen über innere Polizei der
Colonie gehen unmittelbar vom Gouverneur aus,

und sind nach Umständen immerwährenden Veränderungen unterworfen. Sie bezwecken hauptsächlich die Erhaltung guter Ordnung und öf-
fentlicher Sicherheit, die Festsetzung der Preise
für Feldarbeiten, die Einrichtung der Märkte,
und die Vertheilung der öffentlichen Arbeiten
unter die Deportirten.

Die Gerichtsbarkeiten der Städte *Sidney*
und *Paramatta* sind jede in vier Districte eingetheilt; zu jedem derselben gehört ein Ober-
constabler, dem von den Einwohnern noch drei
Unterconstabler, zu Besorgung der Geschäfte im
Laufe des Jahres, zugegeben werden.

Die Inspectoren versammeln sich vierteljäh-
rig, um den Preis der Arbeit festzusetzen. Dieser ist jetzt für Feldarbeiten auf einen Schilling
für den Tag, ohne Nahrung, bestimmt; jeder
Arbeiter, welcher sich weigert, für diese Bezahlung zu dienen, kann sogleich festgesetzt und als
Vagabunde behandelt werden.

Zur Verbesserung der Strafsen und zu ähnlichen öffentlichen Arbeiten wählen die Inspectoren oder Aufseher der Arbeit im Januar,
wenn auf den Gütern am wenigsten zu thun ist,
unter den zum Feldbau bestimmten Leuten die
nöthige Anzahl der Arbeiter; die Ausbesserung
der Strafsen von *Sidney* und *Paramatta*, und
andere dergleichen Arbeiten, werden von den
des Diebstahls Ueberwiesenen und zu gezwunge-

nen Arbeiten in Ketten verurtheilten Deportirten verrichtet.

Nach den bestehenden Reglements über die
Vertheilung der zur Deportation oder gezwunge-
nen Arbeit Verurtheilten, sind jedem Civil- oder
Militärbeamten ein oder zwei Bediente angewiesen, die von der Regierung ernährt und geklei-
det werden. Braucht er aber mehrere, so fallen
sie ihm zur Last; doch bleibt ihm die Wahl, sie
selbst mit Kleidern zu versehen, oder der Regierung für jeden täglich zehn Pence, in Abrech-
nung auf ihre Arbeiten, zu bezahlen.

In Betreff der Arbeitsstunden und der Ra-
tionen sind alle Deportirten, sie mögen für
Rechnung des Staats oder bei Privatleuten arbeiten, durchaus gleichen Verordnungen unterworfen.

Wer Deportirte der Regierung in seinen Pri-
vatdienst nimmt, darf dieselben nicht bestrafen;
bei Klagen über schlechte Aufführung oder Nachlässigkeit werden sie nach Befinden des Gouverneurs gegen andere zurückgenommen, und zu
den öffentlichen Arbeiten verwendet. Die Zahl
der Deportirten, welche den Privatleuten bewilligt werden, hängt von der Willkühr des Gouverneurs ab; im Allgemeinen steht es jedem Aufseher oder Officier frei, so viele Deportirte in seine Dienste zu nehmen, als er zu unterhalten im
Stande ist. Die Regierung gebraucht die ihrigen zum Anbau und zur Urbarmachung der

Staatsländereien, zur Anlegung von Strafsen,
oder in den Ziegelhütten und zum Behauen von
Zimmerholz und Palissaden. Alte Leute, Hin-
kende und Schwache werden als Aufwärter in
den Hospitälern angestellt. Die weiblichen Ge-
brechlichen müssen den Mais und das türkische
Korn ausjäten, einsammeln und reinigen, oder
spinnen, für die Krankenhäuser waschen, und
hölzerne Pflöcke verfertigen, mit denen man das
Bauholz der Dächer zusammenfügt. Das ganze
Jahr hindurch beginnen alle diese Arbeiten mit
dem Aufgange und enden mit dem Untergange
der Sonne; dabei wird eine Stunde für das Frühstück und drittehalb Stunden werden für das Mit-
tagsessen frei gegeben. Alle Verurtheilte (die in
den Gefängnissen aufbewahrten ausgenommen)
haben den Sonnabend für sich, um Pflanzen und
Gemüse zu eigenem Gebrauche anbauen zu können. Zur Ermunterung zu solchen Arbeiten versieht die Regierung sie mit der Saat, und setzt
Prämien für diejenigen aus, welche am meisten
Eifer und Fleifs zeigen.

Man hat in England bei der Auswahl der
zu Deportirenden sicher noch nicht die gehörige
Aufmerksamkeit verwendet. Die Zahl der Handwerker und nützlichen Arbeiter ist zu gering,
um nur die Arbeiten für das Gouvernement zu
bestreiten; wenn also ein freiwillig angesiedelter
Colonist etwa eines Ziegelbrenners oder Zimmer-
manns bedarf, so kann er solchen nur durch besondere Begünstigung erhalten, und da die wenigen Handwerker unter fünf bis sechs Schilling

täglich nicht arbeiten, so sind nur die reichsten
Colonisten im Stande, sie zu miethen. Dagegen
sind Professionisten, welche allerlei Luxusartikel
verfertigen, Krämer, Ladendiener, Gentlemens,
Kammerdiener, Kutscher u. s. w. in Menge vorhanden; diese können nicht nur sehr wenig
Dienste leisten, sondern sie bringen überhaupt,
ihrer ausgelassenen Sitten wegen, der Colonie
noch beträchtlichen Schaden.

Die *Colonisten* lassen sich in vier Classen
eintheilen: Civil - und Militär-Beamte, die zugleich Güterbesitzer sind; Leute, die sich freiwillig in der Colonie niederlassen; Deportirte,
die sich nach Verfluss ihrer Strafzeit angesiedelt
haben; und endlich die in ihrer Strafzeit begriffenen Verbrecher.

Die Beamten und Officiere, welche mit ihren gebrannten Wassern alles, was auf den Markt
kommt, zu niedrigen Preisen einkaufen können
und, mit wenigen Ausnahmen, eigenthümliche
Pachtungen besitzen, leben weit bequemer und
in gröfserem Ueberflusse, als in England mit den
gleichen Einkünften geschehen könnte; Butter
und Wein sind die einzigen Artikel, die sie für
ihre Tafel aus Europa beziehen.

Unter den freiwillig Angesiedelten von der
ersten Classe sind kaum ein halbes Dutzend Individuen von Geburt oder anständiger Erziehung,
doch haben einzelne derselben durch Beharrlichkeit und Industrie sich zu einigem verhältnifs-

mäfsigen Wohlstande erhoben; diese sind also
als die Stammwurzeln zu betrachten, aus denen
künftig ehrliche Einwohner hervorgehen sollen.

Die nach Verlauf ihrer Strafzeit zu Colonisten gewordenen Deportirten haben, bis auf einzelne Ausnahmen, ihr Schicksal verbessert.

Die Aufmunterung, welche die Regierung
denjenigen bewilliget, die mit eigenem freien
Entschlusse sich in *Neuholland* ansiedeln, besteht
in freier Ueberfahrt und Lebensmitteln für sie
und ihre Familien. Bei ihrer Ankunft werden
jedem Unverheiratheten hundert, jedem Verheiratheten aber hundert und fünfzig, und für jedes Kind noch zehn Morgen Land angewiesen.
Fünfzehn Jahre lang sind diese Grundstücke von
allen Abgaben und Auflagen frei; nachher wird
für fünfzig Morgen ein Schilling Abgabe entrichtet.
Jeder angehende Colonist erhält alles, was er zur
Einrichtung seiner Landwirthschaft nöthig hat, so
wie auch das Getraide zur Aussaat; er findet überdies auf seiner Pachtung eine fertige Hütte, und
die Regierung versieht ihn auf achtzehn Monate
mit Lebensmitteln; man überläfst ihm ferner ein
Jahr lang zwei von den, zur Disposition der Regierung stehenden Deportirten, ohne dafs er nöthig hätte, ihnen Lohn oder Kost zu geben. Endlich ist es jetzt auch der Gebrauch, jedem neuen
Colonisten zwei fette Mutterschweine mit ihren
Jungen, und aufserdem Geflügel auszutheilen,
das aus dem Vorrathe der Regierung genommen
wird.

Die erlösten Verbrecher, d. h. diejenigen,
welche ihre Strafzeit überstanden haben, und in
der Colonie sich anzusiedeln wünschen, erhalten
dreißig Morgen, wenn sie allein, fünfzig, wenn
sie verheirathet sind, und für jedes Kind noch
zehn Morgen mehr, und überdies alle Begünsti-
gungen, welche den freiwilligen Colonisten zu-
gestanden werden.

Die Ländereien werden unter der Bedingung
an die Colonisten überlassen, daß man auf der
Pachtung wohne, und sie urbar mache, auch für
die Erhaltung des, zum Gebrauche der Regierung bezeichneten, Bauholzes Sorge trage. Es
ist jedoch selten, daß die Officiere strenge zur
Erfüllung dieser Bedingungen angehalten werden.
Ein großer Theil derselben besitzt Grundstücke
von großem Umfange, und begnügt sich, auf
denselben eine Hütte zu bauen, und eine Schaar
Ziegen weiden zu lassen, womit sie dann den
Forderungen der Regierung hinlänglich Genüge
geleistet zu haben glauben.

Die angegebene Zahl der Acker Landes gehört den Pflanzern von Rechts wegen; der Gouverneur kann indessen nach Willkür auch grös-
sere überlassen, und es sind Beispiele vorhanden,
daß ein einziger Colonist fünfzehnhundert bis
zweitausend Morgen erhalten hat. Unabhängig
von dieser Art, sein Gebiet zu vergrößern, haben Einige sich auch noch in Besitz solcher
Ländereien gesetzt, welche, dem größten Theil
nach, noch nicht urbar gemacht und ausgeholzet

waren. Daraus ist aber ein nicht unbedeutender
Nachtheil entstanden; denn die angebauten Striche sind nun durch grofse Wälder von einander
getrennt, und folglich sehen sich die Colonisten
aufser Stande, gegen die Streifzüge der Eingebornen, die nur zu oft ihnen die Maisärndte
rauben, sich wechselseitige Hülfe zu leisten.

In jeder Stadt sind 400 Morgen Landes zur
Unterhaltung eines Geistlichen, und 200 zur Besoldung eines Schulmeisters angewiesen. In der
ganzen Colonie giebt es aber nur zwei Geistliche,
einen auf dem festen Lande, und den andern in
Van - Diemens - Land. Die dem Schulmeister
bestimmten Grundstücke sind bis jetzt noch von
Niemand in Besitz genommen worden.

Sittlicher Zustand der Colonie. Was den
sittlichen Zustand der Colonisten von *Neu-Süd-
Wallis* betrifft, so erinnert uns derselbe an eine
Bemerkung des Lord *Bacon*, welcher behauptet,
dafs „die *Gedanken* der Menschen gewöhnlich
mit ihren Neigungen, ihre *Reden* mit den Meinungen, in denen sie unterrichtet wurden, ihre
Handlungen aber mit ihren angenommenen Gewohnheiten und Sitten übereinstimmen." —
Wir können daher von Leuten, die des Lasters
seit lange gewohnt waren, keine musterhafte,
den Vorschriften der Religion und Moral gemäfse
Aufführung erwarten. Wirklich führen auch die
meisten Colonisten eine sehr ausgelassene Lebensart, und noch hat die Regierung keine durch-
greifende Maasregel ergriffen, um dieser allge-

meinen Verderbniſs Schranken zu setzen. Obgleich es nicht in der Macht der Behörden steht,
eine Richtschnur der Tugend auszustecken, von
welcher man nicht die Freiheit hätte abzuwei-
chen und sich zu entfernen, so bleibt es doch
wahr, daſs es ihre Pflicht wäre, der Unsittlich-
keit den Muth zu nehmen, nicht nur durch Strafen der Ausschweifung, sondern auch durch Be-
lohnung des Verdienstes und der guten Aufführung.

Wenn ein mit verurtheilten Weibern beladenes Schiff anlangt, darf jeder Unverheirathete
sich an Bord desselben begeben, um sich eine
Frau auszulesen, die er sogleich mit sich nach
Hause führt, ohne einer anderen Ceremonie, als
der Einwilligung seiner Auserwählten, zu bedürfen. Da von diesem Augenblicke an die Kosten
der Nahrung und Kleidung für die Regierung
wegfallen, so bekümmert sich diese auch um
nichts weiter. Für alle weibliche Gefangenen,
welche nicht auf diese angezeigte Weise unter-
kommen, hat die Regierung zu sorgen; diejenigen aber, welche noch einige Reize besitzen,
(was zwar bei den wenigsten der Fall ist, wenn
man ihre Zahl mit derjenigen vergleicht, welche
jährlich in *London* zur Deportation verurtheilt
werden,) finden in dem Handel mit ihren Gunst-
bezeugungen eine Versorgung, die mit ihren bisherigen Lieblingsneigungen zusammentrifft, und
sie in den Stand setzt, *oben zu schwimmen*, d.
h. sich selbst zu ernähren, und sich sonach der
Aufsicht des Gouvernements zu entziehen. Die

Religion kann, begreiflicher Weise, in einer so
lasterhaften Gesellschaft in keinem blühenden
Zustande seyn, und wirklich haben die Constabler viele Mühe, die Deportirten zusammen zu
bringen, und sie Sonntags in die Kirche zum
Gottesdienst zu treiben.

Aufmunterungen zum Heirathen, unerbittli-
che Bestrafung alles verbotenen Umgangs zwischen beiden Geschlechtern, und besonders die
strengste Aufmerksamkeit auf die Erziehung der
Kinder der Deportirten, sind die einzigen Maas-
regeln, welche hoffen lassen, dafs in der künftigen Generation ein weniger verdorbenes und la-
sterhaftes Volk heranwachsen werde, als das gegenwärtige ist. Die Einrichtung von Schulen
würde die Kinder in den Stand setzen, sich zu
nützlichen Gliedern des menschlichen Geschlechts
zu bilden, statt dafs sie jetzt, wie junge Wilde,
in ekelhafte Lumpen gehüllt, auf den Strafsen
umherschwärmen. Wenn sie einmal das gehörige Alter erreicht hätten, müfste es der Regierung ein Leichtes seyn, sie zur Ergreifung eines
Handelsgeschäftes oder zur Erlernung eines Hand-
werks anzuhalten. Bemerkenswerth scheint es
mir, dafs die Kinder in der Colonie nichts von
den Spielen wissen, womit sich in England die
Kinder die Zeit vertreiben; ihre einzige Unterhaltung besteht darin, dafs sie einander mit Steinen werfen, oder die Eingebornen im Werfen der Lanzen oder Wurfspiefse nachzuahmen
suchen.

*Mögliche Verbesserung des Handels der Co-
lonie.* Die durch den Capitän *Flinders* entdeckte
Bas's-Strafse, und die durch ihn aufser Zweifel
gesetzte Möglichkeit, die Meerenge von *Torres,*
beide von Osten nach Westen (mit Berücksichtigung der Moussons) zu durchschiffen, mufs den
Verkehr zwischen *Neu-Süd-Wallis* und den westlichen Ländern sehr erleichtern. Durch die erstere Entdeckung wird man künftig die stürmi-
sche Fahrt um das Cap *Horn* vermeiden, und
zu Folge der letzteren kann man um vier bis sechs
Wochen schneller nach *Indien* gelangen.

Da noch eine Reihe von Jahren vorüberge-
hen dürfte, bis in der Colonie irgend eine bedeutende Manufactur entsteht, von welcher ein
Handel nach Aufsen beginnen könnte: so mufs
sich die Ausfuhr auf die Landeserzeugnisse, als
rohes Material, beschränken. Für das Getraide,
wenn das Land solches auch im Ueberflusse er-
zeugen sollte, giebt es keinen benachbarten Markt,
der vortheilhaften Absatz verspricht, indem die
Bewohner des Malaischen Archipels sich durchgängig des Reifses und des Sago statt des Brodes
bedienen, und mit beiden hinlänglich versehen
sind. Baumwolle würde unter allen Producten
am besten gedeihen; sie könnte mit grofsem
Vortheil, von *Port Jakson* an bis in die nördlichen Gegenden, angebaut und auf eine sichere
und einträgliche Art nach *China* verführt werden,
besonders in der Jahreszeit (wo der Nordost
Mousson weht), in welcher die Schiffe aus *Indien* nicht gerade nach *Canton* reisen können;

die aber für Ladungen aus *Port Jakson* die gün-
stigste ist. Wirklich braucht ein Schiff, das von
letzterem Orte im October unter Segel geht, gewöhnlich nur 50 Tage, um *Canton* zu erreichen.
Allein gegenwärtig sind die einzigen Producte,
welche die Colonie auszuführen hat, Thran und
Häute von Seekälbern, und Fischbein. Von den
beiden ersteren Artikeln wurde im J. 1804 eine
Ladung von 400 Tonnen nach England ausgeführt. Der Fang dieser Thiere wird aber, besonders von den Americanern, zwischen *Neuholland* und *Neuseeland* sehr im Grofsen, und
ohne alle Einschränkung, betrieben.

Die Jagd der Seekälber ist gegenwärtig keiner Art von Reglement unterworfen. Jeder, der
sich damit abgeben will, besucht alle in der
Bas's-Strafse liegenden Inseln, treibt die Thiere
von Eiland zu Eiland, und beunruhigt sie so
sehr, dafs sie, dieser Verfolgungen wegen, die
Meerenge beinahe verlassen haben. Ja, oft werden die Mütter mit ihren Jungen getödtet, so
dafs, wenn dieses so fortdauert, das ganze Geschlecht der Seekälber in kurzem in diesen Gegenden ausgerottet seyn wird.

Es ist nicht unwahrscheinlich, dafs die Colonie Kohlen und Eichenbretter mit grofsem Vortheile nach dem Cap, sowohl zum Schiffsbau,
als für die Bedürfnisse der Einwohner, ausfüh-
ren könnte. Solche Ladungen würden zwar wegen der weiten Ueberfahrt und des Raumes, den
jene Artikel einnehmen, nicht sehr einträglich

seyn; doch müfste die Seltenheit der Eichenbret-
ter und der Brennmaterialien überhaupt in der
Nähe des Caps ihnen immer einen bedeutenden
Werth verschaffen, und die Rückladungen von
Wein, gebrannten Wassern und europäischen
Waaren würden für einen etwanigen Verlust
mehr als hinlänglich entschädigen.

Eingeborne. *Neuholland* ist weniger bevölkert, als jeder andere Theil der Erde von
gleicher Ausdehnung; sogar den trockenen, kalten und unwirthbaren Küsten von *Labrador* und
Terra del Fuego steht es in dieser Rücksicht
nach. Die Hauptursache davon ist ohne Zweifel
der Mangel an Lebensmitteln; denn die Einwohner sind nur wenig Krankheiten unterworfen;
ihre Kriege sind nicht sehr blutig, und ihre
Privathändel kosten selten Jemand das Leben.

Es scheint gewifs zu seyn, dafs alle Küsten
dieses Continents von einer und derselben Menschenrasse bevölkert wurden. Im Aeufseren sowohl, als in Sitten und Gebräuchen, sind sie
sich durchgängig ähnlich; und wenn auch verschiedene Mundarten angetroffen, und einige
Gewohnheiten einzelner Stämme bei anderen
vermifst werden sollten, so sind diese unbedeutenden Abweichungen der Länge der Zeit und einer herumirrenden Lebensart zuzuschreiben.

Das Innere des Landes ist durchaus unbekannt; wahrscheinlich herrscht dort noch gröfserer Mangel an Lebensmitteln, woraus zu schlie-

sen ist, daſs es, wenn nicht ganz menschen-
leer, doch weniger bevölkert sey, als die Küsten. *)

Die Sprache, durch welche man auf die
Wurzeln des Stammbaums der Nation schlieſst,
hat über den Ursprung der Bewohner von *Neuholland* noch kein Licht verbreitet. Physische
Aehnlichkeit und Uebereinstimmung der Sitten
scheinen sie mit den Eingebornen der *Papous-
Inseln* **) unter eine Rasse zu stellen; denn ihre

---

*) Hr. *Malte-Brun* bezweifelt mit Recht die Bündig-
keit dieses Schlusses. Mit welchem Grunde kann
man das Innere für unfruchtbar halten? Was die
Bevölkerung betrifft, so sind freilich in den meisten
bekannten Ländern die Küsten gewöhnlich am meisten bewohnt; aber daraus läſst sich keine Regel
ableiten, besonders da *Neuholland* wegen seiner Lage und groſsen Ausdehnung einen ganz eigenthümlichen Theil der Erde zu bilden scheint. Die originellen Pflanzen und Thiere, die man bisher darauf
entdeckte, bestätigen dies. Ehe man aber ausgie-
bigere geognostische Beobachtungen als hisher von
Neuholland gesammelt haben wird, und über die
mögliche Entstehung dieser ungeheuern Insel einige
Vermuthungen wagen darf, sind alle Schlüsse auf
das Innere nur leere Träume. Ist *Neuholland* ein
neu entstandenes Land, oder ist es der übrig geblie-
bene Theil eines groſsen Südlandes, dessen Trüm-
mer die Inseln des indischen Archipels zu seyn
scheinen?. Wer wagt es, hierüber zu entscheiden?
                                     D. Uebers.

**) Unter diesem gemeinschaftlichen Namen werden
auch *Neuirland*, *Neubritannien*, die *Salomonsinseln*
und einige andere benachbarte Inseln begriffen; deren Einwohner ein wolligtes Haupthaar haben.
                                     D. Verf.

äufsere Verschiedenheit von diesen ist nicht
gröfser, als sie der Unterschied des Klima's, des
Bodens und der Nahrung im Laufe einiger Generationen bei den Nachkommen *Eines* Stammes
vermuthen läfst. Der *Papous* - Archipel ist
fruchtbar, und versieht seine Einwohner reichlich mit Nahrungsmitteln aus dem Pflanzen - und
Thierreiche, da hingegen der *Neuholländer*
durch die Seltenheit efsbarer Thiere sich zu einem armseligen Leben verurtheilt sieht, das er
durch Erzeugnisse des Meeres und seiner felsi-
gen Ufer nur kümmerlich Tag für Tag erhalten kann.

Die Uebereinstimmung mehrerer Gebräuche
der *Neuholländer* mit den *Papous - Insulanern*
scheint um so mehr einerlei Abstammung zu beweisen, da diese Gebräuche den übrigen Südsee-
Insulanern ganz unbekannt sind, wie z. B. die
Gewohnheit, sich den Nasenknorpel zu durch-
bohren, und an demselben ein Bein, ein Rohr,
eine Muschelschale oder eine andere Verzierung
zu tragen, Gesicht und Körper zu tatowiren *),
den Kopf mit Fett oder gefärbter Erde einzu-
schmieren, die Haare in kleinen Partien zu
flechten, die wie die Stickerei auf den Officiers-
epaulettes aussehen.

Wenn wir nun aus diesen Aehnlichkeiten
schliefsen, dafs die *Neuholländer* eine entartete

*) Aber die Insulaner von *Otaheite*, von *Nukahiwa*
u. s. w. tatowiren sich auch.
                              Anm. d. franz. H.

Rasse der *Papous* sind, so bleibt uns nichts
übrig, als den wahrscheinlichen Ursprung der
letzteren zu erforschen.

In dem gröfsten Theile des Malaiischen Archipels sind die Küsten und das Innere von zwei
ganz verschiedenen Menschenrassen bewohnt.
Auf jenen findet man Malaiische Völkerschaften
mit dunkel olivenfarbiger Haut, und langen
schwarzen Haaren; sie sind in der Civilisation
so weit vorgerückt, dafs sie Gesetze und Regie-
rungsverfassungen eingeführt haben. Sie kennen
den Ackerbau, Handel und Schifffahrt. Die besonderen Züge dieser Menschenrasse scheinen keinen Zweifel übrig zu lassen, sie aus der Malaiischen Halbinsel und dem benachbarten Indien
abzuleiten. *)

Das Innere einiger dieser Inseln wird noch
von einer wilden Rasse mit wolligem Haupthaare
bewohnt: sie haben keine Regierung, keine Künste, und sind unter verschiedenen Benennungen
bekannt; auf *Sumatra* heifsen sie *Oran-Caboo*
und *Oran-Gorgoo*; auf *Borneo*: *Idaaes*, *Ma-
roots* und *Beajos*; auf den *Molukken*: *Azores*;

*) Dies leidet noch grofsen Zweifel. Die Bewohner
der Halbinsel *Malacca* könnten auch von den Inseln
aus gekommen seyn. Der Strich der *Moussons* macht
dies sogar wahrscheinlich. Man sehe *Lindner's*
neueste Kunde von *Asien.* Dritter Theil, S. 8 u. 9.
Weimar, im Verl. des Landes-Industrie-Comptoirs.
1812. Anm. d. Uebers.

die Spanier auf den *Philippinen* nennen sie *Negros del Monte* oder *Berg-Neger* u. s. w. Es ist fast gewiſs, daſs diese Menschen die *Aborigiiner* dieser Inseln sind, die bei dem Einfalle der *Málaien* sich in das Innere der groſsen Inseln zurückzogen, und in undurchdringlichen Wäldern Schutz fanden, während andere *Papous* von den kleinen Eilanden gänzlich vertrieben wurden, und den Archipel der *Papousinseln* und *Neuholland* bevölkerten; einige scheinen sich sogar bis zu den neuen *Hebriden* und bis *Neu-Caledonien* verbreitet zu haben.

Ueber den ursprünglichen Sitz der *Papous* vermuthen wir bloſs, daſs sie von *Madagascar* und dem benachbarten *Afrika* herstammen; denn so wie die *Malaien* bis nach *Madagascar* gedrungen sind, so können die *Madacassen* auch bis zu dem indischen Archipel gedrungen seyn. *)

Ob die Eingebornen von *Neuholland* civilisirt und zu nützlichen Unterthanen von *Groſsbritannien* gebildet werden können, muſs man der Zeit überlassen. Man muſs jedoch gestehen, daſs ihre Verbindung mit den *Engländern* bis

---

*) Wie können unwissende rohe Völker ohne Schifffahrt von *Madagascar* bis nach den *Neuen Hebriden* gekommen seyn? Man hat viel über die untergegangene *Atlantis* geträumt; wir glauben, deutliche Spuren eines zertrümmerten Südlandes in den Bewohnern, und in der physischen Beschaffenheit der Indischen, wie der Südsee-Archipeln zu sehen.

Anm. d. Uebers.

jetzt weder zur Verbesserung ihres Schicksals,
noch ihres Charakters beigetragen hat. Im Gegentheil haben wir zu ihrem natürlichen Zustande von Wildheit und zu ihren angebornen La-
stern noch das der Trunkenheit hinzugefügt, dem
beide Geschlechter ergeben sind, und welches
von Seiten der Männer, wenn sie im Rausche
den Gebrauch ihrer Vernunft verloren haben, eine barbarische Behandlung ihrer unglücklichen
Weiber veranlaßt.

Diese wilden Weiber sind nicht mehr so
furchtsam, als bei der Ankunft der Europäer,
von denen sie wahrscheinlich mehr die Scheu vor
unbekannten Wesen, als die Schamhaftigkeit zu-
rückhielt. Seitdem sie eingesehen haben, daß
wir Geschöpfe ihrer Art sind, haben sie Furcht
und Bescheidenheit abgelegt. Es giebt jedoch
nur *Ein* Beispiel, daß ihr Verkehr mit den Europäern fruchtbar gewesen sey.

Beide Geschlechter haben ihre ursprüngliche
Nacktheit beibehalten, und obgleich man denjenigen, welche *Sidney* besuchen, immer Klei-
dungsstücke schenkt, so entledigen sie sich doch
derselben jedesmal wieder für ein wenig Branntwein. Sehr selten bieten die Wilden den Colonisten bei irgend einer Arbeit ihre Hülfe an;
nur drei oder vier junge Leute machten einmal
zufällig mit einigen Engländern eine kleine Excursion, um Seekälber zu fangen. Der Geistliche hat einen jungen Eingebornen in seinem
Dienste, dessen Vater in einem Scharmützel mit

seinen Landsleuten geblieben ist; dieser Knabe,
den er lesen und schreiben lehrte, scheint keine
besonderen Fähigkeiten zu besitzen. Sollte die
Zeit noch eine allgemeine Verbesserung dieser
Völker herbeiführen, so müfste sie früh bei dem
aufwachsenden Geschlechte anfangen; denn wenn
der Wilde sich einmal an seine herumschwei-
fende unabhängige Lebensart gewöhnt hat, würde ihm jede gesellschaftliche Einrichtung der
Menschen, wodurch die Leidenschaften im Zaum
gehalten werden, unerträgliche Fessel seyn.
Auch der Wilde *Bennelong*, *) nahm bald nach
seiner Rückkehr aus England alle Gewohnheiten
seines wilden Zustandes wieder an, und ver-
tauschte seine europäische Eleganz, mit allen
Vortheilen eines sichern und reichlichen Lebens-
unterhaltes ohne Arbeit, wieder gegen die Nacktheit und armselige Nahrung seiner Landsleute.

Schlufs. Obgleich die Culturfortschritte
in der Colonie etwas langsam gewesen sind, so
liefs sich doch bei so vielen physischen und moralischen Hindernissen nicht viel mehr erwarten.
Längs den Küsten fand man einen höchst mittel-
mäfsigen Boden; das Innere des Landes war mit
ungeheuern schwer auszurottenden Bäumen bedeckt, und nirgends entdeckte man efsbare Pflanzen. Hierzu kam die eingewurzelte Verdorben-
heit der ersten Colonisten. Die Deportirten, die
jetzt noch wenigstens vier Fünftheile der Bevöl-

---

*) Er hatte den Gouverneur *Philipp* bei dessen Rück-
reise nach England begleitet.

kerung ausmachen, sind gröfstentheils aus den
Lasterschulen von *London* und anderen grofsen
Manufacturstädten gezogen, und verstehen daher
nur wenig vom Ackerbau, und die Wenigen unter ihnen, die geschickt dazu wären, denken wenig daran, durch Industrie ihren Zustand zu verbessern; nur die Furcht vor der Strafe treibt sie
zur Arbeit. Ein persönliches Interesse, worauf
sich alle Handlungen der Menschen stützen, fehlt
hier gänzlich, und man begreift, dafs die Nach-
eiferung erkalte, wenn sie nicht durch den Eigennutz unterhalten wird. *)

Die Pflanzer, oder die im Lande Angesiedelten, sind meist verabschiedete Soldaten oder
Exdeportirte, und von beiden Classen läfst sich
nicht viel Betriebsamkeit erwarten. Die Anzahl
freier Leute, welche als Landbauer nach *Neuholland* gereiset sind, ist in Vergleichung mit
denen, die jährlich aus *Grofsbritannien* nach
America gezogen sind, äufserst gering, und unter diesen Wenigen würde man nicht Einen von
vorzüglich achtungswerthem Charakter finden.
Eine Ursache der seltenen Auswanderung nach
Neu-Süd-Wallis ist vielleicht die weite Fahrt;
eine ungleich wichtigere aber sind die ungünsti-
gen Berichte über allgemeines Elend und Aerm-
lichkeit. Diese Berichte hatten ihren Grund in

----

*) Dies Raisonnement scheint uns sehr schwach. War-
um sollte der Eigennutz hier unwirksam seyn, da
der Verurtheilte sich durch Fleifs Vermögen und
Freiheit erwerben kann? —
                                        Anm. d. Uebers.

der Unzufriedenheit der ersten Colonisten. Sie träumten sich ein gelobtes Land, wo man mit verschlungenen Armen sein Glück machen, und ohne Arbeit von der Natur Alles im Ueberflufs beziehen könnte; und fanden dagegen einen Boden, dem nicht nur der Wohlstand, sondern selbst die Lebensbedürfnisse durch Fleifs und Beharrlichkeit abgetrotzt werden mufsten, und diese Eigenschaften besafsen nur Wenige unter ihnen. Ihre Unzufriedenheit wuchs, da sie sich überdies mehr als einmal mit Hungersnoth bedroht sahen; sie konnten nun den Gedanken, ewig Hunger zu leiden, nicht mehr los werden, und kehrten so eilig als möglich nach dem Mutterlande zurück. Diese Menschen verbreiteten bei ihrer Rückkehr solche Nachrichten in England, dafs der blofse Name der Colonie zum Schreckbilde ward.

Zu den besonderen Ursachen der langsamen Fortschritte dieser Colonie mufs man eine sehr wirksame hinzufügen, die allen Colonien im Anfange entgegen steht. Von den ersten Abenteurern, welche sich hier niederliefsen, hatten die Wenigsten Liebe für ihr neues Vaterland. Der Ausgewanderte, der von Verwandten und allen Erinnerungen und Begriffen seiner Jugend abgesondert wird, findet sich hier nirgends zu Hause. Die Gegenstände, deren Neuheit ihn Anfangs reizte, hören auf ihm zu gefallen. Der Unglückliche wendet die irrenden Blicke mit Bedauern auf die verlassenen väterlichen Felder, und diese Empfindungen lähmen seine Kräfte. Nur langsam schwächt sich die Vaterlandsliebe; nur die nachfolgenden Generationen erkennen in der Colonie ihr Vaterland; dann erst ist schneller Wachsthum möglich.

Bei allen Hindernissen aber verbessert die Colonie ihren Zustand. Da die Verbesserung die Folge unveränderlicher, in der Natur liegender Ursachen ist, so wird sie auch mit beschleunigten Schritten vorrücken. Die Bevölkerung wird in einem Lande, das unermefsliche Strecken fruchtbaren Boden darbietet, sich schnell vermehren, und dieses wird den Ackerbau befördern. Dann wird der Eifer, seinen Zustand zu verbessern, wirksam werden, und mit ihm werden Manufacturen, wird der Handel gedeihen.

BÜCHER - RECENSIONEN.

I.

Reise in den Kaukasus und nach Georgien, in den Jahren 1807 *und* 1808, *auf Veranstaltung der Kaiserl. Akademie der Wissenschaften zu St. Petersburg; enthaltend eine vollständige Beschreibung der Kaukasischen Länder und ihrer Bewohner, von* Julius von Klaproth, *Kaiserl. Russischem Hofrathe u. s. w.* Erster Band. *Halle und Berlin,* 1812, *in den Buchhandlungen des Hallischen Waisenhauses.*

Unsere Leser kennen schon aus der, in dem vorhergegangenen Märzstücke dieser *A. G. E.* von S. 361 an enthaltenen, vorläufigen Notiz über diese Kaukasische Reise nicht nur die besonderen Veranlassungen zu derselben, sondern auch den Hauptzweck derselben, so wie die Haupt-Reiseroute. Wir können daher in dieser Hinsicht auf jene Notiz verweisen, und bringen hier nur kurz in Erinnerung, daſs nicht sowohl naturhi-

storische Untersuchungen jener Länder, als vielmehr
Vermehrung unserer Kenntnifs über Geographie, Geschichte, Alterthumskunde, Völker - und Sprachkun-
de der Hauptzweck der Reise war; doch wurden auch
vorzüglich merkwürdige naturhistorische Verhältnisse
mit in Betrachtung gezogen. Insbesondere ist es auch
sehr verdienstlich, dafs der Hr. Verfasser die früher
über den *Kaukasus* erschienenen Schriften, von *Gärber,
Güldenstädt, Reineggs, Pallas* u. s. w. beleuchtet, und
theils bestätigt, theils nach eigenen Wahrnehmun-
gen, theils durch triftige Gründe widerlegt; so dafs in
der That dieses Werk classisch zu nennen ist, und einen aufserordentlichen Reichthum an gründlichen neuen
Forschungen, zuverlässigen Beobachtungen und scharf-
sinnigen Schlüssen über Geographie, alte und neue Geschichte, und Ethnographie jener, für die alte Geschichte
so höchst merkwürdigen, Länder und deren Bewohner
darbietet.

Der zweite *Theil* soll im Verlaufe dieses Sommers erscheinen, und mit ihm auch die zum Werke gehörenden Charten. Die Reisebeschreibung ist Sr. Majestät
dem Könige von Preufsen gewiedmet, indem bekanntlich der Hr. Verfasser der Sohn des berühmten Berliner
Chemikers, des Hrn. Ober - Medicinalrathes *Klaproth* ist.

Der Inhalt der Einleitung zum Werke ist aus der
früher a. a. O. mitgetheilten, vorläufigen Notiz bekannt. Die dem Werke vorgedruckten, dem Hrn. Verf.
mitgegebenen Reise-Instructionen von *Sr.* Excellenz
dem Hrn. Grafen *Johann Potocki*, von den Herren Hof-
räthen *von Lehrberg* und *von Krug*, sind vortrefflich ab-
gefafst; auch hat der Hr. Verf. viele darin aufgestellte
Fragen in einer vorgedruckten besonderen Beilage einzeln und ausführlich beantwortet. Z. B. über die Geschichte der *Polowzer* und deren frühere Kriege mit
den *Russen*, worin theils zur Zeit wenig, theils noch
nicht öffentlich bekannte Begebenheiten bündig zusammengestellt worden sind.

Ferner werden Aufschlüsse gegeben über historisch
merkwürdige *Polowzische* Familiennamen, die sich in
Russischen Chroniken finden, welche Namen blofs unter
den *Tscherkessen* vorkommen, keineswegs aber weder
bei den *Osseten* noch *Tataren*. Es ist daraus zu schlies-
sen, dafs ehemals die *Tscherkessen* weiter im Norden
verbreitet waren, als jetzt; ja dafs sie in älteren Zeiten
nicht einmal so weit nach Osten zu im *Kaukasus* wohnten, wie gegenwärtig, und dafs schon zu des Kaisers
Konstantin Porphyrogeneta Zeiten die Tscherkessische
Sprache im westlichen *Kaukasus* und am Ausflusse des
Kuban verbreitet war. —

Sodann folgen einige Aufschlüsse über die verschiedenen Benennungen ein und desselben Volkes bei dessen
Nachbarn. So nennen sich z. B. die *Osseten* selbst *Ir*
oder *Iron*, und ihr Land *Ironistan*. Die *Ossetische* Sprache ist zur Hälfte *medisch*, sie sind der Sprache und
dem Namen nach Verwandte der alten *Meder*, denn die
ehemaligen Könige des alten *Persien's* nennen sich auf
Münzen Beherrscher von *Iran* und *Nicht - Iran*. Die Osseten wollen der Tradition nach vom *Don*-Flufs herstammen; es ist daher wahrscheinlich, dafs sie die *Medischen
Sarmaten* der Alten sind, und dafs der übrige Theil ihrer Sprache, der nicht *medisch* ist, wahrhaft *sarmatisch*
sey. Dies wird durch mehrere Wortbedeutungen dargethan. *Don* bedeutet z. B. im Ocsetischen *Wasser* oder
Flufs, und noch findet man dieses Sarmatische Wurzel-
wort in vielen Flufsnamen des östlichen Europa, wie in
Don, Donapris, Dnieper, Danaster oder *Dniester, Düna,
Donau* u. s. w. Merkwürdig ist es daher, dafs letzterer
Strom den Namen *Donau* und *Danubius* nur an seinem
mittleren Theile führte, wo er das Land der *Jasygischen
Sarmaten* begränzt; weiter unten aber und bei seinem
Ausflusse noch lange den Namen *Ister* beibehielt.

Bei den Byzantinischen Geschichtschreibern kommt
der Name *Osseten* nicht vor; dies Volk mufs also damals anders geheifsen haben. Es wird nun von dem
Hrn. Verf. dargethan, dafs die *Osseten* bei den tatari-

schen Völkern *Oss* hiefsen, und dafs sehr wahrschein-
lich die *Ass* oder *Assen* oder *Jassen* (welche von Mön-
chen des dreizehnten Jahrhunderts erwähnt werden) und
sich selbst für einerlei Volk mit den *Alanen* erklärten,
und wahrscheinlich auch einerlei mit den *Walaonen* der
Teutschen sind, keine andere Völkerschaft als eben diese
Osseten sind; und dafs wahrscheinlich ein Theil der
Assen bei deren Auswanderung, am Ausflusse des *Don-
Flusses* zurückgeblieben war, wo die, in sehr frühen
Zeiten angelegte, Stadt *Asack* (das heutige *Asow*) noch
von ihnen den Namen führt.

Aber derjenige von dort ausgewanderte Theil der
Alanen, von welchem die heutigen *Osseten* abstammen,
lebte schon im und vor dem zehnten Jahrhundert im
Kaukasus, indem sie aus Furcht zur Zeit von *Timur's*
Heereszügen in die hohen Schneegebirge flüchteten.
Noch soll es eine Familie *Alan* unter den heutigen *Osseten* geben. Ihr Land nebst einem Theile der Wohnplätze der *Tschetschenzen* heifst bei den arabischen Geographen beständig *Beläd Allan*, das Land *Allan*. Fälschlich hat man dies das *Land von Lan* übersetzt. Die
kaukasische Pforte *Dariel* wird jedoch von manchem
arabischen Geographen statt *Bab-Alallan* blofs *Bäb-al-
lan* genannt, welches eigentlich das Thor von *Allan* be-
deuten soll, obgleich der Artikel *al* vor *Allan* weggelas-
sen ist.

Ob *Alanen* wirklich noch in der Gegend des Schwarzen Meeres, nahe an den *Abchassen* wohnen, sey sehr
ungewifs. Doch soll es in *Abcheseti* zwei Gegenden geben, die *Alaleti* und *Papagethi* genannt werden. Die
jetzige Provinz *Abasa* soll einerlei mit der ehemaligen
Provinz *Patschangi* seyn; und da müfsten, nach dem
Verf., die Ueberreste jener *Alanen* wohnen, wenn wirklich noch welche vorhanden seyen. Nach einigen Nachrichten sollen die *Asgé*, die an den Quellen des *Ubbuch*
wohnen, eine eigene Sprache haben, und Hüte tragen,
auch *Alanen* genannt werden.

Auch über gegossene Kupfermünzen mit Kufischer
Inschrift, die man, nach *Reineggs*, in alten Gräbern der
kaukasischen Länder findet, wird von Seite 70 an gründliche Auskunft gegeben; desgleichen über andere asiatische Münzen. Ferner wird gesagt: die von *Reineggs* erwähnten *Tigur* oder *Uitigur* können kein anderes Volk
seyn, als die *Ossetischen Dugoren*, die in ihrer Landessprache *Tugur* heifsen, von den *Russen* aber *Dugoren*,
und von den *Tscherkessen Digor - Kusch'ha* genannt werden. Die Sprache derselben sey nicht mit der Tatarischen verwandt, sondern nur ein, wenig abweichender,
Dialekt von der Ossetischen Sprache.

Von Seite 79 an werden Berichtigungen einiger Irr-
thümer in *Gärber's* Anmerkungen zu *Bayer's* Geogra-
phia Russiae ex Constantino Porphyrogeneta gegeben.
Es wird gezeigt, dafs *Gärber* die jetzigen *Lesgier* mit
den *Lasen* (*Lazi*), welche einerlei Volk mit den alten
Kolchiern waren, verwechselt habe. Letztere bewohnten
beide Ufer des *Phasis*, und bildeten einen ansehnlichen
Staat, dessen Hauptstadt *Kotiäum* oder *Kutatissum* (das
heutige *Kuthaissi*) in *Imerethien* war. Die *Lasen* gehörten daher zu dem Georgischen Völkerstamme, dessen
Sprache sie auch redeten. Jener Staat hat sich in mehrere, noch vorhandene Staaten aufgelöst; nämlich in
Imerethi, *Mingrelien* und *Guriel*. Noch gegenwärtig führen einige Stämme wilder Räuber, die zwischen dem
Haven von *Bathumi* und *Trebisonde* an den Flüssen *Ga-
rachi*, *Makris* und *Ssoruk* wohnen, den Namen *Lafs*. —
Auch *Reineggs* wird über diesen Gegenstand widerlegt,
so wie S. 85—86 über seine *Alanen*; weil er aus dem tatarischen *Ai'ekki Alan*, welches die Geschlechter *Aitek's*
bedeutet, indem *áln* Geschlecht heifst, ein *Alanen*-Volk
fälschlich gemacht hat, welches bei'm Anfange der Scheidung der Keraunischen und Gordyäischen Gebirge wohnen soll.

Auch was *Gärber* über die *Mamelucken*, als von *Gori-
schen Czirkassen* abstammend, sagt, wird S. 83 berichtigt.
Eben so wird *Gärber's* Meinung von einem *Magjaren* oder

Madsjaren Volke, das unter dem Tscherkessischen Gebirge nach Norden zu, gewohnt haben soll, als gänzlich falsch verworfen. Denn die alte Stadt *Madschar* an der *Kuma* wurde von *Ckipdschackischen Tataren*, aber nicht von einem *Madscharen*-Volke bewohnt; worüber in der Folge ausführlicher die Rede seyn wird.

Diese Notizen gehen unter andern der eigentlichen Reisebeschreibung bis S. 87 voran; sie waren zu wichtig, als dafs wir sie nicht hätten berühren sollen. Wir gehen nun zur eigentlichen Reisebeschreibung über, beschränken uns aber nur auf die Anzeige des Allerwichtigsten für Länder- und Völkerkunde, und können Alles Uebrige nur den Rubriken nach berühren. Vorher ist jedoch noch zu bemerken, dafs der Herr Verf. als beständigen Reisegefährten und Secretair für die russische Sprache einen Studiosen des Petersburger Gymnasiums, Nahmens *Feodor Bobrinzow* auf der ganzen Reise mit sich gehabt hat; so wie dafs der Herr Verf., vermöge seines Passes jeden beliebigen Weg nehmen, und nöthigenfalls so viele Militär-Bedeckung verlangen konnte, als es die Sicherheit in den Kaukasiscen Gegenden nöthig machte.

In dem *ersten Capitel* werden beschrieben, die Abreise von *St. Petersburg*, das für weite Reisen beste Fuhrwerk, nebst erforderlichen Bedürfnissen; sodann ist die Rede von den Posteinrichtungen in Rufsland, wovon die Schnelligkeit der Kaiserlichen Eilboten abhängt, und die wirklich zum Erstaunen grofs ist; so war den Eilboten, welche der vor einigen Jahren nach China abgereiseten Gesandtschaft mitgegeben wurden, vorgeschrieben, den Weg von *Irkutzk* nach *St. Petersburg*, der 859 teutsche Meilen beträgt, in 22 Tagen, also täglich 39 t. Meilen, zurückzulegen.

Der Weg von *Petersburg* nach *Moskwa* ist schlecht und bietet wenig Unterhaltendes dar, obgleich die Gegenden an der Strafse sehr bebaut sind, und die Dörfer einander oft so nahe liegen, dafs sie fast an einander stofsen. Am meisten interessiren auf diesem Wege die

Nachrichten von der alten Hauptstadt Rufsland's, nunmehr blofs noch Gouvernementsstadt *Grofs-Nowgorod*,
$184\frac{1}{2}$ Werste von *Petersburg*; sodann über die Kunstca-
nal-Verbindungen, und über die Städte *Torschock*, *Twer*
und *Klin*,

    Moskwa selbst kündigt sich durch Wege zum Versin-
ken und durch einen auffallenden üblen Geruch schon
von Weitem an. Die Gastfreundschaft der Moskwaer ist
herzlich, die der Petersburger blofs Höflichkeitssitte. —
Der berühmte botanische Garten des Grafen *Alexis von
Rasumowski* bei *Gorenki*, unweit *Moskwa*, läfst nichts
zu wünschen übrig. Dessen Director ist der verdiente
Botaniker *Fischer* aus Halberstadt.

    Das *zweite Capitel* beschreibt die Reise von *Moskwa*
bis *Kurfsk*, über *Podol* (einem kleinen, neuen, belebten, nahrhaften Städtchen, 35 Werste von *Moskwa*) welches von der *Pachra* durchflossen wird, und der Hauptort des Kreises gleiches Namens ist. — Von da, 53 Werste weiter, liegt die Kreisstadt *Sserpuchow*, am Bache
Sserpeika, 4 Werste vom linken Ufer der *Oka*, welche
daselbst das Moskau'sche Gouvernement vom Tulaschen
trennt. *Sserpuchow* treibt beträchtlichen Getraide- und
Viehhandel. Ueberhaupt wird daselbst viel Handel getrieben. Eine kurze Geschichte der Stadt ist auch beigefügt.

    Von *Sserpuchow* nach *Tula* sind 93 Werste, die Ge-
gend wird zuletzt immer bergigter; die Steinarten sind
Sand und Kalk; die Dörfer schienen wohlhabend zu
seyn. Die Stadt *Tula*, am Flusse *Upa*, gehört unter die
reichsten und besten Städte *Rufsland's*, und ist durch
die daselbst fabricirten Eisenwaaren im ganzen Reiche
berühmt. Die dortige Stahl- und Gewehrfabrik versorgt
einen grofsen Theil der Armee; doch sind die Gewehre
jetzt weniger gut als sonst.

    Die Stadt *Orel* liegt 30 Werste weiter zwischen der

Oka und dem Flüfschen *Orlik*, treibt viel Handel, und
wird beschrieben.

Kurfsk, eine der ältesten, aber auch kothigsten,
Städte in ganz *Rufsland*, hat 6 Werste in der Länge
und ist 150 Werste von *Orel* entfernt; man bleibt
selbst in den Strafsen der Stadt mit dem Fuhrwerke im
Kothe stecken. Die Stadt ist jedoch reich, und treibt
viel Handel; es giebt daselbst reiche Kaufleute, die Tücher und Leinwand in Teutschland einkaufen, bis nach
Kiachta bringen, und dagegen chinesische Waaren,
vorzüglich Thee und Nankin, letzteren von verschiedenen Farben, einhandeln. Eine kurze Geschichte der
Stadt *Kurfsk* ist beigebracht.

Im *dritten Capitel* wird die weitere Reise bis *Charkow* beschrieben. Zuerst wurde die, 59 Werste von *Kurfsk*
entlegene, hübsche nahrhafte Kreisstadt *Obojan* erreicht;
sie liegt am Einflusse des Baches *Obojanka* in die Rechte
des Flüfschens *Pfsiol*, welches nicht weit von da entspringt. —

Der Weg gieng 73 Werste weiter nach *Bielgorod*,
der letzten Kreisstadt im Gouvernement von *Kurfsk*.
Bis zum Jahre 1779 war solche selbst die Hauptstadt eines eigenen grofsen, nach ihr genannten, Gouvernements. Fälschlich ist sie seit *Bayer's* Zeiten für *Ssarkel*
oder *Bielowjes*, die ehemalige Hauptstadt der *Chasaren*,
gehalten worden, da doch vielmehr, wie Hr. Hofrath
von Lehrberg erwiesen hat, letztere Stadt in der Nähe
der *Don*-Mündung gelegen hat. Eine kurze Geschichte
von *Bielgorod* ist beigefügt.

Endlich wurde der Flecken *Lipzy*, im Charkowschen
Gouvernement, erreicht, welches auch das Gouvernement der Ukrainischen Flecken genannt wird, die gröfstentheils von den ehemals sogenannten Slobodischen Regimentern bewohnt werden. Es folgt eine ausführliche,
sehr lehrreiche Geschichte der Länder und Völker zwischen dem *Don*, dem *Dnieper*, dem *Asow'schen* Meere
und den Quellen der Flüsse *Psiol*, *Donez* und *Oskol*,

welche sonst einen Theil des Grofsfürstenthums *Kiew*
ausmachte. — Die *Mongolen* unter *Batu-chan,* die *Tataren,* die *Polen* und *Russen* waren in diesen Ländern häufig in verwüstende Kriege mit einander verwickelt, von
welchen die Ursachen und Begebenheiten gründlich nachgewiesen werden. Auch die ehemalige Einrichtung der
Slobodischen Regimenter und ihrer fünf Regiments-
städte: *Charkow, Achtärka, Ostrogoschsk* und *Isjum* ausführlich dargestellt; lauter schöne gründliche Nachweisungen über nicht allgemein bekannte, wichtige Staaten-
und Geschichtsverhältnisse.

Viertes Capitel. Endlich wurde die nunmehrige
Gouvernements - und Universitäts - Stadt *Charkow* erreicht. Sie liegt zum Theil auf einer Anhöhe zwischen
den Plüssen *Charkowa* und *Lopan,* und zählt etwa 6000
Bewohner. Sie würde ein angenehmes Städtchen seyn,
wenn sie nicht eben so ungeheuer kothig als *Orel* wäre;
der Verf. nennt die Stadt daher einen *Musen-Sumpf.*
Die Errichtung der Universität schien wenig Einfluss
auf den Wohlstand des Städtchens zu haben. Es wird
noch Manches über die dortigen Professoren und Einrichtungen angeführt, so wie über das Studienwesen in
Rufsland überhaupt. — Von dem Hrn. Hofrath *v. Ste-
ven* zu *Charkow,* welcher *Georgien* und das *Kaukasische*
Gebirge mehrere Male besucht hat, erhielt der Herr
Verf. schätzbare Aufklärungen und Nachweisungen.

Ein ebener, angenehmer Weg führt bis zu der Kreisstadt *Isjum* (auf Russisch und Tatarisch *Rosine* genannt),
welche 111 Werste von *Charkow* entfernt, zu beiden
Seiten des Plusses *Ssewernoi Donez* und des Baches *Mo-
kraja Isi* umza liegt. Die Anzahl der Einwohner beläuft sich auf 5000; vor der Pest, welche die Tataren
hereinbrachten, war die Bevölkerung noch stärker. Das
Hauptgewerbe ist Viehzucht, besonders Schaafzucht; es
werden Schaafe von Schlesischer Abkunft hier gepflegt.

65 Werste weiter liegt, am Flusse gleiches Namens,
die Stadt *Bachmut,* im Ekaterinoslawschen Gouverne-

ment, welche gut bevölkert ist, und einen bedeutenden
Handel mit der umliegenden Gegend treibt. Nahe bei
der Stadt sind 2 Salzquellen, *Kirikowskoi* und *Chailows-
koi*, aus deren Soole viel Salz gesotten und nach anderen Gouvernements verführt wird.

Von da gieng die Reise bei *Luganskoi Sawod*, einer
der berühmtesten Eisengiefsereien Rufsland's, am Flüfschen *Lugan* vorbei, gerade auf *Tscherkafsk* zu. Hinter
Iwanowka, einem freundlichen Flecken, hört das Jeka-
terinoslawsche Gouvernement auf, und das Gebiet der
Donschen Kosaken fängt an. Auf dem Wege liegen
mehrere grofse Dörfer, uud die grofse Kosaken-Stanitza
Aksai, 15 Werste von *Alt-Tscherkafsk*, an einem Nebenarm des Don-Flusses, welcher ebenfalls *Aksai* heifst,
und hier auf einer schwimmenden Brücke überfahren
wurde.

Das *fünfte Capitel* beginnt mit der Schilderung von
Tscherkafsk, der Hauptstadt der Donschen Kosaken, am
rechten Ufer des *Don*, auf der Insel, die durch dessen
Nebenarm, den *Aksai*, gebildet wird. Von *Petersburg* bis
dahin sind 1947 Werste oder 279 teutsche Meilen. Kosaken und Tataren sind die einzigen Bewohner von
Tscherkafsk. Von hier sieht man in einer Entfernung
von 60 teutschen Meilen die Gebirgskette des *Kaukasus*.

Da die Ueberschwemmungen die Stadt sehr unge-
sund machen, so hat die Regierung eine neue Stadt
(*Neu-Tscherkafsk*) an einem Arme des *Don* auf einem
höheren Terrain anlegen zu lassen angefangen, wohin
nach und nach die Bewohner von *Alt-Tscherkask* ziehen, so dafs in 50 Jahren die alte Stadt verlassen und
eingerissen seyn wird.

Es folgt zuletzt eine kurze Geschichte von *Tscherkafsk*, und Untersuchungen über die Herkunft der *Kosaken*; diese sind wahrscheinlich Abkömmlinge der
Tscherkessen, indem letztere von den *Osseten* und den alten Geschichtschreibern *Kasach* und ihr Land *Kasachia* ge-

nannt wird. Hieran schliefst sich die Geschichte der
Kosaken in den späteren Jahrhunderten, ihrer Lebensart,
Sitten u. s. w.   Die *Kosaken* treiben mehr Weinbau als
Getraidebau.   Es gieht viele sehr reiche Leute unter
ihnen.   Die *Kosaken* begreifen sehr schnell, sind
dabei sehr listig, und besitzen Asiatische feine Manie-
ren.   Das weibliche Geschlecht derselben hat viele
Schönheiten.

Von *Tscherkafsk* wurde eine kleine Nebenreise nach
dem regelmäfsig gebauten, schönen, reinlichen, musterhaften Städtchen *Nachtschiwan* gemacht, das seit 1780
angelegt, und nur 28 Werste von *Tscherkafsk* entfernt
ist. Es wird von Armeniern bewohnt, die aus der *Krym*
ausgewandert sind.

Das *sechste Capitel* verbreitet sich über die *Kalmük-
ken*.   Diese sind Mongolischer, aber keineswegs Tatari-
scher Abkunft.   Die *Kalmücken* sind der Mongolische
Völkerstamm *Oirät* oder *Dörbön - Oirät*, der von den
Mongolen *Oelöt* genannt wird.   Es wird viel Belehrendes aus der Geschichte der *Mongolen* von *Dschengis-
chan's* Zeiten an erzählt, so wie von ihrer ehemaligen und
jetzigen Regierungsverfassung, von ihrer körperlichen
ausgezeichneten Bildung, ihrer Lebensart, Sitten und
Gebräuchen.

Das *siebente Capitel*, und die folgenden bis zum
fünfzehnten, handeln sehr ausführlich von den Lamai-
schen Religionsgebräuchen bei den Mongolischen Völkern, von ihren Tempeln, geheiligten Orten, ihrem Got-
tesdienste, heiligen Schriften, Glaubenslehren, hierarchi-
schen Verfassung u. s. w.; so wie von der Verbreitung
dieser Religion in der Mongolei.

Im *fünfzehnten Capitel* geht die Reise von den *Kalmücken* und *Don'schen Kosaken* weiter über den *Don*
und an diesem Strome fort nach *Eatayskaya*, 17½ Werste
von *Tscherkafsk*, am *Podpolnaja*, einem Arme des *Don*,
und nach *Kagalnitzkoja*, 16 Werste davon, am Flüfschen

Kagalnick, das unterhalb *Asow* in den *Mäotis* sich er-
gießt; lauter flache Gegenden; nur gen Südost zieht
sich in der Ferne eine Hügelkette hin, die in nördlicher
Richtung vom mittleren *Kuban* her, bis zum Ursprunge
des *Kagalnick* hinstreicht, und ein Vorbote des ferneren
Kaukasus ist.

Von Seite 265 ist sodann ausführlich die Rede von
der Völkerschaft der *Komanen*, die auch in den Russischen Chroniken oft erwähnt wird. Die *Polowzer* der
slavischen Chronikenschreiber sind einerlei mit den *Komanen* der Byzantinischen Geschichtschreiber, und gehören zu den *Tataren*. Ein grofser Theil derselben ist
nach Ungarn eingewandert, indem sie vor *Dschengis-
chan* flohen. Von ihnen haben Grofs- und Klein-Kuma-
nien in Ober- und Nieder-Ungarn den Namen, wo sie
noch wohnen. — Sprachverwandte der *Komanen* waren
die ebenfalls Tatarischen *Patzinaken* oder *Petschenegen*.
Komanen oder *Polowzer*, und *Petschenegen* oder *Kangli*,
bildeten das Volk der *Kapdschack*, welches in die *Nogai's*
verschmolzen ist. Es wird viel Belehrendes aus alten
Schriftstellern über diese Gegenstände beigebracht, und
unter einander verglichen.

Sechszehntes Capitel. Endlich wurde die seit 1785 gegründete Stadt *Stawropol*, am Ursprunge des fischreichen
Baches *Atschile*, erreicht. Sie ist gut bevölkert, hat
breite Strafsen, und einen ansehnlichen Kaufhof, wo man
Waaren aller Art bekommen kann. Die Gegend ist sehr
fruchtbar; die nahen Wälder voller Wild. Alle Lebensmittel sind daselbst sehr wohlfeil.

Zwischen *Stawropol*, der Hauptstadt des eben so ge-
nannten Kreises (welcher S. 288 geschildert ist), dem
Kuban und der oberen *Kuma*, an den Quellen der Bäche
Dongusle und *Buywalla*, leben 7 tatarische Horden, wel-
che die geringen Ueberbleibsel der sonst so berühmten
Nogay oder Kubanischen Tataren sind. Der östliche
Theil des *Kaukasus* wird von anderen, nahmhaft gemach-
ten Tatarischen Horden bewohnt. Die Lebensart der

nunmehr friedlichen *Nogay's* wird geschildert; sie sind
gastfrei, und bekennen sich zum Sunnischen Islam.
Ihre Gesichtsbildung ist sehr Mongolisch, welches auf
eine Blutsvermischung mit den *Mongolen* schliefsen läfst;
ihre Sprache ist aber nicht Mongolisch, sondern hat
Ueberbleibsel eines Alt-Tatarischen Dialekts (des *Dschaga-
taischen*), und ist von fremden Wörtern fast ganz rein.

Merkwürdig ist die unter ihnen, so wie ehemals unter den *Scythen*, mitunter vorkommende eigenthümliche
Krankheit, wo Männer die Barthaare verlieren, und
ganz ein weibliches schwächliches Ansehen erhalten,
auch forthin blofs als Weiber und unter Weibern leben;
man nennt solche Personen *Chofs*. Es kommen dergleichen auch unter den *Türken* vor.

Die Kreisstadt *Alexandrow*, am westlichen Ufer des
Dongusle, ist noch nicht so grofs als *Stawropol*. Auf diesem Wege sind Sandsteinberge, die schon *Pallas* beschrieben hat. Die Geographie dieser Landschaft wird von
S. 292 umständlicher entwickelt, vorzüglich in orogra-
phischer Hinsicht. — Der Kreis von *Alexandrow* liegt
östlich vom Stawropolischen Kreise, und erstreckt sich
von der Redoute *Pregradnoi-Stan* am Kuban, bis zum
Flusse *Manytsch*, welcher hier die Gränze zwischen diesem Gouvernement, dem Astrachanschen und dem Lande der Donschen Kosaken macht. 10 Werste von *Pregradnoi-Stan* liegt im Waldgebirge *Scheb Karagatsch* die
neue Festung *Temnolefskaja*, und 5 Werste davon nördlicher die eben so genannte Kosaken-Stanitza.

Von *Alexandrow* reisete der Verf. nach der Festung
Georgiewsk, der Hauptstadt des Kaukasischen Gouvernements, die seit 1777 angelegt worden ist.

Im *siebenzehnten Capitel* werden diese Festung, die
Lage derselben, und die benachbarten Gegenden ge-
schildert. Man kann von da aus die ganze Kette des
Kaukasus bis zu den Lesgischen Gebirgen hin übersehen
Der *Kaukasus* bildet dem Ansehen nach zwei pa-
rallel laufende Bergreihen; eine höchste, mit Schnee be-

deckte, und eine nördlichere niedrigere, die man gewöhnlich die schwarzen Gebirge nennt. Jene heißen
bei den Tataren *Kar-Daghlar*, bei den Tscherkassen
aber, vom *Kasibeg* an bis zum Elbrus *Kurdsch*; bei
den Osseten *Ziti-chog*, und bei den Georgiern *Qinu-
lifs-mtha.*

Die schwarzen Gebirge werden von den Russen
Tschernoi Gory, von den Tataren *Kara-Daghlar*, und
von den Tscherkessen *Kuschha* genannt. —

Am höchsten ragen in der Schneegebirgskette der
Kasi-Beg und der *Elbrus* hervor; letzterer ist jedoch
bei weitem der höchste, und giebt vielleicht dem *Mont-
Blanc* wenig nach. Er ist auch noch nie bestiegen worden. Die Russen nennen diesen Berg *Shat-g'ora*, die
Karatschai's: *Mingi-tau*; die Tataren: *Jaldufs*; die
Tscherkessen: *Uasch' hamako*; die Abassen: *Orfi If-
gub*, und die Ssunnen: *Passa.* — Es werden von S. 299
viele Notizen aus alten Schriftstellern über die Benen-
nung des *Kaukasus* aufgestellt. Alles beweiset das hohe
Alter des Namens *Kaukusus* bei den benachbarten Natio-
nen; und doch nennen die heutigen *Asiaten* dies Ge-
birge selten so, sondern häufig mit dem Tatarischen
Namen *Jalbus*, d. i. Eismähne, *Jalbus thaglar*, oder auch
Nogaisch *Jildis thaglar*, d. i. Sternen-Berg. Bei den
Türken heißt der Kaukasus *Ckáf thúgi*, das Gebirge
Ckaf. Die *Georgier* taufen es *Jalbusifs-Mtha*, d. i. Berg-
Jalbus, oder auch zuweilen *Themi* oder *Temi*. Die Ar-
menier sagen *Jalbusi-fsar*, mitunter auch *Kawkas*. Die
Perser nennen solchen den *Elbrus*, mit welchem Namen
man jedoch noch mehrere andere hohe Schneegipfel be-
legt. *Reineggs* wird zugleich widerlegt.

Da unter den *Tscherkessen* und *Abassen* noch die
Pest herrschte, so reisete der Verf. zuerst über den *Kaukasus* nach *Georgien*; hielt sich jedoch vorher noch einige Zeit in *Georgiewsk* auf, um Nachrichten über den
nordwestlichen Theil des *Kaukasus* von Personen einzuziehen, die ihn oft bereiset hatten.

Das *achtzehnte Capitel* verbreitet sich nun sehr umständlich über die Verhältnisse *Rußland's* mit dem *Kaukasus* und mit *Georgien*, und zwar nach Epochen abgetheilt, deren erste vom Czar *Iwan Wassiliewitsch* bis zum Feldzuge *Peter's I.* nach Persien, vom J. 1555 anhebt, und bis zum J. 1691 dauert. — Die Begebenheiten in *Georgien* werden vom Anfange des 17ten Jahrhunderts an, bis zum J. 1736 kurz dargestellt. Dann folgt die Fortsetzung der Tscherkessischen Angelegenheiten von 1705 bis 1729.

Im *neunzehnten Capitel* wird die zweite Epoche entwickelt, von *Peter's I.* Feldzuge nach Persien bis zur Anlegung der Festung *Mosdok*, vom Jahre 1717 bis 1760.

Das *zwanzigste Capitel* schildert die dritte Epoche, von der Anlegung der Festung *Mosdok*, bis auf den Tod des Fürsten *Ziżianow;* vom Jahre 1759 bis 1805. Diese Schilderungen sind höchst belehrend und authentisch, und für Historiker von grofsem Werthe.

Im *ein und zwanzigsten Capitel* verbreitet sich der Verf. mit der gröfsten Gründlichkeit über die so berühmten Ruinen von *Madschari* an der Kuma, und beleuchtet und berichtigt die früheren Meinungen von *Gärber, Gmelin, Pallas, Güldenstädt* und *Reineggs.* — *Gärber* hatte zuerst den Irrthum verbreitet, als stammten die *Ungarn* von dieser, in Ruinen liegenden Stadt *Madschar* her; ihm folgte *Büsching. Schlözer* und *Fischer* theilten nie diese irrige Meinung. Diese Ruinen werden von S. 406 und 416 an genau beschrieben, und gezeigt, dafs sie wirklich die Trümmer einer grofsen prächtigen Stadt sind. — Nach den Beweisen des Verf. ist der Name *Madschar* Alt-Tatarisch, und bedeutet steinerne Gebäude; die *Nogay* und *Turkomannen* nennen es *Ckirk-Madschar.* Es wird nachgewiesen, dafs diese Stadt von den *Ckipdschackischen Tataren* erbaut worden sey; die noch vorhandenen Arabischen Inschriften auf Leichensteinen stammen von Mohammedanischen Tataren her; der Inhalt einiger derselben wird angegeben. Die zu *Madschar* gefundenen silbernen und kupfernen Münzen sind fast alle in *Ssarai*, dem Sitze der *Dschingischaniden* in *Ckipdschack*, oder in anderen Städten ihres Reiches geschlagen. Die Inschriften und Zeichen dieser Münzen sind abgebildet und erklärt. — Nach der Sage der Tataren in jener Gegend war *Madschar* der Sitz des Tatarischen Chan's *Mamai*, nämlich des *Temnick Mamai*, der nach *Kildi-Beg* Regent| des Ckipdschackischen Reiches wurde, und 1380 christlicher Zeitrechnung gestorben ist. Daher nennen auch die Russen diese Gegend die Ruinen *Mamaiski-Gorod*. — *Madschar* wurde wahrscheinlich in den unruhigen Zeiten zerstört, welche der Regierung des *Tocktamisch* (welcher im J. 1400 christl. Zeitrechnung starb), folgten, in welcher jenes Ckipdschackische Reich durch innerliche Kriege zerrüttet wurde.

Das *zwei und zwanzigste Capitel* giebt eine sehr ausführliche Beschreibung von dem Flußgebiete des Kuban's, der Gegenden und Völkerschaften an demselben. Der *Kuban*-Fluß ist der *Hypanis* des Herodot und Strabo, und der *Vardanes* des Ptolemäus; in späteren Zeiten scheint er auch *Mäotis* genannt worden zu seyn. Der neuere Name *Kuban* ist Tatarisch, die Nogayer sagen *Kuman*, die Abassen aber *Kubin*, und die Tscherkessen nennen ihn *Psi-fshé*. Er entspringt auf der Nordseite des hohen Schneeberges *Elbrus*, und wird an dessen Fuße von dem *Chursuk*-Bache verstärkt. Seine erste Richtung ist nordwestlich. Er hat ein helles Wasser, und einen größtentheils steinigten Boden. Sein Lauf ist schnell, so lange er sich nicht in Moräste zertheilt; wonach sein Wasser auch trüb wird.

Der Verf. nennt alle Flüsse, die er auf seinem Laufe aufnimmt, so wie deren Ursprung, und die Flüsse und Bäche, aus welchen sie gebildet werden; es wird angegeben, in welchen Entfernungen von einander sie in den *Kuban* fallen, in welchen Gegenden und bei welchen Orten, auf welcher Seite des *Kuban* sie einfallen. Sodann werden die Redouten und bewohnten Plätze zu beiden Seiten des *Kuban* und deren verschiedene Namen angeführt.

A. G. E. XXXIX. Bds. 2. St. O

Jenseits des *Kuban* bis zu den höchsten Schneege-
birgen hinauf wohnen *Tscherkessen*, *Abassen* und *Tataren*; die Russen nennen sie jedoch im Allgemeinen *Sa-
kubanzi*, d. i. Transkubaner. — Von S. 446 folgt dann
eine ausführliche Schilderung der *Abassen*, auf Russisch
Abassinzy, auf Abassisch aber *Absne*. Die Georgier nennen das Land der Abassen *Abchasseti*.

Alle *Abassen* werden in die grosse und kleine *Abasa*
oder *Awasa* getheilt. Zu der grossen *Abasa* gehören auch
die Stämme, die jenseits des Kaukasischen Gebirges am
Schwarzen Meere wohnen. — Der Verfasser zählt nun
die einzelnen Stämme, deren Stärke und Wohnorte
namentlich auf, und schildert deren Verfassung. Auch
werden die Stämme der *Tscherkessen* eben so durchgegangen.

Von S. 477 wird die, 1784 von den Türken angelegte,
Stadt *Anapa* und deren Geschichte geschildert; ein Gleiches ist mit *Sudschuck-ckalah*, und *Soghum-ckalah* geschehen. Ferner wird die Art, wie die Russen gegen die
Räubervölker jenseits des Kubans zu Felde ziehen, von
S. 480 an beschrieben; auch werden nützliche Vorschläge
gemacht, die Russischen Gränzen gegen jene Räubervölker zu sichern.

Im *drei und zwanzigsten Capitel* wird eine kleine Nebenreise von *Georgiewsk* aus nach dem benachbarten Lande
der sogenannten Fünf Berge, auf Tatarisch *Besch-tau*, auf
Tscherkessisch *Osch'hi'-tch'u* genannt, gemacht. Sie bilden das nördliche Vorgebirge des Kaukasus, und hängen
durch einen, gerade nach Süden sich ziehenden, Kalkrük-
ken mit dem Schiefergebirge, am Fuße des hohen *Elbrus*, zusammen, welcher von ihrem Fuße noch 15 teutsche Meilen entfernt ist. Es werden die elenden Kosa-
ken-Stanitzen dieser Gegenden, und die Art der Vertheidigung der Gränze geschildert; S. 486 aber auch auf-
richtig gesagt: daß die ganze Kaukasische Linie viel zu
schwach bewacht, und daß es ein Glück für Rußland sey, daß die Bewohner des Kaukasus nie von ei-

nem gemeinschaftlichen Interesse beseelt, und nie unter
einander einig seyen, sonst würde es denselben ein Leichtes seyn, die ganze dortige Russische Macht in kurzer
Zeit zu überwältigen.

S. 487 wird eine warme Heilquelle mit einem Bade-
hause angeführt, die 18 Werste von *Lyssagorski* an der
Südwestseite des Berges *Maschuka* sich befindet; auf
dem Wege dahin liegt der Bittersalzsee *Dschamgata.* Die
Landschaft umher wird genau beschrieben. Von da
wurde die 1802, am Fuße des höchsten *Beschtau*-Berges
angelegte Englische Missions- Anstalt besucht, die *Ckaraßs* genannt wird. Der Verf. verspricht sich jedoch
wenig Erfolg von diesem Vorhaben, da die Asiaten durchaus einen mehr pomphaften Gottesdienst verlangen, als
es bei dem Evangelischen Glauben herkömmlich ist. Zuletzt hatten sich auch einige Herrnhuter- Colonien als
Missionnärs dahin gezogen, um mit den Engl. evangelischen Missionnärs gemeinschaftliche Sache zu machen.

Von *Ckaraßs* aus wurde der hohe, sehr konische
Beschtau-Berg erstiegen; er besteht aus Syenit-Porphyr,
rings um ihn sind aber Urkalkberge. Die Aussicht von
demselben wird S. 495 beschrieben. — Von da wollte der
Verf. einen, 32 Werste entfernten, von den Russen besetzten, Sauerbrunnen, am Bache *Narzana,* unweit *Kon-
stantinogorsk,* besuchen, stieß aber unterwegs auf ein
starkes Tscherkessisches feindliches Räubercorps, und
mußte auf halbem Wege wieder umkehren. Außer diesem häufig benutzten Sauerbrunnen giebt es im nördlichen und südlichen Kalk- und Schiefergebirge des Kaukasus noch viele solche, und zum Theil sehr treffliche,
Quellen, welche auch von den benachbarten Stämmen
benutzt werden, z. B. am Berge *Mara,* unweit des Ur-
sprungs der *Kuma* und *Podkuma.*

Die *Kuma,* auf Tscherkessisch *Gumysch,* wird von
S. 499 an, nebst ihren Nebenflüssen, beschrieben. Der
Verf. hält die Kuma für den *Udon* des Ptolemäus.

Das *vier und zwanzigste Capitel* handelt zuerst von
den Tatarischen Stämmen im Schiefer- und Kalkgebirge
des Kaukasus.   Zu den merkwürdigsten unter denselben
gehören die *Tataren*, welche von den Osseten: *Assi*,
von den Tscherkessen *Tatar Kusch'ha*, d. i. Alpenbewoh-
ner, von den Georgiern aber *Bassiank*, und daher meistens *Bassianen* genannt werden; sie sind es, die *Madschar* erbaut, und ehemals bewohnt haben wollen, ehe
sie in die grofse *Kabardah* sich zurückzogen, von wo
sie wieder von den *Tscherkessen* bis in die Schneegebirge zurückgedrängt wurden, bis sie auch da, nebst den
übrigen *Osseten*, von der Georgischen Königin *Thamar*
unterworfen, und zum Christenthume gebracht wurden,
von welchem sich noch einige Spuren unter ihnen erhalten haben.   Jetzt stehen sie unter der Oberherrschaft
der *Kabardiner*.   Die fernere Geschichte, so wie die Religion, Sitten, Sprache derselben (die mit dem Nogaisch-
Tatarischen übereinkommt), werden geschildert.   Sodann
werden die übrigen Völkerstämme des hohen Alpengebirges durchgegangen, und deren Sitten, Gebräuche u.
s. w. geschildert; zuerst die *Ckaratschai*, am Ursprunge
des Kuban, welche Mohammedaner sind.   Man findet
Fränkische Begräbnifsplätze unter ihnen; sie sind nicht
mit Mongolen vermischt, und gehören zu den schönsten Bewohnern des *Kaukasus*; sie gleichen mehr den
Georgiern als den *Tataren* der Steppe; auch sind sie
nicht räuberisch.   Hierauf werden die von ihnen bewohnten Gebirgsstrecken und die dortigen Flüsse beschrieben.

Von S. 525 werden dann andere Strecken des hohen
Alpengebirges, welche die *Suanen* bewohnen, geschildert.   Es ist die Rede von den befestigten Engpässen
des Gebirges.   *Reineggs* wird dabei widerlegt.   Sodann
werden von S. 531 an die übrigen Alpen-Völkerstämme
angeführt und geschildert, als die *Tscherigü* oder *Tsche-
gem*, deren Dörfer aufgeführt werden.   Endlich ist die
Rede von den *Balckaren*, auf Georgisch auch *Bassianen*
genannt, und den von ihnen bewohnten Dörfern.

Im *fünf und zwanzigsten Capitel* wird die Reise von *Georgiewsk* über das Gebirge des *Kaukasus* beschrieben. Sie wurde zu Pferde unter hinreichender Kosaken-Bedeckung gemacht, und gieng zuerst nach der Stanitza *Mariinskaja*, unweit des Flüfschens Saluka; sodann nach *Paulowskaja*, am Flüfschen Kura, 27 Werste von Georgiewsk. Der Ursprung der *Kura* und ihr Thal wird beschrieben; auch gezeigt, dafs solche in älterer Zeit zum Theil einen anderen Lauf gehabt haben müsse, welches auch von anderen Flüssen des Kaukasus gilt, worüber S. 542 interessante Nachweisungen vorkommen.

Von *Paulowskaja* gieng die Reise nach der Stadt und Festung *Jekaterinograd*, an der linken Seite der Malka, welche die stärkste Festung der Kaukasischen Linie, seit 1776 angelegt, und seit 1785 Hauptstadt der Kaukasischen Provinz des Astrachanischen Gouvernements ist. Die ganze Gegend von da bis zum *Terek* ist sehr fruchtbar, und hat auf Tatarisch den Namen *Besch - Tamack*. Von da sind 35 Werste bis zur Festung *Mosdok*, dicht am Terek, 115 Werste von Georgiewsk entfernt. Diese Festung wurde 1763 erbaut, sie hat eine sehr günstige Lage, ist aber zu schwach besetzt. Die Einwohner derselben sind Russen, Armenier, Georgier, Tataren und Osseten, auch getaufte Tscherkessen. Es herrschen daher hier viele Sprachen. Es werden die Armenischen Hochzeitsgebräuche von S. 550 geschildert, sodann die Glaubensartikel der Armenischen Religion angegeben. Endlich werden der *Terek*-Flufs, die Gegenden an demselben, so wie die Cultur des Bodens und dessen Erzeugnisse, beschrieben.

Im *sechs und zwanzigsten Capitel* wird sehr ausführlich von dem kriegerischen, höchst merkwürdigen Volke der *Tscherkessen* gehandelt, welches die Europäer fälschlich Circassier nennen. Sie selbst nennen sich *Adige*. Der Name *Tscherkefs* ist Tatarisch, und bedeutet einen *Wegabschneider*; was bei dem Teutschen Adel des Mittelalters die *Wegelagerer* waren, das sind die adlichen Tscherkessen noch jetzt. Die Osseten nennen die Tscher-

kessen *Kessech* oder *Kasach*; ja die Tscherkessen sollen
sich vor der Ankunft der Kabardinischen Fürsten aus der
Krym selbst *Kasach* genannt haben, so wie die Byzantinischen Geschichtschreiber das von ihnen bewohnte
Land *Kasachia* nennen. Die im Werke mitgetheilten
Notizen aus der Geschichte derselben sind sehr belehrend. Hierauf folgt die Schilderung ihrer inneren politischen Verfassung; die viel Eigenthümliches hat; sodann die Schilderung ihrer Lebensweise, Sitten, Gebräuche. Von der eigenthümlichen Sprache derselben
wird der zweite Theil Belege geben. Es ist falsch, dafs
die schönsten Sclavinnen der Türken *Circassierinnen*
seyen, die Tscherkessen verkaufen nur geraubte Sclaven,
nicht Tscherkesserinnen. Die schönen Sclavinnen der
Türkei kommen aus *Imerethi* und *Mingrelien*. Zuletzt
wird von der Bewaffnungsart und Kriegesart, dem Ackerbau und der Viehzucht der Tscherkessen gehandelt, so
wie von ihren Nahrungsmitteln und Getränken, und ihrer geheimen oder verstellten Sprache auf Raubzügen.

Auch das ganze *sieben und zwanzigste Capitel* handelt
noch von den *Tscherkessen* als Gesammtvolk, welches
die *Zychen* der alten Geschichtschreiber, so wie der Byzantinischen Griechen sind.

Das *acht und zwanzigste Capitel* beginnt mit der Abreise von *Mosdok* und dem Uebergange über den *Terek*,
sodann über den Bergrücken *Prock*, nach der, 60 Werste
von Mosdok entfernten, Schanze *Grigoripol*, die gut angelegt, und mit Jägern und Donschen Kosaken besetzt
ist, und 12 Kanonen hat. Die Garnison wohnt in unterirdischen Hütten; andere Einwohner giebt es dort nicht.
Sodann wird der Ursprung und Lauf des Flusses *Kum-
balei* beschrieben, nebst den dort herum in Dörfern lebenden Bewohnern, welche *Inguschen* sind, und *Schal-
cha* heifsen. Hierauf folgt eine allgemeine Schilderung
der Inguschen, ihrer Sitten, Religion, Sprache, und der
von ihnen bewohnten Landschaften. Dies Volk treibt
fleifsig Ackerbau; liebt aber auch Jagd und kriegerische
Streifzüge, wo man mehr aus Ehr - als Gewinnsucht

Raub treibt, als rühmliche Beschäftigung der Jugend. Die Nation der Inguschen besteht aus 7 namhaft gemachten Stämmen.

Im *neun und zwanzigsten Capitel* rückt die Reise weiter fort, mitten im December, unter starker Bedekkung, nach der beträchtlichen Festung *Wladikawkas,* Tscherkessisch *Tereck-ckalla* genannt. Die Bewohner sind fast nur die Besatzung. Der *Terek*-Fluss wird beschrieben, und dessen verschiedene Namen angeführt. *Wladikawkas* ist der Schlüssel zum *Kaukasus,* und des Weges nach *Georgien,* und liegt in einer Entfernung von 23 Wersten von *Grigoripol.* Russland muss durchaus stets die Gebirgsbewohner von allem Zusammenhalte mit den Türken abzuhalten suchen, wenn es Ruhe an seinen dortigen Gränzen haben will; auf welche Weise dies geschehen könne, giebt der Verf. an. — Bei Wladikawkas endet die Steppe, welche unter dem Namen der *kleinen Kabardah* bekannt ist. Der Verf. verbreitet sich über den Ursprung dieser Eintheilung und Benennung des Landes in grosse und kleine Kabardah, und was man darunter versteht, und beschreibt sodann die kleine Kabardah ausführlich. — Seit der letzten Pest hat dies Land grossen Verlust an Menschen erlitten, viele Dörfer liegen öde.

Das *dreifsigste Capitel* handelt sehr gründlich von den Amazonen der alten Schriftsteller, und ist sehr belehrend. *Herodot's* Aussage von den Amazonen wird gründlich gerechtfertigt. Die Amazonen waren Ssauromaten, von denen sehr wahrscheinlich die Oseten abstammen, die ehemals auch nördlicher wohnten, und die Alanen des Mittelalters sind. Amazonen, Mäoten, Ssauromaten, Alanen und Osseten, gehören zu ein und demselben *Japhetischen* Völkerstamme; worüber der zweite Theil des Werkes noch mehr Licht geben wird.

Sodann wird von S. 656 die weitere Reise durch das Land der *Inguschen* beschrieben. Am Eingange des Terekthales, welches den nördlichen Kaukasus ganz durch-

schneidet, bestehen die Berge rechts und links aus Ueber-
gangskalkstein, auf welchen Thonschiefer folgt, und weiter im Gebirge hinein kommt dann Syenit zum Vorschein.
Hinter *Dariela*, der ehemaligen Kaukasischen Pforte,
ist das Syenitgebirge eingesenkt, und daselbst fängt die
Basaltformation an, welche mehr oder weniger von Thon-
schieferbergen unterbrochen, sich nicht nur bis an das
Hochgebirge des Kaukasus erstreckt, sondern auch über
diejenigen Theile seines höchsten Scheiderückens, den
man auf dem Wege zwischen dem *Terek*-Thale und dem
Aragwi-Thale zu übersteigen hat, ausgebreitet ist. —
Diese und einige andere, bald anzuführende Stellen des
Verf. über die Geognosie des *Kaukasus*, leiten auf die
nicht unwahrscheinliche Vermuthung, daſs die auf dem
Kaukasus so mächtige Basaltformation dort, wie in *Nor-*
wegen, (nach *Hausmann* und *v. Buch*) zu den Ueber-
gangsgebirgen gehören könne, welches für die Geognosie im Allgemeinen sehr wichtig seyn würde. Auch als
Gebirgsmasse der Uebergangsformation können der Basalt und dessen verwandte Steinarten theils abweichend,
theils gleichförmig gelagert auf ältere Urgebirgsarten auf-
gesetzt seyn. Nicht aller Basalt gehört bloſs der Flözzeit
an! — Die Landschaften, durch welche die fernere
Reise gieng, werden von Seite 658 an, bis *Baltasch*, belehrend beschrieben.

Das *ein und dreiſsigste Capitel* beginnt mit der Abreise von *Baltasch*, auf der linken Seite des *Tereks*; die
Gegenden des Weges und die berührten Wohnorte sind
genau untersucht und beschrieben; die Bewohner jener
Gegenden zwischen *Baltasch* und *Laars* (auf Ossetisch
Gors genannt) sind Schimit-Osseten. Seite 669 wird eine kurze Geschichte dieser Osseten gegeben. Von *Laars*
bis *Dariela* sind 6 Werste. Die alte Feste *Dariela*, von
den Osseten *Dairan* genannt, welche Benennung schon
die Byzantinischen Geschichtschreiber kannten, wird S.
671 beschrieben; sie liegt an der Gränze von Georgien,
am Bache *Zach-Don*, der in die Linke des *Tereks* fällt.
Ihr gegenüber stürzt sich der *Achkara* von der rechten
Seite in den Terek. Das Gebirge ist hier Syenit, mit

wenigen Glimmertheilchen, und dicht bei *Dariela* auf
der linken Seite des Tereks porphyrförmiger Grünstein.
Von S. 671 verbreitet sich der Verf. über Geschichte und
Literatur dieser Kaukasischen Pforte.

Von da gieng die Reise nach dem Flusse *Zachdon*
oder *Defdaroki*, und dem Dorfe *Gelathi* oder *Giuleti,*
das von Osseten bewohnt wird. In dieser Gegend wird
der dem Hauptgebirge aufsitzende Basalt vorzüglich
deutlich; überall thürmen sich Berge aus Basaltsäulen
in die Wolken. Der Basalt ist theils schwarz, mit Weiſs
(Kalkspath, Zeolith) gefleckt; theils rothbraun und gelb
(von verwitterter Hornblende und Olivin) gefleckt. Das
Gebirge gewährt daselbst einen sehr wilden Anblick. —
Der Weg gieng ferner zur Rechten des Tereks, sodann
über *Sto* oder *Psedo* nach dem Georgischen Dorfe *Ste-*
phan-Tsminda, von den Osseten *Ssena*, von den Russen
Kasbek genannt.

Das *zwei und dreiſsigste Capitel* beginnt mit der
Schilderung der Landschaft um *Stephan Tsminda*. Hinter dem Dorfe *Gergethi*, Stephan Tsminda gegen über,
auf der anderen Seite des Tereks, liegt der hohe Schneeberg, auf Georgisch *Mqinwari*, Ossetisch *Zeristi-zus*
und *Urs-choch*, Russisch *Kasbek* genannt, welchen die
groſse Russische *podrobnaja Karta* nicht nur nicht angiebt, sondern fälschlich einen anderen Schneeberg, Namens *Chöchi*, an welchem der Terek entspringt, *Kaspek*
nennt. Nach dem *Elbrus* ist der *Mqinwari* der höchste
Gipfel des Kaukasus. Seine Gestalt ist konisch, und er
ist beinahe bis zu seinem Fuſse mit ewigem Schnee und
Eise bedeckt. Bis zur Schneeregion (weiter kann man
an ihm nicht hinansteigen) ist das Gestein rother porphyrförmiger Basalt, und auch Thonporphyr, letzterer
führt mehr oder weniger, zuweilen sogar vorwaltenden,
glasigen Feldspath, und etwas Glimmer; auch kömmt
Hornblende als Gemengtheil vor. Beide Steinarten ver-
laufen sich oft in einander, und gehen aus einander
hervor, gehören also zu einer Formation. Man verglei-
che über das ähnliche Verhältniſs in Norwegen *Hauſ-*
mann's und *v. Buch's* Reisen in diesen *A. G. E.*

Hierauf wird die Landschaft um *Kobi*, einem Ossetischen befestigten Dorfe, beschrieben, und der ganze
District von *Dariela* bis *Kobi* heifst bei den Georgiern
Chewi oder *Mochewi*, bei den Osseten aber *Sona* oder
Ssena, und besteht aus 23 Dorfschaften, deren Namen
und Lage angegeben sind. Hierauf folgt S 688 die physikalische Beschreibung des oberen *Terek*-Thales. Wir
theilen, in Beziehung auf die vorhergehenden geognostischen Stellen, Folgendes mit: ,,Bei *Tschim* (heifst es S.
690) fängt der Kalkstein an, und dauert nach Aufsen
nordwärts des Gebirges fort. Die Breitenerstreckung
dieser nördlichen Kalkschicht beträgt 15 Werste von Süd
nach Nord zu. Höher aufwärts erstreckt sich von *Tschim*
aus gegen 3 Werste weit der Thonschiefer, der in Be-
rührung mit dem Kalksteine selbst kalkhaltig und schwarz-
braun ist; weiter südlich aber ist er frei von Kalk, von
Farbe schwarz und sehr fest. Auf den Thonschiefer folgt
aufwärts im Gebirge (die eigentliche Hauptgebirgs-
kette bildend) Syenit, und (jüngerer) Granit; und dann
zuoberst Basalt, und diesem verwandter Porphyr, welche
die Schneeberge bilden. — Seltener ist der grobkörnige
rothe Granit, doch kommt bei *Dariela* welcher vor, der
mit Serpentin durchzogen, und mit Feldspath durchwebt
ist, so dafs er oft einen *Verd antico* bildet.'' — Sehr
merkwürdig ist das so äufserst hohe Ansteigen des Ba-
saltes und Porphyrs auf dem *Kaukasus*, wie in *Süd-America*! — Bei *Kobi* ist die merkwürdige Basaltwand, die
Reineggs abgebildet hat; die Masse ist brauner, dem Basalt zunächst verwandter, und in ihn übergehender Porphyr, der horizontal liegende, säulenförmige Stücke darstellt. *Reineggs* taufte solche basaltischen Granit. —

Den 26. December wurde das hohe Schneegebirge
von *Kobi* aus überstiegen. Der sehr interessante Weg
wird von S. 691 an beschrieben. 9 Werste von *Kobi* steht
ein steinernes Kreuz auf der dasigen höchsten Gebirgs-
scheide. Die herrliche weite Aussicht ist S. 693 beschrieben. Beim Hinaufsteigen kam der Verf. hei den Quellen
des, von den Osseten *Urs-Don* genannten, Flusses vorbei, und nun beim Herabsteigen südlich bei den Quellen

des *Aragwi* - Flusses, der bei *Mzcheta* in Georgien in den *Kur* sich ergiefst. — Durch den Ossetischen District *Guda,* der beschrieben wird, gieng es nun zur *Kaischaurischen* Pforte (*Kaischaurt - Kari*), zugleich ein Dorf, wo der Verf. zum ersten Male Georgischen Wein (*Ghwino*) und andere National - Gerichte *Georgien's* fand.

Im *drei und dreifsigsten Capitel* wird die unter Schnee- gestöber fortgesetzte Reise nach der Kosakenstation *Pa- schanauri,* am Einflusse des *Tschabaruchi* in die Rechte des *Aragwi,* 20 Werste von *Kaischaurt - Kari* beschrieben, auf welcher Strecke sehr viele treffliche starke Sauer- quellen ungenützt fliefsen. Dort wohnt der Georgische Stamm der *Gudamaqari* in mehreren genannten Dörfern, sie sind Feinde der Russen. Von *Paschanauri* sind 22 Werste bis zur Festung *Ananuri;* der Weg dahin ist sehr gefährlich, sowohl wegen steiler Abhänge, als wegen der Räuber.

Sehr interessant ist folgender Ueberblick des *Kauka- sus* nach S. 697: „Die schief liegenden Flächen, welche das Kaukasische Gebirge von seiner gröfsten Höhe von Nord nach Süd macht, sind nicht so, wie die in entge- gengesetzter Richtung nach Norden streichenden, von gleicher Länge, sondern die südliche ist weit länger, als die nördliche; vom höchsten Schneegebirge an gerech- net bis zum Ausgehenden des Kalksteingebirges. — Die Länge der nördlichen schief liegenden Fläche beträgt an 25 Werste; die der südlichen aber beinahe 50 Werste, nämlich von *Gelathi* an bis *Ananuri.* — Die Südseite des Gebirges läuft also weniger steil, und nur allmählich ins flachere Land aus, daher man auch daselbst sehr selten spitzige und pyramidenförmig hervorragende Felsen an- trifft. Es ist aus gleicher Ursache die Südseite auch we- niger kahl, sondern fast überall mit Bäumen und Pflan- zen bedeckt. — Die drei Hauptgebirgsschichten folgen übrigens auf der Südseite in eben der Ordnung auf ein- ander, wie auf der Nordseite. Nämlich auf das mittlere höchste Syenit - und Basaltporphyr - Gebirge folgt nach

Süden der Thonschiefer, der hier in der Grundlinie von
Nord nach Süd eine Breite von 12 Wersten einnimmt,
folglich an 4 Werste breiter ist, als das nördliche Schie-
ferrevier. Auf den Thonschiefer folgt der Kalkstein, der
in der Grundlinie von Nord nach Süd an 35 Werste einnimmt, also gegen 20 Werste breiter ist, als das nördliche Kalksteinrevier. — Zunächst am Thonschiefer ist der
Kalkstein stahlgrau, klingend, und spaitet in dicke Tafeln; in dem Ausgehenden, bei *Ananuri*, ist er mit Sand
gemischt. Mit diesem Kalksteine hören nun zwar die
Steinschichten auf, das Gebirge läuft aber nach Süd
nicht in eine flache Ebene aus, wie es nach Nord zu
der Fall ist; sondern setzt in kleineren, theils höheren,
theils niederern Hügeln, fort, die im Allgemeinen, je
weiter nach Süden hin, immer niedriger werden, und
sich bis zum *Kur* erstrecken, der sie vom nördlichen
Vorgebirge des *Ararat* trennt. In dem südlichen Abhange lassen sich auch mehr noch als am nördlichen Erzen-
brüche vermuthen, da dort oft Kalkspathgeschiebe, dru-
siges Gestein und Milchquarz zu finden waren." —

Hierauf werden die Dörfer am südlichen Abhange
des Gebirges aufgezählt, und namhaft angegeben. S. 700
sind auch die dort wachsenden Bäume, Sträucher und
einige Kräuter angegeben. Dann werden die verschiedenen Districte, deren Cultur und Bewohner geschildert;
so geschieht dies mit den Districten *Mthiulethi* und *Chewi*.
Zuletzt wird die Stadt und Festung *Ananuri*, im Districte
Sseristo, beschrieben.

Im *vier und dreifsigsten Capitel* ist die Rede von den
Gegenden am grofsen und kleinen *Aragwi* Flusse, und
von dem Georgischen Stamme der *Pschawi*. Sodann geht
die Reise nach *Ragaspiri*, über hohes Conglomeratge-
birge (todtliegendes?), denn es fängt daselbst ein mit
Kalk gemischtes Flözsandsteingebirge an. Um *Ragaspiri*
giebt es Eichenwälder; auch wird viel Waitzen erhaut.
Sodann wird die Gegend bis *Ghartifs-Kari* und bis zum
Quarantaine Ort *Mzcheta* am *Kur*, geschildert, welcher
letztere sonst die Hauptstadt von *Georgien* war. Es folgt

daher eine kurze Geschichte der Stadt, deren ehemalige
Gröfse man noch an den weit verbreiteten Ruinen erkennt. — Merkwürdig ist die alte grofse Hauptkirche sowohl wegen ihres Alters und ihrer Bauart, als wegen der
vielen Epitaphien von königlichen und fürstlichen Personen. — Seit dem Jahre 469 ist nun *Tiflis* die Hauptstadt von *Georgien.*

Von Seite 717 werden sehr belehrende Notizen über
Imerethi, Mingrelien, Guriel und das Paschalik von
Achalziche mitgetheilt, die der Verf. von einem Russischen Officier erhielt, welcher lange in jenen Ländern
gelebt hat.

Das *fünf und dreifsigste* und zugleich *letzte Capitel*
dieses ersten Theils beschreibt das Flufssystem des *Kur's,*
welcher auf Georgisch *Mtk'wari,* Armenisch *Gkur,* Arabisch und Persisch *Kur* oder *Ckorr* heifst, und einerlei
ist mit dem *Kyrus* oder *Kyrros* der Alten. Dieser Flufs
ist nur klein gegen den grofsen *Aragwi,* dessen Flufs-
bette 500 Schritte, dagegen das des *Kur's,* höchstens 150
Schritte breit ist. Der *Kur* wird bis nach *Tiflis* blofs
auf Flöfsen beschifft, die aber häufig verunglücken, daher man den Transport zu Lande vorzieht, entweder mit
Wagen, oder noch häufiger mit Maulthieren.

Von Seite 730 wird die weitere Reise von *Mzhetha*
an bis *Tiflis* beschrieben, und die durchreiseten Gegenden geschildert. Die Entfernung beider Orte beträgt
21 Werste. *Tiflis* liegt unter 61° 57' östl. Länge, und
unter 41° 30' nördl. Breite, und wird vom *Kur* mitten
durchflossen. Der eigentliche Georgische Name der Stadt
ist *Tphilisi* oder *Tphilis K'alaki,* d. h. *Warmstadt,* wegen der dortigen warmen Bäder. Sie wird ausführlich
S. 733 geschildert, und eine kurze Geschichte von ihr
angegeben. Sie ist schlecht angelegt, und noch halb
ein Schutthaufen von der letzten Zerstörung her im J.
1795 durch *Agha Mohammed Chan.* Die dortigen Kaufleute sind meist *Armenier, Tataren* und *Georgier.* Es
giebt daselbst auch Silberarbeiter, Seidenspinner, Ge-

wehrmacher und Schwerdtfeger. Aufser den Russischen
Beamten beläuft sich die Bevölkerung der Stadt auf
18,000 Einwohner, von denen beinahe die Hälfte Armenier sind. Die berühmten warmen Bäder waren sonst
sehr prächtig, sind aber zur Zeit sehr verfallen. Das
Wasser ist nur wenig schwefelhaltig, beim Gebrauche
aber sehr heilsam. Um *Tiflis* wächst mancherlei gutes
Obst. Die Berge bei *Tiflis* rechnet der Verf. schon zum
Araratischen Vorgebirge; sie bestehen aus Thon und
Kalkmergel, mit etwas Gyps und viel Sandsteinen, und
haben zur Grundlage braunen Thonschiefer. Schwefel-
kies kommt im Tafelschiefer häufig vor. Der Boden um
Tiflis ist thonig, und oft mit kalkhaltigem Sande und
Geschieben aus dem *Kur* gemengt.

Unter den Bewohnern von *Tiflis* zählt man 148 theils
Georgische, theils Griechische, theils Armenische, theils
Katholische, theils Tatarische geistliche Personen. Sodann 160 Georgische Fürsten, 216 Georgische Edelleute,
1983 Bürger, 251 Kronsbauern und 426 Bauern der Edelleute. Aufser den Kronsgebäuden hat die Stadt 3684
Häuser.

Die Gründlichkeit, Reichhaltigkeit und Mannich-
fachheit des Inhalts dieses ersten Theils der Reise wird
gewifs Jedem mit Sehnsucht die baldige Erscheinung
des zweiten Theils erwarten lassen.

2.

Martin v. SCHWARTNER's (*Professors der Diplomatik, erstem Bibliotheks - Custos und Professors der philosophischen Facultät an der königl. Ungr. Universität zu Pest*) S t a t i s t i k

des Königreichs Ungarn. I. Th. Zweite
vermehrte und verbesserte Ausgabe. Ofen,
1809. 8. *XVIII u.* 445 *S. II. u. III. Theil.*
Ebendas. 1811. *Zusammen XII u.* 552 *S.* Mit
dem Motto: *Speak of me, as I am (Sprich*
von mir, wie ich bin.).

(Fortsetzung u. Schluſs von S. 62 des Septemberheftes.)

———

Der zweite, 1811 erschienene Theil handelt die *Staats-*
verfassung Ungarn's ab.

In der staatsrechtlichen Sprache dieses Landes bedeu-
tet *populus*, die Prälaten, Magnaten. Barone und den
Adel, mit seinen grofsen und zahlreichen Rechten und
Privilegien überhaupt; *plebs* heifst der nichtadeliche
Theil des Volks. Der König hat mehr Rechte und Prä-
rogative, als der *Grosbritannien's*.

Ungarn war bis ins J. 1301, in dem der letzte männliche *Arpadische* Sprößling abstarb, ein für die *männlichen*
Abkömmlinge erbliches Reich, und *Karl von Anjou*, ein
weiblicher Sprößling von *Arpad's* Stamme, konnte sich
trotz der Macht Papst *Bonifacius VIII.*, nicht auf den
Thron schwingen, ohne den Ständen das Wahlrecht zuzuge-
stehen. 1526 bestieg *Ferdinand I.* den ungrischen Thron,
und mit ihm beginnt die ununterbrochene Reihe der Könige von *Ungarn* aus dem Oesterreichischen Hause, deren Erbrecht nach dem Rechte der Erstgeburt doch erst
auf dem Reichstage zu *Prefsburg* im J. 1657 durch ein
ausdrückliches Grundgesetz — aus Dankbarkeit für *Leo-*
pold's I. Siege über die Türken und deren Verbündeten,
Emrich Tököli — dem *Mannsstamme* dieses Kaisers ertheilt ward. Die pragmatische Sanction *Karl's VI*, welche die Successionsfähigkeit der Erzherzoginnen, seiner,
so wie der Töchter Kön. *Joseph's I.* und *Leopold's I.*,
am 19. April 1713 verordnete, ward auf dem Reichstage

zu *Prefsburg* im J. 1722 und 1723 von den Mitgliedern einstimmig als Staatsgrundgesetz anerkannt. Man weifs, wie edel und grofs sich die ungrische Nation nach Kaiser *Karl's VI.* Tode gegen *Marien Theresien* benahm.

Ueber die Ausfertigung des Krönungs-Diploms, den feierlichen Krönungsact, und den unter freiem Himmel abzulegenden Eid (wegen Handhabung der Gesetze und Privilegien) des Königs, verweisen wir auf die Schrift selbst.

Die Zeit der Volljährigkeit eines Thronfolgers ist nicht bestimmt. Nach dem österreichischen Staatsrecht ist das vollbrachte sechszehnte Jahr der Zeitpunct der Majorennität eines Erzherzogs; welches auch für das unter dem Namen des Erbkaiserthums *Oesterreich* mit einbegriffene *Ungarn* Statt hat.

In früheren Zeiten hatten die ungrischen Könige keine fixe Residenz, sondern zogen im Lande herum, um den Klagen der Ritter und Unterthanen abzuhelfen, und Recht zu sprechen. Nur bei Galla- und grofsen Festtagen zogen sie auf eine der königlichen Burgen, oder stiegen in einer bischöflichen Stadt ab. Seit König *Stephan's* Zeiten war der gewöhnliche Wohnsitz der Regenten in *Stuhlweifsenburg;* — kam im Anfange des vierzehnten Jahrhunderts nach der Burg *Vissegrad,* und gegen Ende desselben in das *Ofner* Schlofs. Seitdem die Erzherzoge Oesterreich's teutsche Kaiser und ungrische Könige zugleich waren, war das, *Wien* so nahe, *Prefsburg* das gewöhnliche kön. Landtags- und Absteigequartier bis auf die neuesten Zeiten, wo *Ofen* wieder anfieng, an dieser Ehre Theil zu nehmen.

In *Ungarn* ist kein Reichsbaronat oder Erzamt erblich. Alle vergiebt der König. Nur der Palatin wird aus 4, vom Könige ernannten, katholischen und evangelischen Candidaten durch die Stände erwählt. Aufser ihm sind hohe Kron- und Reichsbeamte: der Erzhofrichter, der Ban von Dalmatien, Croatien und Slavonien, und der Erzschatzmeister. Ueber die grofsen und wichtigen Vorrechte derselben, vorzüglich die des Ersteren, sehe man des Verf. lichtvolle Belehrung.

Die ungrische Nobelgarde wurde 1764 errichtet. Sie
bestand aus 100 adelichen Ungarn, und 20 dergleichen
Siebenbürgenern. Ungarn zahlte zu ihrer Erhaltung
100,000, Siebenbürgen 20,000 Fl. Jedes Mitglied dieser
berittenen Garde hatte Lieutenants Rang. Die Comitate
hatten das Recht, die Candidaten dazu vorzuschlagen.
Joseph II. verminderte dies Corps um die Hälfte, und
wandte den jährlichen Ueberschuſs auf Verbesserung der
ungrischen Pferdezucht. Die andere Hälfte muſste mit
in den Türkenkrieg. Kaiser _Leopold II._ machte das
Corps wieder vollzählig. Aber in. den neuesten Zeiten
überstieg die Ausgabe die Einnahme, und wäre nicht über
die Hälfte des Corps unbesetzt geblieben, so wäre das
jährliche Deficit noch gröſser ausgefallen. Im J. 1807
bestand es aus 70, 1808 nur aus 40 Mann, da die meisten der kämpfenden Armee, als überzählige Officiere,
zugetheilt wurden. — Die Zahl der Ritter des, den 6. Mai
1764 von _Marien Theresien_ gestifteten, _St. Stephansordens_
betrug 1810: 129.

Ueber die kön. ungr. Truchsesse, den Einfluſs der
Königinnen von Ungarn auf die Regierung des Reichs,
die ansehnlichen Reservatrechte des Königs in geistlichen und politischen Sachen, die Form der Reichstage,
und die groſsen Vorrechte des Adels, verweisen wir hier
auf des Hrn. Verf. lehrreiche Schrift selbst, welche die
vollständigste Auskunft ertheilt, so wie über die besonderen Rechte der vier Stände, und das Verhältniſs der
Bauern zu ihrem Grundherrn.

Der _dritte Theil_ dieser Statistik beschäftigt sich mit
der _Staatsverwaltung_ des Reichs, als dessen Eintheilung,
den politischen Dicasterien, der Justizpflege, deſ Armee,
den Finanzen, den Schul- und Bildungsanstalten, und
der Kirchenverfassung.

Ober- und _Niederungarn_ wird durch einen Meridian
getrennt, der an der Westgränze der _Zipser_ Gespahschaft
anfängt, und in gleicher Entfernung von der _Donau_ und
Theiſs südlich bis zu seiner Vereinigung mit letzterem

Flusse fortläuft. Der westliche Theil ist *Nieder-*, der östliche *Ober · Ungarn.* Richtiger würde die vom Hrn. *v. Schedius* vorgeschlagene Benennung *West-* und *Ost-ungarn* seyn. *Niederungarn* besteht aus den zwei Kreisen dies- und jenseits der *Donau*: *Oberungarn* auch aus zwei, nämlich dies- und jenseits der *Theiss.* Die Zahl der Comitate beträgt jetzt 52, 3 banatische, 3 slavonische und 3 croatische eingeschlossen. (Da 1809 von letztern *Agram* verloren gieng, werden jetzt wohl nur 51 seyn.) In militärischer Hinsicht ist *Ungarn* in die 4 Generalcommando's: *Ofen, Temesvár, Peterwardein* und *Agram* getheilt.

Die politischen Dicasterien *Ungarn's* sind: die ungrische *Hofcanzlei* und der kön. *Statthaltereirath*, unter denen die Gespanschaften, die kön. Freistädte, und alle privilegirte Gerichtsbarkeiten stehen. Durch die Hofcanzlei werden alle kön. Patronats- auch die Souverainetätsrechte der obersten Aufsicht und der vollziehenden Gewalt ausgeführt. Sie ist von keiner anderen Hofstelle abhängig, und was bei ihr ausgefertigt wird, darauf resolvirt oder das unterschreibt der König. Im J. 1809 bestand das Personale der Hofcanzlei aus 136 Personen, die, Quartiergelder und Zulagen wegen der Theurung mitgerechnet, 180,562 Fl. Besoldung erhielten. Im kön. *Statthaltereirath*, der allein vom Könige abhängt, hat der Reichspalatin den Vorsitz von 22 Statthaltereiräthen, aus Prälaten, Magnaten und Rittern bestehend. Seine Sphäre betrifft die Sorge für sämmtliche Staats- und Landespolizei. Er erhebt alle Contributionen, und berichtigt die Rechnungen darüber, sorgt für Verpflegung der Armee u. s. w. 1810 erhielten die Mitglieder und Unterbeamten dieses Collegiums 166,978 Fl., und mit der Zulage wegen der Theurung 298,177 Fl.

Wahrscheinlich waren die Gespanschaften (*Comitatus*, Grafschaften, ungrisch *Vármegye*, slavisch *Stolice* genannt) in den früheren Zeiten Burg- oder Schlossbezirke, und jedem Comitat stand ein *Comes* oder Gespan, als erster Beamter vor, den der König, so wie noch jetzt, ernannte. Den erblichen Besitz dieser Würde, der sich auch in *Ungarn* einzuschleichen anfieng, untersagte K. *Andreas II.* goldene Bulle von 1222, und obwohl man jetzt 12 *erbliche* Obergespane zählt, so weiß man doch Amt und Besitz jetzt besser, wie sonst, zu unterscheiden. Der Wirkungskreis des Ober- und der zwei Vicegespane jedes Comitats ist vielumfassend, da sie die hauptsächlichen Organe der Regierung sind. Ueber ihre Rechte und das mit ihnen zugleich wirkende Personale, über die Verfassung der königlichen Freistädte und ihren Verfall, und über die Justizpflege überhaupt, sind sehr belehrende und ausführliche Nachrichten gegeben, die jedoch hier keinen Auszug erlauben, da dieser zu dürftig werden würde.

Außer der stehenden Armee ist im Nothfalle der Adel zur Insurrection (persönlichen Kriegsdienst) verbunden und willig, wie dies in den J. 1797 (— der ersten seit 1741 —), 1800, 1805 und 1809, der Fall war. Das erste Aufgebot 1797, das der Palatin commandirte, belief sich auf 17,969 Mann zu Pferde, und 3556 M. zu Fuß, da 50,000 Recruten zu Ergänzung der ungrischen Linienregimenter ausgehoben wurden; das zweite (1800) 10,778 adeliche Cavaleristen, 26,606 Infanteristen und 6416 croatische Insurgenten; das letzte (1809), auf 17,214 Cavaleristen, und 21,230 Infanteristen, 1952 Scharfschützen und 20,000 Recruten, während 4000 bewaffnete Bürger zu Pferd, und 41,000 zu Fuß aus den königl. Freistädten und den privilegirten Districten sich die innere Sicherheit angelegen seyn ließen. Im Friedensjahre 1802 bestand die ungrische Armee aus 12 Infanterie- und 10 Husarenregimentern, erstere ohne Officiere und Hautboisten 3857, letztere auch ohne Officiere 1693 M. enthaltend, die zusammen 64,000 M. betrugen.

Bekanntlich haben die Gränzen *Ungarn's* gegen die *Türkei* eine eigenthümliche Verfassung, da jeder Bauer und Einwohner zugleich Soldat ist. Sie waren vor dem Schönbrunner Frieden in 17 Infanterieregimenter, 1 Szekler Husarenregiment, und 1 Bataillon Nagadisten getheilt.

Jetzt bestehen nur noch 11 Infanterieregimenter, und von der 1807 aus 777,604 Köpfen in den Confinien bestehenden Menschenmenge (im J. 1807 ohne die Siebenbürgenschen) wurden durch erwähnten Frieden (1809) 288,562 davon abgetrennt.

Die königlichen Einkünfte fliefsen aus: 1) den Kron- und Kammergütern, die nach einem neunjährigen Durchschnitt (die königl. Privatgüter *Holitsch* und *Sassin* ausgeschlossen) 1,200,000 Fl.; 2) den Regalien, als dem Salzverkauf, der 18,067,770 Fl. 1810 einbrachte (wovon aber Bruch-, Fracht- und Verschliefskosten abgehen), dem Münz- und Bergbau-Ertrag (1783 war dieser 1,096,000 Fl.), den Dreifsigstgefällen, Consumo-, Essito- und Transitozöllen (1807 betrugen sie, nach Abzug aller Kosten, 1,011,613 Fl.), Abzugsgeldern von ungrischen Erbschaften (5 Procent von teutsch-österreichischen, 10 Procent von ganz fremden Erben), die 1811 vorläufig zu 306,434 Fl. 40 Kr. angesetzt waren, Toleranztaxe der Juden 120,000 Fl., Zins der k. Frei- und 16 Zipser Städte, (33,015 Fl. 35 Kr. im J. 1810), Beitrag der hohen Geistlichkeit zum Festungsbau (121,635 Fl. im J. 1809), und Ertrag der Posten etwa 50,000 Fl. jährlich. — 3) der Contribution, die nach *Porten* (Höfen, Bauerhöfen, deren das Land 6210½ hat, von denen jetzt jede 814 Fl. 51½ Kr. giebt) freilich etwas ungleichförmig eingetheilt, im J. 1802 über 5 Millionen Gulden (genauer 5,060,642 Fl. 32 Kr.) einbrachte. Die in *Ofen* seit 1784 befindliche *Hofkammer* hat (die Contribution und das Münz- und Bergwesen gröfstentheils ausgenommen) alle wirklichen und eventuellen Rechte und Ansprüche der Krone, derselben Einkünfte und Ausgaben, und die Leitung der Einnahme und Ausgabe in den kön. Freistädten, zu besorgen. Die Besoldung der Hofkammer selbst, mit ihren nächsten Dienern, betrug 1810: 190,000, und ihrer über 2000 betragenden Beamten im Reiche: 1,620,960 Fl.

Sämmtlicher Studien- und Universitäts-Fonds betrug 1791: 8,099,920 Fl., und wird vom kön. Statthaltereirathe verwaltet. Er trug 404,996 Fl. zu 5 Prct. ein, und

und mit den beträchtlichen Administrationskosten betrug
die Ausgabe 344,925 Fl. 50 Kr. — Die Einnahme der Universität allein betrug 125,995 Fl. 40 Kr., und die Ausgabe 98,987 Fl. 50 Kr. im J. 1791, und im J. 1808 stieg bei
dem steigenden Werthe der Grundstücke und bei der
allgemeinen Theurung die Einnahme auf 339,193, und
die Ausgabe auf 149,643 Fl. Bei den übrigen Studien-
fonds war in demselben Jahre Einnahme: 377,424, Ausgabe: 385,067 Fl.

Viele interessante Notizen über Schul - und Bildungsanstalten *Ungarn's* leiden hier keinen Auszug.

Die 1760 von *M. Theresien* errichtetete Bergakademie in *Schemnitz* hatte 5 Professoren, unter denen einer
der Forstwissenschaft ist, und 120 Zöglinge (Practican-
ten), die schon während des dreijährigen Unterrichts
auch den Bergbau practisch treiben. Aufser diesen be-
reiteten sich hier noch 12 Forstpracticanten, von der
Hofkammer mit Stipendien unterstützt, zu künftigen Ka-
meral - Wirthschaftsdiensten vor. Auch Ausländer benutzen diese Bergakademie. Eine Militärakademie ist
in Werden. Der König gab 1808 dazu ein grofses Gebäude in *Watzen*, die Königin 50,000, und die Stände
1 Million Fl. Ohne den letzten Krieg wäre diese *Ludo-
vicea* (von den Ständen zu Ehren der damals gekrönten
Königin also genannt) 1809 eröffnet worden. Sie ist für
sechsjährige Bildung von 120 adelichen und bürgerlichen Jünglingen, von 12 bis 15 Jahren, ohne Religions-
unterschied, die unentgeldlich verpflegt, und in Künsten
und Wissenschaften, die zum Theil im bürgerlichen,
hauptsächlich aber im Militärstande nöthig sind, unterrichtet werden. Neben diesen Alumnen haben noch 80
Bezahlende, jeder für 600 Fl. jährlich, Platz.

Seit *Joseph's II.* Zeiten ist Duldung statt der sonsti-
gen Intoleranz gröfstentheils in *Ungarn* eingetreten.
Denn in keiner Provinz der damals noch so ausgebreite-
ten Monarchie zündete die Fackel der Aufklärung so
schnell, wie in *Ungarn*. 1791 ward zu *Pest* eine ungrisch-

lutherische Nationalsynode gehalten, wo man sich mit
Verbesserung der Kirchen- und Schulpolizei, einem Plane zu künftigen Consistorien, einer Revision des Schul-
wesens und Ausarbeitung einer neuen Eheprozefsord-
nung beschäftigte. Die Zahl der Abgeordneten war 72.
— Hospitäler finden sich, aufser den Klöstern der barmherzigen Brüder und Schwestern, wohl in den meisten
Städten. Aber die Einkünfte der Armen- und Krankenhäuser betrugen im J. 1791 nur 101,806 Fl., und die Capitalien sämmtlicher Waisenhäuser im nämlichen Jahre
610,852 Fl.

Wenige Jahre gehen vorbei, in denen nicht mehrere
Städte und Dörfer im Feuer aufgehen, wovon zum Theil
der Mangel einer guten Feuerordnung die Schuld trägt.
EineB randversicherungs-Anstalt existirt nicht.

In dem Beschlusse dieses trefflichen Werks zeigt der
Verf. noch, wie wohlthätig *Oesterreich's* Verbindung mit
Ungarn für dieses Land war, das lediglich von der türkischen Despotie durch *Oesterreich's* und *Teutschland's*
Hülfe errettet ward. Die Ausgaben *Oesterreich's* zum
ungrisch-türkischen Kriege von 1683 bis 1740 berechnete
Friedel aus Militär- und Cassenquittungen auf 266,000,753
Fl., und mit anderen Leistungen an Recruten, Remon-
tepferden, Lieferungen u. s. f., die er auf 230 Mill. Fl.
anschlug, zusammen auf 486 Millionen Gulden. Wahr
ist's, dafs das Königreich in den Kriegen gegen Frankreich seinem Könige viele Opfer an Menschen und Geld,
Vieh und Getraide brachte, und den Verlust des rechten *Save*-Ufers noch nicht schätzen kann. Aber ohne
Oesterreich's Hülfe wären vielleicht *Ofen* und *Temesvár*
jetzt noch Sitze türkischer Beglerbeg's.

3.

*Kleine Abentheuer (Abenteuer) zu Wasser und zu Lande (,) herausgegeben von
Chr. WEYLAND, Herzogl. Sachsen - Weimar.
Legationsrath. Dritter bis zwölfter und
letzter Theil. Hof bei G. A. Grau.* 1803
— 1811.

———

Die älteren Leser der *A. G. E.* kennen bereits die
Existenz dieser interessanten kleinen *Reisesammlung,*
indem im XI. Bande S. 213 dieser Zeitschrift der Inhalt
derselben angezeigt, und die Zweckmäfsigkeit der Auswahl und Behandlung gerühmt wurde.   Die Sammlung
ist mit dem *zwölften Theile* geschlossen; wir glauben
daher, unserem Publicum einen Bericht über dieselbe
schuldig zu seyn.   Der Herr Herausgeber hatte sich
nicht vorgesetzt, durch seine Arbeit die Literatur der
gelehrten Geographie, wenn ich so sagen darf, zu bereichern; er wollte nur den Teutschen, die so gerne zur
Unterhaltung lesen, ein Buch in die Hand geben, das
ihre Einbildungskraft auf eine nützliche Weise zu beschäftigen, und zugleich ihren Verstand und ihre Kenntnisse, durch Schilderung entfernter Länder, aufzuklären und zu erweitern geschickt wäre.   Diese Absicht
hat er, mit Umsicht auf den Gesichtskreis der Leser,
und zugleich mit Kritik und Geschmack, durchgängig
verfolgt.   Wenn er, wie wir nicht zweifeln, viel Leser
gefunden hat, so läfst sich auch mit Gewifsheit erwarten, dafs er sein Ziel: durch Unterhaltung zu belehren, erreicht haben werde. — Bei diesem bEscheidenen Zweck werden nun einige gelehrte Geographen
vielleicht glauben, dafs das Buch nicht vor ihr Forum
gehöre, und dafs sie nicht nöthig hätten, es zu lesen.
Rec. hält aber dafür, dafs des Hrn. *W's.* Sammlung
auch den Geographen anempfohlen werden könne; ein

mal, weil der Hr. Herausgeber einen angenehmen und
fliefsenden Styl in seiner Gewalt hat, der einigen Geographen als Muster aufgestellt werden dürfte; sodann
weil eine zweckmäfsige Auswahl des Interessanten, in den
oft nur zu breiten und langweiligen Reisebeschreibungen, ebenfalls selbst den Gelehrten anzurathen ist; und
endlich, weil man in dieser Sammlung einige Reisebe-
richte aus englischen Zeitschriften findet, die man an-
derswo, wenn man nicht jene Zeitschriften besitzt, ver-
geblich suchen würde.

Wir wollen hier in der Kürze den Inhalt der letzten
10 Bände anzeigen, und hoffen, dafs diese Anzeige zum
Beweise des eben Gesagten dienen werde.

Dritter Theil. — 1) Reise nach *Königshayn* in der
Oberlausitz; vom Hrn. Consistorialrath *Böttiger*; Original. 2) Reise zu den *Creeks* in Nordamerica, von *Niel-
fort.* Ein interessanter, lesenswerther Auszug aus einem
verworrenen, weitläuftigen, und wenig bekannten Werke. 3) Brief eines jungen Teutschen aus *Mailand*, *Bona-
parte's* Zug über den *St. Bernhardsberg* betreffend. Ist
eigentlich die Beschreibung eines Ballets, das jenen Zug
darstellen sollte; aber deswegen nicht weniger, selbst in
ethnographischer Rücksicht, merkwürdig; Original. 4)
Reise nach *Spitzbergen* im J. 1780, von *Baestrom*, aus
dem *philosophical Magazine.* 5) Reise in die Gegend
von *Eisenach*; Original. 6) Auszug aus *Durand's* Reise
von der Insel *St. Louis* im Senegal durch das Innere
von Afrika nach *Galam*.

Vierter Theil. — 1) *Brisson's* Schicksale unter
den *Mauren* in Afrika, aus *Durand's* Reise gezogen.
2) Ueber afrikanische Caravanen, aus den *Mémoires sur
l'Egypte.* 3) Ein Auszug aus der alten bekannten oder
vielmehr fast wieder vergessenen, Reise des *Robert Knox*,
durch *Ceylon.* 4) Ueber die Trinksitte der *Ceylonesen*
und der alten *Griechen*, vom Hrn. Hofrath *Böttiger*;
Original. 5) *Wilhelm Priest's* Reisen durch die vereinigten Staaten von *Nordamerica*; eine gedrängte Zu-

sammenstellung der interessantesten Nachrichten in einem unzusammenhängenden englischen Machwerk.

Fünfter Theil. — 1) Schilderung der *Morlachen,* aus *Townson's* Reise durch *Ungarn.* 2) *Maria's* Tempel in *Einsiedeln.* Fragment aus *Baggesen's* Reisen. 3) *Schädelkapelle,* ein Franziscanerkloster zu *Evora* in Portugal, und der türkische Begräbnifsplatz zu *Scutari* bei Constantinopel; eine merkwürdige Zusammenstellung, wobei der Herr Herausgeber *Olivier's* Reisen, *Ohsson's* Gemälde des türkischen Reichs, und *Murphy's* Reisen durch Portugal, benutzt hat. 4) Auszug aus *Davis's* Reise durch die vereinigten Staaten von *Nordamerica.* 5) Ein reichhaltiger Auszug aus *Pouqueville's* trefflicher Reise durch die *Morea* u. s. w. 6) Beschreibung der Jagdpartieen, die von den Engländern in *Bengalen* veranstaltet werden. Aus dem *Asiatic Annual-Register.*

Sechster Theil. — 1) Einige Nachrichten von den *Georgianerinnen* und *Cirkasserinnen,* und von der Lebensart der Frauenzimmer im Orient; aus dem *Asiatic Annual-Register.* 2) Zwei Leipziger auf Reisen (durch Sachsen und Franken), von Dr. *G. W. Becker*; Original. 3) Das Schlofs der sieben Thürme zu *Constantinopel,* von *Pouqueville.* 4) Einige Nachrichten von *Indien,* aus den *Indian Recreations.*

Siebenter Theil. — 1) Schreiben eines Reisenden durch *Spanien,* Original. 2) Beschreibung einiger, bei den *Japanern* üblichen Gebräuche, aus dem *Asiatic Annual-Register.* 3) *Skinner's* gegenwärtiger Zustand in *Peru,* ein Auszug aus dem höchst merkwürdigen Werke: *The present state of Peru,* das im J. 1805 in London erschien. 4) Geschichte des Schiffbruchs des Capitäns *Flinders* und Lieut. *Fowler,* aus einem im J. 1805 in London herausgegebenen Werke: *Naufragia, or historical Memoirs of Shipwrecks, by James Clarke.* 5) Reise von *Sitten* im Walliser Land, auf den *St. Bernhardsberg,* von *Echasseriaux,* aus des Verf. *Lettres sur le Valais.*

Achter Theil. — 1) Auszug aus der Reise nach
Terrafirma in Südamerica, von *Depons.* 2) Ueber die
Verbrennung der Wittwen in *Hindostan*, von *Le Goux
de Flaix.* 3) Ein Auszug aus *Barrow's* Reise nach *Co-
chinchina.* 4) Nachrichten von der englischen Colonie
auf der Insel *Bulam*, auf der Westküste von Afrika, Beschreibung der benachbarten Völkerstämme u. s. w. von
dem Capit. *Philipp Beaver.* 5) Reise durch *Kleinasien*
und *Arabien*, von Dr. *Griffiths*, ein Auszug eines grös-
seren Werks, aus dem *Monthly Review* übersetzt.

Neunter Theil. — 1) Auszug aus *Waring's* Reise
nach *Schiras.* 2) Auszug aus einer, vor 30 Jahren unter-
nommenen, Reise nach *Gibraltar*, von dem Hannöverischen Hauptmann *Wiedeburg.* Diese Reisebeschreibung
und die Erzählung eines Schiffbruchs war zwar gedruckt,
aber nie in den Buchhandel gekommen, daher der Herausgeber für die Mittheilung derselben Dank verdient.
3) Auszug aus *Skiöldebrand's* Reise an's *Nordcap.* 4)
Bruchstücke aus einer Reise von *Heidelberg* nach *Leipzig* im J. 1806, von *Horstig:* Original. 5) Sitten und Gebräuche der Bewohner von *Java*, von *Deschamper.*

Zehnter Theil. — 1) Bruchstücke aus *de Labor-
de's* Itinéraire descriptif de l'Espagne. 2) Ueber *Lem-
berg*, und einen Theil des *Lemberger* und *Samborer* Kreises in Gallizien, vom Hrn. Hofr. *Schultes*; Original.
3) Geschichte eines Schiffbruchs an den *Maldivischen*
Inseln im J. 1777, aus *Sonnerat's* Reisen gezogen. 4)
Auszug aus der Entdeckungsreise nach *Australien*, von
Péron.

Eilfter Theil. — 1) Auszug aus *de Guigne's* Reise
nach *Peking.* 2) Abenteuerliche Reise von *Dervo Sou-
lastre*, ein unterhaltender Auszug aus einem weitläuftigen, unbedeutenden Werke, welches selbst wenig Leser
finden wird. 3) Auszug aus der Reise von *Dentrecasteaux.*

Zwölfter und letzter Theil. — Ein Auszug aus
einer zwar gedruckten, aber nicht in den Buchhandel

gekommenen, Reise des russischen Fürsten *Gagarin* nach
Finnland; ,,enthält manche treffende und feine Bemerkung,'' wie der Herausgeber mit vollkommenem Rechte
versichert. 2) Auszug aus *v. Krusenstern's* Reise um die
Welt, die *Washington*-Inseln und *Japan* betreffend. 3)
Beschreibung der *Philippinen,* aus den Reisen von *Re-
nouard de Sainte-Croix.*

Der Leser wird aus diesem kurzen Inhaltsverzeich-
nisse ersehen, daſs die Sammlung mehrere Originalanf-
sätze enthält, und andere, aus Schriften gezogen,
die wenigstens nicht in Jedermanns Händen sind. Es
ist zu bedauern, daſs der Herr Verf. seine Arbeit geschlossen hat; denn es gehört in der That zu den nützlichen, die praktische Bildung der Menschen befördern-
den, Unternehmungen, aus dem groſsen, seltsam ge-
mischten, und für gar mancherlei Zwecke zusammenge-
brachten Vorrath der Reisen und Länderbeschreibungen,
einen Auszug zu liefern, in welchem der Leser alles beisammen findet, was auf allgemeines Interesse Anspruch
machen kann. Es ist unmöglich, Alles zu lesen, und
nicht Alles ist des Lesens werth. Ein Mann von Geschmack, Kritik und philosophischem Geiste, wird sich
daher immer ein Verdienst erwerben, wenn er aus den
Bergen der geographischen Literatur das gediegene Me-
tall herausholt, und Anderen die Mühe des Suchens erspart. Dieses Verdienst ist weit entfernt, ein untergeord-
netes zu seyn; vielmehr kann es auf eine gewisse Mei-
sterschaft Anspruch machen, wenn der Bearbeiter sich
als einen Kenner des wahrhaft Interessanten beurkundet,
und das Fremde in einer den Geist ansprechenden Form
darstellt, eine Form, die nie ohne Kunstfertigkeit zu erreichen, aber das unerläſsliche Bedürfniſs eines gebildeten Zeitalters ist. Hr. *W.* scheint uns der Mann zu seyn,
der diesen Anforderungen Genüge leisten kann, daher
wir ihn auffordern möchten, einen *esprit des Voyages*
herauszugeben.

4.

Beschreibung von Basel und seinen pit-
toreskischen Umgebungen. Ein Ta-
schenbuch für Fremde und Einheimische, von
G. H. Heinse. Mit Kupfern. 1811. 8. 304 S.
Leipzig, bei Hinrichs.

Eine gelungene Beschreibung einer ansehnlichen
Schweizerstadt, welche sich in dem Zweckmäfsigen und
Musterhaften an andere neuere der Gattung, die nicht
minder als gelungen gerühmt werden müssen, z. B. der
Schreiber'schen Beschreibung von *Baden* und *Heidel-*
berg, wohl anschliefsen darf. Da jede Städte-Beschrei-
bung schon nach ihrer Natur nur local-merkwürdig ist,
so läfst sich in einer Recension blofs dasjenige ausheben,
was von dem Bekannten abweicht. Die Bibliothek ist in
neueren Zeiten beträchtlich vermehrt worden; in der
hier aufgestellten Bibliothek des *Erasmus* ist sein *Enco-*
mium moriae, mit Zeichnungen von *Holbein*, nebst der
Biblia Pauperum das Sehenswertheste. Für *Holbein*'s Lei-
densgeschichte bot der letzte Kurfürst von Baiern 30,000
Gulden, in *Salz*, der Rath wollte aber den Handel
nicht eingehen. Die 12,000 römischen Münzen, welche
Ebel in seinem bekannten Werke anführt, sind nur *Ab-*
drücke. Eigen ist das Schicksal, welches *Rebeck* be-
rühmtes Gemälde-Cabinet hatte. In der Revolution
kaufte er um beinahe eine halbe Million Gulden, ungeachtet er oft kaum den Rahmen bezahlt hatte, viel vor-
zügliche Gemälde aus Frankreich, worunter mehrere
von den *Orleans*'schen, und andere kostbare Möbeln
und Kunstsachen, ein. Er hoffte, sie mit grofsem
Gewinn in England abzusetzen, als die Continental-
Sperre seine Speculation vereitelte. Er machte Banquerot.
Und da er auch in *Darmstadt* ein Etablissement der
Art hatte, so wählte sich der Grofsherzog für seine

Vorschüsse und Forderungen, für 60,000 Gulden an Gemälden, aus der Masse aus. Der Rest der, noch in 1013 Stück bestehenden, Gemälde - Sammlung sollte im Ganzen oder einzeln veräußert werden, was aber 1811 noch nicht geschehen war. Es befinden sich unter andern darunter: 3 *Raphaels*, 7 *Rembrands*, 11 *Guido's*, 14 *Rubens*, 4 *Titiane*, 4 *Caraccio* u. s. w. Unter den Fabriken behaupten die *fünf* in der Stadt noch immer ihren alten Ruhm.

Bekanntlich besaß *Basel* in Teutschland die *erste Papiermühle.* Von den Umgebungen *Basel's* sind unstreitig die Aussicht vom *Weißenberg* — der aber mehr nach *Solothurn* gehört — und die Ruinen von *Augst*, das Merkwürdigste. Ein Herr *Brenner*, welcher zu *Augst* eine Papierfabrik besitzt, hat daselbst zwischen den Trümmern einen niedlichen Park angelegt, und mehrere Ruinen, z. B. die des Theaters, malerisch benutzt. Es erfüllt mit eigenen Gefühlen, auf einer Stelle zu lustwandeln, wo sich die Erinnerungen an drei verschiedene Zeitalter drängen.

Arlesheim, das in der Revolution seine Reize durch den Vandalism und dessen Zerstörungs - Wuth verlor, fängt an, minder verödet zu seyn, seit zwei Baseler Aerzte eins der Stiftsgebäude daselbst gekauft, und künstliche Bäder darinne angelegt haben.

5.

Post - Handbuch für das Königreich Baiern. 1812. 454 Seiten. 8. *Nebst einem Meilen - Zeiger und der neuverbesser-*

ten Post - Karte von COULON. München,
bei Hübschmann, und bei allen Postämtern
und Postexpeditionen des Königreichs. 1812. 8.

———

Dieses, für jeden Reisenden, der das Königreich
Baiern betreten will, *unentbehrliche* Werk, kann zugleich
als das *einzige* angesehen werden, das, bis zu diesem
Augenblick, nach diesem Plan und Umfang ausgearbeitet worden; wenigstens ist Rec. kein ähnliches von einem anderen teutschen Staate bekannt. Das Werk zerfällt gewissermaßen in zwei Abschnitte, wovon der erstere, der bis S. 308 geht, mit teutschen Lettern, und
der letzte, welcher 400 Post- Reise- Routen von *Augsburg, München, Nürnberg* und *Regensburg* nach den
Hauptstraßen des Königreichs und des Auslandes, so
wie von den übrigen Hauptstraßen unter sich, begreift,
mit lateinischen Lettern gedruckt ist.

Der *erste Abschnitt* enthält mehrere statistische Lo-
cal-Angaben, und dann in *extenso* die Verordnungen,
welche den Reisenden unmittelbar angehen. Dahin gehören die Reisepässe, ihre Visirung; die Zoll- und
Mautverordnungen: die Befreiungen und Nachlässe; die
Obliegenheiten der, an den Maut- Postirungen und Zollämtern ankommenden, Zollpflichtigen; die Wegegelds-
entrichtungen und deren Gradationen; die Mautwei-
sungsbriefe, Pollete und Stämpelgelds- Entrichtung; die
Maut- Straffälle und deren Verhandlung; die Transito-,
Consumo-, Essito- und Ueberfahrt- Geld- Tarife; die
königl. Postverordnungen, in Betreff 1) des Extrapost-
dienstes, 2) der Postwägen, und 3) der Briefporto-
Taxe für das In- und Ausland. Den Schluß machen
ein Verzeichniß der abgehenden und ankommenden
Briefposten, und eine Uebersicht der abfahrenden und
ankommenden Postwägen bei den vier Ober- Postämtern.
Manchem Reisenden möchte bei allen diesen Verordnungen bange werden, selbst unfreiwillig gegen einen oder
den anderen Punct anzustoßen, und um so nöthiger und

willkommener muſs ihm dieses Buch seyn, um es sogleich
um Rath fragen zu können. S. 122 ist auch „die Baga-
„ge an Kleidung, Wäsche, Betten, gemachte, und Bettge-
„wand, so andere tägliche Bedürfnisse schon gebraucht,
„und von Reisenden in ordentlichen Reisechaisen selbst
„geführt;“ mit einer Essito-Maut von 2 Kr. per Spore.
Ctnr. belegt. Contante oder baare Gelder passiren nur
mit dem Postwagen frei, sonst erlegen sie von 100 Fl.
Werth ½ Kr., und Bijouteriewaaren und Juwelen von jedem 1 Fl. Werth, ¼ Kr. Eilenden Reisenden dürfte
nicht sowohl diese Abgabe, die an sich gering ist, sondern der dabei nicht zu vermeidende Aufenthalt bei den
Zollämtern, unangenehm seyn. Die Extrapostrouten enthalten, was das Ausland betrifft, manchen Irrthum. So
sind z. B. auf der Route von *Nürnberg* nach *Weimar*
No. 108 zu *Kahlert* und *Ilmenau* Stationen angegeben,
wo keine sind, und man vergebens auf Umspanne rechnen würde. Von der trefflichen Charte steht schon eine
Anzeige in den *A. G. E.* Februar 1811. von einem anderen Recensenten. Hier erscheint sie mit verschiedenen
Veränderungen, neu aufgelegt. Der Verf. dieser Recension glaubt sie bei ihrem grofsen Umfange, und da sie
sich von den Herzogl. Sächs. Ländern bis hinab nach
Mailand und *Triest*, und von *Frankfurt* und *Stuttgard*,
bis hinüber nach *Iglau*, *Mölle* und *Grätz* erstreckt, als
eine sehr brauchbare Postcharte, und nicht blofs für
Baiern empfehlen zu können. Nach dem Beispiel anderer Länder sind zu *München*, *Augsburg*, *Regensburg*,
Nürnberg, *Salzburg*, auch *Postes de sortie*, wie es
die Franzosen nennen, eingeführt, denn die Stallmeister
daselbst sind berechtigt, 15 Kr. mehr für das Pferd von
der einfachen Extrapost zu erheben, als die Taxe besagt.

CHARTEN — RECENSIONEN.

1.

Karta öfver Jönköpings, Kronobergs och Blekings Höfdingdöme. Utgifven af Friherre S. G. HERMELIN. Författad af C. P. Hällström. 1809. (*Charte von den Hauptmannschaften Jönköping, Kronoberg und Bleking. Herausgegeben vom Frhrn. S. G. Hermelin, und entworfen von C. P. Hallström.* 1809.)

2.

Karta öfver Oestergötland. Utgifven af Friherre S. G. HERMELIN. Efter den af förste Landm. M. WALLBERG sammandragna Karta och enligt nyaste astronomiska Ortsbestämmelser författad af C. P. HÄLLSTRÖM. 1810. (*Charte von Ostgotland. Herausgegeben vom*

*Freiherrn S. G. Hermelin. Nach der vom
ersten Landmesser M. Wallberg zusammen-
getragenen Charte und den neuesten astronomischen Ortsbestimmungen gemäfs verfafst
von C. P. Hallström.* 1810.)

Beide Blätter geben die Fortsetzung der: *Geografiske
Chartor öfver Swerige utgifne af Friherre S. G. Hermelin* (Geogr. Charten von Schweden, herausgegeben vom
Frhrn. *S. G. Hermelin*), und lassen der baldigen Vollendung dieses trefflichen Werkes der abbildenden Erdkunde entgegen sehen. Ueber den Umfang und den geographischen Werth desselben sehe man unsere *A. G. E.*
Bd VIII. S. 425 f., Bd. XXI. S. 65 f. und Bd. XXXII.
S. 315 f.

Das erste Blatt hat 23 Par. Z. Breite und $31\frac{2}{3}$ dergl.
Höhe. 13 Par. Z. $7\frac{1}{2}$ Linien betragen 15 geogr. Meilen.
Der mittlere Parallelkreis geht von 30° 42′ 30″ bis 33°
48′ 15″ O. L. von Ferro (dieses 20° W. v. Paris gerechnet), und der mittlere Meridian von 55° 55′ bis 58° 15′
15″ N. Br.

Man übersieht auf demselben die Eintheilungen von
Jönköpings Hofdingedöme in den *Wista-, Nor-Wedbo-,
Södra-Wedbo-, Tveta-, Ostbo, Wesbo-, Mo-, Westra-*
und *Ostra-Härad*; von *Kronobergs Hofdingedöme* in den
*Sunnesbo-, Albo-, Kronewald's-, Norrwidinge-, Upwi-
dinge-* und *Konga-Härad*, und von *Blekings Hofdinge-
döme* in den *Listers-, Brakne-, Medelsta-* und *Ostra-
Härad*.

Es ist durchaus keine Erderhöhung angegeben, so
gut dies der Maasstab auch gestattete, ohne die Menge
der Ortsnamen undeutlich zu machen. Teiche und Seen
findet man um so pünctlicher dargestellt, und der gerade Lauf vieler Flüsse läfst mit vielem Grunde Erderhö-
hungen an ihren Ufern vermuthen.

Folgende Ortsbestimmungen sind aus diesem Blatte
entnommen:

Orte.	Oestl. L. v. Ferro.			N. Br.		
	°	′	″	°	′	″
Jönköping	31	51	0	57	47	45
Grenna	32	8	0	58	1	35
Ekesiö	32	41	15	57	4	10
Wexiö	32	20	15	56	52	40
Carlshamn	32	30	20	56	10	20
Sölvitsborg	32	15	35	56	3	20
Christianstad	31	49	24	56	1	30
Carlskrena	32	12	0	56	10	35

Carlshamn liegt nach *Bode's* astron. Jahrb. für 1792
unter 32° 30′ 45″ O. L. und unter 56° 10′ 40″ N. Br.;
Christianstad nach demselben unter 31° 49′ 15″ O. L.
und unter 56° 1′ 15″ N. Br.; *Sölvitsborg* nach demselben unter 32° 14′ 15″ O. L. und unter 56° 2′ 15″ N. Br.;
Karlskrona nach *Wurm's* Berechnung unter 33° 12′ 33″
O. L. und unter 56° 10′ 0″ N. Br. Bei den anderen vier
Orten war keine Vergleichung vorhanden, und da obige
Bestimmungen verhältnifsmäfsig nicht bedeutend von
anderen abweichen, kann man sich einstweilen ihrer bedienen.

Das zweite Blatt ist 23¾ Par. Zoll breit und 22 ders.
hoch. Es geht von 57° 40′ bis 59° N. Br., und auf dem
mittleren Parallelkreise von 31° 58′ 30″ bis 34° 51′ 30″
O. L. Der Maasstab ist für den Breitengrad 16 Par.
Zoll 7½ Lin.

Oester-Götland besteht nach dieser Charte aus folgenden 21 Bezirken: *Finspångs-Län, Brabo-, Aska-,
Bobergs-, Gullbergs-, Memmings-, Lösings-, Ostkinds-,
Björnekinds-, Hammarkinds-, Skårkinds-, Åkerbo-, Ban-
kekind's, Walkebo-, Wifolka-, Dals-, Lysings-, Gö-
strings-, Ydre-, Hanekinds-,* und *Kinds-Härad.*

Hier folgen einiger Orte Längen und Breiten, wie solche auf der Charte niedergelegt sind, mit einigen anderen Angaben verglichen.

Orte	Nach	Br. N. °	'	"	Oestl. L. N. °	'	"
Nyköping	*Bode's* 4tem Suppl. B.J.	58	45	10	34	41	0
Norrköping	Anl. z. Kenntn. d. Erde	58	35	45	33	50	0
Söderköping	—	58	29	20	33	58	20
Askersund	Abh. d. Stockh. Akademie.	58	53	45	32	33	52
Linköping	*Bode's* 4tcm Suppl. Bd.	58	24	50	33	18	0
Wadstena		58	28	5	32	32	40

Auf diesem Blatte fehlt gleichfalls die Situation der Berge.

Um diesen übrigens sehr schätzbaren Atlas von ganz *Schweden* zu vollenden, fehlen noch 8 Blätter über folgende Hauptmannschaften (*Höfdingedöme*) dieses Reichs: 1) *Wexiö*; 2) *Calmar*; 3) *Wisby*; 4) *Malmö*; 5) *Christianstad*; 6) *Carlskrona*; 7) *Halmstadt*, und 8) *Göthaborg*.

3.

Karte von Europa nebst den Angrenzungen von Asien und Afrika. Nach den besten und zuverlässigsten Hülfsmitteln. In VI Blättern herausgegeben im Kunst- und Industrie-Comptoir. Wien und Pesth, 1811.

Diese gut und deutlich gestochene Charte mißt im innern Gradrande 3 Fuß $6\frac{1}{3}$ Zoll Pariser Maas in der Höhe, und 3 Fuß $8\frac{1}{2}$ Zoll dergl. in der Breite. Der Maasstab ist $1\frac{5}{9}$ Par. Zoll für 15 geographische Meilen. Ihr mittlerer Parallelkreis geht von 3° bis 78° östlicher Länge, und ihr mittlerer Meridian von 26° 15′ bis 66° 20′ nördlicher Breite. Gegen Osten begränzt sie *Ispahan*, den größten Theil des *Aralsees*, *Tobolsk* u. s. f., gegen Süden *Medina*, *Assuan* und *Ganalt*, was wohl *Ganah* heißen soll. So muß man auch statt *Zavargossa* und *Morbiha*, lesen: *Zaragossa* und *Morbihan*. Uebrigens sind die neuesten Veränderungen der politischen Gränzen in Europa mit aller Genauigkeit angegeben, wie die Einverleibung eines ansehnlichen Theils des nordwestlichen Teutschland's mit dem französischen Reiche, und der dermalige Umfang des Herzogthums *Warschau*.

Hier folgt eine Vergleichung der Längen und Breiten mehrerer Orte, wie solche auf dieser Charte niedergelegt sind, so genau man diese bei dem kleinen Maasstabe abnehmen konnte, mit Ortsbestimmungen aus anderen guten Quellen.

Orte	auf der Charte Oestl. L.	auf der Charte N. Br.	nach and. Angaben Oestl. L.	nach and. Angaben N. Br.	Quellen der letzteren
Palermo	31° 1′	38° 8′	31° 1′ 30″	38° 6′ 45″	*Piazzi.*
Messina	33° 22′	38° 10′	33° 27′ 0″	38° 21′ 0″	*Bode's* Jahrb. 1788.
Cagliari	26° 43′	39° 12′	25° 7′ 0″	39° 15′ 20″	*Aruni.*
Gibraltar	12° 21′	36° 9′	12° 20′ 14″	36° 6′ 30″	Conn. des Tems.
Cadiz	11° 34′	36° 27′	11° 22′ 30″	36° 32′ 0″	
Cap S. Vincente	8° 43′	36° 57′	8° 38′ 15″	37° 2′ 30″	
Lissabon	8° 30′	38° 45′	8° 31′ 0″	38° 42′ 40″	Eph. nauticas 1790.
Madrid	13° 58′	40° 27′	13° 58′ 0″	40° 25′ 18″	» Zach.
Cap de Finisterra	8° 24′	42° 58′	8° 23′ 45″	42° 56′ 30″	G. d. T. u. Span. Küsten - Ch.
Cap Ortegal	9° 57′	43° 45′	9° 52′ 0″	43° 40′ 40″	Conn. des Tems.
Bilbao	14° 50′	43° 15′	14° 57′ 45″	43° 14′ 15″	*Tofino.*
Barcellona	19° 51′	41° 24′	19° 59′ 3″	41° 23′ 8″	Conn. des Tems.
Bordeaux	17° 6′	44° 52′	17° 5′ 46″	44° 50′ 14″	
Brest	13° 0′	48° 27′	13° 11′ 0″	48° 23′ 14″	

Orte.	Auf der Charte		nach and. Angaben		Quellen der letzteren.
	Oestl. L.	N. Br.	Oestl. L.	N. Br.	
Toulon . . .	23° 36′	43° 15′	23° 35′	43° 7′	Conn. des Tems.
Genua . . .	26° 42′	44° 24′	26° 38′	44° 23′	v. Zach.
Mayland . .	26° 48′	45° 36′	26° 26′	45° 27′	Oriani.
Venedig . .	30° 0′	45° 27′	30° 30′	45° 27′	Maillet.
Rom, Peters-K.	30° 9′	41° 54′	30° 9′	41° 53′	Pingré u. C. d. T. 1808.
Neapel . .	31° 53′	41° 6′	31° 54′	40° 50′	Wurm u. C. d. T. 1808.
Ancona . .	31° 36′	43° 36′	31° 9′	43° 37′	Quenot.
Mantua . .	28° 31′	45° 9′	28° 28′	45° 16′	Conn. des Tems 1808.
Bern . . .	25° 8′	46° 57′	25° 6′	46° 56′	Tralles u. Haßler.
Genf . . .	23° 51′	46° 9′	23° 49′	46° 12′	Triesnecker.
Basel . . .	25° 12′	47° 25′	25° 15′	47° 33′	Conn. des Tems. 1808.
Amsterdam .	22° 30′	52° 18′	22° 30′	52° 22′	—
London . .	17° 32′	51° 30′	17° 34′	51° 30′	—
York . . .	16° 30′	53° 59′	16° 33′	53° 57′	—
Dublin . .	11° 12′	53° 25′	11° 21′	53° 21′	—
Hamburg .	27° 32′	53° 53′	27° 33′	53° 34′	Wurm.

Orte	Auf der Charte Oestl. L.	Auf der Charte N. Br.	nach and. Angaben Oestl. L.	nach and. Angaben N. Br.	Quellen der letzteren
Kopenhagen	30° 15′	55° 52′	30° 15′	55° 52′	Bugge.
Berlin	31° 4′	52° 33′	31° 2′	52° 31′	Conn. des Tems. 1809.
Dresden	31° 22′	51° 3′	31° 16′	51° 2′	Conn. des Tems. 1809.
Danzig	36° 18′	54° 21′	36° 17′	54° 21′	Pariser Längenbureau.
Königsberg	38° 9′	54° 42′	38° 0′	54° 42′	Conn. des Tems 1809.
Warschau	38° 49′	52° 15′	38° 42′	52° 14′	Triesnecker.
Wien	34° 5′	48° 12′	34° 2′	48° 12′	Mon. Corr. IX.
Ofen	36° 41′	47° 29′	36° 41′	47° 30′	Conn. des Tems. 1809.
Edinburgh	14° 30′	55° 59′	14° 29′	55° 57′	
Bassated	355° 50′	64° 6′	355° 45′	64° 6′	
Langaness	1° 50′	65° 48′	−1° 31′	66° 2′	Bode's J. B. 1787.
Drontheim	28° 10′	63° 25′	28° 28′	61° 24′	Triesnecker.
Bergen	22° 51′	60° 2′	23° 0′	60° 0′	Norweg. Küsten-Charten.
Christiania	28° 31′	59° 51′	28° 30′	55° 55′	
Stockholm	35° 47′	59° 20′	35° 43′	59° 20′	Conn. des Tems.

Man sieht, daſs hier mehrere kleinere und gröſsere Differenzen, sowohl in Rücksicht der Länge, als der Breite, als beider zugleich vorkommen ; z. B. die Längen von *Dresden*, *Warschau*, *Drontheim*, *Bergen*, *Christiania*, *Stockholm*, *Cap Ortegal*, *Bilbao*, *Ancona*, *Mantua*, *London* und *York*; die Breiten von *Toulon*, *Genua*, *Neapel*, *Genf* und *Amsterdam*, und endlich die Längen und Breiten von *Messina*, *Cagliari*, *Cadiz*, *Cabo San Vincente*, *Brest*, *Mayland*, *Basel* und *Dublin*.

4.

Carte générale de la France par Départemens servant à l'assemblage des 182 feuilles de la Carte de France de CASSINI *et des 25 feuilles de celle de la Belgique de* FERRARIS. *Paris, par* Ch. Picquet. *– 1812.*

Ein ähnliches Tableau d'Assemblage, auf dem sich aber keine Departementsnamen, Orte, Berge, Flüsse, Gränzen u. s. f., wie auf vorliegendem, befinden, und das nur die *Cassinische* Charte von 181 Blättern, nicht aber die in gleichem Maasstabe vom Gr. *v. Ferraris* fortgesetzte Charte der Niederlande in 25 Blättern vorstellt, ist dem Augusthefte des II. Bds. der *A. G. E.* beigefügt, wo die links in den Parallelogrammen, welche die einzelnen Charten bezeichnen, stehenden Ziffern mit den jetzigen wirklichen Nummern derselben übereinstimmen. No. 182 ist die Section, welche östlich an die Sect. 155 und nördlich an Sect. 169 stöfst, und in der, den *A. G. E.* mitgetheilten, Uebersichtscharte im linken Obereck keine Bezifferung hat.

Vorliegende sehr deutlich, schön und richtig gestochene Charte ist 10½ P. Z. hoch und etwas über 11½ dgl. breit. Unter derselben befindet sich ein alphabetisches Verzeichnifs aller Hauptorte der Gemeinbezirke (*Arrondissemens communaux*) Frankreich's, welches dient, einen in der *Cassini - Ferrarischen* grofsen Charte angegebenen, auch noch so kleinen Ort, wenn man nur weifs, zu welchem Arrondissement er gehört, dadurch aufzufinden, dafs man in diesem Verzeichnifs den Districtshauptort aufsucht, neben dem eine Zahl und ein Buchstabe steht, welche die Zahl der Section, auf der man den Ort findet, in der darüber stehenden Uebersichtscharte anzeigen. In diesem Verzeichnisse sind 440 *Arrondissemens communaux* gezählt.

Vielleicht ist manchen Besitzern der *Cassinischen* Charte willkommen, hier ein alphabetisches Verzeichnifs der auf jeder Section vorkommenden Hauptörter, mit Angabe der oben in dem linken Winkel jeder Section befindlichen Zahl zu finden, was zum bequemeren Gebrauch dieser voluminösen Charte beitragen kann.

Hauptort.	Sect.	Hauptort.	Sect.
Agen	73	Avranches	95
Aix	123	Ax	40
Alby	17	Bagneres	76
Alençon	63	Bar sur Ornain	111
Amiens	3	Barreaux, Fort	159
Angers	98	Basel	165
Angoulême	69	Bayeux	94
Antibes	169	Bayonne	139
l'Arche	167	Bazas	105
Argentan	62	Beauvais	2
Arras	4	Bellegarde	59b
Aubusson	13	Belle Isle	159
Auch	74	Bolley	118
Aurillac	15	Bergerac	71
Autun	84	Besançon	146
Auxerre	47	Blaye	103
Avignon	122	Blois	29

Hauptort.	Sect.	Hauptort.	Sect.
Bordeaux	104	Evreux	26
Boulogne	22	Flour, St.	54
Bourg	117	Fontainebleau	7
Bourges	10	Fontenay	100
Breisach, Neu -	164	Forges	24
Brest	171	Foix	39
Briançon	151	Gannat	51
Brieux, Insel	156	Gap	152
Caen	61	Genève	148
Cahors	36	Gien	9
Cambray	42	Grenoble	119
Carcassonne	19	Gueret	12
Castilliones	72	Havre, le	60
Castres	18	Houge, la	93
Cautères	108b	Hubert, St.	109b
Cazeau	137	Jean de Port, St.	140
Chalons	86	Jonville	112
Châlons	80	Issoire	53
Chambery	149	Laon	43
Charroux	68	Laval	97
Chartres	27	Limoges	33
Chateauroux	31	Loches	30
Châtre, la	11	Lodève	57
Chaumont	113	Lons le Saunier	116
Cherbourg	125	Luxeil	144
Clermont	52	Luxemburg	109
Colmar	163	Lyon	87
Cosne	48	Macon	86
Côtes de Medoc	135	Malo, St.	127
Coutances	126	Mans, le	64
Dièppe	23	Marcellin, St.	88
Digne	153	Marseille	124
Dijon	114	Mauriac	14
Dinan	128	Mayenne	96
Dôle	115	Meaux	45
Dora, le	32	Mende	55
Dover	21	Metz	141
Draguignan	154	Mesières	78
Dünkirchen	6	Mirecourt	143

Hauptort.	Sect.	Hauptort.	Sect.
Mons	41	Rennes	129
Mont - de Marsan	106	Rheims	79
Montauban	37	Rhodez	16
Montlouis	20	Richelieu	66
Montpellier	92	Rocrey	77
Mortague	99	Rouen	25
Moulins	50	Sables d'Olonne	132
Nancy	142	Saintes	102
Nant	56	Sarlat	35
Nantes	131	Semur	83
Narbonne	58	Sens	46
Nevers	49	Soissons	44
Niort	101	Strasburg	162
Nismes	91	Tarbes	75
Nizza	168	Tète, la	136
Noirmoutier, I.	160	Trier	141 b
Nozeroy	147	Troyes	81
Oleron, I.	134	Tonnerre	82
Omer, St.	5	Toulon	155
Orleans	8	Toulouse	38
Orthès	107	Tours	65
Oueiras	166	Tulle	34
Ouessant, I.	174	Urgel	40 b
Paimboeuf	130	Uzel	157
Paris	1	Vaison	121
Pau	108	Valence	110
Perigneux	70	Vannes	158
Perpignan	59	Vendome	28
Poitiers	67	Vieux Bouçaut	138
Pol-de-Leon, S.	170	Viviers	90
Puy, le	89	Verdun	110
Puycerda	20 b	Vesoul	145
Quimperle	172	Weissenburg	161
Ré, I. de	133		

Das b, welches der Zahl der Sectionen *Bellegarde,* *Cauteres, St. Hubert, Puycerda, Trier* und *Urgel* beige-setzt ist, deutet an, dafs zwei Sectionen dieselbe Zahl

haben. So hat z. B. die Section *Perpignan*, so gut, als
die südlich darunter liegende Section *Bellegarde*, die Bezifferung 59, nur dafs auf letzterer der 59 das Wört-
chen *bis* (oder zweimal) beigesetzt ist.

5.

P*INNETI*, G. A. F., *Carta postale e stra-
dale del Regno d'Italia col prosegui-
mento sino a Napoli compresa l'Illiria e la
Dalmatia.   Dietro la Carta publicata del De-
posito di Guerra del Regno d'Italia ed altri
documenti geografici.   Milano, presso Fer. Artaria;   Vienna, pr. Artaria e Comp.   (d. i.
Pinneti's Post - und Wegecharte des Königreichs Italien, mit Fortsetzung bis Neapel und Inbegriff von Illyrien und Dalmatien.)*

Diese, 27½ Pariser Zoll lange, und 20⅞ dergleichen
breite Charte geht von 25° 46' 30'' bis zu 35° 2' 8'' O.
L. auf dem mittleren Parallelkreise, und von 42° 15' bis
47° 18' N. Br. auf dem mittleren Meridian.   Sie stellt
Italien und die angränzenden Länder, ohne beide Cartons, die sich auf derselben befinden, nördlich bis *Inspruck*, *Salzburg*, *Linz* und *Wien*, östlich bis *Ofen* und
Essegk, südlich bis *Rom* und *Termoli*, westlich bis *Mo-
naco*, *Torino* und *Sion* vor.   Der erste Carton zeigt die
Strafsen von *Rom* und *Aquila* nach *Neapel*, und der
zweite die Strafsen von *Vergoraz* bis nach *Ragusa* und
Padua.   Die Departements des Königreichs *Italien*, an
der Zahl 24, sind mit Zahlen bezeichnet, denen in einem besonderen Täfelchen die Namen der Departemente

beigesetzt sind. Es befindet sich die Zahl 24, die zu
dem Departement *Alto Adige* gehört, nicht auf vorliegendem Abdruck. Die Abtheilungen der Illyrischen Provinzen sind mit Ziffern bezeichnet, denen in demselben
Täfelchen die Namen derselben beigesetzt sind. Die
Charte ist sonst deutlich und gut gestochen, auch in
Rücksicht der Orthographie ohne weitere Fehler, als
dafs es statt *Wintimiglia* und *Impero Ottomano*, heifsen
mufs: *Vintimiglia* und *Imperio Ottomano.* Uebrigens
eignet sie sich zu einer bequemen Charte für Reisende
in den oben angegebenen Gegenden.

6.

*General - Charte des Königreichs Wür-
temberg, nach den zwölf Landvogteien abgetheilt. Im Verlage der Cottaischen Buch-
handlung in Stuttgard und Tübingen.* 1812.

Vorliegende Charte ist nach einem Maasstabe von
0,85 Pariser Zoll auf die geographische Meile gearbeitet,
und im inneren Rande 1 Par. Fufs 7,4 Zoll hoch, und
1 Fufs 3,6 Zoll breit. Obgleich eine Generalcharte dieses Königreichs nicht gerade eine neue Erscheinung ist,
so ist doch die Einrichtung dieser Charte so beschaffen,
dafs sie, besonders für alle Geschäftsmänner im Königreich *Würtemberg* selbst, eine willkommene Erscheinung seyn wird. Aufser der genauen Begränzung der
12 Landvogteien, aus denen das Königreich besteht, und
deren Gröfse und Umfang durch eine leichte Illumination leicht in die Augen fällt; sind auch noch die Gränzen der Oberämter einer jeden Landvogtei eingetragen.
Durch verschiedene Zeichen, deren Bedeutung aus der

Zeichen-Erklärung zu ersehen, ist bei jedem Orte angemerkt, ob er ein Oberamt, Unteramt, eine Kameral-
verwaltung, Salzfactorei, ein Oberforstamt, Decanat,
Oberpostamt, Postamt oder Superintendenz hat, und aus-
serdem sind noch alle Poststrafsen und die Entfernungen
der Poststationen (nach Stationen, jede zu 2 Meilen gerechnet) auf der Charte eingetragen. Hieraus ergiebt
sich nun leicht die allgemeine Brauchbarkeit dieser
Charte für alle Geschäftsmänner und übrigen Bewohner
des Königreichs insbesondere.

Obgleich indefs die Erklärung der gebrauchten Zeichen zweckmäfsig und bestimmt ist, so ist sie doch
nicht ganz vollständig, da man darin die Bezeichnung
des Unterschiedes der Städte, Flecken und Dörfer vermifst. Ein jeder Geograph und Chartenkenner wird diese
zwar entbehren können, da Städte, Flecken und Dörfer
sowohl durch Zeichen, als Schrift, auf der Charte selbst
gröfstentheils richtig unterschieden sind; indefs da die
Zeichen und Schrift der kleineren Städte uud der Flek-
ken, so wie die der Flecken und Dörfer nur sehr wenig
von einander unterschieden sind, so wird doch mancher
Besitzer der Charte, der vielleicht weniger Chartenkenner ist, hin und wieder einen Anstofs finden, und nicht
genau ersehen können, ob sein Ort ein Städtchen, Marktflecken oder Dorf ist. Die Anzahl der letzteren ist übrigens auf der Charte sehr gering, und gröfstentheils sind
nur die Dörfer eingetragen, die entweder ein Unteramt,
oder Oberforstamt, Postamt, Salzfactorei u. s. w. haben.
Hierdurch ist nun die allgemeine Brauchbarkeit der
Charte wieder etwas beschränkt worden; denn da in dem
Bezirke eines Oberamtes, aufser dem Oberamtsorte selbst,
zuweilen nur noch zwei bis drei Orte liegen, so nutzt
die blofse Gränze des Oberamtes auch nicht viel, wenn
nicht zugleich, wenn auch nicht alle Dörfer, doch ein
dem Raume verhältnifsmäfsiger Theil derselben, darin
eingetragen sind. An Raum zu einer gröfseren Ausführlichkeit ohne Ueberladung mit Namen, hätte es bei dem
gebrauchten Maasstabe nicht gefehlt.

Berge und Thäler sind auf der Charte gar nicht angedeutet; der Rand der Charte ist graduirt, jedoch sind die Meridiane und Parallelkreise nicht über die Charte selbst ausgezogen. Aufser dem geographischen Meilenmaasstabe ist noch ein Maasstab von schwäbischen Reisestunden (8 Stunden = 5 geograph. Meilen) und von neuen Würtembergischen Poststunden (deren 2 = 1 geograph. Meile) hinzugefügt worden.

Der Zeichner der Charte hat sich nicht genannt, jedoch ist der Name des Stechers (Herr *Waltter*) unter der Charte befindlich, obgleich der Stich, besonders der Schrift, nicht eben zu den vorzüglichsten gehört.

7.

Charte von dem Departement der Aller des Königreichs Westphalen, als Ergänzungsblatt zu dem auf höchsten königlichen Befehl herausgegebenen Departements - Atlas, entworfen und gezeichnet von C. F. WEILAND, Capitaine. Weimar, im Verlage des Geographischen Instituts. 1812.

Der auf königlichen Befehl herausgegebene Westphälische Departements - Atlas hatte leider das Schicksal, bald nach seinem Entstehen durch die zweimalige politische Gränzveränderung des Königreichs *Westphalen* unvollkommen und unrichtig zu werden, und entsprach seinem Titel nicht mehr, da durch die Abtretungen an *Frankreich* im Decbr. 1810 zuerst das Departement der *Weser* einfieng; durch den Zuwachs des Hannöverischen Gebietes hingegen, das neue *Aller - Departement* entstand.

Der Departements-Atlas enthielt also zuerst ein nicht
mehr zum Königreiche gehöriges Departement, späterhin aber wurde er durch das fehlende *Aller*-Departe-
ment unvollständig.

Schon lange war es daher der Plan des Geographischen Instituts, diese Lücke zu ergänzen, und den Departements Atlas wieder vollständig zu machen; und
nur der Mangel an einem zu diesem Zwecke vollkommen brauchbaren Material (woran es über diese Gegend
Teutschland's bisher noch gänzlich mangelte) konnte die
Ausführung desselben bis jetzt verzögern. Da indefs gegenwärtig diesem Mangel abgeholfen ist, so wurden die er-
haltenen, gröfstentheils auf geodätische Messungen be-
gründeten, Materialien sogleich dazu benutzt, um durch
die Bearbeitung des *Aller*-Departements die entstandene
Lücke zu füllen.

Diese Charte ist nun vollendet, und sowohl vom
Zeichner als Stecher mit gleichem Pleifse bearbeitet
worden, so dafs dieselbe keiner von den übrigen Departementscharten an innerem Werthe im geringsten
nachsteht. Die Gröfse des Departements an und für
sich selbst, so wie seine gröfste Ausdehnung von Süden
nach Norden, verursachte in dem Formate (so wie auch
bei dem schon früher erschienenen *Elb*-Departement)
eine Abweichung von der Gröfse der übrigen sechs Departementscharten, so dafs diese im inneren Rande 19
Pariser Zoll hoch und 18 Zoll breit ist. Die drei Bezirke des Departements, — *Hannover*, *Celle* und *Ueltzen*,
sind durch drei Hauptfarben von einander unterschieden, die Cantons indefs nur durch die dunklere Bezirks-
farbe in sich begränzt. Der Maasstab der Charte, die
gebrauchten geographischen Zeichen, der figurirte Rand,
kurz alles, ist ganz denen der übrigen Departementscharten gleich angenommen, so dafs sie sich mit vollem
Rechte in ihre Reihe stellen darf, in welcher, da nach
der jetzigen Eintheilung des Königreichs das *Aller*-De-
partement, als das gröfste, die erste Stelle einnimmt,
sie auch hier die erste Stelle einnehmen wird.

Seit der ersten Erscheinung des Departements-Atlasses haben, aufser dieser Hauptveränderung, noch mehrere kleinere Gränzveränderungen Statt gefunden; es sind einige Cantons zu anderen Departements, mehrere Orte zu anderen Cantons geschlagen worden, durch die Regulirung des Postwesens. im Königreiche wurde es nun möglich, auch die Poststrafsen und Stationen anzugeben, so dafs selbst die alten Departementscharten noch einer Vervollkommnung fähig waren. Dem Vernehmen nach ist daher eine nochmalige Berichtigung derselben durch das Geographische Institut veranstaltet worden, und das Publicum darf also sicher binnen Kurzem einer zweiten vollkommenern Ausgabe dieses schönen Atlasses entgegen sehen.

8.

Topographisch-militärische Charte von Teutschland in 204 Blättern, herausgegeben von dem Geographischen Institute zu Weimar. 1812.

Wir sind unseren Lesern bisher die Anzeige der regelmäfsig erschienenen Lieferungen der Topographisch-militärischen *Charte von Teutschland* von der XXVIII. Lieferung an schuldig geblieben, bis zu welcher die früher erschienenen in dem XXXI. Bande unserer *A. G. E.* Seite 346 angezeigt wurden. Trotz den vermehrten Schwierigkeiten, zu diesem Zwecke ganz geeignete Materialien zu erhalten, hat das Geographische Institut durch rastlose Bemühungen es doch dahin gebracht, bis jetzt, mit jedem Monate unausgesetzt, seinen Abonnenten eine Lieferung, entweder von der gedachten Charte, oder von ihrer Fortsetzung, der neuen *topographisch-mi-*

A. G. E. XXXIX. Bds. 2. St.　　　　R

litärischen *Charte von Preußen, Warschau* u. s. w. zu übergehen. Da der Werth und die musterhafte Bearbeitung
dieses, steten Werth behaltenden, Werkes unsern Lesern
schon zur Genüge bekannt ist, so wollen wir nicht in
das Detail der einzelnen Sectionen eingehen, sondern
uns begnügen, nur den Inhalt der bis jetzt erschienenen
Lieferungen kurz anzuzeigen.

Die XXIX. Lieferung

enthält: Sect. 34. *Meppen.* Sect. 192. *Tarvis.* Sect. 193.
Villach. Sect. 20... *aybach.*

XXX. Lieferung.

Sect. 175. *Inspruck.* S. 185. *Gmünd.* Sect. 199. *Idria.*
Sect. 191. ohne Benennung.

XXXI. Lieferung.

Sect. 82. *Erfurt.* Sect. 176. *Mittersill.* Sect. 177. *St.
Johann im Bongau.* Sect. 184. *Lienz.*

XXXII. Lieferung.

Sect. 2 und 4. der *Uebersichts* - und *Generalcharte
von Teutschland* in 4 Blättern.

XXXIII. Lieferung.

Sect. 54. *Münster.* S. 120. *Rothenburg.* S. 159. *Linz.*
S. 174. *Imbst.*

XXXIV. Lieferung.

Sect. 132. *Dinkelsbühl.* S. 149. *Zwettl.* S. 151. *Zi-
stersdorf.* S. 154. *Bibrach.*

XXXV. Lieferung.

Sect. 150. *Znaym.* S. 160. *Ips.* S. 161. *Wien.* S. 162.
Preßburg.

XXXVI. Lieferung.

Sect. 80. *Hersfeld.* S. 118. *Mannheim,* S. 171. *Eisen-
erz.* S. 172, *Neustadt.*

XXXVII. Lieferung.

Sect. 57, *Goslar.* S. 64. *Düsseldorf.* S. 67. *Cassel.*
S. 119. *Mergentheim.*

XXXVIII. Lieferung.

Sect. 35. *Vechte.* S. 44. *Rheine.* S. 45. *Osnabrück.*
S. 95. *Rudolstadt.*

XXXIX. Lieferung.

Sect. 17. Hamburg. S. 70. Leipzig. S. 144. Nördlin-
gen. S. 165. Lindau.

XL. Lieferung.

Sect. 1 und 3. der Uebersichts - und Generalcharte
von Teutschland in 4 Blättern.

XLI. Lieferung.

Sect. 16. Glückstadt. S. 96. Greitz. S. 110. Eger.
S. 181. Chur.

XLII. Lieferung.

Sect. 26. Bremen. S. 36. Nienburg. S. 38. Salzwedel.
S. 173. Feldkirch.

XLIII. Lieferung.

Sect. 46. Hannover. S. 53. Wesel. S. 56. Pyrmont.
S. 83. Altenburg.

XLIV. Lieferung.

Sect. 55. Bielefeld. S. 143. Stuttgardt. S. 155. Augsburg. S. 167. Tölz.

XLV. Lieferung.

Sect. 121. Nürnberg. S. 134. Regensburg. S. 147. Passau. S. 158. Braunau.

XLVI. Lieferung.

Sect. 27. Lüneburg. S. 37. Celle. S. 47. Braunschweig.
S. 122. Neustadt.

XLVII. Lieferung.

Sect. 135. Zwiesel. S. 145. Ingolstadt. S. 146. Landshut. S. 169. Salzburg.

Wir glauben, daſs es sowohl unsern Lesern, als allen Geographiefreunden, eine erfreuliche Nachricht seyn
wird, wenn wir ihnen jetzt die Versicherung geben können, daſs spätestens bis zur künftigen Ostermesse diese
vortreffliche Charte beendigt seyn wird. Das Geograph.
Institut hat keine Mühe und Kosten gespart, um auch
zu den noch fehlenden Sectionen die besten vorhandenen Materialien sich zu verschaffen, und auſserdem noch
eine groſse Anzahl Sectionen von sachkundigen Männern
in denjenigen Ländern, von welchen sie Theile darstellen,
revidiren und corrigiren lassen, so daſs sich trotz den,

R 2

diesem grofsen Unternehmen entgegen gestandenen,
Schwierigkeiten nun doch die gröfsten als beseitigt annehmen lassen, und wir durch die Beendigung dieser
Charte ein so schätzbares Werk erhalten, dafs gewifs
das gesammte geographische Publicum mit uns, und
noch die späte Nachwelt den grofsen Gewinn, den es dem
Geograph. Institute durch die Herausgabe dieser Charte
verdankt, gehörig zu schätzen und zu würdigen wissen wird.

9.

*Charte des nördlichen Theils der euro-
päischen Türkei, nach dem Frieden von
Bucharest vom 14. Julius 1812 begränzt.
Weimar, im Verlage des geogr. Instit. 1812.*

10.

*Erweiterung des Russischen Reichs durch
den zu Bucharest am 14. Julius 1812 geschlossenen Frieden. Ebendaselbst.*

Da das Geogr. Institut alle entschiedene Veränderungen der politischen Gränzen der Staaten durch Friedens-
schlüsse sogleich durch zweckmäfsige Charten und dazu
gehörige Erläuterungen bekannt zu machen gewohnt ist,
so dienen beide vorliegende Blätter, die Abtretungen von
dem türkischen Reiche an das russische, durch den zu
Bucharest geschlossenen Frieden darzustellen.

No. 1 ist 10½ Par. Z. hoch, und 14¼ dergl. breit, geht
von 40° bis 48° 49′ N. Br., und 33° bis 50° O. L., und
stellt nach einem Maasstabe von 1½ Par. Z. für den Breitengrad den nördlichen Theil der europäischen *Türkei*
bis zu *Valona* in *Albanien*, und den *Dardanellen* südlich
dar, geht nördlich bis *Eperies*, *Halicz* und *Bar*, östlich
bis *Cherson*, und westlich bis *Zara* und *Grätz*. Die an

Rufsland durch erwähnten Frieden abgetretenen Länder,
als *Bessarabien*, der vom *Pruth* östlich liegende Theil
der *Moldau*, und die Bezirke von *Bender* und *Chotym*
sind durch die Illumination zu *Rufsland* gezogen.

No. 2. ist eine sehr gut gestochene Specialcharte der
durch den *Bucharester* Frieden an *Rufsland* gefallenen
oben erwähnten Länder, nach einem Maasstabe von $1\frac{1}{2}$ P.
Z. für einen Breitengrad. Man übersieht hier, dafs *Rufs-*
land nun allein Herr des *Dniesters* von *Chotym* an bis zu
dessen Ausflusse in das Schwarze Meer, und der berühmten Festungen *Chotym*, *Bender* und *Ismail* geworden sey, auch dies Reich sich jetzt bis an die *Donau-*
Mündungen erstreckt. Die in den *A. G. E.* (Bd. XXXIX.
St. 2) enthaltenen lehrreichen: *Bemerkungen über Bessa-*
rabien und den östlichen Theil der Moldau, sind hier
auch mit den bekannt gewordenen Artikeln des Russisch-Türkischen Friedenstractats besonders abgedruckt,
und ihnen diese Charte beigefügt; sie enthalten die neuesten, genauesten und vollständigsten Nachrichten über
diese, von *Rufsland* erworbenen Länder, und sind Jedem
zu empfehlen, der hierüber Belehrung wünscht.

VERMISCHTE NACHRICHTEN.

Geograph. statistische Novellistik.

A.

Reisenachrichten von Hrn. Röntgen. *)

(Aus dem Morgenblatt für gebildete Stände. No. 226.)

Am 25. Julius d. J. erhielt der ältere Bruder des interessanten Reisenden, Röntgen, folgenden Brief vom Hrn. Prof. Hagen jun., d. d. Königsberg, den 14. Julius 1812.

„Sie erhalten in der Beilage einen Brief Ihres Bruders, welcher mir von einem alten Freund, Hrn. Nunemann in London, auf einem eben so unbekannten, als unbegreiflichen Wege zugeschickt worden ist, und den ich mit der Post erhalten habe.

„Schon aus dem Briefe, welchen ich offen, mit der ausdrücklichen Erlaubnifs, ihn zu lesen, erhalten, ergiebt sich Manches, was die in den öffentlichen Blättern enthaltenen bösen Nachrichten von dem Schicksale Ihres Bruders unwahrscheinlich macht; aber ich schätze mich doppelt glücklich, Ihnen aufserdem noch recht trostreiche Nachrichten mittheilen zu können.

*) Neuwied. — Wir erhalten so eben diese höchst interessanten Nachrichten von unserem Röntgen, und eilen, sie nicht nur seinen ausländischen Freunden und Bekannten, sondern dem gröfseren Publicum mitzutheilen, da dieses mit Recht so vielen Antheil an unserem Landsmanne nimmt.

„*Nunemann* schreibt mir nämlich: „Seit unseres Afrikaners Abreise aus *Mogadore* ist in Erfahrung gebracht, daſs ein Schedma Mohr zwei Uhren, etwas Geld und Koffer in Besitz habe, die *Rönigen* von dort mitnahm. Der Mohr wurde in Verhaft genommen, und seine Aussage war: er habe diese Sachen gefunden, und man zog daraus den Schluſs, er sey ermordet, ohne indefs der Umstände darüber zu erwähnen. Da er nun mit einem Gesellschafter reisete, der ein Renegat war, beide mit Gewehr, Pistolen, Säbel und Dolch versehen waren, jeder ein Maulthier mit Provision und Bagage führte, er selbst aber bei seiner Abreise erklärte, daſs er seine Pistolen nur mit Aufopferung seines Lebens weggeben würde, und weder diese Pistolen, noch sein Gefährte, noch die Maulthiere und übrige Bagage zum Vorschein gekommen; so ist der vernünftige Theil geneigt, den Schluſs zu machen, daſs er nicht ermordet, aber beraubt worden sey, und daſs er seine Reise in das Innere von *Afrika* fortgesetzt habe. Diese Nachricht werde ich in unsere Zeitung einrücken lassen. Selbst unser Consul in *Mogadore* schreibt an den Ritter *Banks*, daſs er dieser Meinung sey.“

„ Um der bis jetzt ungegründeten Nachricht von seinem Tode, die gewiſs aus unseren Zeitungen in die Ihrigen kommen wird, zuvorzukommen, bitte ich Sie, Obiges in Ihren Zeitungen anzeigen zu lassen.“

Der Reisende selbst schreibt seinem Bruder:

Am Flusse Tensift — meinem Rubikon —
21. Julius 1811.

In dem Augenblicke, wo ich — die Küste verlassend — mich im Innern von *Afrika* vergraben werde, fühle ich mich angeregt, Dir und durch Deinen Canal unserer gesammten Familie noch ein letztes Lebewohl zu sagen. Vor ungefähr 8 Wochen schrieb ich an unsere Mutter ein Paar flüchtige Zeilen *), ihr meine Ankunft in *Mogadore* meldend, nach Sturm und Ungewittern, und daſs mir hier freundliche Sterne schienen.

Seitdem habe ich Tag und Nacht arabisch studiert, und obgleich ich erst 3 Monate hier bin, bin ich schon im Stan-

*) Nicht angekommen.

de, mich gehörig verständlich zu machen. Du weifst, dafs
mein Grundsatz von Jugend auf gewesen ist, kleine Schwierigkeiten niederzutreten, und die grofsen im Sturm zu
überwinden, — darum will ich die erlangte Kenntnifs des
Landes und der Sitten sogleich benutzen, und nach *Tombuktu* gehen. Ich würde nicht so kühn in Ausführung
meines Entschlusses zu Werke gehen, wenn ich nicht innigst überzeugt wäre von dem, was jeder Enthusiast, soll
es gelingen, überzeugt seyn mufs, nämlich, dafs die Vor-
sehung mich zur Entdeckung *Afrika's* bestimmt habe. Hiervon habe ich hier deutliche Zeichen gesehen, Zeichen, die
mich mit Löwenmuth erfüllt haben. Nicht nur habe ich
in 3 Monaten gelernt, wozu ich kaum Jahre für hinreichend hielt, sondern mein guter Stern hat mir hier einen
Reisegefährten zugeführt, den ich selbst mir nicht besser
zu bilden vermocht hätte. Er ist ein Teutscher von Geburt, den in seinem zwölften Jahre ein unwiderstehlicher
Hang zum Reisen vom väterlichen Hause wegtrieb. Er
ist 38 Jahre alt, und seit seinem zwölften Jahre hat er nie
6 Monate an einem Ort gelebt, so, dafs es Dich wundern
wird, dafs er alle europäische Sprachen — die Slavoni-
schen allein ausgenommen, vollkommen inne hat. Vor 14
Jahren wurde er, vom Gelde entblöfst, und ohne Protec-
tion, auf einer Insel des Mittelländischen Meeres von einem englischen Kriegsschiffe, welches wegen Mangel an
Mannschaft Alles, woran es Hand legen konnte, prefste,
aufgehoben. Die sclavische Behandlung auf demselben
war seinem, an Freiheit gewohnten, Gemüthe so zuwider,
dafs er fast zur Verzweiflung gebracht wurde. Das Schiff
sollte in *Tetuan* Wasser einnehmen. Als er hier von einem Offizier brutal behandelt wurde, so gab er demselben
ein Paar derbe Rippenstöfse, nach welchen derselbe ganz
kalt erklärte: „er werde ihn morgen zu Tode peitschen
lassen,“ — worauf er zur ersten Moschee lief, und sich
durch das *Allah, illah* etc. vor den englischen Knotenhie-
ben sicherte. Er ist jetzt 13 Jahre in der Barbarei, und
hat dort sein altes Leben fortgesetzt. Keinen Strich der
Nordafrikanischen Welt hat er unbesucht gelassen. Kurz
vor meiner Ankunft in der Barbarei war er von einer
Wallfahrt nach *Mekka* zurückgekommen, auf welcher er

4 Jahre zugebracht. In *Jamba*, in Arabien, hatte er *en passant* ein Kaffeehaus etablirt, in *Janoy* den Arzt gespielt, und in *Constantinopel* den Garten des Pascha arrangirt. Ich glaube, daſs es keinen Broderwerb, kein Handwerk giebt, von welchem er nicht einen Begriff hätte. Mein Genius führte ihn hierher, und in das Haus desselben Kaufmanns, der mich gastfreundlich aufgenommen hatte, wo er sich als Gärtner engagirte. Ich nahm ihn in meine Dienste, denn ich berechnete die unermeſslichen Vortheile, die seine Erfahrung hier gewähren müsse. Da in diesem Lande des Despotismus die Scheidewand weggerissen ist, welche, wo Eigenthumsrechte geschätzt werden, Reiche und Arme trennt, so wird ein Bedienter wie ein Freund behandelt, und auch so genannt. Dies nahm ich, wie vieles Andere, von meinen jetzigen Landsleuten an, und machte dadurch meinen, an christlichen Stolz gewöhnten, Diener von einem Namensfreund zu einem wahren. — Vor ungefähr 4 Wochen machte ich mit einer Karavane Mohrischer Kaufleute eine Reise nach *Marokko*, welche mir Gelegenheit gab, über den Verkehr mit dem inneren *Afrika* wichtige Aufschlüsse zu erhalten.

Die ausschweifendste Idee, die Du Dir von dem Hasse der Mohren gegen die Christen machen kannst, wird immer noch zu klein seyn. Hier zu Lande muſs jeder Christ als Märtyrer angesehen werden. In *Mogadore*, wo wir den Schutz unserer Regierung genieſsen, können wir nicht zur Thür hinaus, ohne „Ungläubige gegen Gott — „daſs ich deinen Vater braten könnte, o Christ!" u. dgl. m. in den Straſsen erschallen zu hören. Nichts können wir kaufen, ohne es dreifach zu bezahlen; selbst unsere Bedienten äuſsern laut, daſs sie um so höher bei Gott in Gnaden stünden, so viel mehr Christen sie betrogen hätten. Geht man nur $1\frac{1}{2}$ Stunde ins Land hinein, so kann nur eine mohrische Wache uns vom Tode retten. In *Marokko*, der Hauptstadt des Reichs, muſste ich, um die Stadt sehen zu können, 4 Soldaten mit mir nehmen, die auf Befehl des Gouverneurs die insultirende Menge zurücktrieben. Dessenungeachtet flog ein Stein, von sicherer Hand geworfen, mir zwischen Aug' und Nase, so daſs ich nicht begreife, wie ich das Auge behalten habe. Ein Theil die-

ses Hasses mag unserer eben so lächerlichen, als nach
ihren Begriffen anstölsigen, Kleidung zuzuschreiben seyn.
In der That sieht ein Christ mit geschwänzten Kleidern
und engen Pantalons, neben einem Mohren in römischer
Toge, schwarzem Bart u. s. w., wie ein *Affe* neben einem
Gott aus. In *Marokko* sah ich Vorbereitungen zu einer
Karavanenreise nach *Tombuktu* über *Lafilet* und *Tunt.*
Ich dachte an *Shakespear's: ,,What you would do, you
should do while you would "* Ganz in der Stille machte
ich den Plan, mich an die Karavane anzuschliefsen, welchen ich nach meiner Zurückkunft nach *Mogadore* meinem
landsmännischen Bedienten, *El haft Maihmia,* mittheilte.
Er hüpfte vor Freuden, dafs er, der so manche Länder
durchreiset ist, nun auch den wundervollen Süden *Afrika's* sehen sollte.

Mein Leben steht auf dem Spiele, — deshalb ist die äus-
serste Vorsicht nöthig. Aufser meinem Gefährten habe ich
diesen Plan nur einem Christen mitgetheilt, und absicht-
lich durch Stadt und Land die Sage verbreitet, dafs ich
über die in *Marokko* erfahrne schlechte Behandlung ent-
rüstet, das Land augenblicklich verlassen, und über *Tanger,* wie die hiesigen Kaufleute häufig thun, nach *Gibraltar* gehen wolle. Dies gab mir Gelegenheit, Maulthier
und Alles zur Reise Nöthige zu kaufen. Mohrische Kleidung habe ich mir insgeheim zu verschaffen gewufst, und
einen ganzen Anzug, mit Hülfe meines Bedienten, in der
Nacht selbst zusammengeschneidert. So ausgerüstet gebe
ich am 19. Jul. sämmtlichen Mogadorischen Christen eine
Lustpartie nach — einem 6 engl. Meilen von hier gelegenen
Gebirge, wohin oft Partien gemacht werden, welche Wochen dauern. Eine Nacht bleibe ich mit ihnen, — und
da ich durch manche vorhergegangene, sonderbar geschie-
nene Unternehmung die Menschen gewöhnt habe, mich
für verrückt zu halten (Mohren und Christen nennen
mich *Faschès Challe,* das ist, Einfältiger, wie *Brutus,* ehe
er den *Torquin* verjagte), so wird es ihnen nicht sonderbar scheinen, wenn ich nach einem mit ihnen verbrach-
ten Tag erkläre, dafs ich, statt nach *Mogadore* zurückzukehren, lieber nach *Tanger* meine Reise antreten wolle.
Sie werden mich alsdann eine Strecke Wegs begleiten, und

mich in der Ueberzeugung verlassen, dafs ich dorthin
gegangen sey. Sobald ich dann mit meinem Gefährten
allein bin, lege ich Mohrentracht an, und verändere die
Richtung meines Weges, bis ich die grofse Landstrafse
erreiche, welche von *Tafilet* nach *Marokko* führt. Ich habe wenigstens 3 Tage gewonnen, bevor der Gouverneur
von *Mogadore* meine Flucht erfährt, und mir Cavalerie
nachschicken kann. Sodann bin ich schon in *Deminit,*
einer Bergstadt am Fufse des *Atlas,* und in Sicherheit.

Bald hinter diesem Orte fängt das Land an im höchsten Grade unsicher zu werden; deshalb vereinigen wir
uns mit der durchgehenden Caravane von 30 bis 40 Personen, und nachdem wir den schneebedeckten *Atlas* überstiegen haben, erreichen wir die brennende Ebene von
Tafilet. Ein sonderbarer Contrast, sich am Morgen über
Schnee und Eis einen Weg bahnen, und am Abend unter
Dattelpalmen ausruhen. In *Tafilet* wohne ich bei einem
teutschen Renegaten, — denn wo ist ein Ort auf der
Erde, wo sich nicht Teutsche fänden? Ich fand deren in
Mogadore, in *Marokko,* namentlich den — welchem ich alle
die Bekanntschaften zu verdanken habe. Ich finde Teutsche in *Tafilet,* und selbst in *Tombuktu* soll sich ein Teutscher befinden, der in seinem neuen Vaterlande gewifs
gute Geschäfte macht. — — — — — — So werde ich
mich im Herzen von *Afrika* wie zu Hause fühlen. Sobald
die Caravane abgeht, schliefse ich mich an, nachdem ich
zuerst ein Kameel gekauft haben werde, blofs um es mit
Wasser zu beladen, denn die Distanzen von einem Was-
serplatz sind so grofs, dafs eine solche Ladung das We-
nigste ist, was 2 Personen mit ihren Maulthieren bedürfen. — In *Tombuktu* wünschte ich ein halbes Jahr zu bleiben, und diese Stadt zum Centralpuncte meiner Beobachtungen über das Innere von *Afrika* zu machen. Da Niemand ohne Charakter reisen kann, so werde ich auf der
Reise, wie dort, den Arzt machen, wozu ein kleiner Vorrath von Medicin, und der Fleifs, womit ich jede Minute
meines Hierseyns verwendet habe, ihren Gebrauch zu stu-
dieren, mich einigermafsen berechtigt. Ueberhaupt ist es
ganz gewöhnlich, dafs Renegaten den Arzt machen.

Nun aber von *Tombuktu* — wohin? Meinem Herzen

nach immer nach Süden, *Wesemb* oder das Cap zu erreichen suchend. Aber diese Reise ist mit Gefahren ver-
knüpft, welchen zu begegnen ich Neuling in *Afrika* mich
noch nicht gewachsen fühle!

Warum sollte ich auch Alles auf einmal wagen, da
ich, wenn Gott mich ferner für die Ausführung meiner
Ideen erhält, welche mein Herz erfüllen, nur nach *Europa* zurückkehren werde, um mein Journal zu schreiben, sodann aber gleich wieder den Schauplatz betreten
will, für welchen allein ich mich geboren fühle.

Grüfse Alles, besonders aber Mutter und August,
und theile ihnen Abschriften hiervon mit. Den Brief
wird Niemand aufser Dir lesen können, da die Bruder-
liebe Dich treiben wird, ihn zu entziffern.

Bevor ich schliefse, mufs ich Dir erklären, wie Du
zu diesen incohärenten Zeilen kommst. Ich habe mich
nämlich genöthigt gesehen, eiligst von *Mogadore* aufzu-
brechen, damit der Gouverneur, welcher mir schon auf
der Spur war, nicht meinen Plan entdecken, und ihn
vereiteln möge. Da ich indefs doch nicht die Gränzen
der Christenheit verlassen wollte, ohne Dir, — zum letzten Male auf lange Zeit — meine Liebe und Andenken
zu beweisen, so habe ich diesen Brief zum Theil in der
Nacht, zum Theil hinter Gebüschen, immer in Gefahr
entdeckt zu werden, geschrieben.

G. H. Röntgen.

*   *   *

B.

Notiz von Moskwa.

Einzig ist der Anblick der colossalen und formlosen
Stadt *Moskwa* von ungefähr 20,000 Häusern, der Sitz der
alten russischen Czare. Der Umfang dieser Stadt soll
gegen 6 teutsche Meilen betragen, enthält aber ungeheure
wüste Plätze, wo auf jedem wieder eine mittelmäfsige
Stadt stehen könnte. Im Durchschnitte rechnet man an
einigen Stellen 2 teutsche Meilen.

Moskwa ist auf mehreren Hügeln erbaut, und die
Abhänge der Strafsen sind öfters sehr steil. Auf mehreren Puncten erblickt man eine Stadt neben sich, eine

zweite tief im Grunde, und darüber hinweg eine dritte.
Da beinahe jede bedeutende Familie des Reichs einen
Palast in *Moskwa* hat, so ist die Menge der Paläste ungeheuer grofs, welche zum Theil mit vielem Geschmacke
und einer Verschwendung aufgeführt sind, die vielen
der Erbauer es unmöglich machten, den Bau zu vollenden, so dafs mancher herrlich begonnene Palast wieder
in sich selbst zerfällt, ohne jemals gebraucht worden zu
seyn. Könnte man alle diese Paläste an einander rük-
ken, und die darwischen stehenden hölzernen Hütten
zertrümmern, so würde *Moskwa* die schönste Stadt seyn.

Man kann in *Moskwa* selten 20 Schritte gehen, ohne
auf eine Kirche zu stofsen. Die griechischen Kirchen,
deren Anzahl auf 1,600 angegeben werden, haben, aufser
dem hohen spitzigen Glockenthurme, 4 bis 5 kleinere
mit dem vergoldeten Kreuze gezierte Thürme, öfters
von der seltsamsten Gestalt, so dafs man sich den Wald
von Thürmen denken kann, der über diese Stadt em-
porragt, und das Getöse der Glocken, die zu gewissen
Zeiten sämmtlich angeschlagen werden.

Moskwa, die wahre Hauptstadt des Reichs, ist rings-
um von den fruchtbarsten und volkreichsten Gouvernements umgeben. Ungeachtet es seit einem Jahrhunderte
nicht mehr die eigentliche Residenz ist, hat es dennoch
nicht nur nichts von seinem Glanze verloren, sondern
selbst noch Fortschritte gemacht. Unter ähnlichen Umständen würde *Petersburg*, diese Schöpfung eines despotischen Alleinwillens, in einem rauhen isolirten Winkel
des Reichs, bald nur Ruinen seiner erkünstelten Gröfse
zeigen.

C.

Neueste Reise der Herren Gebrüder *Meyer* von *Aarau, auf die höchsten Schweizer-Glätscher.*

Am 4. Sept. d. J. Abends, etwa um 8 Uhr, langte Hr. *Ru-
dolph Meyer* von Aarau, auf einer wohl seit hundert Jahren nicht gemachten höchst gefährlichen Passage von dem
Finsteraar- und kleineren *Grindelwald*-Glätscher, begleitet

von zwei *Oberhaslern,* zu *Grindelwald* an. Sie reiseten des Morgens um 3 Uhr vom Hospital auf der *Grimsel* weg, waren um 3 Uhr Nachmittags auf der Höhe des Glätschers zwichen dem *Schreck-* und *Finsteraarhorn.* Sie berichteten, dafs, eben als sie auf der Sattelhöhe des Glätschers anlangten, sie durch das Fernglas auf der *Jungfrau* eben die Fahne aufstecken sahen, welches der eine Bruder mit zwei Wallisern gewesen sey, auf welchem Eisgebirge sie zwar schon vor 14 Tagen und auch auf dem *Finsteraarhorn* gewesen seyen. Am 4ten früh reiseten sie wieder nach *Meyringen.* Sie hatten die Reise nach *Grindelwald* eigentlich nicht im Sinne;' auf ihrem Marsche über den *Finsteraarhorn*-Glätscher, wo sie noch Kleider u.'s. w. zurückliefsen, kamen sie unvermuthet anf die Höhe, und setzten dann, weil das Rücksteigen fast nicht mehr möglich war, ihre Reise glücklich nach *Grindelwald* fort, und haben nun die Ehre, die ihnen so billig gehört, eine, vielleicht noch von keinem Sterblichen versuchte, Passage und unbewänderte Eisgegend zum ersten Male betreten und ausgeführt zu haben. Hoffentlich werden diese Reisenden bald in öffentlichen Blättern ihre Reise beschreiben..... Die zwei *Oberhasler* Begleiter, die vor 14 Tagen mit diesen Herren auf dem Jungfraugipfel gewesen sind, sagten aus, dafs das Besteigen derselben leicht und ohne Gefahr sey. Aber das *Finsteraarhorn* zu besteigen, sey ein höchst gewagtes Unternehmen gewesen. Im Hinuntersteigen glaubten sie zu erwinden, und nicht mehr von der Stelle kommen zu können. Schon seit sechs Wochen lauerten diese muthigen Bergbesteiger in unseren wilden Eissteppen auf einen günstigen Moment. Hr. *Meyer* behauptet, es sey auch möglich, den grofsen *Eiger* zu besteigen, welches aber von Grindelwaldern noch bestritten wird. Hingegen glaubten sie, es sey noch möglicher, den Gipfel des *Wetterhorns* zu erreichen, indem man schon am Fufse der obersten Eiskuppe gewesen sey.

I N H A L T.

Zu diesem Stücke gehört:

Erweiterung des Russischen Reichs durch den *Frieden
von Bucharest.* Charte.

Allgemeine
Geographische
EPHEMERIDEN.

XXXIX. Bds. drittes Stück. November. 1812.

ABHANDLUNGEN.

I.

Auszüge

aus

*John Galt's Voyages and Travels in the
Years* 1809, 1810 *and* 1811: *containing
Statistical, Commercial and Miscella-
neous Observations on Gibraltar, Sardi-
nia, Sicily, Malta, Serigo and Turkey.
London, Cadell and Davies,* 1812. 4.

Der Hof in Palermo.

Jeder Reisende, der seine Bemerkungen dem
Publicum mittheilt, ist eine Art von Spion.
Denn oft findet er sich, ward er gleich gast-

freundlich aufgenommen, veranlafst, Nachrichten mitzutheilen, die ihm den Vorwurf der Undankbarkeit zuziehen können. In dem Wenigen jedoch, was ich von dem Hofe in *Palermo* zu sagen habe, brauche ich meine wahren Gesinnungen nicht zu verläugnen. Ich fühle zu gleicher Zeit völlig die Schwierigkeit, die ein Fremder findet, den Charakter hoher Personen, die das Staatsruder führen, gehörig zu würdigen, und die Gefahr, der Volksstimme zu trauen, so sehr, dafs ich völlig geneigt wäre, hierüber nichts Besonderes zu melden. Aber eine andere Betrachtung hält mich davon zurück. Mir scheint in der öffentlichen Stimmung Englands grofse Abneigung gegen den Gang des politischen Benehmens des Hofes von *Palermo* zu herrschen. Ueberhaupt ist der Geist der Zeit nicht mehr nachsichtig gegen Fehler der Regenten.

Die Königin ist die höchste Person in Sicilien, da der König alle Angelegenheiten des Staats ihrer Besorgung überläfst. Sie ist ganz unermüdlich in ihren Geschäften, und die Menge von Briefen und andern Schriften, die aus ihrer eignen Hand gehen, ist so ungemein grofs, dafs ich ihr den festen Willen, Alles selbst zu thun, zuschreiben hörte. Trotz der moralischen Fehler, die man allgemein ihr zur Last legt, soll sie sehr von ihren nahen Bedienten verehrt werden, und manche freundliche Eigenschaften besitzen. In ihrem Betragen als Mutter verdient sie die allergröfste Achtung. Inzwischen ist es nichts Seltenes, dafs der Charakter von hohen

Personen im öffentlichen und im häuslichen Leben sehr verschieden ist. Alle ihre Geschäfte behandelt sie mit so viel Ernst, und betrachtet jede Maſsregel, die sie nimmt, für so wichtig, als käme Alles darauf an. Bei Erwägung ihres Unglücks ist es kein Wunder, wenn sie den königlichen Gleichmuth, den man auf dem Throne erwartet, verloren haben soll. Zu dem höchsten Stande auf der Erde gebohren, durch die sie Umgebenden in ihrem früheren Leben in dem Glauben erzogen, daſs sie ein höheres Wesen, als andere Menschen sey, muſste sie stolz werden. Eigenliebe war ihr zur Gewohnheit geworden, ehe sich Fälle ereigneten, die sie belehrten, daſs ein Abkömmling so mancher Kaiser auch Widerwärtigkeiten erfahren kann.

Prinz *Leopold*, ihr zweiter Sohn, ward neuerlich mit einer Flotte nach der Küste von *Neapel* geschickt. Man hoffte, er werde sich persönlich auszeichnen. Aber die Expedition verunglückte, und der Prinz vereitelte in mannichfacher Hinsicht die Erwartungen seiner Mutter. Ehe er Zeit hatte, von der Fregatte, die ihn nach *Palermo* zurückbrachte, an das Land zu gehen, kam die Königin, wie man erzählte, in einem Boote an Bord des Schiffs. Der Prinz, der sie erkannte, eilte, sich ihr vorzustellen. Aber sie, die voll Kummer und Beängstigung war, stieſs ihn von sich und machte ihm die bittersten Vorwürfe für die betrogene Erwartung von ihm, durch die er nun das Unglück seiner Familie vermehre.

S 2

Das Hauptverdienst des Königs ist seine Gut-
müthigkeit, von der er eine reiche Gabe besitzt. —
Eine mir erzählte Anekdote dient, diesen Cha-
rakterzug des Königs näher kennen zu lernen.
Eine Anzahl englischer Officiere und anderer
vornehmer Engländer speisete in einem Hause,
welches eine Durchfahrt nach einem der Theater
hatte. Es war Winter, und es brannte ein Holz-
feuer im Kamine. Gerade in dem Augenblick,
wo die königlichen Kutschen sich näherten, warf
einer von der Gesellschaft, der zu lustig war,
einen Brand auf einen Andern, der ihn auspa-
rirte, so dass er durch ein Fenster flog und in
des Königs Kutsche fiel. Sogleich war das Haus
mit königlichen Garden besetzt. Man erklärte den
Vorfall dem Officier derselben, wie er war, und
dieser erstattete darüber dem Könige unmittelbar
Bericht. „Oh! recht gut!“ sagte *Ferdinand.*
„Lafst sie allein! Sie sind nur betrunken.“ Und so
ward von diesem Vorfalle weiter keine Notiz genommen. — Der Erbprinz ist selten der Gegenstand der Unterhaltung. Er ist als ein Mann
von ruhigem Betragen und häuslichen Sitten
bekannt.

Was das Benehmen des brittischen Comman-
deurs en Chef betrifft, so sollten wir wohl mehr
Einfluss auf die Leitung der öffentlichen Angelegenheiten erlangt haben, als wir wirklich besitz-
zen. Dafs die Königin bis jetzt alle Theilnahme
daran zurückgewiesen hat, ist kein Wunder,
wenn man den Charakter der Personen kennt,
denen die Geschäfte Englands in Sicilien anver-

trauet sind. Sie verdienen als Privatleute alle
Achtung, aber keiner von ihnen wußte sich das
Gewicht als Staatsdiener zu geben, um den in-
triganten Geist des Neapolitanischen Hofs in
Furcht zu erhalten. Mißtrauen ist keine diplo-
matische Tugend; aber es scheinen gewisse wichtige Gründe für die Meinung zu sprechen, daß
unsre hiesigen Minister die nachgiebigsten von
allen Engländern sind.

Wie ich zum ersten Male in Sicilien war, hörte
ich keinen der Staatsbeamten als Mann von besonderen Talenten rühmen, und bei meinem
zweiten Aufenthalte fand ich nicht, daß sich ihr
Ruhm erhöhet hatte. Die Talente der Königin
hielten sie in einem Zustande der Niedrigkeit,
aus dem sich zu erheben, ihnen die Kraft mangelte. Doch gestand man ihnen die Art von
Klugheit zu, das heftige Benehmen der Königin
zu mäßigen, welches aber mehr durch List, als
durch wahre Klugheit, wie man sagte, von ihnen bewirkt ward. Auch die Schule, in der sie
gebildet waren, war nicht für das männliche Benehmen, welches in den neuesten Zeiten nöthig
ward, berechnet, noch sie in eine Verbindung zu
setzen, die ihr Betragen der Prüfung des brittischen
Volks unterwarf. Das von dem Wirbel der europäischen Politik weit entlegene Königreich *Neapel*
war lange Zeit vor der französischen Revolution in
keine Feindseligkeit mit irgend einer europäischen
Macht verwickelt. Folglich waren die Gelegenhei-
ten, Beförderungen am Hofe zu erhalten, selten und
der Weg zu hohen Stellen mit vielen Schwierigkei-

ten bedeckt. Nur Bestechung konnte dahin führen,
und selbst bei Gerichten wurden Processe nur
dann gewonnen, wenn reiche Geschenke dieselben empfahlen. Selten trat der Fall ein, daſs
die Regierung bei einer neuen Einrichtung auf
die Stimme des Volks Rücksicht zu nehmen
brauchte, und das Volk bekümmerte sich wenig
um das Verfahren derselben, deren ganze Pflicht
durch Entfernung von Theurung und Erhaltung
der Ruhe in den Schauspielen erfüllt zu seyn
schien. Doch war es nöthig, den Geschäften der
Regierung einen höheren Schein zu geben, und
die Minister und Hofbeamten waren, um ihrem
Einflusse eine Art von Wichtigkeit zu geben, genöthigt, einen geheimnisvollen Schleier über
ihre unbedeutenden Arbeiten zu werfen, welcher
ihnen nicht nur in den Augen des Publicums, sondern in ihrer eignen Ueberzeugung Gewicht gab.
Aus dieser erkünstelten und falschen Handlungs-
weise entstand die zweifelnde und unbestimmte
Art zu denken und zu handeln, welche alle Reisende den Staatsbedienten *Neapel's* mehr, als irgend eines andern Staats zuschreiben. Alles, was
den Hof von *Neapel* betraf, ward mit dem Geiste der Gewandtheit und Vorsicht gegen Kabalen
und Verschwörungen behandelt. Jeder war verlarvt. Treue, Ehre, Recht wurden, wenn sie in
ihrer eigenthümlichen Gröſse erschienen, als unmöglich, als Gaukelei betrachtet und eben so behandelt. In manchen Hinsichten gleicht noch
der Hof von *Palermo* diesem unangenehmen Bilde
und die Veränderung der politischen Verhältnisse,
seit wir eine militärische Stellung auf dieser In-

sel genommen haben, möchte uns immer auf keinen sonderlichen Erfolg vorbereiten.

Charakter der Sicilianer.

Unsere Kenntnifs des Charakters der Völker danken wir der Geschichte. Aber es giebt manche Züge desselben, die keine Geschichte uns darstellt. Bei seiner Würdigung mufs man vorzüglich auf ihr Gemüth sehen. Diese Insel stand so lange mit *Neapel* in Verbindung, dafs man beider Länder Bewohner für innigst gemischt hielt. Viel von der blutigen Färbung, welche ihren Nationalcharakter schwärzt, rührt eigentlich von den Neapolitanern her. Doch zeigen die früheren Begebenheiten *Sicilien's*, dafs die Lasten des Staats dem Volke nicht drückend waren; aber es hat in keiner Epoche seiner Geschichte einen so entschlossenen Muth gezeigt, welcher oft kleine Staaten zu unsterblichem Ruhme bei ihrem Widerstande gegen weit überlegene Mächte erhob.

Die Sicilianer sind mehr schlau als arglistig. Vielleicht besitzt keine europäische Nation so viel natürlichen Witz. Wenn sie etwas kaufen, so bieten sie, geschwätzig und schlau, mehr Redseligkeit auf, als irgend ein anderes Volk in Europa. Nicht genug, dafs ein Sicilianer den hohen Preis der Waare, die er kaufen will, mifsbilligt, läfst er sich auch weitläufig über die mindere Güte derselben und dafs sie schon lange in der Mode gewesen wäre, aus, zählt ausführlich alle Fälle an den Fingern her, wo er Nachtheil bei dem Verkaufe

hatte, vergleicht schmeichelnd den Reichthum
der Engländer mit der Dürftigkeit der armen Si-
cilier, tadelt die Einrichtungen seiner Regierung,
legt auf den Umstand, dafs er baar bezahle, besonderes Gewicht, äufsert, er könne ja wohl von
einem Andern kaufen, und macht noch viele
Umstände, ehe er endlich sein wahres Gebot
thut. Bei dem Verkaufe zeigt er sich nicht
minder gewandt. Jede noch so kleine Waare ist
ein ganz aufserordentliches Stück oder ungemein
schön. Kein anderer Laden in der Stadt führt
ähnliche Waare, die so wohlfeil und so gut
wäre. Ist der Preis hoch, so heifst's am Ende:
was wollen Sie geben? und selten schlägt der
Sicilianer das Gebot eines Engländers aus.

Die Bewohner *Sicilien's* sind im eigentlich-
en Sinne des Wortes abergläubig, aber die Aussprüche der Unwissenheit sind so mit dem Glauben des Pfaffenthums verschwistert, dafs manche,
allgemein verbreitete abergläubige Ideen, als wesentlich zur Religion gehörend, betrachtet werden. So glaubt man, dafs der Blick böser Menschen Schaden bringe; aber dagegen weifs die
Geistlichkeit auch Mittel; sie überreden das Volk,
Stücke von geweihten Tüchern und Papieren zu
kaufen, die um den Nacken getragen, nach ihrer Versicherung, die Bezauberung unkräftig
machen. Eines bösen Blicks Einflufs wirkt im
Moment, und wenn auch die Person, die er
trifft, nicht weifs, was er für Kräfte hat, so fällt
sie in eine plötzliche Krankheit, oder ihre Phantasie wird mit traurigen Bildern erfüllt, oder sie

wird zur Ausführung entworfener Plane unfähig.
Man braucht, um dieses zu erklären, keineswegs
Phantasien des menschlichen Geistes zu Hülfe zu
nehmen. Die hier so häufigen, plötzlichen
Schwächen und Krankheitszufälle sind eher dem
beständigen Einflusse des elektrischen Stoffes in
diesem Lande und dem zufälligen Einathmen
vergiftender Dünste, die von faulenden Vegetabilien aus den Thalgründen aufsteigen, zuzuschreiben, als dem Zauber mifsgünstiger Augen.
Man trifft diesen Irrglauben auch in *Schottland*;
allein in *Sicilien* ist er weiter verbreitet, als
dort. Es ist schwer zu bestimmen, ob dieser
Wahn in *Schottland* früh schon einheimisch
war, oder ob er von Fremden dahin gebracht
ward. Ueberbleibsel von ähnlichem Aberglauben
findet man überall, wohin sich ehemals das
Reich der Päpste erstreckte.

Die *Sicilianer* besitzen ein wirkliches Talent
für eigenthümliche Einfälle. Dann und wann
bemerkt man bei der Unterhaltung mit ihnen
einen starken Zug von National-, nicht indivi-
dueller Eigenheit in ihren Gedanken, die, ohne
ihre ehemaligen grofsen wissenschaftlichen Kenntnisse zu erwähnen, die Hoffnung erlauben, dafs
sie noch einst eine originelle Auszeichnung in
der Literatur erhalten werden. Beschriebe ein
ächter, dazu übrigens berufener Sicilianer die
Sitten und Gebräuche seines Landes, so würde
sein Werk zugleich Bewunderung und angenehme Unterhaltung gewähren.

Europäische Türkei.

Wir nahmen von unseren gütigen und gastfreundlichen Bekannten und vom Consul Abschied, der uns nicht mit drei Berührungen der Wangen entliefs. In dem rührenden Moment, wo wir uns trennten, heftete er seinen Mund auf sie, und uns war es nicht möglich, unsere Thränen zurückzuhalten, ob er selbst gleich keine vergofs. Wir giengen dann an den Haven, wo uns ein Boot erwartete, um uns nach *Marathonesi* zu führen. Um uns gegen die Seeräuber zu schützen, und eine gute Aufnahme bei den Räubern des Landes zu finden, hatten wir mit einem Mainottischen Hauptmann, der zufällig aus *Cerigo* war, die Verabredung getroffen, dafs wir ihn aus dem Dorfe, wo er sich aufhielt, sollten abrufen lassen, um ihn mit auf unser Schiff zu nehmen, wo wir dann, wäre er bei uns, nichts zu fürchten brauchten. Wie wir in die Gegend der Küste kamen, an der dicht das Dorf lag, schickten wir ihm einen Boten, um ihm Nachricht von uns zu geben. Wir mufsten sechs Stunden warten, wurden ungeduldig, und segelten ohne ihn ab. Eine langweilige Fahrt von 40 Stunden brachte uns in den Haven von *Marathonesi.* Ehe ich unsere Begebenheiten erzähle, mufs ich einige Nachrichten von dem Volke geben, unter dem wir uns einzig nur auf uns selbst verlassen konnten.

Maina ist ein Theil des alten *Lacedämonien's*, und verdient diesen Namen (Land der

Dämonen oder Teufel) noch jetzt. Die Einwohner wurden nie, selbst nicht von den Römern,
unterjocht. *Augustus* soll zwar die Küstenstädte
der Halbinsel *Morea* für frei von *Sparta's* Herrschaft erklärt haben, aber die Bewohner dieser
Gegenden kannte man überall unter dem ehren-
vollen Namen: *freie Lacedämonier.* Zu Konstantin Porphyrogeneta's, der zugleich Kaiser
und Geograph war, Zeiten hatten sie schon den
Namen *Mainotten* erhalten, den sie jetzt noch
führen. Sie haben, gesichert durch ihre Festungen ähnliche Gebirge, ihre Unabhängigkeit, aber
mit verschiedenem und oft gestörtem Glücke erhalten. Ihre Oberhäupter führen einen beständigen Krieg unter einander. Aber wenn die
Türken sie mit Unterjochung bedrohen, vereinigen sie sich fest. Sich, in gewisser Art, als ein
mit Niemanden verbundenes Volk, dessen Bünd-
niſs auch von keinem gesucht wird, betrachtend,
begehen sie Verbrechen, die nur unbedeuten-
des persönliches Unrecht zufügen, inzwischen
groſse und allgemeine Drangsale den Beifall und
die Dankbarkeit von Königreichen erhalten. Die
Mainotten werden als Räuber angesehen, weil
sie nicht die Kraft haben, Staaten umzustürzen,
und Reiche zu entvölkern, und als Seeräuber,
weil ihre Schiffe nur Boote sind.

Im Jahre 1779 hatte ihr innerer Zwist eine
entscheidende Richtung genommen. Das ganze
Volk hatte sich in zwei Parteien zertheilt. Die
Türken suchten diese Gelegenheit zu benutzen.
Unterstützten sie die eine Parthei, so konnte

diese die Oberhand erhalten, und erwarben zur
Dankbarkeit die Anerkennung der Souverainetät des Sultans. Es war aber noch eine mächtige
Partei im Lande, die sich keineswegs diesem
Vorschlage fügte. Die laut erklärten Bedingungen derselben waren: „der Sultan solle das Recht
„haben, den jederzeitigen Statthalter zu erwäh-
„len, der durchaus ein *Spartaner* seyn müsse;"
— denn diesen berühmten Namen geben sie sich
noch selbst, — „auch solle keinem Türken er-
„laubt seyn, in ihr Land zu kommen, wogegen
„die Mainotten von ihrer Seite eine kleine Ab-
„gabe jährlich, die sie vom Oele selbst erheben
„wollten, zu zahlen bewilligten." Von dieser
Zeit ward die Lage der Mainotten besser, und
die Türken haben keinen Versuch gemacht, diesen Vertrag zu brechen. Aber im J. 1809 faſste
ein Abenteurer, Namens *Konstantin*, den eine
groſse Bande begleitete, den Plan, sich zum
Statthalter von *Maina* aufzuwerfen. In dieser
Absicht machte er dem Sandschak von Morea,
Vilhi Paschah, seine Aufwartung. Er kannte
dessen eingewurzelte Liebe zum Gelde, und bot
ihm eine groſse Summe, wenn er durch seinen
Einfluſs die Stelle, als Statthalter von *Maina*,
erhielte. *Vilhi* ergriff begierig diesen Plan, er-
theilte ihm Vollmacht dazu, und *Anton-Bei*, der
damals Statthalter war, und seine Stelle mit vieler Klugheit und wohlthätigen Erfolgen verwaltet hatte, ward abgesetzt. Das Land war durch
dies, durch Partheilichkeit unterstützte, Vorhaben
eines Ehrgeizigen wieder in die gröſste Zerrüttung verfallen, und die Parthei des *Anton-Bei*

ist so stark, dafs *Konstantin* seine Verbindlich-
keit gegen den *Vilhi-Pascha* nicht erfüllen kann,
wenn er nicht mit Türkischen Truppen kommt,
deren Einrücken aber wahrscheinlich der Titu-
lar-Souverainetät des Sultans ein Ende machen
wird. Die Sitten dieser unbesiegten Griechen
werden am besten durch genaue Erzählung aller,
während unserer Anwesenheit sich ereignenden,
Vorfälle geschildert.

M a r a t h o n e s i.

Die Sonne gieng bald unter, als wir in den
Haven von *Marathonesi* einliefen, der in der
Bai durch eine kleine felsigte Insel, auf der eine Capelle und einige Bäume stehen, gebildet
wird. Die Stadt liegt am Fufse eines steilen Hügels. Am nächsten Seeufer steht eine Kirche mit
einem ansehnlichen Thurme. Am Fufse des Hügels, doch so, dafs man die Stadt übersehen
kann, erhebt sich ein hoher viereckiger Thurm,
der an den Ecken der Zinnen sich rundet. Zwischen den Häusern stehen einige Bäume.

Wie wir die Küste erreichten, fragte uns ein
alter Mann, den ein Soldat begleitete, wer wir,
und was unsere Geschäfte in *Maina* wären? Wie
er Antwort hatte, hiefs er uns so lange im Boote
bleiben, bis er dem Commandanten der Stadt uns
gemeldet hätte, und gieng fort. Bald kam er
mit einigen Mann Wache wieder, die uns aufs
Castell führten. Hier kamen wir erst in eine Art
Halle, in der sich etwa zwölf müfsige Soldaten
mit einigen Weibern und Kindern befanden. Aus
dieser Halle wurden wir auf einer schlechten

Treppe in ein nicht so kothiges, doch nicht minder sparsam möblirtes, Zimmer geführt, wo der
Hauptmann und einige andere Officiere safsen.
Der Commandant war nicht in der Stadt, und
der Hauptmann vertrat seine Stelle. Wir gaben
ihm über die Ursachen, die uns an diese un-
fruchtbare Küste führten, Nachricht, und er ver-
sicherte uns völlige Sicherheit während unseres
Aufenthaltes in dieser Gegend.

Die Kleidung dieser Officiere war, wie die
der gemeinen Griechen, nur knapper und bequemer zur Bewegung eingerichtet. Die Haare tru-
gen sie lang und fliegend, eine Eigenheit der
Spartaner, die sie schon bei dem Einfalle des
Xerxes hatten, der ungemein ärgerlich war, wie
er den kleinen Haufen des *Leonidas* sich sor-
genlos am Abend vor der berühmten Schlacht
bei *Thermopylä* die Haare auskämmen sah.

Unser Verhör endete ein Grieche, der aus
der Mitte *Morea's* war, und sagte: es würde ihm
angenehm seyn, uns in sein Haus aufzunehmen.
Der arme Mann war ein Kaufmann aus *Mistra.* Weil er den *Vilhi-Pascha* beleidigte, verurtheilte dieser ihn zu einer Geldbufse, die sein
Vermögen überstieg, und ihn nöthigte, hier eine
Freistatt zu suchen. Wir nahmen sein Anerbie-
ten mit Vergnügen an. Man mag den kühnen
und unerschrocknen Stamm, der seit so vielen
Jahren seiner Vorfahren Eigenthümlichkeiten erhalten hat, bewundern; aber ihre Wohnungen
erwecken mehr einen entgegengesetzten Eindruck.

Die Kleidung der Frauen besteht aus einem Rock von baumwollenem Zeuche, um den, einige Zolle vom unteren Rande, ein breiter blauer oder rother Streifen läuft, welches ihr einziger Putz ist. Ihre obere Bedeckung bildet eine Art Schlafrock, und auf dem Kopfe befestigt ein Tuch die kleine, griechische, rothe Mütze. Es schien, als wenn sie allein das Feld bestellten. Die Spartaner schätzten sonst die Zartheit der weiblichen Bildung gar nicht. In einem ihrer früheren Kriege gegen die *Messener* hatten alle Männer *Sparta* verlassen, und geschworen, nicht eher zurückzukehren, als bis sie ihren Zweck erreicht hätten. Wie nun die Weiber dem Heere die Vorstellung machten, daß ihr Stamm erlöschen müsse, wenn nicht einige Männer zurückgeschickt würden, so giengen fünfzig der kraftvollsten Krieger nach *Sparta* zurück. Wie deren Abkömmlinge sich in der Folge verachtet sahen, wanderten sie nach *Italien* aus.

Als wir einige Nahrung zu uns genommen hatten, giengen wir etwas aus. Einige Jungen folgten uns, und machten uns auf eine Inschrift in altgriechischen Buchstaben aufmerksam. Der Arzt der Stadt, ein sprechlustiger Mann, aus *Corfu* gebürtig, begegnete uns, wie wir zu Hause giengen, und sagte: er wüste noch nicht, daß Jemand diese Inschrift hätte lesen können.

Auch trafen wir auf den Commandanten, den etwa sechs Mann Soldaten begleiteten. Er war nach der Landessitte schön bekleidet, und

seine körperliche Bildung und Art sich zu benehmen, war so empfehlend, daſs wir ihn be-
wunderten. Er kam uns sehr höflich entgegen,
nahm die kleine rothe Mütze, die er trug, ab,
und ladete uns ein, mit Ihm in einen Laden zu
gehen, wo er uns ein Glas Liqueur geben lieſs.
Es sind nur noch zwei Kramladen in dem Orte,
dessen Volksmenge wahrscheinlich nicht 500 beträgt. Trotz der Höflichkeit seiner Unterhaltung,
hatte sein Aeuſseres eine solche Würde, und Jeder um ihn her erwies ihm so viel Ehrerbietung,
daſs wir, seine Gäste, uns gleichfalls höchlich
geehrt fühlten.

Nach einigen kurzen Fragen, denn er schien
kein Mann von vielen Worten, wiederholte er
die Versicherung unsrer Sicherheit, und ward
fast unwillig, als wir ihn fragten, ob er uns
nicht Bedeckung nach *Mistra* mitgeben wolle?
Er befahl dem Doctor, der die Stelle eines Dol-
metschers vertrat, uns zu sagen, daſs die *Mainotten* nie Reisende beunruhigten, und wenn
wir selbst den Commandanten von *Cerigo* erschla-
gen hätten, würde kein Mainotte uns ausliefern.
Während wir an der Ladenthüre saſsen, versam-
melte sich eine Menge Volks vor derselben. Der
Commandant winkte mit seiner Hand, und unmittelbar zerstreute sich der Haufe.

Jetzt ladete er uns ein, einen Spaziergang
mit ihm zu machen, befahl seiner Wache zu-
rückzubleiben, und nahm mit sich einen langen,
tölpischen, aber lustig aussehenden Mann, wel-

cber, wie der Doctor sagte, ein Hauptmann eines, im Innern von *Morea* gelegenen, Schlosses
war, aus dem ihn kürzlich eine feindliche Partei
verjagt hatte. Stillschweigend gieng er vor uns
her, bis wir mitten auf ein, etwas fern von dem
Städtchen, und abseits liegendes, Feld kamen,
wo er plötzlich Halt machte. Wir wurden sehr
argwöhnisch, und sahen einander an. Die Sonne
war untergegangen, und die Dämmerung sehr
stark. Er fragte uns aber nur: Ob wir nicht etwas Neues wüfsten? — Wie wir sahen, dafs er
begierig nach wahren Nachrichten war, erzähl-
ten wir ihm freimüthig und treu Alles, was wir
von den Kriegen unter den Christen und mit
den Türken wufsten. Unsere Unterhaltung kam
dann auf *Maina*, und er erklärte mit Wärme,
alle Bewohner desselben wünschten ernstlich,
dafs Franzosen oder Britten zu ihnen kämen.
Die List dieses Mannes in seiner Antwort auf
meine Frage nach der Militär-Verfassung *Maina's*, machte mir Vergnügen. „Wir machen es
„gerade so, wie die Franzosen und Engländer,
„kann aber nicht sagen, warum?" erwiederte er.

Wie wir in die Stadt zurückkehrten, trafen
wir eine Menge neu hinzugekommener Soldaten.
Sie safsen vor den Thüren, standen aber auf, als
der Commandant erschien, beugten sich ein wenig vorwärts, und legten ihre rechte Hand auf
die Brust. Ihr hageres Ansehen und wilde Gestalt stand mit der herrlichen Bildung des Commandanten in grofsem Mifsverhältnifs. Sie sahen aus, als hätten sie gerade einen Husten ge-

habt, und wollten den Auswurf von sich geben.
Der Commandant begleitete uns nach Hause,
und wünschte uns mit grofser Artigkeit gute
Nacht. — Frühmorgens erhielten wir Besuch
von zwei Freunden des Commandanten. Der
Vater des einen war einst Statthalter von *Maina*
gewesen, und er selbst hatte den Rang als Ma-
jor in Russischen Diensten. Er sprach fertig
Französich und Italienisch, und war auch in anderer Rücksicht ein gesetzter, gefühlvoller Mann.

B a t h i.

Nach dem Frühstück schifften wir uns nach
Bathi, der Residenz *Anton Bey's*, dem wir em-
pfohlen waren, ein. *Bathi* liegt etwa 8 kleine
Seemeilen von *Marathonesi.* Wie wir längs der
Küste hinsegelten, kamen wir unter dem kleinen
Städtchen *Mavroyuni*, welches auch ein Schlofs
zur Beschützung hat, vorbei. Die Bucht zwischen
hier und dem Sitze des *Anton-Bey* gewährt sehr
angenehme Ansichten, wie man sie selten in der
Levante findet. Rund um das Ufer stiegen eine
Menge kleiner grüner Hügel nach und nach empor. Manche derselben sind mit Bäumen besetzt.
Auf anderen ruhen feste Gebäude mit den ihnen
zinspflichtigen Hütten. Den Hintergrund bilden
hohe Gebirge, die sich gegen Norden enden.
Ueber sie ragen die ungemein hohen Gipfel des
St. Lea (des *Taygetus* der Alten) empor. *Bathi*
steht auf der Spitze eines kleinen Vorgebirgs,
welches mit buschigtem Unterholz bewachsen
ist. Der Anblick dieses Schlosses erinnert an

manche ältere, kleine Sitze der Barone in
England.

Auf der Höhe des Hügels begegnete uns eine Feldwache, um zu fragen, wer wir wären,
und führte uns in das Schloss. Unter dem Thor-
wege verschliefen mehrere Bedienten ihre Langeweile. Der Hof war mit Schutt, Unrath und
Excrementen bedeckt. In einer Ecke waren
Schweine eingeschlossen. Der übrige Raum
ward von Hühnern und Enten bewohnt. Eine,
im Zickzack aufserhalb am Gebäude laufende,
Treppe führte uns zu der Wache. Sie war ohne
Zweifel für leichtere Vertheidigung desselben angelegt. Wie wir oben auf der Treppe waren,
befanden wir uns auf einer beweglichen Fläche,
die als Zugbrücke diente. Von hier gelangten
wir durch einen engen Eingang in eine Halle,
wo eine Anzahl langbehaarter Soldaten safs. Sie
standen bei unserem Eintritte auf, um uns an
die Treppe kommen zu lassen, die zu dem Zimmer des Fürsten führte. An den Wänden des
Vorgemachs hiengen Waffen, Mäntel und Wei-
berröcke. In der fernsten Ecke stand ein Bette,
und unter demselben ein grofser, antiker, mit
Schnitzwerk gezierter Kasten. Vergebens sah
ich mich nach einer mehr üblichen Geräthschaft
um. An den Seiten des Zimmers waren Bänke
mit Kissen bedeckt, und auf einem Simse standen mehrere Kaffeetassen, einige Flaschen und
andere Geräthe des Schenktisches.

Wie wir in *Anton-Bey's*, eines starken, ge-
sunden Mannes, Zimmer traten, safs er an einem

T 2

Bette, und neben ihm ein alter Priester. Mir
schien er ungefähr 60 Jahre alt. Gegen ihm
über saß seine Gemahlin, die große Ringe an
ihren Fingern hatte, übrigens aber nicht sauber
bekleidet war. An ihrer einen Seite saß ein
Krieger mit der Tabaksdose in der Hand, und
auf der anderen hatte sie auch einen geistlichen Tröster. Sie war jünger, als ihr Gemahl,
und besaß noch Spuren von Schönheit.

Alle standen auf, wie wir eintraten, und
der alte Fürst empfieng uns mit anständiger
Freundlichkeit, und der militärischen Offenheit,
welche die Achtung von Fremden sogleich er-
wirbt. Höchst erfreulich, sagte er, sey ihm ein
Besuch von Brittischen Unterthanen, indem er
nur einmal vorher dies Vergnügen gehabt hätte.
Ebenso, wie der Gouverneur von *Marathonesi*,
erzählte er uns, wie sehr alle Einwohner die
Ankunft einer christlichen Macht wünschten.
Durch die Nachbarschaft von *Idra* haben sie die
Wohlthätigkeit des Handels erkannt, und so viel
Weltkenntniß erlangt, daß sie ein Ende ihrer
Seeräubereien wünschen. *Anton-Bey* war selbst
in seiner Jugend ein muthiger und berüchtigter
Pirate. Er war in *Venedig, Triest* und *Ancona*
gewesen.

Wie wir mit ihm eine Zeitlang gesprochen
hatten, nahm er uns mit sich, um uns eine Bildsäule zu zeigen, die er kürzlich gefunden hatte.
Er sagte, man halte sie allgemein für *Lykurg's*
Statue. Ich denke aber, es ist ein Neptun. Die

Verehrung dieser Gottheit und der Venus dauerte
in dieser Gegend noch fünfhundert Jahre, nachdem sie in dem römischen Reiche geächtet war,
fort. Auch sagte er uns, wenn er wüsste, dafs
sie angenommen würde, wolle er sie an den König von *England* schicken, und freute sich nicht
wenig, als wir ihm versicherten, dafs Neptun
eine der Lieblings-Gottheiten Sr. Majestät wäre.

Wie wir in sein Zimmer zurückkamen, waren die Vorhänge des Bettes niedergelassen, und
wir sahen daraus, dafs sich seine Gemahlin niedergelegt hatte. Eine kleine Mahlzeit von gebrate-
nem Fleische und Käse mit Eiern geschmort, erwartete uns. Hierzu kam eine treffliche Melone
und ein Schluck Wein, der als Spartanischer empfohlen ward. Er hatte auch in der That keine andere Eigenschaft, um uns in Versuchung zu führen, ihn zu trinken.

Wir wurden gebeten, zwei oder drei Tage zu
bleiben, und Antheil an einer Jagd zu nehmen.
Aber keiner von uns war ein Jäger, und überdies
die Versuchung dazu vorzüglich in dem Betrachte
nicht grofs, da wir vielleicht wagten, selbst als
seltnes Wildpret erschossen zu werden. Es ward
uns jedoch schwer, die zudringliche Güte unsers
Wirths abzuweisen. Wie er uns fest entschlossen
sah, am andern Morgen von *Marathonesi* abzu-
reisen, gab er uns Empfehlungsschreiben an die
türkischen Befehlshaber mit, die seine Freunde
waren. Auch schickte er einen seiner Leute mit
uns, der zu *Mavroyuni* landen, und uns Pferde

zur Reise nach *Mistra* den folgenden Tag verschaffen sollte. *Mavroyuni* war damals neutral,
aber *Marathonesi* führte Krieg gegen *Anton-Bey*,
und wir mußten, um dessen Antwort dahin zu
bringen, einen von unsern Leuten schicken, weil
der von *Bathi* Mitgesendete sich *Marathonesi* zu
nähern fürchtete.

M a l t a.

Die Einfahrt in den Hafen von *la Valetta* bildet eine wahrhaft große Ansicht. Auf beiden Seiten und im Hintergrunde erheben sich Festungswerke von ungeheuren Massen, hier und dort auf
den Winkeln mit Wachtthürmen besetzt. Die Gebäude und Kirchen über ihnen haben gleichfalls
eine wahrhaft edle Form. Nicht der kleinste
Rauch verunreinigt die Atmosphäre, und jedes Gebäude scheint eben erst neu erbaut zu seyn. Der
Anblick der Stadt im Innern entspricht vollkommen ihrer äußeren Pracht. Der Landungsplatz ist
ein weitgedehnter halber Mond, von dem ein
sanft abhängender Weg, der zum Theil in Felsen gehauen ist, zum Thore führt. Die eine
Seite dieses Wegs nehmen Buden ein, wo man
Fische, Obst und andere Bedürfnisse haben kann.
Gerade vor der Zugbrücke ist ein schöner, mit
einer bronzenen Statue des Neptuns gezierter
Springbrunnen. Die Stufen, welche in den oberen Theil der Stadt führen, fangen unmittelbar
bei dem Thore an, und machen den Eingang in
gewisser Hinsicht mehr dem Vorhofe eines großen
Gebäudes, als dem Portale einer Stadt ähnlich.

Nichts kann mehr Eindruck machen, als wenn
man, nachdem der Weg vom Thore zurückgelegt
ist, in die Strafsen der Stadt tritt. Hier sieht
man so manche gewaltige Gebäude, die, je weiter man hinauf steigt, sich um so mehr perspectivisch erheben, und mit so dicken Kapitälern
und Carniefsen verziert sind, dafs man denken
mufs, hier habe die Architektur die Absicht gehabt, den Gebäuden eben so viel Stärke und
Dauer zu geben, als die Festungswerke daselbst
besitzen. Dafs guter Geschmack bei Erbauung der
hiesigen Gebäude befolgt worden wäre, ist eben
nicht der Fall. Ihre pittoreske Wirkung ist dessen ungeachtet grofs, und man trifft hier und da
Prospecte, die man wohl eher für Schöpfungen
der Phantasie eines Malers, als für wirklich
existirende Theile einer Stadt halten würde.

Die Bildung der Malteser ist mehr nervig
als muskelstark. Sie sind Alle viel schlanker als
die Engländer, und haben ein eignes säulenförmiges Ansehen, das ich bei keinem andern Volke
getroffen habe. Ihre National-Physiognomie ist
mehr regelmäfsig als schön, und ihr Charakter
ist viel finstrer, als der der Sicilianer. Besonders
zeichnet sie ihre Mäfsigkeit aus. Ihre gewöhnlichsten Mahlzeiten bestehen aus einem Stücke
Brod, zu dem sie etwas Knoblauch oder Obst
geniefsen. Der Genufs des Fleisches ist für sie
schon eine Schwelgerei, und nur selten essen sie
welches. Ihre Sprache ist ein arabischer Dialekt.
Manche reden aber auch Italienisch und Französisch. In *Valetta* verstehen die jungen Leute

durchaus Englisch, dessen Laut in manchem Betreff ihrer ursprünglichen Sprache gleichkommt.

Das gröfste Vergnügen giebt den Maltesern
ihre Unterhaltung, wenn sie familienweise nach
Sonnenuntergang vor ihren Thüren zusammen-
sitzen. Wenn ich von den Eigenheiten dieses
Volkes rede, habe ich nur den geringern und
zahlreichern Theil vor Augen. Denn gegenwärtig ist unter wohlerzogenen Europäern fast kein
Sittenunterschied mehr.

Wenn man die Gröfse der öffentlichen Gebäude und die allgemeine Volksstimmung erwägt,
mufs man nothwendig ein vortheilhaftes Urtheil
über die Regierung der Ritter fällen, welche,
troz der ihnen individuell vorgeworfenen Ueppig-
keit, mit Weisheit regieren mufsten, um ein so
zufriedenes und ordentliches Volk zu bilden, und
mit ihren verhältnifsmäfsig so beschränkten Einkünften Baue zu vollenden, die den gröfsten
Werken der Römer an die Seite gestellt werden
können. Wie die Ritter diese Insel besetzten,
betrug die Volksmenge auf derselben nur zwölf-
tausend, und wie die Franzosen sie einnahmen,
hunderttausend. Ich hörte, dafs die Malteser mit
Schmerz sich an die Regierung der Ritter, oder
wie sie es nennen, an die Zeit der Religion erinnern, was ich sehr ungern vernahm. Die Britten können sich überhaupt nur schwer mit andern Völkern vertraut machen. Die ihnen gewöhnliche Verachtung jeder andern Nation, giebt
den Franzosen durch ihre gewohnte Höflich-

keit oft einen gröfsern Einflufs selbst in Gegenden,
die im Brittischen Solde stehen. Unbezweifelt
betragen sich die Franzosen, einzeln genommen,
viel gefälliger und angenehmer im Umgange,
als die Britten, die stätt sich, wie ihre Neben-
buhler, kleiner Künste sich beliebt zu machen,
zu bedienen, diese um so stärker wegen derer,
die sie gebrauchen, verachten. Die allgemeine
Stimmung der Engländer, den Charakter und die
Verfassung andrer Völker herabzuwürdigen, zeigt
sich deutlich in ihren Reden von den Maltesern,
und sie sehen mit Unwillen, dafs die Regierung
sich bemüht, die Zuneigung der Eingebornen zu
gewinnen. Mögen manche ihrer Vorstellungen
falsch seyn, so haben wir doch nicht das Recht,
sie zu unsern Ueberzeugungen zu zwingen. Wir
mögen uns bemühen, durch ein braves, gerech-
tes und gemäfsigtes Benehmen, ihnen Achtung
abzugewinnen, und sie zur Nachahmung zu rei-
zen. Denn Tyrannei ist doch weiter nichts, als
wenn man Menschen gegen die Ueberzeugung
ihrer Vernunft zu handeln zwingt.

Die Umgebungen *la Valetta's* geben einen
vielleicht noch wundervollern Anblick für den
Fremden, der aus einem, mit grünenden Feldern,
Büschen und Hecken bedeckten Lande kommt, als
ihre Festungswerke, so ungeheuer sie auch sind.
Die ganze Insel scheint durch Mauern in kleine
Grundbesitzungen vertheilt, welche die Gröfse
eines oder höchstens von zwei Acres haben. Keine
Spur eines Baumes erblickt man von dem höch-
sten Wachtthurme der Festung. Vorher kann

man sich keine Vorstellung von einem Lande machen, das so von allem Grünen entblöfst, so durch
Steinmauern getheilt, überall mit Kirchen, die
mit Kuppeln übersetzt sind, und Dörfern, deren
Häuser platte Dächer und keine Fenster haben,
bedeckt sind. *Malta* hat wirklich einen hohen
Grad der Bevölkerung und der Cultur erlangt.
Jeder Zoll Landes ist angebauet, und obgleich
die Erzeugnisse des Bodens nicht zu Erhaltung
der Einwohner zureichen, ist der wirklich arbei-
tende Theil des Volks so leichtsinnig zu heirathen und Kinder zu zeugen, als ob er die reichsten Pfründen besäfse. Längst schon waren die
Kühe von der Insel verwiesen, und die mit dürf-
tigem Futter zufriedene Ziege ersetzte den Mangel an Milch, bis die Engländer kamen. Diese
Epikuräer führten wieder jene so viel Vegetabilien fressende Hausthiere ein, und im Jahr 1809
gab es drei Milchkühe auf *Malta*. Zum Ersatz
für den Aufwand, den die Kühe verursachen,
hatten meine Landsleute den Kartoffelbau eingeführt.

2.

Nachricht von den Diamantgruben in der Provinz Bundelkund in Hindostan.

(Aus den zu *Calcutta* herausgekommenen Miscellaneen
des Herrn *Glad-Win*.) *)

In der Gegend der Stadt *Punnah* (der Hauptstadt der Provinz *Bundelkund*), werden in einem
Umkreise von vier und zwanzig englischen Meilen nach Osten, Norden und Westen, Diamanten in der Erde gefunden. Jedermann, Fremder
oder Eingeborner, kann, ohne besondere Erlaubnifs und ohne Hindernifs, nach Diamanten suchen. Hauptsächlich kommen in dieser Absicht
Kaufleute von *Guzerat, Surat, Zognagur, Dehly,
Benares, Allahabad, Lucknow* und *Furrakabad*
nach *Punnah.* Sie miethen, um sie auszugra-
ben, Arbeitsleute für fünf Rupien monatlich.
Ueber diese werden von Seiten des Rajah Wäch-
ter gesetzt, um die Zahl der gefundenen Diamanten genau zu wissen, und ihren Werth gleich
zu schätzen. Ein Viertel des Werths erhält der
Rajah entweder in Geld oder in Diamanten selbst,
das Uebrige gehört den Kaufleuten als ihr Gewinn; jedoch alle Diamanten, die über dreifsig-

---

*) Diese und die folgende kleine Abhandlung geben
eine interessante statistische Uebersicht der Diaman-
ten-Gewinnung in der alten und neuen Welt; und
werden daher unsern Lesern gewifs sehr angenehm
seyn. D. H.

tausend Rupien werth sind, behält der Rajah für
sich, und giebt dem Kaufmann nur ein Viertel
des Werthes.

Gewöhnlich findet man die Diamanten achtzehn Zoll unter der Oberfläche der Erde bis
zu einer Tiefe von 6 bis 24 Fufs, zwischen
einem rauhen, groben, honigwabenartigen, braunen Stein, oder in einer kiesigen Materie, die
in der Landessprache *Khàkroo* heifst, gemischt
mit einer dunkeln, rothen, *thonartigen* Erde, die
dem Oker ähnlich ist; beides, Stein und Erde
sind aber so hart, dafs der Diamantengräber zuweilen zu einem Umfang von einem Fufs, einen
ganzen Tag braucht.

Wo kein *Khàkroo* ist, finden sich auch keine
Diamanten, und verbrennt man ihn, so läfst sich
Kalk daraus machen, woraus sich zu ergeben
scheint, dafs diese Zusammensetzung der Keim
und Urstoff der Diamanten ist. Findet sich in
einer Tiefe von 24 Fufs kein Khàkroo, so gräbt
man nicht weiter. Um die Gruben herum läfst
man Bogengänge, worauf zwei Personen gehen
können. Die ausgegrabene Erde wird in Körbe
gethan, und dann gewaschen und gesichtet. Befinden sich Diamanten unter einem solchen Haufen Erde, so werfen sie einen solchen Glanz
von sich, dafs man sie sogleich entdeckt und
leicht unterscheidet.

Erst seit sechzig Jahren sollen in dieser Gegend Diamanten gefunden worden seyn, und zwar,

wie die meisten Entdeckungen, durch Zufall.
Man trifft die meisten in der Nähe der Ortschaften *Rangpore*, *Muigawan*, *Chowperrah*, *Berre-
jepore*, *Etoavak*, *Zowhurpore*, *Manihpore* und
Cowakho. In der Nähe von *Chatterpore*, einer
Stadt, gegen dreissig engl. Meilen nordwestlich
von *Punnah*, finden sich aber keine, wie man
irrig behauptet hat.

Da, wie schon oben gesagt, das Diamanten-
Land sich von *Punnah* nach drei Seiten vier und
zwanzig engl. Meilen weit ausdehnt, und diese
ganze Strecke nicht angebaut werden darf, so
möchte man wohl fragen, ob der Eigenthümer
des Landes so vielen Vortheil von den Diamanten zieht, als er durch die fortwährende Benuz-
zung derselben Strecke Landes, sey es zur Weide
oder zum Früchtbau, gewinnen könnte? —

3.

*Ueber die Diamanten - Gruben in Bra-
silien.*

(Aus den Memoires der Naturforschenden Gesellschaft
zu Paris, von Herrn *v. Andrada*.)

Derjenige Theil von *Brasilien*, der als frucht-
bares Diamanten-Land so sehr bekannt ist, liegt

im Innern dieses ungeheuern Landes, und erstreckt sich vom 22½ bis zum 16. Grad südlicher Breite. Sein Umkreis beträgt bei 330 teutsche Meilen. Gegen Osten macht die Hauptmannschaft oder Provinz *Rio-Janeiro*, seine Gränze, gegen Süden die Provinz *Saint-Paul*, gegen Norden das Innere, von der an der See liegenden Provinz: *Bucht aller Heiligen*, und ein Theil von der Provinz *Goyaret*, gegen Westen endlich der andere Theil von dieser Provinz nebst den Wäldern und Einöden, welche die Wilden bewohnen, und die sich bis an die Gränze von *Paraguay* ausdehnen. Gegen die Provinz *St. Paul* hin liegen ungeheure Strecken Landes ungebaut und wüste; durch das Innere ziehen sich grosse Gebirgsketten, die mit dicken Wäldern bedeckt sind, und Reihen von Hügeln, welche die reizendsten Thäler und fruchtbare, lachende Ebenen begränzen. Die Menge von Flüssen und Bächen, die diese Provinz bewässern, erleichtern zugleich auch die Bearbeitung der Golderze, die theils aus dem Bette der Flüsse, und von deren Ufern als Waschgold ausgewaschen, oder aber in ordentlichen Minen und Gängen ausgegraben werden. Die Provinz ist in 4 Districte abgetheilt, die von Süden nach Norden genommen, *Santo Jaao, Villa Rica, Sabara* und *Serro-Dofrio*, oder der District des *kalten Berges* heissen. Aus diesem letztern District werden hauptsächlich die Diamanten gezogen. Die ganze Landschaft ist übrigens ausserordentlich reich an Antimonium, Zink, Zinn, Silber und Gold.

Den sogenannten *Paulisten*, oder Einwohnern der alten Hauptmannschaft *St. Vincent*, hat
man einzig die Entdeckung dieser vielen kostbaren Bergwerke zu danken; sie bevölkerten gröſstentheils die ganze reiche Provinz, so wie noch
mehrere andere in *Brasilien*. Ohne sie wäre im
strengsten Verstande, das Innere von ganz *Brasilien* mit seinen unermeſslichen Reichthümern,
noch unentdeckt und unbevölkert. Die Hauptstadt ärndtet nunmehr die Früchte ihrer excentrischen Thätigkeit und ihrer gefahrvollen Entdeckungen ein. Zwölf ganze Jahre kämpften sie
gegen Hunger und Witterung, muſsten mit den
Waffen in der Hand die Wilden abhalten, und in
dicken, fast unzugänglichen Wäldern und wüsten
Ebenen eine traurige Existenz hinschleppen; aber
nichts war im Stande, ihren Muth zu beugen,
mit dem sie alle Hindernisse besiegten. Es ist
in dem ganzen Lande kein Berg, kein Bach, kein
Bergwerk, die sie nicht bestiegen, durchsucht
und entdeckt hätten. Einer von ihnen, *Antonio
Soary*, entdeckte zuerst den District *Serro Dofrio*, und gab einem Berge desselben seinen Namen. Noch hatte man nur Gold gefunden, bald
aber entdeckte man auch in dem Bache *Riacho
fundo* Diamanten, und unmittelbar darauf in dem
Flusse *Peixo*, so wie in groſser Menge in dem
reichen Flusse *Giquitignogna*. Endlich entdeckte
im Jahr 1780 und im Anfang von 1781 eine Bande
von beinahe 3000 Schleichhändlern, Diamanten
in dem Gebirge *Santo Antonio*, und zogen daraus groſse Schätze. Diese Bande muſste aber
bald wieder weichen, und den General-Pächtern

Platz machen, die sich dieser Gruben bemächtigten. Man wurde nunmehr in der Idee bestärkt,
dafs nur die Gebirge die wahre und ursprüngliche Lagerstätte der Diamanten seyn müfsten;
allein da die Arbeit des Aufsuchens derselben
auf dem Bette der Flüsse und an ihren Ufern
weniger mühsam und langwierig ist, und mehr ins
Grofse getrieben werden kann, und da auch gewöhnlich gröfsere Diamanten an den letztern Orten gefunden werden, so gaben die Generalpäch-
ter die Gruben in den Gebirgen wieder auf, und
trafen zu Erreichung ihres Zweckes grofse Vor-
kehrungen an den Ufern des *Tomambirum*, eines
Flusses, der längs der ungeheuern, über 40 Meilen langen Gebirgskette hinströmt, und die Thäler bewässert.   Hier entdeckte man, dafs die
ganze Erdlage unter der obern Dammerde mehr
oder weniger hin und wieder zerstreute Diamanten enthielt, die auf dichten und mehr oder weniger eisenhaltigen Stufen fest safsen, von denen
jedoch nie fortlaufende Adern angetroffen wurden; auch fand man Diamanten in den kleinen
Höhlen der Klappersteine.

Man gab sich gleich vom Anfange an alle
mögliche Mühe, um die Aufsuchung der Diamanten zu verhindern, aber alle Verbote konnten die Schleichhändler nicht davon zurückhal-
ten, die sie für orientalische Diamanten nach
Europa schickten.   Die Regierung fafste deshalb
den Entschlufs, dieses Geschäft zu verpachten,
und legte dem ersten Pachter, *Risbaro Caldeira*,
einem Paulisten, die Bedingung auf, dafs er nicht

mehr als 600 Negern zur Aufsuchung der Diamanten brauchen dürfe. Allein gleich von den
ersten Jahren an bis hieher, ist diese Bedingung
nie erfüllt worden, denn gemeiniglich werden
6—8000 Neger dazu gebraucht. Diese Anzahl
wurde auch dann nicht vermindert, als die Por-
tugiesische Regierung, um den Unterschleif zu
verhindern, und um den Werth der Diamanten
durch eine allzu grofse Menge bei ihrem Verkaufe nicht fallen zu machen, auf ihre eigene
Rechnung diese Aufsuchung übernahm. Heut zu
Tage hat man sie aus andern Rücksichten wieder an Privatpersonen verpachtet. Der königliche Schatz gewinnt zwar aufserordentlich viel
durch diese Diamanten-Gruben, da aber ein un-
ermefslicher District vom fruchtbarsten Lande,
das auch überdies noch reich an unbearbeiteten
Goldminen ist, gänzlich dadurch verloren geht,
und jährlich noch weiter ausgedehnt wird, so
sind diese gefundenen Schätze für die Einwohner der Provinz, die sich den Diamanten-Ge-
genden bei Todesstrafe nicht nähern dürfen, von
dem gröfsten, fühlbarsten Schaden.

Die Gestalt der Diamanten ist sehr verschieden; einige sind achtseitig, und sehen aus, als
ob zwei vierseitige Pyramiden an einander gefügt
wären. *Wallerius* und *Romé de l'Isle* *) haben
sie ausführlich unter dem Namen *adamas octa-*

---

*) Versuch einer Chrystallographie. Aus d. Franz. von
Weigel. 1777.

edrus turbinatus beschrieben. Man findet sie
fast einzig unter der oberen Rinde der Berge.
Andere sind fast ganz rund, das entweder eine
eigene Art von Crystallisation, oder eine Wirkung des Rollens ist. Diese gleichen in diesem
Stücke den Orientalischen Diamanten; denn die
Portugiesen sowohl, als die Indier selbst, nennen die letzteren *reboludos*, d. h. gerollte.
Noch andere endlich sind von länglicher Form.
Die beiden letzteren Sorten findet man gewöhnlich nur auf dem Boden der Flüsse, und an ihren Ufern in angeschwemmtem Lande.

Diese Anschwemmungen bestehen aus Lagen
von eisenhaltigem Sande, mit glatten Kieseln vermischt, und machen eine Masse von Ocker, die
aus einer Auflösung von Schmergel und Eisen-
schlich entstanden ist. Man nennt diese Masse
Cascalho, und die Sandlagen *Taboleiros*. Je
nachdem aber die letztere mit dem Bette des
Flusses horizontal fortgeht, oder sich in Hügel
erhebt, je nachdem ferner die Masse mehr oder
weniger Schmergel enthält, je nachdem geben
ihnen die Portugiesen und die Indier andere Benennungen.

An manchen Orten liegt der *Cascalho* ganz
zu Tage; an anderen, und besonders dicht am
Fusse der Gebirge, oder an den Ufern reifsender
Ströme, ist er mit einer leimigten Pflanzenerde
bedeckt (*humus damascena L*), oder ist mit einem grobkörnigten rothen Sand mit Kiesel-Wak-
ken vermischt, der den Namen *Pisara* hat. Un-

ter dem *Cascalho* befindet sich eine Lage von Sandschiefer oder auch von leimigtem Eisenstein. Nicht selten findet man in diesem *Cascalho* auch Goldkörnchen.

Um nun die Diamanten aus ihrer eben angeführten Lage auszufinden, muſs man den Bach in welchem man deren zu finden hofft, ganz ableiten, und den Sand von seinem Bette auswaschen; bei groſsen Flüssen aber wird der *Cascalho* von den, Ufern ausgegraben, mit groſsen Hämmern zerstampft, und dann gewaschen. Diese Wäsche ist sehr verschieden von den gewöhnlichen Goldwäschen; denn man braucht nur wenig, aber immer helles Wasser, und kann nur sehr wenig Cascalho auf einmal bearbeiten; beim Goldwaschen ist gerade die entgegengesetzte Proportion erforderlich. Die ganze Arbeit wird durch Negersclaven verrichtet, die dabei ganz nackend sind, damit sie keine Diamanten auf die Seite schaffen und verbergen können. Aber ungeachtet dieser Vorsicht und der Wachsamkeit zahlreicher Aufseher, wissen die Sclaven dennoch Mittel zu finden, Diamanten zu verstecken, und verkaufen sie nachher um sehr geringe Preise an Schleichhändler gegen Rum und Tabak.

Auch andere Provinzen von *Brasilien* als die genannte, enthalten zwar noch Diamanten, z. B. die Provinz *Cusaba*, und der gröſste Theil von *St. Paul*; aber sie werden in keiner derselben aufgesucht und ausgegraben.

U 2

Noch ist hierbei sehr merkwürdig, dafs die Orientalischen Diamantgruben sich ebenfalls nur in sandigen und eisenhaltigen Gegenden befinden, und gewöhnlich in dicken Klumpen von Ocker stecken, die dem Brasilianischen Cascalho ganz ähnlich sind. Diese vollkommne Aehnlichkeit ist auffallend. — Sollte etwa Eisen in etwas zur Entstehung der Diamanten beitragen? —

BÜCHER - RECENSIONEN.

I.

Magazin für die Handlung und Handelsgesetzgebung Frankreich's und der Bundesstaaten. Herausgegeben von K. H. Freiherrn von FAHNENBERG, Grossherzogl. Badischem Regierungsrathe bei dem Ministerium des Innern, Landes-Oekonomie-Departement. Erster Band. Heft 1 bis 3. Heidelberg, bei Mohr und Zimmer. 1810. gr. 8. Mit dem Motto:

„Indépendant et libre dans sa marche, vaste dans ses entreprises, grand dans ses projets, plus grand dans ses bienfaits, admirable dans ses travaux, ne connoissant de bornes que celles que le globe lui assigne, agent universel, ame du monde politique, et premier bienfaiteur de l'espèce humaine, le commerce scelle la grandeur de l'homme et le rapproche de sa céleste origine, en opposant aux prodiges de la création les prodiges de sa propre industrie." (J. Blanc de Volx.)

Jahrgang 1811. Heft 1 bis 6. Carlsruhe, in Macklots Hofbuchhandlung. 1811. gr. 8. (mit

*Rücksicht auf die Finanz - Verwaltung
Frankreich's und der Bundes - Staaten.) Jahrgang 1812. Heft 1 bis 2. Mit dem Motto:*

„Das Alte stürzt, es ändert die Zeit
Und neues Leben blüht aus den Ruinen."

                       Schiller.

Preis: der Bd. 3 Fl. 36 kr. rhnl. Heftweise 36 kr.

Es genügt uns, indem wir diese gehaltvolle, nun
schon im dritten Jahre, mit steigendem Erfolge bestehende, Zeitschrift anzeigen, dem *näheren* Zwecke der
A. G. E. gemäfs, ihren Werth und Inhalt vorzüglich in
geographisch - statistischer Hinsicht, ausführlich zu be-
leuchten. Das Magazin für die Handlung, Handelsgesetzgebung und Finanzverwaltung *Frankreich's* und der
Bundesstaaten, unseres Wissens die *einzige* und *erste*
Zeitschrift im Umfange der Bundesstaaten, die ihrem
Plane nach nicht nur alles, was auf das *allmähliche* Ent-
falten *des neuen Systems des Welthandels* Bezug hat,
sammelt und erläutert, sondern die auch noch den Zustand der Mercantil - Gesetzgebung, — dieser in Wahrheit so wichtigen Stütze des Handels — berücksichtigt,
und die *neuesten Fortschritte der Industrie* bezeichnet,
ist nicht nur als *Archiv* des Wissenswürdigsten in allen
diesen umfassenden Beziehungen eine willkommene Erscheinung für den Staats - und denkenden Geschäftsmann, sondern gewährt auch für das, in dieser Hinsicht
so genau verbundene, In - und Ausland, die interessantesten Aufschlüsse zur Verfolgung des Ganges und der
veränderten Richtung der *vaterländischen Industrie* in ihren einzelnen, statistisch merkwürdigen Verzweigungen.

Stehende Artikel dieses Journals sind demnach:
I. Alle *wichtigere Gesetze, Verträge und Verordnungen
der Handelsstaaten Europa's,* in der Ursprache, mit bei-
gefügter Uebersetzung, oder im Auszuge, ihrem wesent-
lichsten Inhalte nach, um einen *Total - Ueberblick der*

Handelsgesetzgebung zu gewähren. — II. *Abhandlungen
und Aufsätze über den Handel in financieller, staatspoli-
zeilicher, rechtlicher und historischer Hinsicht, insbesondere, Darstellungen der Industrie und des Verkehrs
der vorzüglicheren einzelnen Staaten.* — III. *Parere an-
gesehener Kaufleute — Rechtsfälle und Streitigkeiten in
Handelssachen, nebst den Entscheidungen und Gutachten
über dieselben.* — IV. *Auszüge und Beurtheilungen wichtiger Schriften über die Handlung und das Handelsrecht.*
— V. *Miszellen.* Anfragen; Anzeigen — *Beschreibung
besonders wichtiger Handels - Etablissements, Fabrik - und
Manufactur - Anstalten; Preisfragen literarischer Gesellschaften und Verhandlungen* in obigen Beziehungen —
Uebersicht der Literatur von einer Messe zur andern —
Biographische Skizzen, Beförderungen, Aufmunterungen,
Ehrenbezeugungen — *Statistische Mercantil - Notizen,*
u. s. w. Diese letzte Rubrik umfaßt vorzüglich Bemer-
kungen über *Handelsproducte* und *Mercantil - Pflanzen,*
als Beiträge zur Waarenkunde, über das *Mauth -, Zoll -,
Post -, Maas -, Gewicht -* und *Münz - Wesen,* über die
Ein - und Ausfuhr - Listen der vorzüglichen Staaten. —
Zur Erweiterung des Zweckes und Umfanges dieses
Journals, durch die gleichzeitige Rücksicht auch auf die
Finanzverwaltung Frankreich's und der Bundesstaaten, —
diesen so wichtigen Administrationszweig — hat den, für
die Vervollkommnung und gröfsere Aufnahme seiner Zeitschrift unermüdet thätigen, Herausgeber, wie sich derselbe
in dem *Vorworte* zum dritten Jahrgange sehr richtig erklärt, veranlaßt, die *ununterbrochene* Wechsel-Verbindung
zu zeigen, in welcher die *Handlung* mit der *Finanzverwaltung* steht, und die wohl nie auffallender, als in einem Augenblicke empfunden wurde, wo sich der Ver
kehr in so manchem Staate mit jedem Tage mehr in
fiscalische Fesseln verstrickt sieht. Die *Uebersicht der
Handels - und Finanz - Ereignisse* kann durch diese Ausdehnung nur an Vollständigkeit und interessanten Parallelen gewinnen.

Wir gehen nun, nachdem wir eine allgemeine Ueber

sicht des Plans und Umfangs dieser Zeitschrift gegeben
haben, zu der Anzeige und Würdigung des *Inhalts* der
einzelnen Abhandlungen, unter der hier nothwendigen
Beschränkung über, und glauben, hierdurch aufs genü-
gendste unser Urtheil über den Werth dieses Unternehmens zu begründen. Unter den *Abhandlungen* und *grös-
seren Aufsätzen* zeichnen wir die *historischen Darstellungen der Industrie und des Verkehrs* nach dem Schwarzwalde, von dem Fürstl. Bischöfl. Deputat- und Stadtpfarrer *Jäck* in Tryberg, neben den eigenen Arbeiten
des Herausgebers, welche in diesem *ersten* Hefte eine
lichtvolle *Erläuterung* der Kais. französischen Handels-
verordnungen umfassen, als einen Beitrag von wirklich
allgemeinerem Interesse, aus.

   Dieser erste Beitrag handelt von der *Entstehung
und allmählichen Ausbildung der Holzuhren - Mache-
rei,* als einem der *ältesten* und *wichtigsten* Industrie-
zweige des Waldes. Dieser Uhrenhandel, welcher vor
wenig Jahren noch sich bis in die entferntesten Gegenden des Nordens erstreckte, und manchen Wälder
nach den Hauptstädten der Czaren führte, wird hier
von seinen ersten Veranlassungen entwickelt, und in
einer anspruchlosen Darstellung vom Anfange des siebenzehnten Jahrhunderts an, bis zu den neueren Zeiten
verfolgt. Hierin wird nicht nur mit Recht der Keim
des folgenden Wohlstandes dieser Gegenden, sondern
auch der *Anfang* des *jetzt noch* so weit ausgedehnten
Glas- und *Strohhuthandels* auf dem Schwarzwalde erkannt. Von dem beschränkten *Hausiren* einzelner Wälder giengen allmählich *weitumfassende Handelsgesellschaf-
ten* aus.

   Im *dritten* Hefte wird die Geschichte der Uhrenma-
cherei von dem, indessen zum Grossherzogl. *Kreis-Schul-
rath* ernannten, würdigen Verfasser, in ihrem *fabrikar-
tigen* Betrieb weiter entwickelt, und bis zu den Notizen
über die Fabrication *musikalischer* Uhren (mit Glocken-,
Clavier- und Pfeifenspiel) verfolgt, mit Rücksicht auf
die, in der Ausdehnung dieses Betriebs auch bald nöthig
gewordene *Theilung der einzelnen Vor-* und *Nebenarbeiten.*

Im dritten Hefte des zweiten Bandes endlich folgt *die Entwickelungsgeschichte des Uhrenhandels*, nebst einer *Uebersicht des Umfanges* und *staatswirthschaftlichen Werthes dieses Industrie-Zweiges*. Das erste Reich, wohin diese *Schwarzwälder Uhren*, gröſstentheils aus einem sehr harten Holz verfertigt, in den Decennien 1740, 50, 60 in gröſseren Parthien versendet wurden, war das benachbarte *Frankreich*; bald dehnte sich der Uhrenhandel auch nach dem Inselreiche, *Groſsbritannien*, aus, von woher manche Vervollkommnung für die Fabrication selbst erlangt wurde; *Holland* gewährte bedeutenden Absatz für die *Colonien*; in *Ruſsland*, *Polen*, *Ungarn* und *Siebenbürgen* waren die Wälder Holzuhren willkommene Erscheinungen, so wie in *Dänemark* und *Schweden*, für *Italien*, *Spanien* und *Portugal* wurde dieser Handelszweig allmählich nicht minder wichtig, und selbst nach *Pensylvanien*, die *Türkei* und *Aegypten* erstreckte sich, wie hier unbestreitbar nachgewiesen wird, diese *Handelsverbindung*; so zwar, daſs in der *letzten Hälfte* des achtzehnten Jahrhunderts der *Handel mit Wälderuhren* nicht nur in ganz Europa, sondern auch in einem Theile des *russischen* und *türkischen Asien's*, und in *Nordamerica* blühte. Diese höchste Blüthe war aber auch zugleich der Culminationspunct dieses Handelszweiges. —

Wie er gegen die Neige des achtzehnten Jahrhunderts, *aus welchen Ursachen* er zu sinken anfieng, was *er jetzt* noch ist, und was er wieder werden könnte, ist in dem Schlusse dieser gröſseren Abhandlung sehr beherzigungswerth dargestellt, und als *Belege* sind vergleichende Uebersichten und Berechnungen beigefügt.

Wir gehen nun, der Ordnung der *einzelnen Hefte* wieder folgend, zu dem zweiten Hefte des *ersten Bandes* zurück, und machen zuerst auf die *Skizze* (des Herausgebers) über die *Mousselin - Stickerei auf dem Schwarzwalde* und *dessen Umgebungen*, ihr *Entstehen und allmähliches Ausbreiten*, dann *über den Ertrag* derselben in *älteren* und *neueren* Zeiten, und den *jetzigen* Zustand, aufmerksam, worin ein nicht unwichtiger Zweig der Schwarzwälder Industrie, *historisch-statistisch erwogen*, und in den Wirkungen auf des Volkes physischen und sittlichen Zustand sehr richtig gewürdigt wird.

Von den *Auszügen und Beurtheilungen* neuer Schriften zeichnen wir die Uebersicht des *Wild'*schen Werkes, *Ueber allgemeines Maas und Gewicht u. s. w.* unter vorzüglicher Rücksicht auf *Rheinische* Lande, aus. Der mit der *Untersuchung des Maaswesens in den Badischen Provinzen* beauftragte Hofrath *Wild* in Mühlheim, im Breisgau, hat in diesem gehaltvollen Werke (Freiburg, bei Rosset, 1809 — 10. gr. 8. 2 Thle., mit Kpf., Tabellen und Register) die Resultate seiner vieljährigen Untersuchungen über das allgemeine Maas und Gewichtwesen niedergelegt, und nicht nur für das Grofsherzogthum *Baden* allein, sondern unseres Erachtens für sämmtliche *Rheinische* Bundesstaaten, eine sehr gediegene Grundlage zur Einführung eines so schätzbaren *gleichen* Maas- und Gewicht-Verhältnisses unter den einzelnen Landestheilen und Staaten selbst gegeben. Indem wir hier dieses nur im Vorbeigehen anführen, gereicht es uns zum wahren Vergnügen, noch bemerken zu können, dafs die Einführung eines *gleichen* Maases und Gewichtes im Badischen bereits mit den *Flüssigkeits-Maasen* zur Vollziehung gekommen ist, und bald in den Wirthshäusern *allgemein* seyn wird, wobei wir nicht umhin können, auf das leichte *Reductions-Verhältnifs* aufmerksam zu machen, in welchem diese neue *Wild'*sche Maas- und Gewicht-Reductionen, insbesondere mit dem Kais. *französischen* Maas- und Gewichtwesen stehen, und welche ihnen einen entschiedenen Vorzug vor allen bisher erschienenen *Versuchen*, ein gleiches Maas und Gewicht in andere Bundesstaaten einzuführen, geben. —

Unter den *Miszellen* dieses Heftes ist: „*Auch ein Wort von Dr. Martin Luther*, über die Continental-Sperre (aus dessen Schrift: „*Von Kaufshandlung und Wucher*," die 1524 im Druck erschien, entlehnt) in mehr als einer Hinsicht interessant, kräftig und zu seiner Zeit

gesagt. Das *dritte* Heft des ersten Bandes beginnt mit
einer *Zusammenstellung der officiellen Actenstücke,* die
*Commercial - Verhältnisse Frankreich's mit England und
den vereinigten Staaten America's* betreffend; ein wirklich wichtiger Beitrag zu dem neuesten *praktischen Völker - Seerechte* (mit einer Einleitung), vom Herausgeber,
welche nebst der bereits angezeigten *Fortsetzung* der Jä-
kischen Beiträge, den gröfsten Theil seines Inhaltes einnimmt. —

Der *zweite* Theil des Magazins, welchen der Herr
Herausgeber zweien, um ihr Vaterland wohlverdienten,
Männern, dem Grofsherzogl. Bad. Kreis - Schulrathe und
Decan, Hrn. Stadtpfarrer *Jäck* in Tryberg, dem Beför-
derer *vaterländischer* Industrie, und dem *ersten* Stifter
einer *Armenanstalt* auf dem Schwarzwalde, dann dem
Grofsherzogl. Bad. Hofrathe, Hrn. *Wild* zu Mühlheim
im Breisgau, mehrerer gel. Gesellsch. Mitgliede, ,,dem
um das *vaterländische Maas - und Gewichtwesen* hochverdienten Manne" — in wahrhaft patriotischem Sinne zu-
geeignet hat, enthält aufser den *Fortsetzungen* der bereits erwähnten gröfseren Aufsätze, in besonderer Beziehung auf das Grofsherzogthum *Baden* (S. 481) *Handlungs-
und Fabrik - Anzeigen über inländische Industrie, ihre
Fortschritte und Beförderung.* Aber nicht nur auf diesen
einzelnen, dem Herausgeber zunächst liegenden Bundes-
staat, beschränken sich die Zwecke und Correspondenz-
Nachrichten des Magazins; in einem *Summarium der
wichtigeren Handels - Ereignisse* findet sich das Neueste
in obiger Beziehung aus dem *Umfange der sämmtlichen
Rheinischen Bundesstaaten,* aus *Frankreich, Italien,* den
geographisch - statistisch so wichtigen *Illyrischen Provinzen,* auch aus *Oesterreich, Preufsen,* der *Schweiz, Schweden, Dänemark, Rufsland,* den *vereinigten Staaten von
Nordamerica* und *England,* in kurzen interessanten Zu-
sammenstellungen des Wissenswürdigsten.

Aus dem vierten und fünften Hefte machen wir auf
zwei Beiträge aufmerksam, welche als eigene Abhandlungen hier ganz an ihrer Stelle sind, und zu sehr inter-

essanten Vergleichungen Anlafs geben. Es sind diese die
Abhandlung des Grofsherzogl. Hess. Geh. Regierungsra-
thes und Professors der Staats - und Cameral Wissenschaften, Dr. *Crome* in Giefsen: *Ueber die Schicksale des
Welthandels und der auswärtigen Colonien*, *seit der Entdeckung von America* (1492), *bis zu dem Decrete von Tria-
non* (1810); dann der Aufsatz des Dr. *J. A. Pfannenberg*
in Leipzig, *Parallelen zwischen dem französischen* und
sächsischen Handelsrechte, als einen *Vergleich des französischen Handelsgesetzbuches* (Tit. I. Buch 1.) mit den
im Königreiche *Sachsen* dahin einschlagenden *Rechten*
und *Gewohnheiten.*

Unter den *Auszügen und Beurtheilungen neuer Schriften* heben wir nur No. 7 S. 430 aus, die Anzeige der
*Tabellen zur Verwandlung der alten Maase und Gewichte
des Grofsherzogthums Baden in die neuen allgemeinen Badischen*. Bd. I. enthaltend die *Getraide - Maase*, *Flüssig-
keits - Maase* und *Gewichte*. Auf höchste Verordnung
herausgegeben, in 10 Abtheilungen. *Carlsruhe* bei Ch.
Fr. Müller. 1811. 8. um unser Urtheil über den Werth
des *Wild'schen* Werkes, welches als Grundlage dieser
Tabellen anzusehen ist, hierdurch auch von einer andern
Seite her zu begründen.

Die *Miszellen* dieses Heftes enthalten aufser einem
rechtpassenden *Seitenstücke* zu Dr. *Martin Luther's* Wort
über die Continentalsperre (S. 441), eine recht interessante Zusammenstellung *über den französischen Handel
mit der Levante durch die Illyrischen Provinzen* (S. 446 ff.)
Von den, einen stehenden Artikel bildenden, Handlungs-
und Fabrikanzeigen aus dem Grofsherzogthume *Baden*,
als *Beilage* zu dieser Zeitschrift, zeichnen wir die Anzeige des Fürstl. Fürstenbergischen Hofrathes und Oberberg-
Inspectors *Selb*: über den Bergbau im Fürstenbergischen
(im Badischen Donaukreise), in *staatswirthschaftlicher*
und *commerzieller* Beziehung, aus; indem wir den Wunsch
nicht bergen können, ähnliche Notizen von den übrigen reichhaltigen *Bergwerken* dieses, auch hierin geseg-
neten, Landes in dieser Rubrik zu finden.

Aus dem *sechsten* Hefte, womit der zweite Jahrgang
geschlossen ist, zeigen wir von den Abhandlungen und
gröfseren Aufsätzen, eine Fortsetzung der bereits gewürdigten historischen Darstellungen der Industrie und des
Verkehrs auf dem Schwarzwalde, den *Glas - und Stroh-*
huthandel umfassend, von demselben Verfasser, mit demselben Vergnügen, welches uns die früheren Dar,tellüngen
gewährten, an.   Eine eigene, aus Wälder-Einge-
bornen zusammengesetzte *Glas - und Strohhuthändler-*
Compagnie, deren geselliger Verband sich stets mehr ausdehnt, deren Verlag reichhaltiger, und deren Specula-
tionen unternehmender werden, sichert diesem wichtigen
inländischen Handlungszweig eine längere und blühen-
dere Existenz, als der zu *sehr* dem *In -* und *Ausländer*
freigegebene, jetzt gesunkene *Uhrenhandel* sich zu er-
freuen hatte.

Die in den *Miszellen* (S. 585 u. 595 ff.) fortgesetzten
Notizen über den französischen Handelsweg durch die
Illyrischen Provinzen, bewähren völlig die Urtheile über
die Wichtigkeit dieser Besitzungen in commerzieller
Hinsicht.

Das *erste* Heft des dritten Jahrganges (1812) beginnt
mit einem *Vorworte* des thätigen Herausgebers, worin
sich derselbe über die bereits erwähnte *Erweiterung* des
ersten Planes dieser Zeitschrift, durch die gleichzeitige
Berücksichtigung der *Finanzverwaltung* der einzelnen
Staaten erklärt, und worin auch der, für den gröfseren
Absatz dieser Zeitschrift sehr willkommenen, Erlaubnifs
Erwähnung geschieht, welche bereits im verflossenen
Jahre die Verlagshandlung, mittelst eines Schreibens des
K. französischen Staatsrathes und General-Directors des
Buchhandels, Hrn. *von Pommereul*, erhielt, das *Maga-*
zin auch in *alle* Theile des *französischen Kaiserstaates*
versenden zu dürfen. Aufser den Kais. *französischen* und
Königl. *westphälischen* Handelsgesetzen und Verordnun-
gen, enthält dieses Heft die nicht überall gleich bekannt
gewordenen: *Grundsätze der Finanz - Einrichtung des*
Grofsherzogthums Frankfurt, von Sr. Kön. Hoh., dem

Grofsherzoge, (mit einem Vorworte, und freimüthigen, beherzigungswerthen Bemerkungen des Herausgebers). Das *Panorama der Natur - und Kunstproducte, der Industrie und des Handels Frankreich's*, mit einem Vorworte des Herausgebers und erläuternden *Noten*, welchem sich die *erweiterte Uebersicht der Handels - und Finanzereignisse* sehr passend anschliefst, bildet den übrigen Inhalt dieses Heftes.

Das *zweite* Heft, welchem das *dritte* und *vierte* zusammen in Kurzem folgen werden, liefert im Auszuge die beachtungswerthe Kön. *würtembergische* Bekanntmachung, die Stadt *Friedrichshafen* (am Bodensee) betreffend, so wie unter den Verordnungen und Kundmachungen das *Münzwesen* betreffend: die neuesten Anordnungen der meisten Staaten hierüber, und das merkwürdige Kais. franz. Decret, die *wirkliche* Einführung eines allgemeinen Maases und Gewichtes betreffend. — Die Aufsätze über *Fabrication der Blechlöffel auf dem Schwarzwalde*, als *Fortsetzung* der bereits gewürdigten historischen Darstellungen, und die *Bemerkungen über die Handelsdörfer in Schwaben*, besonders im *Würtembergischen*, veranlassen zu dem Wunsche baldiger, und hinsichtlich dieser *Bemerkungen ausfükrlicherer* Beiträge, von gleich interessantem Inhalte und lebendiger Darstellung. — Wir schliefsen diese (vielleicht schon zu sehr ins Einzelne eingegangene) Anzeige, mit dem Wunsche, dafs der thätige Herausgeber und die Verlagshandlung in der verdienten gröfseren Verbreitung dieser gehaltvollen Zeitschrift, Veranlassung zu einer an Interesse immer steigenden Fortsetzung derselben finden möchten, und dafs die *höchste Beifallsbezeugung*, welche dem Hrn. Herausgeber auf einen, über diese Zeitschrift erstatteten, Vortrag des *Grofsherzogl. Badischen Ministeriums des Innern*, von Sr. *Kön. Hoheit*, dem Grofsherzoge, kürzlich zu Theil geworden ist, und worin diesem *zweck - und zeitgemäfsen Unternehmen* öffentlich (durch Bekanntmachung in dem Regierungsblatte und der Grofsherzogl. Bad. Staatszeitung) die *höchste* Zufriedenheit ertheilt, und demselben zu *möglichst allgemeiner Verbreitung der Landeskunde* in

Beziehung auf *Handel* und *Gewerbsfleiſs*, zahlreiche
Theilnahme und Mitarbeiter gewünscht werden — den
verdienten Hrn. Herausgeber insbesondere ermuntern
möchten, auf der mit so vielversprechendem Erfolge be-
tretenen neuen Laufbahn, mit dem hisher bewiesenen
rastlosen Eifer zur möglichsten Vervollständigung seines
gemeinnützigen Unternehmens fortzuwandeln. —

2.

*Précis de la Géographie universelle, ou
Déscription de toutes les parties du
monde, sur un plan nouveau d'après les
grandes divisions naturelles du Globe etc.
Par M. MALTE-BRUN. Tome second.
Théorie générale de la Géographie. à Paris,*
1810. 8. (*Mit* 4 *Kupfertafeln.*)

War es nichts Geringes, die gesammte Geschichte
der Geographie in einen einzigen Band zusammen zu
drängen; ein Unternehmen, welches, wenigstens gröſstentheils, dem Verf. nicht übel gelungen ist, so muſste die
Darstellung der mathematischen und physischen Erdkunde, auf ähnliche Weise in eben so enge Gränzen
einzuschlieſsen, und keine bedeutende Lücken darin zu
lassen, nicht minder Kunst erfordern.

In wiefern der Verf. diesen Zweck erreicht hat, darüber wollen wir, nach Darlegung der groſsen Fülle von
Materien dieses *zweiten Bandes*, den Leser selbst urtheilen lassen. Für uns ist nur eine kurze Anzeige davon
thunlich.

Das *erste Buch*, also das drei und zwanzigste, da die
Bücherzahl vom ersten Bande aus fortläuft, ist der *Theo-
rie der Erde*, als Himmelskörper betrachtet, gewidmet.
Auch hier hebt die mathematische Geographie mit der
Gestalt der Erde an, wie dies überhaupt die Gewohnheit
bei unseren vorzüglichsten mathematischen Geographien,
sogar bei der trefflichen des *Mallet*, ist.   Da Rec. gesteht, dafs, sobald man nicht ohne Hülfe der Astrono-
mie die reine Erdkunde lehren kann, ihm zweckmäfsi-
ger scheint, nach den vorangeschickten Definitionen
zuerst das Weltsystem, und darin den Stand der Erde
allen übrigen vorgehen zu lassen.   Hat man dann der
kleinen Erde ihren Ort als Himmelskörper angewiesen,
so käme die Figur der Erde in Betracht. .

Es scheint überflüssig, hier anzuführen, dafs dies
erste Buch, aufser den nothwendigen Definitionen und
den Eintheilungen des Himmels, nun die verschiedene
Zeit- und Jahrestheilung angiebt.   Hierauf sind fast alle
heutige Methoden die Länge zu finden, freilich nur angedeutet.

Das *24ste Buch* ist der genauen Messung der Erde
selbst gewidmet.   Hier findet man die älteren und neuesten Methoden, und die genauesten Angaben über Gröfse
und Figur der Erde.   Begreiflich konnte indefs das meiste nur historisch, und gröfstentheils nur die Resultate
so vieler wichtigen Messungen in diesem kleinen Raume
zusammengestellt werden.   Die schätzbare *Mon. Correspondenz* des Hrn. v. Zach ist hierbei, wie auch bei den
folgenden Büchern, benutzt.   Zuletzt von der Grundlage
der neuen franz. Decimalmaase mit dem ehemaligen französischen Fufs verglichen, und hiernach die Dimensionen der Erde.   Die weiteren hierüber gegebenen Bestimmungen selbst sind in einzelnen Tabellen dem Buche am
Ende beigefügt.

Das folgende Buch trägt die *Lehre von den Erdgloben*
vor, und zeigt ihre Anwendung.   Den Land- und Seecharten sind die beiden folgenden Bücher gewidmet.

Man findet hier nicht blofs mehrere der älteren Projec-
tionsmethoden, sondern selbst die neuesten oder die Verbesserung der älteren zusammen, wenigstens angezeigt,
ja einige sogar umständlicher, als man es vermuthen
dürfte, z. B. die von *Albers* und *Molweide* angegebenen
Projectionsarten. Dem Vortrage oder vielmehr der Anzeige einiger Theile der Nautik, hätten Definitionen und
allgemeine Begriffe dieser Wissenschaft vorangehen müssen; auch irrt der Verf., wenn er im 25sten Bche. S. 67
sagt: Alle Seecharten zählten die Länge nach der Theilung der Erde, in die östliche und westliche Hälfte, also
nach 180 Graden, da doch mehrere derselben, z. B. *Robert's* Generalcharte zur dritten *Cook*'schen Reise die
Länge nach dem ganzen Cirkel, 360 Grad, zählt.

Neben vielen wichtigeren Gegenständen ist auch die
Darstellung der Gebirge und Bezeichnung der Gegenstände auf den Charten abgehandelt, wie auch *Dupain-
Triel's* von *du Caila* erläuterte Methode die verschiedenen Erhöhungen des Erdreichs anzugeben; zugleich wird
aber auch nicht ohne Grund die daraus leicht erwach-
sende Undeutlichkeit und Verwirrung bemerkt. Uebrigens darf man in diesem Werke nicht den methodischen
Vortrag, an den die Teutschen durch *Kästner's, Mayer's,
Mullet's, Bode's,* oder Anderer Schriften über diesen Gegenstand gewöhnt sind, erwarten. Es führt mit Recht nur
den Namen eines *Précis*, eines Abrisses, der aber mehr,
als man in ihm erwartet, enthält, welches in Hinsicht auf
die, in so wenige Bände zusammengedrängten meisten
geographischen Kenntnisse, keinen geringen Werth hat.

Mit dem 29sten *Buche* nimmt nun die physikalische
Erdbeschreibung ihren Anfang; sie macht bei weitem
den gröfsten Theil des ganzen Bandes aus, begreift aber
auch eine fast zu grofse Menge Gegenstände. So sind
fast alle Minerale darin einzeln aufgenommen. Zuerst
die allgemeine Eintheilung der Erdoberfläche, Conti-
nente, Meere, und deren Unterabtheilungen.

Der Verf. ist hier Hrn. *Fleurieu* gefolgt, der das
Weltmeer in zwei Haupttheile, *A.* das grofse südöst-

liche, und *B.* das grofse westliche Becken theilt. *A.* zer
fällt wiederum in drei grofse Unterabtheilungen; 1) in den
Austral - Ocean, das südliche Eismeer; 2) den Orientalischen Ocean (gewöhnlich das Südmeer), welcher wiederum mehrere Abtheilungen enthält; 3) in den Indischen
Ocean. *B*, oder das grofse westliche Becken, d. i. das
grofse Meer zwischen *Europa* und *Afrika*, und dem gegenüber gelegenen *America*.

In den Unterabtheilungen hat er sich indefs nicht
unbedeutend von seinem Führer unterschieden. Ueber
das Verhältnifs der Länder in den einzelnen Zonen hat
der Verf. eine Untersuchung angestellt, und giebt hier
seine Berechnung, nach welcher er will gefunden haben, dafs in der ganzen nördlichen Hemisphäre das Land
0,419 des Ganzen betrage, in der südlichen hingegen
nur 0,129, wodurch sich dann das grofse Uebergewicht
des Landes in der ersten gegen das der südlichen auffallend darstellt. Es sind diese Land und Wasserver-
hältnisse auch für jede Zone der Hemisphären einzeln
angegeben.

Bemerkungen über die Richtungen, sowohl der Halb-
inseln und Caps, wie auch Vergleichungen grofser Con-
tinente selbst; letztere findet der Verf. mit einander sehr
contrastirend. Gegen *Büffon's* Meinung glaubt er, dafs
die Einbrüche des Meeres in Osten nicht beträchtlicher
gewesen sind, als in Westen. Es käme indefs hierbei
besonders darauf an, ob man von der ganzen Landmasse
oder nur von einzelnen grofsen Theilen redete.

Dann folgt die Ansicht und Lehre der Gebirge. Zuerst ihre verschiedene Eintheilung; die Kettengebirge
und ihre Abstufungen; dafs diese aneinander hängen-
den Gebirgszüge existiren, daran kann wohl Niemand
zweifeln; allein ob man sie so regelmäfsig gerichtet, oder
ob man sie, *Pallas* zu Folge, wie Radios oder von grossen, erhabenen Centralmassen auslaufende Strahlen ansehen müsse, dies scheint, weil man so viele Theile der

Erdoberfläche noch nicht kennt, bis jetzt mit keiner Zuverlässigkeit zu behaupten.

Philipp Buache'n sollte man mit Dank, als den Ersten, der eine richtige Ansicht des Zusammenhanges der Gebirge und des von ihnen abhängenden Bewässerungssystems der Erdoberfläche gab, erwähnen, da er so viel Licht über diesen Gegenstand verbreitete. Aber es scheint, als wenn man jetzt, da man von der von ihm gelegten Grundlage aus etwas weiter und genauer sehen kann, sich dieser nicht mehr erinnere. Dafs in den von ihm angenommenen, unter dem Meere liegenden, Gebirgen manches jetzt anders gefunden wird, als er es damals angab, beweiset nur, dafs wir mehr entdeckt haben, und richtiger von der Erde urtheilen können, als unsere Vorgänger. Was würde der Verf. nun erst über *Gatterer's, Fabri's,* oder gar über *Zeune's* Ideen sagen? Es überschritte die Gränzen dieser Anzeige, wenn wir hier genauer die Ideen durchgehen wollten, welche der Verf. aus seiner Ansicht der Erde herleitet, indem er das Auge des Beobachters auf *Neuholland* gegen Norden wenden läfst, worin er aber schon mehrere Vorgänger hatte.

Im 3osten *Buche* treten wir nun in unbekanntere Regionen, in das Innere der Erde (müfste wohl bestimmter heifsen der Erdrinde); hier also die Lehre von den Erd - und Gebirgsschichten nach ihrem verschiedenen Alter und ihrer Neigung, den Höhlen, den vulkanischen und basaltischen Gebirgen, den Gängen und ihrer Bildung und Richtung.

Hieran schliefst sich im folgenden Buche sofort die Aufzählung der Grundsubstanzen oder der Minerale, welche so wichtige Rollen in der Bildung unseres Erdballs spielen, nach ihren verschiedenen Ordnungen. Sie werden hier nach vier Classen geordnet: 1) Substanzen, die aus einer Säure mit einem Alkali oder mit einer Erde verbunden sind; 2) erdige Substanzen; 3) brennbare; 4) Metalle. Hier zuerst Kalkspath und seine

Verwandte; ferner Schwerspath, Borax, Natron, Alaun, Meer und Steinsalz; sodann die erdigten Substanzen, Quarz, Krystall, Sand, mehrere der halbedeln und dann die edeln Steine; hierauf der Feldspath, Hornstein, Hornblende, Glimmer, Talk in ihren verschiedenen Lagern u. s. w. Dann die brennbaren Substanzen, und ihre Lager, besonders das der Steinkohlen; das elastische Erdpech, und der Bernstein.

Das 32ste *Buch* beschäftigt sich mit den Metallen und ihren Lagern. Nach der Platina das Gold, das freilich, wie jeder weiß, nur in metallischer Gestalt gefunden wird (*natif*), indeß hätte es doch wohl angemerkt werden können, daß es z. B. in *Nagyag* verlarvt liegt.

Sodann im 33sten die zusammengesetzten, die Gebirgsarten, die hier in drei Classen aufgeführt sind; die Felssteine (Roches). *A.* Eigentlich sogenannte aggregirte Substanzen, nach allgemeinen chemischen und physischen Gesetzen mit einander vereinigt. *B.* Associirte (nach mechanischen oder chemischen und specialen Gesetzen vereinigt). *C.* Fremdartige, in andere eingedrungene, oder zufällig ihnen beigesellte Substanzen (*Substances intercalèes ou adventives*). *A.* hat 5, und *B.* 3 Abtheilungen. *C.* enthält die Versteinerungen. Die große Summe der noch anzuzeigenden Materien verbietet es, bestimmter hierüber zu reden, nur glauben wir, daß unsere Mineralogen oder vielmehr Oryktognosten, nicht überall mit dem Verf. zusammenstimmen. Keinen unbeträchtlichen Theil dieses Buchs nimmt die Anzeige der beiden Systeme der Neptunisten und der Vulkanisten, ein.

Das 34ste *Buch* ist den Ueberbleibseln ehemals organisirter Körper gewidmet, und stellt die neuesten, merkwürdigsten Thatsachen, besonders nach *Cuvier*, dar.

Mit dem 35sten *Buche* hebt die Hydrologie an. Zuerst eine kurze Bemerkung über das Wasser überhaupt; dann die Quellen, ihre verschiedene Erzeugung, und

ihre verschiedenen Gattungen; bei dieser Gelegenheit
kommen auch die Gletscher vor, da sie so innig auf jene Bezug haben. — Hierauf die Flüsse und Flufsge-
biete oder Becken (*Bassins*), Wasserfälle und periodi-
sches Anwachsen einiger Flüsse, und daher entstandene
Ueberschwemmungen; Flüsse, die sich unter der Erde
verlieren; Zurückstauchen der Gewässer an den Mündungen einiger grofsen Flüsse. — Hierauf die Seen,
in 4 Classen getheilt, je nachdem sie entweder gar keinen Zu- oder Abflufs haben. Ferner periodische, und
solche Seen, welche innere Bewegung zeigen. Schwim-
mende Inseln verschiedener Gattung. Nach diesen Anzeigen der Entstehung und Bewegung der verschiedenen
Gewässer kommt nun die Untersuchung der Bestandtheile derselben, und der durch die Verschiedenheit ihrer Natur entstehenden Phänomene, also Quell-, Flufs-,
Regen-, Sumpf-, Mineral-Wasser u. s. w.

36stes *Buch;* das Meer und das Meerwasser: Bildung
des Meerbodens; Süfswasser-Quellen darin; Tiefe des
Meeres und Wasserstand (*Niveau*); Bestandtheile des
Meerwassers; Grade der Salzigkeit und Ursprung des
Meersalzes; Methode, das Meerwasser trinkbar zu
machen; Vegetation und Leuchten desselben. Temperatur; das Eis der Meere der Polargegenden; Bewegung
des Meeres. Bei der Ebbe und Fluth hätte doch wohl
manchem Leser die Sache eine Figur erleichtert; eine
der ersten Tafeln hätte dazu hingereicht. Ueber die Strö-
mungen wird ziemlich umständlich gehandelt.

37stes *Buch.* Die Atmosphäre, Natur und Analyse
der Luft. Salubrität, Parbe, Schwere, Elasticität, Höhe der Atmosphäre, Messungen derselben und ihrer
Schichten. Begreiflich konnte diese Materie nur historisch vorgetragen, und dabei auf eigene, dahin gehörende Werke verwiesen werden. Indefs hätte doch wohl
die Schneelinie einige Erwähnung verdient. Die Meteore, die wässerigen, die leuchtenden. Hierbei auch das
Nordlicht. Der Verf. glaubt, nachdem er *Mairan's*
Meinung und *La Place's* Einwürfe dagegen beigebracht

hat, das Zodiakallicht sey die leuchtende Flüssigkeit der
Erde selbst, welche von der Sonne in der Richtung ihres täglich scheinbaren Laufes angezogen werde, da es
sich dann nach dieser Linie anhäufe, und beim Untergange der Sonne sichtbar werde.   Es bilde eine ellipti-
sche Figur, wovon der grofse Durchmesser stets gegen
die Sonne gerichtet sey. — Die feurigen Meteore fangen mit dem Gewitter an.   Hierauf das Nordlicht; der
Verf. ist der Idee des Physikers *Libes* geneigt, der das
Nordlicht durch die, an den Polen sich bildende, Salpe-
tersäure zu erklären sucht. — Die Irrlichter, fallenden
Sterne, St. Elmfeuer, — (letztere hätte man vielleicht
bei der Luftelektricität gesucht —), die Feuerkugeln.
Zuletzt der Magnet und seine Phänomene.   Wegen der
unverkennbaren Analogie schienen diese wohl bequemer
den elektrischen Erscheinungen näher zu stehen.   Uebrigens sind bei allen, diesen Materien stets nicht nur die
besten Schriftsteller darüber, sondern auch die neuesten
Beobachtungen angeführt; und diese Bemerkung dürfen
wir überhaupt auf das ganze Werk ausdehnen, wodurch
es keinen geringen Vorzug erhält.

Nun folgen im 38*sten Buche* die Bewegungen der
Atmosphäre.   Winde; Maas ihrer Stärke; — (hier konnte
der Anemometer wenigstens gedacht werden); — verschiedene Gattungen der Winde, regelmäfsige, zufällige,
Stürme.   Die Wasserhosen würde man hier kaum suchen.
Die regelmäfsigen Winde sind mit Grund etwas umständlicher behandelt.

Im folgenden Buche (39) giebt der Verf. einige
Hauptzüge von einer Klimatologie. Die *Teutschen* gaben
bereits seit mehr als dreifsig Jahren richtige Begriffe
über das, auf die organischen Körper wirkende, Klima.
Der Verf. hat nun aber bei den vielen heutigen Entdek-
kungen und neuen Erfahrungen eine eigene Lehre gebildet.   Er nimmt deshalb neun verschiedene Factoren
zur Bestimmung des physikalischen Klima's an. 1) Die
Wirkung der Sonne; 2) die innere Temperatur der Erde; 3) die Erhöhung des Bodens; 4) die Neigung des-

selben; 5) die Lage der Gebirge in Rücksicht der Haupt-
gegenden; 6) die Nähe oder Ferne des Meeres; 7) die
geologische Natur des Bodens; 8) den Grad der Cultur
und Bevölkerung eines Landes; 9) die herrschenden
Winde. Rec. vermißt hier einen Hauptfactor, den Grad
der Feuchtigkeit; denn er sieht doch nicht, wie sie unter einer der obigen 9 Ursachen directe mit verstanden
werden sollte. Der Verf. hat in diesem Buche viel Gutes über das Klima zusammengestellt; er hat auch die
Meinung der Alten, besonders die des *Hippokrates*, darüber beigebracht und gehörig gewürdigt; das Meiste
durch passende Beispiele erläutert, und auch den Einfluß deutlich gemacht, welchen die Cultur des Bodens
auf das Klima haben kann. Dies Buch hat dem Rec.
von vorzüglichem Werthe geschienen, wenn er gleich
hin und wieder anderer Meinung seyn möchte.

Das 40*ste* und 41*ste Buch* *) sind der Geologie, oder
den verschiedenen Systemen über die Veränderungen,
welche die Erdrinde erlitten hat, gewidmet. Zuerst die
Revolutionen selbst; die der neuern, zum Theil gegenwärtigen, Zeit, und die der vormaligen, wovon wir nur
die Wirkungen kennen. Feuer, Wasser, und der Mensch
selbst sind die Haupthebel bedeutender Veränderungen auf
der Oberfläche der Erde. Große Einstürzungen einzelner
Theile; dadurch zum Theil die unterirdischen, wieder
aufgefundenen Waldungen; Aushöhlungen durch Gewässer, Austrocknungen von Seen. Untersuchung über das
Abnehmen des Meeres. Veränderungen der Meere, Beispiele davon. Der Verf. glaubt zuletzt, das Meer sey
anjetzt in einem Zustande des Stillstehens, sein Spiegel
behalte jetzt dieselbe Höhe. Hierauf die Vulkane (le-
bende und todte), und ihre Wirkungen. Die Neptunisten würden dem Verf. die ehemaligen Vulkane bei *Göttingen* und mehreren Gegenden *Teutschland's* wohl nicht
so gutwillig zugestehen. Die Erdbeben, ihre Ursachen
und Wirkungen. Daß das Werk des *Vivenzio* nicht angeführt ist, wundert uns, da es wenigstens sehr detail-

---

*) Das 39ste Buch ist als doppelt angezeigt.

lirte Nachrichten, Plane und Charten über das große
Erdbeben von *Calabrien* enthält. Die Schlammvulkane.

Sodann folgt im 41*sten Buche* die eigentliche Geologie, nämlich die Systeme über die Bildung der Erde;
wahrscheinlich wird diese Lehre ins Unendliche wachsen, da fast jede neue Erfahrung ein neues System ge-
biert; die meisten sind indeß nur Modificationen unter
einander. Wasser und Feuer spielen begreiflich auch
hier stets die Hauptrollen, also schon seit Jahrtausen-
den Neptunisten und Vulkanisten, *Thales* und *Belus,*
Werner und *Faujas de St. Fond!* Daß der Verf. hier
die hauptsächlichsten der neueren Systeme anzeigt, bedarf wohl keiner besonderen Erwähnung, also hier:
Palissy, Burnet, Descartes, Leibnitz, Whiston, Wood-
ward, Tournefort, Scheuchzer, Mero, Raspe, Buffon,
De Luc, Saussure, Werner, Pallas, De la Métherie, Da-
lomieu, Franklin u. A. Endlich ein neuer Einfall, welchem zu Folge die Erde vormals einen Ring um sich
gehabt hätte, wie der Saturn. Saturn steht hier recht
gut zuletzt, er verschlingt sie dann alle; wahrscheinlich wird aber auch er einem ähnlichen Schicksal nicht
entgehen. Rec. ist gar nicht mit dem berühmten *Frisi,*
dem er übrigens als tiefen Mathematiker seine Hochach-
tung zollt, übereinstimmig, wenn dieser glaubte, wir
bedürften gar keiner neuen Thatsachen, wir könnten die
Welt bereits völlig mit den bekannten selbst erbauen;
jede neue Erfahrung überzeugt vielmehr Rec., daß der
treffliche *s'Gravesande* sehr Recht hatte, der, als ihm
ein reisender Zuhörer nach einer seiner Vorlesungen über
die Seele (in der Metaphysik) die größten Lobeserhe-
hungen machte, mit Bescheidenheit lächelnd antwortete:
Et metaphysica vanitas! Ließe sich dies nicht noch bestimmter auf die Geologie anwenden?

42*stes Buch.* Die Erde, als der Wohnplatz organi-
scher (belebter) Körper. Zwar hatte bereits *Bergmann*
in seiner, noch jetzt sehr schätzbaren, physikalischen
Erdbeschreibung den belebten Producten oder den Bewohnern der Erde, eine eigene Abtheilung gewidmet;

allein sie waren nur erst im eigentlich geognostischen
Sinne für die Erdkunde benutzt. Seit der *Zimmermann*-
schen zoologischen Geographie sind nur erst die vierfüs-
sigen Thiere als Klimatometer mit wirklichen Gränzlinien
dargestellt; in der teutschen Bearbeitung deutete der Verf.
bestimmt darauf, dies ebensowohl auf die übrigen Thiere,
als selbst auf die Pflanzen anzuwenden, und rief dazu die
Naturforscher auf. Es ist daher befremdend, daſs dieser
in dieser ersten, weit allgemeineren Idee, hier gar nicht
genannt wird, da doch eben dadurch gleichsam eine
neue Wissenschaft nochmals hervorgegangen ist.

Zuerst dann von dem Einfluſs der Temperatur auf
die Pflanzen, wovon bereits *Tournefort* merkwürdige
Beobachtungen und Beispiele angab. Man findet hier
viel Schätzbares sowohl aus den Alten, als den Neueren
zusammengetragen. Begreiflich ist in der eigentlichen
Pflanzengeographie unser *Alex. v. Humboldt* der Haupt-
führer. Bei der Angabe der Gränzen des Weinstocks
finden wir den groſsen Agronomen *Arthur Young* nicht
erwähnt, der doch auf wirkliche Erfahrung gegründete
Gränzlinien des Weins, wenn gleich nur für *Frankreich*,
und die neben gelegenen Länder angab.

Diese Materie wird im folgenden 43sten *Buche* fortgesetzt, hier nämlich die Wirkung des Klima's, und daher die Verbreitung der Thiere über die Erde. Zuerst
die Meerthiere, wobei es dann freilich aus mehr denn
einer Ursache schwer werden muſs, etwas Bestimmtes
anzugeben, besonders wegen unserer wenigen Kenntniſs
des Meeres selbst. Es ist indeſs manches Brauchbare
darüber zusammengesucht, sowohl aus älteren, als neueren und neuesten Schriftstellern. Bei den Meerfischen
und Thieren, welche man im Binnenlande findet, scheinen die Seehunde des Caspischen Meeres wohl nicht,
wie hier angenommen wird, eine eigene, dem Seeotter
sich nähernde Rasse zu seyn; alle Nachrichten, die wir
davon haben, bezeugen, daſs sie wahre Phoken seyen,
die Farbe etwa abgerechnet, die überhaupt bei diesem
Geschlechte sehr variirt; auch gewöhnt sich der See-

hund an das süße Wasser.   Einer unserer vorzüglichsten Zoologen, Hr. Prof. *Illiger*, wird bald eine schätzbare Arbeit über die Geographie der Säugthiere, und besonders der Vögel, liefern, wodurch dann auch dieser
luftigen, und daher schwerer festzuhaltenden, Thierart
bestimmtere Gränzen werden gesetzt werden.   Ueber die
Säugthiere selbst ist er zwar der *Zimmermann'schen* Geographie im Ganzen gefolgt, hat aber mit Grund verschiedenes über einzelne Thierarten dagegen bemerkt.   Auch
dürfen wir überzeugt seyn, daß Herr *von Zimmermann*
jetzt nach mehr als dreißigjährigem weiteren Vorrücken
unserer Kenntniß der Erde und ihrer Producte verschiedenes anders sieht, und es daher abgeändert liefern
würde.

Das 44ste *Buch* beschäftigt sich nun ganz mit dem
Menschen.   Nach einer beredten Einleitung, welche zugleich die Würde, die Trefflichkeit unserer Bildung, des
Menschen im Allgemeinen darstellt, wird hier die Ein-
heit der Menschengattung angezeigt, nebst den darunter
begriffenen Varietäten; für letztere ist besonders unserm
Blumenbach gefolgt.   Gewöhnlich wird die gesammte
Zahl aller Bewohner der Erde auf 1000 Millionen wahrscheinlich angenommen, und hiervon *Asien* 500 Millionen zugeschrieben.   Der Verfasser vermuthet aber hier
nur höchstens 340.   Die Menschenzahl der daran gränzenden Inselwelt, hier *océanique* genannt (da doch die
ganze Erde vom Ocean umflossen ist), welche nicht nur
Australien, sondern auch die *Philippinen*, und sogar die
Sunda-Inseln gerade wie *Plant's Polynesien* enthält,
wird auf 20 Millionen geschätzt.   Bei *Afrika* ist die Un-
gewißheit so groß, daß der Verf. nicht weiß, ob man
ihm 45 oder 90 Millionen zugestehen darf; nachmals
nimmt er indeß 70 Millionen an.   Ganz *America* setzt
er auf 40 Millionen.   Nähme man nun für *Europa*, wovon wir wenigstens besser unterrichtet sind, 170 Millionen an, so beliefe sich die gesammte Menschenzahl nur
etwa auf 650 Millionen.   Nun werden nach den besten Autoren Sterbe - und Geburtslisten, und hiernach
Mortalitätsberechnungen beigebracht; begreiflich können

sich diese kaum über *Europa* hinaus erstrecken. — Hier
auf kommen die Gründe für die Monogamie, nach dem
Verhältnisse beider Geschlechter.

Von der Betrachtung des blofs physischen Menschen
kommt der Verf. im 45*sten Buche* zu dem Menschen in
grofsen Gesellschaften, also zu dessen politischem Zustande. Hier zuerst die Sprachen, als das grofse Band
aller Societät. Ursprachen, Muttersprachen, Familien-
sprachen, sodann hiernach die Abtheilungen der verschiedenen Sprachen überhaupt; der Verf. glaubt nicht,
wie *Adelung*, dafs die erste Sprache einsylbig gewesen
sey. Es führte zu weit, dies hier zu untersuchen. —
Nach den Sprachen kommen die Religionen; auch hier,
wie bei der physikalischen Erdbeschreibung, scheint der
Verf. die Verdienste unseres trefflichen *Gatterer's* gar
nicht gekannt zu haben. — Die verschiedenen Verbin-
dungsarten der Menschen in grofsen Gesellschaften, also
auch die verschiedenen Regierungen. Unterabtheilungen innerhalb der Societäten selbst in Volksclassen. Die
Staaten nach unserer Statistik. Sollte das, was diesem
folgt, und hier der *moralische Zustand der Nation* genannt wird, z. B. Trachten, Nahrung, Wohnung, Handwerker und Handlung nicht schicklicher jenen vorangegangen seyn? Gehört ja doch das meiste selbst dem
Menschen, bevor er in grofse Gesellschaften zusammen-
tritt; dieser Zweifel trifft nicht minder die folgenden
Paragraphen, welche die Menschen in wilde und civili-
sirte abtheilen. Rec. hätte hiermit angefangen. Der
Verf. scheint das, was eigentlich die Geschichte des
Menschen, besonders in Rücksicht seiner Cultur, ausmacht, gleichsam als ein blofses Anhängsel hinzugefügt
zu haben, und giebt in dieser Hinsicht einige Aussich-
ten in die Zukunft für die neuesten, jetzt so wenig civi-
lisirten, Länder des grofsen Oceans.

Als Zusätze zu diesem Bande folgen zuletzt sehr
schätzbare Tabellen mehrerer Art. I. Tafel. Tabellarische Darstellung des Weltsystems. Gröfse, Umlaufszeit,
Umwälzung, Abflachung u. s. w. aller Planeten. —

II. Taf. Die Stundenklimate, nach halben Stunden. — III. u. IV. Abnahme der Längengrade, die Erde als Kugel angenommen, nach altem und neuem (Centesimal) Maas. — V. u. VI. Taf. Eben dies, die Erde als Sphäroid, die Abflachung zu $\frac{1}{333}$ angenommen. — VII. Taf. Vergleichung der verschiedenen Fuſs-Maase, nebst Reduction auf Decimalmaas. — VIII. Land- (Acker·) maase und Reduction auf franz. Hectaren. — IX. Taf. Meilenmaase, und Reduction auf das neue franz. Maas. — X. Taf. Maase der Alten; *a*) Wege·Maase; *b*) Ellen- und Fuſsmaase; *c*) Landmaase. — XI. Taf. Winde nach den Alten und Neueren.

Dieser summarischen Anzeige zu Folge, wird man gestehen, daſs bis jetzt kein geographisches Handbuch eine solche Menge nützlicher Dinge umfaſst, und daſs, wenn gleich Manches theils nicht an dem zu wünschenden Orte seyn möchte, oder auch bei der übermäſsigen Menge der Materien hin und wieder einige minder bedeutende Gegenstände dem Verf. entschlüpft wären (geringe Mängel, denen der Verf. leicht im Stande ist, bei einer neuen Ausgabe abzuhelfen), dennoch das Ganze ein sehr schätzbares Werk bleibt, dem man mit Recht eine groſse Verbreitung wünschen muſs.

3.

Herzoglich Meklenburg - Schwerinscher Staats - Kalender. 1812. *Schwerin, im Verlage der Hofbuchdruckerei.*

In den Staaten, welche nicht durch die groſse Umwandlung unserer Zeit eine völlig neue Organisation erhielten, sondern mit wenigen Abänderungen die alte Ver-

fassung noch in Wirksamkeit liefsen, erkennt jeder Statistiker die Schwierigkeit, ein treues Bild solcher Staaten in einer systematischen Beschreibung zu entwerfen;
denn Formen, Gesetze und Einrichtungen sind hier
nicht aus Systemen hervorgegangen, sondern ein Werk
des Herkommens, welches sehr nahe mit dem Zufalle
verwandt ist, und sich selten mit den Principien der
reinen Staatswissenschaft verträgt. In solchen Staaten
sehen die Staatskalender, aus denselben Gründen,
gewöhnlich eben so verwickelt, und die einzelnen Capitel in ihrer Anordnung eben so zufällig aus, als
es die Eintheilungen der Staatsmaschine selbst zu
seyn scheinen. Gelingt es aber hier dem Statistiker,
ein System zu erfinden, welches dem vorhandenen Be-
stande der Dinge anpafst, und gleichwohl eine deutliche
Uebersicht desselben möglich macht: so ist unstreitig
sein Verdienst um so gröfser. Dieses ist der Fall bei
dem *Mecklenburg-Schwerinschen Staatskalender*, dessen
Verfasser, Herr Regierungsrath *Rudloff*, ein treffliches
Muster für alle seine Collegen aufgestellt hat, die sich
mit ihm in gleichem Falle befinden. Obgleich er mit
vielen Formen und Eintheilungen zu kämpfen hatte, die
dem System widerstreben: so hat er dennoch ein stati-
stisches Gemälde aufgestellt, das nicht nur dem Eingebornen von grofsem Nutzen seyn muſs, sondern auch
dem Ausländer verständlich und interessant ist.

Da wir in unserer Zeitschrift zum ersten Male von
diesem Staatskalender Nachricht ertheilen, so glauben
wir, den Leser mit seiner Einrichtung zuerst bekannt
machen zu müssen.

Nach dem eigentlichen gewöhnlichen Kalender folgt
ein Witterungskalender vom 1. Oct. 1810 bis 30. Septbr.
1811, worin an jedem Tage die Witterung in der Kürze
angegeben wird. Eine Vergleichung mehrerer Jahrgän-
ge muſs dadurch für die physische Geographie des Landes interessant werden, besonders wenn künftig nicht
blofs im Allgemeinen Regen, Schnee, Reif, Wind, Kälte
und Wärme, sondern auch der Stand des Thermometers

und Barometers angezeigt, und überhaupt alle neueren
Hülfsmittel der vervollkommneten Meteorologie benutzt
werden.

Der Staatskalender zerfällt sodann in zwei Theile:
I. *Mecklenburg - Schwerinsches Staats - Personale*; und
II. *Staats - Notizen.*

Der *erste Theil* hat folgende Abschnitte: 1) Herzog-
liches Haus, *Schwerin* und *Strelitz*, mit einer Stammta-
fel des Herzoglichen Hauses. 2) Ministerium, Gesandt-
schaften und Agenten. 3) Hofstaat. 4) Regierung, Lehn-
kammer, Hauptarchiv. 5) Finanz - Etat. 6) Justiz - Etat.
7) Militär - Etat. 8) Geistlicher Etat, nebst Unterrichts-
anstalten. 9) Polizeianstalten. 10) Ritter und Landschaft,
und 11) Landes - Creditsystem.

Wir können nur einige allgemein interessante Angaben aus diesem ersten Theile anführen. Das geheime
Ministerium besteht aus drei Ministern, von denen der
Erbprinz die Geschäfte des Finanzministers übernommen
hat; sodann aus einem General, als Referent in Militär-
sachen, und aus einem Geheimen Regierungsrathe, als
Referent in Justiz und Lehnssachen. Gesandte hat der
Herzog nur in *Berlin* und *Frankfurt*; Agenten und Consuln aber zu *Antwerpen, Berlin, Bordeaux, Haag, Hamburg, Kopenhagen, Regensburg, Wetzlar* und *Wien.*
Von auswärtigen Mächten befindet sich nur ein Preußi-
scher Gesandte und ein Französischer Chargé d'affaires
am Herzoglichen Hofe. Fremde Consuln giebt es zu
Rostock und *Wismar* von *Dänemark, Frankreich, Rußs-
land* und *Schweden.*

Der Hofstaat besteht aus einem Oberkammerherrn,
einem Oberhofmarschall, Hofmarschall, Oberschenk,
64 Kammerherren, 7 Kammerjunkern und 6 Pagen.

Zum Finanz - Etat gehört unter andern eine *Schul-
dentilgungs - Commission*, zum Abtrag der Rentereischul-
den an Capital und Zinsen aus den dazu, vermöge einer

öffentlichen Ankündigung vom 8. Mai 1809, auf 30 Jahre
angewiesenen Fonds von jährlichen 150,000 Rthlrn. aus
der allgemeinen Landes-Recepturcasse, und von 85,000
Rthlrn. aus verschiedenen Dominial-Aemtern. Diese
Commission besteht aus einem Präsidenten (dem ersten
Staatsminister), zwei Herzoglichen und zwei von den
Landständen erwählten Commissarien.

Bei dem Justiz-Etat ist sowohl der Rechtsgang, als
der Wirkungskreis der verschiedenen Stellen in kurzen
Erklärungen angegeben, wie sich solches auch in dem
trefflichen *Schorch'schen Staatshandbuche* findet, worauf
wir, des Raumes wegen, verweisen müssen. Oberste
Justizbehörde ist das Hof- und Landgericht zu *Güstrow*.
Justizkanzleien sind zu *Schwerin* und *Rostock*. Die Regierung ist gleichfalls ein Justizcollegium und Appella-
tionsinstanz für mehrere untergeordnete Gerichte.

Der Militär-Etat giebt 1 General-Lieutenant (der
Erbprinz), 4 wirkliche General-Majors, und 5 Obersten an.

Aus dem geistlichen Etat ersehen wir, dafs es in
Mecklenburg eine Art Damen-Orden giebt, nämlich ein
Fräuleinstift, dessen Mitglieder ein, von der verstorbenen Herzogin *Louise Friedericke* 1763 verliehenes, Or-
denskreuz, *pour la vertu*, an einem blauen, mit weifs
eingefafstem Bande, mit einem silbernen Stern auf der
linken Brust, tragen.

Bei den Polizeianstalten müssen wir es als eine besondere Merkwürdigkeit anzeigen, dafs für die Land-
stände die *Steuer*-Commission zugleich *Polizei*-Commis-
sion ist. Seltsamer können wohl nicht leicht verschie-
denartige Administrationszweige in einer Stelle vereinigt
seyn. Eben so auffallend ist es, dafs die Lotteriedirec-
tion in *Mecklenburg* als eine Polizeianstalt angesehen
wird. Rec. glaubt, dafs eigentlich eine gute Polizei alle
Hasardspiele aufheben sollte.

Bei der Ritter - und Landschaft führen das Directo-
rium 8 adeliche Landräthe, 3 ebenfalls adeliche [Erb-
Landmarschälle, und ein Deputirter der Stadt *Rostock.*
— Der Adel spielt in *Mecklenburg* noch eine grofse
Rolle.

Der letzte Abschnitt dieses *ersten Theils* hat Bezug
auf den Wohlstand des Landes. Eine *Landes - Receptur-
Commission* und *Casse* erhebt und verwendet die durch
mehrere Edicte angewiesenen indirecten und aufserordentlichen Steuern zum Abtrag und zur einstweiligen
Verzinsung der, durch die Vereinbarung vom 21. April
1809 für gemeinschaftlich anerkannten Landesschulden
der Mecklenburg - Schwerinschen Domainen, Ritterschaft
und Städte. — Eine *Landes - Credit - Commission* hat seit
dem 1. Januar 1807 die Anschaffung und Bezahlung der,
durch den Krieg hervorgebracht werdenden Bedürfnisse
und Abgaben des ganzen Landes, mit Ausnahme der
Naturalverpflegung fremder Truppen, auf den gemeinschaftlichen Credit der *in solidum* dafür verhafteten Domainen, Ritterschaft und Städte beider Herzogthümer,
des Fürstenthums *Schwerin* und der Herrschaft *Wismar,*
zu besorgen. — Endlich besteht eine Verpflegungs - Direction für die französischen Truppen auf gleichmäfsige
Kosten des ganzen Landes.

Der *zweite Theil,* (dem eine Genealogie der Europäischen Regenten vorangeht, die vielleicht schicklicher
an einem anderen Orte eine Stelle gefunden hätte,) enthält: I. Topographie. II. Kirchliche Topographie.
III. Postrouten. IV. Commerzial - Strafsen. V. Literatur
vom Decbr. 1810 bis 1811, und VI. Topographisches
Register.

Dieser Theil ist überaus reich an topographisch - statistischen Notizen, und eben so sehr ein Beweis von der
ausführlichen Länderkenntnifs und dem Fleifse des Hrn.
Verfassers, als von den Schwierigkeiten, mit welchen er
zu kämpfen hatte. Gleich Anfangs fanden sich letztere
in der Topographie, wo es um eine zweckmäfsige Ein-

theilung des Landes zu thun war. Die vormalige Eintheilung in die Herzogthümer *Schwerin* und *Güstrow* und
Fürstenthum Schwerin hatte seit Auflösung der teutschen
Reichsverfassung, seitdem folglich weder Comitialstim-
men abzugeben, noch Reichscontingente, Kammerzieler
u. s. w. aufzubringen sind, keinen praktischen Nutzen.
Aber eine andere geographische und politische Eintheilung war noch nicht beliebt worden. Indessen ist eine
militärische Vertheilung des Landes in sechs zusammen-
hängende Recrutirungsdistricte von fast gleichem Umfange mit gutem Beispiel vorangegangen. An diese hat
sich der Verf. zunächst gehalten. Es machte jedoch der
Umstand, daſs nach der ständischen Verfassung das Land
nicht geographisch in Provinzen, sondern politisch in
drei Corporationen: a) *Domainen*; b) *Privatgüter*, und
c) *Städte*, abgetheilt ist, eine durchaus consequente Beschreibung nach den Militärdistricten unmöglich, indem
die Domainen und Rittergüter andere Gränzen bilden,
als die neue Eintheilung; ja, auch die kirchliche Vertheilung in Präposituren und Superintendenturen nicht
immer gleichen Schritt damit hält. Endlich machen die
verschiedenen Justizstellen, in Absicht auf ihre Bezirke,
neue Irrungen in der neuen Eintheilung.

Es würde uns hier zu weit führen, wenn wir alle
Schwierigkeiten, die durch die complicirte Verfassung
herbeigeführt werden, und Risse in ein topographisches
System machen, anführen wollten. Sie werden sich jedem unbefangenen Leser des Staatskalenders von selbst
darbieten, und beiläufig auf den Gedanken leiten, daſs
der Geist der Zeit bereits zu mächtig geworden, und zu
deutlich die Vortheile seiner einfachen Formen darge-
legt hat, als daſs das Alte sich noch lange erhalten könne, ohne seine Anhänger groſsen Gefahren auszusetzen.
So wenig der vorsichtige Hr. Verf. auf die Nothwendigkeit dieser Einsicht, und die noch gröſsere einer daraus
hervorgehenden Reform ausdrücklich hingedeutet hat,
so hat er doch, als treuer Maler, nicht verstecken können, daſs die Zeit Runzeln und abgestorbene Züge in der
Physiognomie seines Urbildes erzeugt hat. Wir wollen

jedoch nicht besonders darauf aufmerksam machen; sondern begnügen uns, einige statistische Angaben anzuführen, nachdem wir darauf hingedeutet haben, dafs
dieser musterhafte Staatskalender mehr enthält, als ein
trocknes Namenverzeichnifs oder eine blofs mühsame
Aufzählung von Dingen, an deren Zusammenstellung der
Geist keinen Antheil nahm.

Der *Warnow District*, (an beiden Ufern der *Warnow*, längs der Ostsee bis an die Reknitz), enthält, mit
Ausschlufs der incamerirten ritterschaftlichen Güter, auf
32,946,179 Qu. Ruthen, 175 ganze Domainen. Die Zahl
der Hauptgüter der Ritterschaft ist 102.

Der *Ostsee - District* (von der Mündung der Trave,
längs der Ostsee, bis zur Gränze des Warnow - Districts)
enthält, mit gleichem Ausschlufs, auf 32,343,799 Qu. Ruthen, 215 Domainen. — Rittergüter 204.

Der *Elb - District* (zwischen der Elbe und der Roer,
mit Inbegriff des Schweriner Sees) enthält, mit gleichem
Ausschlufs, auf 55,383,394 Qu. Ruthen, 162 Domainen.
— Rittergüter 102.

Der *Elden - District* (von der Elbe, längs der Elde
bis an den Plauer See) enthält, mit gleichem Ausschlufs,
auf 62,327,928 Qu. Ruthen, 172 Domainen. — Rittergüter 50.

Der *Recknitz - District* (von der Warnow, an beiden
Ufern der Recknitz bis an die Peene) enthält, mit gleichem Ausschlufs, auf 25,178,564 Qu. Ruthen, 114 Domainen. — Rittergüter 193.

Der *Müritz - District* (von der Elde bis an die Peene,
an beiden Seiten der Müritz) enthält, mit gleichem Ausschlufs, auf 14,824,793 Qu. Ruthen 46 Domainen. — Rittergüter 159.

Das ganze Herzogthum hat also 884 ganze Domainen, welche 223,004,657 Qu. Ruthen betragen. Sie werden in einer Tabelle zu 3,384 Hufen angegeben. — Die Summe der Rittergüter ist 1,043 *), welche in einer Tabelle zu 3,362 katastrirte Hufen angegeben werden; hierzu kommen noch 330 katastrirte Hufen der übrigen Landbegüterten, wozu Klosterämter u. s. w. gehören. Da diese katastrirte Hufenzahl nicht auf Messungen, sondern auf dem zum Theil willkürlichen Steueranschlag beruht: so läfst sich daraus kein Schlufs auf ihren Flächeninhalt machen, welcher auch in dem Staatskalender nirgends zu finden ist. — Die Städte, als dritte Corporation des Herzogthums, haben 28,572½ Morgen Acker, welche in den Katastern mit 95,733 Thaler Steuerertrag angesetzt sind.

Aus diesen Angaben läfst sich kein sicheres Resultat ziehen. Klarer ist die Tabelle der Bevölkerung. Aus derselben ergiebt sich, dafs das Herzogthum *Mecklenburg-Schwerin* bei der Zählung im November 1811: 220,664 Erwachsene, und 74,474 schulfähige Kinder über 5 Jahre, folglich in Summa 295,138 Einwohner zählte, worunter 2,123 Juden. Geboren waren im J. 1811: 7,482 Knaben, 7,040 Mädchen, in Summa 14,422 Kinder, worunter 15 Drillinge, 235 Zwillinge, 1,203 uneheliche Kinder, 674 todtgeborne oder vor der Taufe gestorbne. Gestorben waren 6,027 männlichen, 5,729 weiblichen Geschlechts, in Summa 11,756, darunter an Blattern 18, an anderen Epidemien 2,604, im Kindbette 133, durch Unglücksfälle 208; Kinder unter 14 Jahren 5,172; siebenzigjährige und darüber 1,498. Copulirt wurden 3265 Paar, darunter: 620 Wittwer, und 385 Wittwen. Geschieden wurden 28 Paar.

*) Wir haben die einzeln bei den Aemtern angegebene Zahl der Domainen und Rittergüter gewissenhaft addirt, aber ein von der Angabe des Verf. verschiedenes Resultat erhalten; denn am Ende S. 212 giebt er die Zahl der Domainen zu 730, und der Rittergüter zu 966. Wir wünschen, wenn anders der Hr. Verf. auf diese Recension Rücksicht nehmen sollte, den Grund dieser Verschiedenheit zu erfahren.

Der Tabelle, aus welcher wir nur die Resultate ausgehoben haben, folgen interessante Beobachtungen, von
denen wir nur einige anführen können. Gegen 25½ Menschen wurde ein Todter gezählt, dafür kam auch fast
schon auf 20½ eine Geburt, und genau auf 90⅔ ein Ehe-
paar. Täglich starben im Durchschnitt etwas über 32½
Menschen. Dafür kamen auf jeden Tag beinahe 39⅔ Kinder zur Welt. Unter den durch Unglücksfälle verstorbenen waren 67 ertrunkene, 8 Kinder von siedendem
Wasser verbrühet, 7 von Pferden erschlagene, und 11
Selbstmörder. — Unter den Getrauten befand sich das
Verhältnifs der Jungfern gegen Junggesellen wie 14 : 13.

Aus dem Abschnitt für Literatur, vom Hrn. Univer-
sitäts-Bibliothecar Dr. *Koppe* in Rostock verfafst, bemerken wir nur, was für den Zweck der *A. G. E.* Interesse haben kann. Im Gebiet der Statistik war aufser dem
Staatskalender und dem Etat der Stadt *Rostock* nichts
erschienen. Hr. Dr. *Ditmars* hat eine Sammlung neuer
Mecklenb. Schwerin. Gesetze herausgegeben, und Herr
v. Kamptz ein Handbuch des Mecklenburgischen Civil-
processes. *Vogel's* neue Annalen des Seebades zu *Dob-
beran*; *v. Blücher* über die Erleichterung der Geldzah-
lungen, aus Veranlassung der gegenwärtigen Geldverle-
genheiten *Mecklenburg's*; *Mecklenburg's* Regeneration;
Wredow's Flora Mecklenburg's, und *Chr. Gottl. Thube*
(Prediger zu Baumgarten) über die nächstkommenden
vierzig Jahre, Rostock bei Stiller, dürften zur näheren Kenntnifs *Mecklenburg's* nicht unwichtige Beiträge
liefern.

Die *Mecklenburg-Schwerin'schen* Annalen, die den
Staatskalender beschliefsen, sind eine sehr angenehme
Zugabe; sie enthalten, aufser merkwürdigen Begebenhei-
ten, auch in der Kürze die Gesetze, welche im Laufe des
Jahres proclamirt worden sind. Wir bemerken hier auch
Verordnungen und Aufforderungen zur Beförderung der
Religiösität oder zum Besuch der Kirchen, welches in
unsern frivolen Zeiten sehr heilsam seyn mufs, beson-

ders wenn die Prediger sich's angelegen seyn lassen, ihren Zuhörern keine Langeweile zu machen.

Auch diese wenigen Notizen, die wir herausheben konnten, werden unsern oben aufgestellten Satz beweisen: dafs der *Mecklenburg - Schwerinsche Staatskalender* als ein Muster allen empfohlen werden kann, welche es möglich zu machen wünschen, solche Werke zum Unterricht über Verfassung, Einrichtung und Kräfte des Staates zweckmäfsig abzufassen.

· 4·

Taschenbuch der Reisen, *oder unterhaltende Darstellung der Entdeckungen des achtzehnten Jahrhunderts*, *in Rücksicht der Länder-*, *Menschen- und Productenkunde*. *Für jede Klasse von Lesern*, *von E. A. W. von Zimmermann*. *Eilfter Jahrgang*. *Zweite Abtheilung für das Jahr* 1813. *Mit* 9 *Kupfern*. *Leipzig*, *bei Gerhard Fleischer dem Jüngern*.

Dieser Band des beliebten Taschenbuchs enthält die Beschreibung von *Hindostan*, oder der Halbinsel diesseits des *Ganges*; doch hat der rühmlich bekannte Herr Verf. sein geographisches Gemälde jenes merkwürdigen Landes hier nicht vollendet, sondern wird demselben noch eine Abtheilung des folgenden Jahrganges widmen. „Ueber ein so wichtig ausgesteuertes Land,“ sagt Hr. v. Z. in der Vorrede, „schnell hinwegzueilen, wäre höchst „unbillig, ja es wäre kaum möglich, sobald man sich

„nicht einer oberflächlichen, des grofsen Gegenstandes
„gänzlich unwürdigen Darstellung schuldig machen
„wollte. — Dies sagte mir bereits mein Vorgefühl, ehe
„ich an die Darstellung von *Hindostan* Hand anlegte
„u. s. w." Daher entschlofs sich Hr. v. Z., zwei Bänd-
chen mit der Beschreibung von *Hindostan* zu füllen;
das erste, welches hier geliefert wird, soll das Land
und dessen Erzeugnisse, das zweite die Bewohner, deren
verschiedene Volksstämme, Bildung, Sitten, Gewohnheiten und Religion schildern.

Man mufs gestehen, dafs den berühmten Hrn. Verf.
sein Vorgefühl sehr richtig geleitet hat.   Ein Land von
beiläufig 70,000 geograph. Quadratmeilen, im schönsten
Erdstriche gelegen, mit den herrlichsten Gaben der Natur
gesegnet, von merkwürdigen Völkern bewohnt, und
wahrscheinlich der älteste Wohnsitz der geistigen Cultur, — ein solches Land in einem Duodezbändchen von
17 bis 18 Bögen beschreiben zu wollen, und zwar auf
eine Art, die für *jede Classe* von Lesern gerecht wäre,
würde kaum möglich seyn.   Aber es ist zu besorgen,
dafs auch die doppelte Zahl der Bögen nicht hinreichen
werde, wenn nicht der reichhaltige Gegenstand von einem,
mit demselben innigst vertrauten, Geiste aus einem einfachen Gesichtspuncte aufgefafst, und mit aussparender
Kunst, die nur auf die Haupttheile Licht wirft, dargestellt wird.   Dies läfst sich allerdings von einem gelehrten, in der Länder- und Völkerkunde vielfach be-
wanderten, Manne, und von einem geübten, kunster-
fahrnen Schriftsteller erwarten.

Um so auffallender ist es, wenn Hr. v. Z. hier von
seinem Vorgefühle spricht, als hätte er nicht, ehe er
noch Hand ans Werk legte, gewufst, was und wieviel er
sagen wollte, sondern erst bei der Bearbeitung sich von
dem Gegenstande hinreifsen lassen.

Diese Auslegung der obigen Aeufserung wird man
nicht unwahrscheinlich finden, wenn man diese erste
Abtheilung mit Aufmerksamkeit, oder auch nur flüchtig

durchlieset. Nur zu oft nämlich bemerkt man eine
mehr zufällige, als planmäfsige Aneinanderreihung der
Gegenstände, und bei der lyrischen Unordnung wird die
Uobersicht des Ganzen, worauf doch in diesem ersten
Theile am meisten ankommt, aufserordentlich erschwert.
In der Beschreibung der Gewässer von *Hindostan* kommt
der Hr. Verf. auf das *Delta*, am Ausflusse des *Indus*,
und erzählt S. 59, dafs die Bewohner dieses Landes ,,Salep
mit Zuckercandi essen, ihre Götzen anräuchern, lackirte
Arbeit liefern, und dafs *Hamilton* hier Süfsholz (*Radix
dulcis, Glycyrrhiza echinata L.*) fand." Es ist zu besor-
gen, dafs einige Classen von Lesern, die eine allgemeine
Uebersicht der Flüsse *Hindostan's* erwarteten, durch den
Zuckercandel und die lackirte Arbeit in etwas von der
Aufmerksamkeit auf den Hauptgegenstand abgeleitet werden dürften.

Nicht weniger wird man Mühe haben, den planmäs-
sigen Zusammenhang einzusehen, wenn man bemerkt,
dafs zwischen der Angabe der Flüsse und der Aufzählung
der Naturerzeugnisse eine topographische Beschreibung
von *Caschemire* eingeschoben ist. In dieser letzteren
findet man freilich Dinge, die überraschen können, weil
man sie dort nicht sucht; indessen dürften auch sie die
Uebersicht erschweren. So begreift man z. B. nicht,
warum S. 82 der Hr. Verf. die Eroberung der Felsen-
feste *Gwallior* durch die Engländer nur *sonderbar* nennt,
da er doch selbst berichtet, dafs diese edlen Britten
durch die Allianz mit einem Raubgesindel sich derselben bemächtigten; und warum er gleich darauf den
Alexander von *Macedonien* des Meuchelmordes beschul-
diget, weil er die unruhigen *Assacenier* niederhauen liefs.
Wie kommen diese Dinge in eine allgemeine Beschreibung von *Hindostan*, wo man Raum sparen, und
nichts Unnützes sagen will? Und wie kann man gegen
einen Helden, wie *Alexander*, so ergrimmt seyn, dafs
man ihm bei jeder Gelegenheit, oder auch ohne dieselbe,
etwas anhängt, da doch die oberflächlichste Bekannt-
schaft mit der Geschichte und Völkerkunde schon lehrt,
dafs jeder, der grofse Dinge vollbracht hat, eine Gröfse

zu sich tragen muß, die man durch unhöfliche Beiworte
noch nicht zu Schanden macht, kämen sie auch aus Indien, wie z. B. *Mhaahac Dukkoyt é Koomah!* Beiläufig
muß Rec. bemerken, daß diese Samscrit-Phrase im Ta-
schenbuche nicht ganz richtig übersetzt ist. *Dukkoyt*
oder wie man eigentlich schreiben sollte: *Duoukhoiht*, bezieht sich nicht auf einen Raub von gewöhnlichen Dingen, sondern auf Besonnenheit und andere geistige Eigenschaften, um welche Arme durch Reiche gebracht
werden. Daher jener indische Ausspruch eine besondere
Feinheit enthält, welche in der Verteutschung gänzlich
vermißt wird.

Es würde leicht werden, außer diesen Beispielen
von Planlosigkeit und zufälligen Abschweifungen, noch
mehrere anzuführen. Wir wollen hier aber nur ein Paar
Stellen bemerken, welche beweisen, daß der Hr. Verf.
nicht immer die interessantesten Gegenstände in der Beschreibung auswählt, sondern seinen beschränkten Raum
bisweilen mit gleichgültigen Dingen ausfüllt. Was soll man
z. B. S. 253 dabei Merkwürdiges von *Indien* lernen, daß
in *Colombo* der Oberarzt eine eigene Wohnung habe? —
Kann es uns ferner einen Begriff von dem paradiesischen
Caschemire geben, daß dort ein See in der Nähe der
Hauptstadt liegt, der anderthalb teutsche Meilen im Umfange hat; daß an demselben zwei Gärten, welche der
Regierung gehören, von nicht geringer Schönheit, liegen; daß „der Kaiser, man glaubt *Shah Jehan*, hier ei-
„nen weitläuftigen Garten anlegte," und dergleichen?
Wie soll man aus dieser Beschreibung abnehmen, daß
hier ein *bezauberndes Thal* zu finden sey? Und wie kann
dieser kleine See es „wahrscheinlich machen, daß das
„ganze Land ehedem ein einziger See war?"

Offenbar ist dieser Theil des Taschenbuches überaus
flüchtig gearbeitet, und die Gegenstände sind mehr nach
Zufall und Laune, als nach Plan und Ordnung an einander gereihet worden. Selbst der Styl ist entweder gesucht oder zuweilen nachlässig. Z. B. S. 9 heißt es:
„Seit undenklichen Zeiten bot ein reicher Boden, hier

„weder von starken Erdbeben, noch grofsen Meeres-Ein-
„brüchen gestört, seinen, durch das trefflichste Klima
„zur höchsten Vollkommenheit ausgebildeten, Reich-
„thum der Pflanzen- und Thierwelt dem Menschen dar.
„Und wann letzterer, mit dem Ganzen im Einklang, in
„eben so ruhiger Thätigkeit ununterbrochen die, ihm vor
„Augen gelegten Schätze zu benutzen verstand, dann be-
„greift man noch bestimmter, wie bereits im grauesten
„Alterthume hier der Sitz der Cultur und der Humani-
„tät zu Hause gehören mufste." Man mufs fragen, woher der Hr. Verf. weifs, was seit *undenklichen* Zeiten geschah? In den Zeiten, von denen wir Kunde haben, sind
allerdings Erdbeben in *Hindostan* bemerkt worden, und
Hr. *v. Z.* selbst schreibt die Trennung der Insel *Ceylan*
vom festen Lande den Einbrüchen des Meeres zu. Auch
ist es nicht wahr, dafs „*Indien* keine deutlichen Spuren
„von Vulkanen aufzuweisen hav." In *Cachemir* ist der
Bermodeh ein noch rauchender Vulkan, und in den östlichen Gegenden des ehemaligen Reichs des grofsen Mo-
guls giebt es mehrere ausgebrannte Vulkane. *) Was
hat aber der Mangel an Vulkanen mit der ruhigen Thätigkeit oder gar mit der Cultur gemein? Und wie kann
man begreifen, dafs hier der älteste Sitz der Cultur
seyn müsse, wann oder wenn die Leute sich darauf verstanden, den Boden zu benutzen? — S. 13 wird erzählt,
dafs „unser Hahn und Henne in *Hindostan* im Stande
der Natur leben." Thun sie das bei uns nicht auch?
— In vielen Stellen nennt Hr. *v. Z.* *Hindostan* *ein gros-*
ses Dreieck, das aber eigentlich ein *grofses Viereck* sey.
Rec. gesteht, dafs er sich bei dieser mathematischen
Merkwürdigkeit nichts denken könne. Von einem Berg-
volke in den *Ghauts*-Gebirgen heifst es S. 39: Sie wären nicht ohne Cultur, weil sie Pfeffer bauen. Solche
cultivirte Völker lassen sich überall finden. Man könnte
mit eben dem Rechte sagen, die Hottentotten sind nicht
ohne Cultur, weil sie das Wild zu erlegen verstehen. —
Zum Schlufs wollen wir noch eine sonderbare Stelle anführen; S. 5 heifst es: „Wiederum zeigt sich die Tiefe

---

*) M. s. A. G. E. Bd. XXXVIII. S. 153.

und Fülle des Geistes in den alten Schriften, die nur
den Braminen verständlich sind;" wie kann man denn
diese Tiefe und Fülle kennen, wenn man nicht etwa
selbst ein heimlicher Bramine ist?

Rec. ist weit entfernt, durch diese Bemerkungen den
Ruhm des Hrn. Verf. schmälern zu wollen; er würde
sie gänzlich unterdrückt haben, wenn er nicht wahr-
genommen hätte, dafs auch die guten Schriftsteller durch
das, jetzt in allen teutschen Zeitschriften so allgemein
beliebte, schale Lob verführt, am Ende die Rechte des
Publicums für nichts achten, und sich jede Nachlässigkeit erlauben.

Eine Schrift, wie das beliebte Taschenbuch des Hrn.
v. Z., die nicht neue Entdeckungen, sondern dem Gelehrten bekannte Thatsachen zu beschreiben bestimmt
ist, und allerlei Leser auf eine nützliche Art unterhalten soll, kann nur durch die Anordnung und Darstellung des Bekannten auf originellen Werth Anspruch machen. Sie soll, was sie darstellt, in Klarheit zeigen, den
unbefangenen Verstand ansprechen, von allen vorgefafs-
ten Meinungen und Vorurtheilen sich rein halten, und
indem sie den Blick des Lesers über die Länder der Erde hinleitet, seine Phantasie mit grofsen Bildern füllen,
und sein Urtheil schärfen. Erfüllt sie diesen Zweck
nicht, so reihet sie sich an das Heer oberflächlicher
Pamphlete, womit wir seit einigen Jahren überschwemmt
werden. Die schlechten Schriftsteller darüber belehren
zu wollen, wäre eine vergebliche Arbeit: den guten
aber kann man seine Achtung nicht deutlicher beweisen,
als wenn man von ihnen das Bessere erwartet. Je seltener in dem geographischen Fache bisher die guten
Schriftsteller angetroffen wurden, desto höher mufs sie
das Publicum achten, d. h. desto weniger mufs man es
begreiflich finden, wenn sie sich — Nachlässigkeiten erlauben.

CHARTEN — RECENSIONEN.

I.

*Charte von Polen, entworfen von F. L.
Güssefeld, und nach den Friedensschlüssen zu Tilsit am 9. Jul. 1807 und
zu Schönbrunn am 14. October 1809 abgetheilt, vermehrt und berichtigt im
September 1812. Weimar, im Verlage des
Geographischen Instituts, 1812.*

Als der um die darstellende Geographie so rühmlich verdiente Verf. diese Charte zuerst entwarf, fehlten
ihm manche gute Quellen und Hülfsmittel, die erst
nach dieser Zeit erschienen, und sich durchaus auf wirkliche trigonometrische Vermessungen gründeten. So die
unter Leitung des Hrn. Ministers *v. Schrötter* veranstal-
tete Charte von *Alt - Ost - Preußen, Litthauen* und *West-
Preußen* in 25 Blättern, die von Hrn. *v. Textor* aufge-
nommene Charte von *Neu - Ost - Preußen* in 15 Blättern,
die vom Hrn. Geh. Oberbaurath *Gilly*, unter Mitwirkung
des Directors *Langner* herausgegebene, Charte von *Süd-*

Preufsen in 13 Bl., des letzteren *Partage de Pologne* in 4 Blatt, die bei dem Russ. Kais. Chartendépôt herausgegebene Charte des *Russischen Reichs* (bis jetzt 106 Bl.), *Liesganig's* Ch. von *Ostgalizien* in 40 Bl., *A. Meyer von Heldensfeld's* Ch. von *Westgalizien* in 12 Bl., D. F. *Sotzmann's* und Fr. *v. Hopfgarten's* Atlas des *Posener* Kammerdepartements in 18 Bl., *Engelhardt's* Ch. vom Herzogthum *Warschau* in 4 Bl., und andere, welche für die geographische Darstellung *Polen's* fast nichts mehr zu wünschen übrig lassen.

Durch Benutzung mehrerer dieser Hülfsmittel ist nun diese, zu ihrer Zeit sehr gute *Güssefeld*'sche Charte *ergänzt* und *berichtigt*, auch eine beträchtliche Anzahl von Orten mit möglichster Genauigkeit nachgetragen worden, wie jeder, der eine ältere Ausgabe mit dieser neuen vergleichen will, auf den ersten Blick wahrnehmen wird. Durch verschiedene Illumination werden die Gränzen des Herzogthums *Warschau*, des *Danziger* Bezirks, *Westpreufsen's*, *Galizien's* und des bisherigen Russischen Gebietes in *Polen*, genau unterschieden. Alles, was illuminirt ist, gehörte zu dem ehemaligen *Polen* mit *Litthauen*, *Kurland* und *Semgallen*.

Es ist diese Charte, wenn sich gleich der gegenwärtige Krieg jetzt aus den Gegenden, welche sie darstellt, gröfstentheils entfernt hat, jedem Freunde der Geographie und der Zeitgeschichte in ihrer, dermalen sehr berichtigten, Gestalt zu empfehlen; zumal da sie die eingetretene politische Wiederherstellung des Königreichs *Polen* für den Bedarf der Zeitungsleser und Geographiefreunde so wichtig als bequem macht.

2.

Charte vom Königreich Polen nebst den angränzenden Ländern. Nach Büsching und anderen Hülfsmitteln gezeichnet von G. F. Uz, Ing. Lieutn. Nürnberg, im Verlage der Adam Gottlieb Schneider - und Weigelschen Kunst- und Landchartenhandlung. Neu verbessert im J. 1812.

Diese, theils in lateinischer, theils in polnischer, theils in teutscher Sprache abgefaßte, Charte ist schon seit mehreren Jahren erschienen und bekannt, und es unterscheidet sich diese neue Ausgabe von der früheren derselben bloß durch die dermalen statt findende Begränzung der verschiedenen Theile *Polen's*, mit den zugehörigen Ländern, in Rücksicht auf ihre Beherrscher, und die veränderte Jahreszahl. Sie besteht aus 4 Blättern, die zusammengestoßen $31\frac{2}{3}$ Par. Zoll hoch und $37\frac{5}{8}$ Par. Z. breit sind. Der Maasstab ist $3\frac{1}{16}$ Par. Zoll für 15 geographische Meilen.

3.

Postcharte des Königreichs Sachsen und der angränzenden Länder. Nach astronomischen Ortsbestimmungen und sicheren Hülfsquellen entworfen von F. L. Güssefeld. Zweite Ausgabe, berichtigt im Ju-

nio 1812. *Weimar, zu finden in Commission beim geographischen Institute. Mit Königl. Sächs. Privilegio. C. Keyl, sc. Dresd.*

Diese zweite *Ausgabe* ist keineswegs ein Auf- oder Nachstich der vorigen, sondern hat wesentliche Berichtigungen, welche die Abänderung mehrerer Poststrafsen sowohl im Königreiche *Sachsen*, als in dem angränzenden Königreiche *Westphalen* nöthig machte, erhalten. So geht jetzt die Poststrafse von *Leipzig* auf *Magdeburg* nicht mehr über *Landsberg*, sondern über *Delitsch*, die Poststrafse von *Leipzig* auf *Weimar* und *Erfurt* nicht mehr über *Auerstädt*, sondern über *Eckardsberge* u. s. f. und kann als die genaueste und richtigste Postcharte des Königreichs *Sachsen*, die dermalen in diesem Formate vorhanden ist, betrachtet werden. Inzwischen ist sie nicht allein als Postcharte brauchbar, sondern auch als möglichst vollständige Generalcharte des Königreichs *Sachsen* und der angränzenden Länder, wie unten näher gezeigt werden wird. Dafs der, um die darstellende Geographie so rühmlich verdiente, Verf. die möglichste Genauigkeit und die richtigsten Hülfsmittel bei ihrer Entwerfung und Ausarbeitung angewendet habe, zeigt jedem Kenner eine genaue Prüfung derselben.

Sie ist im inneren Rande 24½ Par. Z. hoch, und 34½ dergl. breit. Eine geographische Meile mifst ⅔ Par. Z. und sie geht von 50° 5′ bis 52° 30′ N. Br. auf dem mittleren Meridian, und von 27° 33′ bis 33° 50′ O. L. auf dem mittleren Parallelkreise. Die nördlichsten Orte, welche diese Charte begreift, sind: *Gifhorn, Buchholz, Berlin, Göritz*; die östlichsten: *Grünberg, Naumburg, Greifenberg*; die südlichsten: *Prag, Eger, Gefrees, Culmbach, Hafsfurth*, und die westlichsten: *Bischofsheim, Vach, Witzenhausen, Göttingen, Hildesheim*.

Da Männer, die bei dem Königl. Sächs. Postwesen die ersten Stellen einnehmen, dem geograph. Institute,

welches diese Postcharte in Commission hat, alle Veränderungen, die mit den Poststrafsen vorgehen, mittheilen, so kann man erwarten, und wird sich auch nicht
getäuscht finden, dafs diese Charte die möglichste Genauigkeit und Brauchbarkeit sowohl für den Reisenden,
als den Geschäftsmann, in sich vereine. Ebenso sind die
Poststrafsen in dem beträchtlichen Theile des Königr.
Westphalen, welcher auf dieser Charte vorkommt, nach
einer authentischen Zeichnung derselben aufgenommen.

Die reitenden Posten sind durch eine, die fahrenden
durch zwei, und die zugleich fahrenden und reitenden
durch drei Linien bezeichnet. Die Entfernung einer
Poststation von der andern ist durch die beigesetzte Zahl
der Meilen angegeben. Die Königl. Sächs. Aemter sind
mit *A*, die Kreisämter mit *KA*, die Poststationen mit *P*,
die Postexpeditionen, wo man aber keine Extrapost erhält, mit *E*, und das Leipziger Oberpostamt mit *ÔPA*
bezeichnet.

Aber nicht nur als Postcharte, sondern auch als
höchst vollständige Generalcharte, sowohl in Bezug der
Abtheilungen, als der Orte des Kön. *Sachsen*, ist solche
zu empfehlen. Durch die sorgfältigste Illumination sind
die 7 Kreise, das Fürstenthum *Querfurt*, die Stifter
Merseburg, *Naumburg* und *Wurzen*, die 6 Kreise der *Nie-
der-*, und die 4 der *Oberlausitz*, so wie die Gräfl. *Schön-
burgischen* und Fürstl. und Gräfl. *Stollbergischen* Besitzungen unterschieden, auch alle, in andere Bezirke enclavirte, Stücke durch beigesetzte Schrift und gleiche
Illumination zu dem Kreise oder der Abtheilung gezogen, zu der sie gehören, wie z. B. das in die *Nieder-
lausitz* enclavirte Amt *Finsterwalde*.

Uebrigens wird man schwerlich auch das kleinste
Dorf vermissen. Kirchdörfer und Filiale sind besonders
bezeichnet. Auch sind für den Reisenden bei den, durch
Schlachten merkwürdigen Orten, wie bei *Breitenfeld*,
Lützen, *Kesselsdorf*, *Torgau*, *Jena*, *Hassenhausen* u. s. f.
die Jahreszahlen, wann sie vorfielen, bemerkt.

Aufser dem Königreiche *Sachsen* begreift diese Charte
auch sämmtliche Herzoglich Sächsische, Herzoglich An-
haltische und Fürstl. Reufsische Lande.

4.

PINETTI's, G. A. F., Topographische Carte
des Königreichs Italien, mit angränzen-
den Ländern. Nach vortrefflichen Originalen
gezeichnet. Wien, Artaria u. Comp. 9 Blatt.

Die zusammengestofsene Charte ist 3 Par. Fufs 7½ Z.
hoch und 5 Fufs 5½ Z. breit. 5 geogr. Meilen sind 4½ P.
Z. grofs, so dafs auf 1 geogr. M. fast 1 Par. Z. (0,95 desselben) kommen. Sie umfafst die Gegend zwischen 25°
55' und 31° 30' westl. Länge auf der mittleren Parallele,
und zwischen 43° 44' und 46° 48' nördl. Breite. Da der
Maasstab ein grofses Detail erlaubte, so ist dies auch
von dem Zeichner fleifsig benutzt worden, ohne die
Charte zu überladen. Auf Sect. 9 findet sich der west-
lichste Theil des Königreichs *Italien.* Zu leichterer
Uebersicht des Ganzen wäre derselbe besser auf einem
kleinen Blatte für sich gestochen.

Folgende Vergleichung der Längen und Breiten, unter denen unten stehende Orte auf der Charte niedergelegt worden, und der Angabe derselben aus anderen guten Quellen, wird hier nicht unzweckmäfsig seyn.

Orte.	Auf der Charte.		nach and. Bestimm.		Quellen.
	Oestl. L.	N. Br.	Oestl. L.	N. Br.	
Aquileja	31 4 40	45 49 45	31 2 45	45 45 32	Babel und Scheppler.
Bologna	29 0 40	44 29 30	29 0 23	44 29 3½	Triesnecker.
Bornio	27 57 20	46 29 27	27 36 0	46 28 0	d'Anville.
Brescia	22 52 35	45 33 48	22 53 54	45 32 30	Oriani.
Capo d'Istria	31 27 30	45 38 0	31 22 33	45 30 30	v. Liechtenstern.
Chiavenna	27 6 10	46 20 30	27 1 0	46 15 36	v. Mayer.
Chioggia	29 57 12	45 12 25	29 56 50	45 12 32	Babel und Scheppler.
Como	26 44 30	47 30 26	26 45 45	45 48 22	Oriani.
Coneglieno	29 50 17	45 52 52	29 58 11	45 52 50	Babel und Scheppler.
Crema	27 21 15	45 20 54	27 21 42	45 21 29	Oriani.
Cremona	27 41 30	45 16 45	27 41 57	45 7 43	—
Feltre	29 32 50	46 34 45	29 35 0	46 0 43	Babel und Scheppler.
Ferrara, Schloss	29 15 40	44 50 24	29 16 10	44 49 56	Conn. des Tems. 1808.

Orte	Auf der Charte					nach and. Bestimm.					Quellen
	Oestl. L.			N. Br.		Oestl. L.			N. Br.		
	°	′	″	°	′	″	°	′	″	°	′	″	
Genua . .	26	37	30	44	25	33	26	38	0	44	25	0	Conn. des Tems. 1808.
Isola bella .	26	11	35	45	53	20	26	41	42	45	53	11	Oriani.
Mantua . .	28	29	0	45	9	28	28	10	45	45	9	15	Conn. des Tems. 1808.
Mayland .	26	51	30	45	27	40	26	51	15	45	28	5	—
Monfalcone	31	14	0	45	52	34	31	12	35	45	47	50	Babel und Scheppler.
Padua . .	29	32	30	45	24	0	29	32	30	45	23	40	—
Pavia . .	26	50	0	45	8	15	26	49	33	45	45	47	Oriani.
Pesaro . .	30	45	45	54	55	30	30	33	21	43	55	10	Conn. des Tems. 1808.
Rovigno .	31	28	0	8	32	31	31	28	30	45	10	30	Liechtenstern.
Venedig .	30	0	45	27	10	30	30	0	45	27	7		v. Boscowich.
Verona . .	38	40	20	45	25	10	38	40	0	45	26	15	v. Zach.
Vicenza, Schl.	29	12	36	32	0	29	29	12	50	45	31	40	Babel und Scheppler.
Udine . .	30	53	0	46	6	35	30	54	47	46	3	14	Babel und Scheppler.

Man sieht, daſs hier bei *Aquileja*, *Bormio*, *Cape d'Istria*, *Chiavenna*, *Feltre* und *Monfalcone* Differenzen

Statt haben, die aber nicht so beträchtlich sind, um
bei der richtigen Lage der anderen Oerter grofsen Ein-
fufs zu zeigen.

Auf der 9ten Section dieser Charte befindet sich ein
Verzeichnifs der Departements, ihrer Haupt und Di-
strictsstädte, und ihrer Bevölkerung, jedoch ausschliefslich des 24. Departements der oberen Etsch (*Alto Adige*),
von welchem blofs der Name dasteht, welches hier mitgetheilt wird.

*Eintheilung des Königr. Italien in Departements und Di-
stricte, mit Angabe der Departements-Hauptstädte und
der Bevölkerung der Departements.*

Volksmenge.

I. Depart. *Adda.* Hauptst. *Sondrio.* . . 80,796

II. Depart. *Adriatico.* Hauptst. *Venedig.*
Distr. *Chioggia, Adrin, Porto Gruaro.* . 313.550

III. Dep. *Agogna.* Hauptst. *Novara.* Distr.
Domo d'Ossola, Varallo, Vigevano, Arona. 328,712

IV. Dep. *Alto-Adige.*

V. Dep. *Alto-Po.* Hauptst. *Cremona.* Distr.
Crema, Lodi, Casal maggiore. . . 335,251

VI. Dep. *Bacchilione.* Hauptst. *Vicenza.*
Distr. *Schio, Bassano, Asiago, Castelfranco.* 310,251

VII. Dep. *Basso-Adige.* Hauptst. *Verona.*
Distr. *Villa Franca, Lonigo, Legnago.* . 283,037

VIII. Dep. *Basso-Po.* Hauptst. *Ferrara.* Distr.
Comacchio, Rovigo. 225,234

IX. Dep. *Brenta.* Hauptst. *Padua.* Distr.
Este, Piove, Campo S. Pietro. . . 269,759

X. Dep. *Crostolo.* Hauptst. *Reggio.* Distr.
Villafranca, Guastalla. 168,812

XI. Dep. *Lario.* Hauptst. *Como.* Distr.
Varese, Menaggio, Lecco. . . . 287,248

XII. Dep. *Mella.* Hauptst. *Brescia.* Distr.
Chiari, Verola nuova, Salo. . . . 304,011

XIII. Dep. *Metauro.* Hauptst. *Ancona.* Distr.
Pesaro, Sinigaglia, Urbino, Gabbio. . 304,069

Summa 3,210,740

Z 2

Volksm.

Transp. 3,210,740

XIV. Dep. *Mincio.* Hauptst. *Mantua.* Distr.
Rovere, *Castiglione.*   218,252

XV. Dep. *Musone.* Hauptst. *Macerata.* Distr.
Loretto, *Tolentino, Fabriano, Camerino.*   227,678

XVI. Dep. *Olona.* Hauptst. *Mayland.* Distr.
Pavia, *Monza, Gallarute.*   .   .   .   532,938

XVII. Dep. *Pannaro.* Hauptst. *Modena.* District *Mirandola.*   166,468

XVIII. Dep. *Passariano.* Hauptst. *Udine.*
Distr. *Tolmezzo, Gradisca, Cividale.*   .   268,874

XIX. Dep. *Piave.* Hauptst. *Belluno.* Distr.
Feltre, *Pieve.*   116,906

XX. Dep. *Reno.* Hauptst. *Bologna.* Distr.
Imola, *Cento, Poretta.*   399,253

XXI. Dep. *Rubicone.* Hauptst. *Forli.* Distr.
Cesena, *Rimino, Ravenna, Faenza.*   .   277,050

XXII. Dep. *Serio.* Hauptst. *Bergamo.* Distr.
Treviglio, *Clusone, Brenno.*   .   .   290,386

XXIII. Dep. *Tagliamento.* Hauptst. *Tre-*
viso. Distr. *Conegliano, Ceneda, Parde-*
none, *Spilimbergo.*   294,826

XXIV. Dep. *Tronto.* Hauptst. *Fermo.* District *Ascoli, S. Ginesio.*   .   .   .   189,162

Betrag der ganzen Volksmenge ohne
das Dep. *Alto-Adige*   .   .   6,193,506

5.

Neueste Post - und General - Karte von
Europa, mit der neuesten Länderab-
theilung des letzten Friedenstractats.
Nach Arrowsmith's grofser Karte und an-
dern ächten geographischen Hülfsquellen, mit

Benutzung astronomischer Bestimmungen und
den besten Postbüchern bearbeitet. *Wien, Ar-*
taria u. Co. Gest. v. J. Spiegl. 4 Bl. (Auch
mit französischem Titel.)

Diese, 44½ Par. Zoll hohe und 51½ dergl. breite,
Charte ist nach einem Maasstabe von 1$\frac{7}{15}$ P. Z. für 15
geograph. Meilen entworfen, und stellt *Europa*, mit Ausnahme eines kleinen Theils des nördlichsten europäischen *Rußland's*, mithin auch *Island's*, vor. Sie ist
zwar graduirt, aber Meridiane und Parallelkreise sind
nicht gezogen. Warum die Verlagshandlung eine ältere
Charte eines verdienten und berühmten englischen Geographen zum Grunde gelegt hat, ist bei der Menge von
neuen Vermessungen, die in so manchen Ländern Europa's seitdem Statt fanden, nicht gut abzusehen.

Sehr zu wünschen wäre es, daß diese Charte entweder ganz in der französischen oder ganz in der teutschen
Sprache entworfen, und ganz hauptsächlich, daß mehr
Aufmerksamkeit auf die Rechtschreibung der Namen
verwendet worden wäre. Warum steht z. B. *Liefland*,
Curland da, und nicht *Livonie*, *Courlande*, da doch
gleich daneben *Golfe de Riga*, *Golfe de Finlande* steht?
Den Namen *Finlande* sucht man in dieser Provinz vergebens u. s. f. Bei *Morea* kommt auch englisch vor,
als *Old* und *Nev* (soll *New* heißen) *Navarin*. Statt Ve-
tebsk, Sulis, Dorpot, Pescow, Ostland, Nehruua, Chri-
stinastad, Gouvt. Slomin, Kologriv, Oustug, Canter-
burg, Malinnes, Bruxeles, Valencienes, Malmo, Ekesio,
Wexio, Örebro, Arholzen, Bielstein, Lac Waner, le
Sund, Trondheim, Cherigo, Moastrir, Gallinolli, Yamin,
Misevrin, Khinstenza, Trikata, Bachwizerai, muß es
heißen: Vitepsk (nach franz. Schreibart), Solis, Dorpat,
Plescow, Esthland, Nehrung, Christianstad, Gouvt. Slonim, Kologriev, Oustioug, Canterbury, Malines, Bruxel-
les, Valenciennes, Malmö, Ekesiö, Wexiö, Örebro, Arol-

sen, Beilstein, Lac Wenner, le Sound, Drontheim, Cerigo, Monastir, Gallipoli, Janina, Misseviria, Khiustenza,
Trikala, Bachtschiserai. Der *Peipus* und der See von
Pleskow, sind hier als ein einziger grofser See gezeichnet, da sie doch nur durch eine Meerenge in Verbindung stehen.

Statt *Copenhague* oder *Kopenhagen* steht hier der dä-
nische Name *Kiobenhavn*, mufs aber *Kiöbenhavn* heifsen.
In der *Explication des Postes* steht Dänemarkt und De-
nemark, bei dem Lande selbst Dännemark, welches alles dreies nicht richtig ist. Französisch heifst dies Reich
Danemarc und teutsch *Dänemark.* Noch zahlreiche solche Fehler könnten hier gerügt werden, wenn nicht
schon die angeführten hinreichten, die grofse Nachlässigkeit bei der Correctur dieser Charte zu beweisen, die
um so unverzeihlicher ist, weil sie zugleich als Postcharte dienen soll, die doch die genaueste Rechtschreibung erfördern. Kurz die Geographie ist auf keine Weise
dadurch bereichert worden.

6.

*Carte des Europäisch- und eines Theils
des asiatisch-russischen Reichs, nach
den neuesten astronomischen Ortsbestimmungen, den (dem) grofsen Atlas und andern
Karten des Russisch-Kaiserl. Karten-Depots
verfafst, in Gouverements (Gouvernements)
eingetheilt, die Grentzen nach den letzten
Friedensschlüssen berichtiget, dann die Post-
und andere Hauptstrafsen mit Bemerkung der
Ortsentfernungen eingetragen von Iwan*

D*ANIELOW*. *Wien, T. Mollo, 1812. 12 Sectionen. (Auch mit französischem Titel.)*

Diese, nach einem Maasstabe von $1\frac{5}{8}$ Par. Zollen für 15 geograph. Meilen entworfene, Charte geht auf dem mittleren Meridian von 39° 30′ bis fast 70° nördl. Br., und auf dem mittleren Parallelkreise von 34° bis 86° östl. Länge. Jede der 12 Sectionen, aus denen sie besteht, hat 13 Par. Zoll Höhe, und $15\frac{1}{4}$ Par. Zoll Breite, mit Ausnahme der Sect. VI., die $19\frac{5}{12}$ Par. Zoll Breite, und der Sect. XI., die $19\frac{3}{4}$ Par. Zoll Höhe hat. Südlich sieht man auf derselben *Erivan* und *Erzerum*, westlich *Widin* und *Danzig*, nördlich *Cap Nord*, und den südlichen Theil von *Nova - Semlja* und östlich den gröfsten Theil des *Obischen* Meerbusens, *Tobolsk*, und den gröfsten Theil des *Aral - Sees*. Das *Caspische* Meer fängt hier unter 73° östl. L. an, läuft von da westwärts bis 64° östl. L. und 44° 30′ nördl. Br., und beugt sich dann von N.N. West gegen S.S.O. herum.

Die Entfernungen der Poststationen sind für *Rufsland* in der Zahl der Werste, für die andern auf der Charte vorkommenden Länder in der Zahl der Meilen den Strafsen beigesetzt. Ohne überladen zu seyn, stellt diese Charte alle irgend beträchtliche Orte, Gebirge, Flösse, Seen u. s. f. des Russischen Reichs und der angränzenden Theile desselben mit grofser Deutlichkeit dar, und ist allen bisher erschienenen Kriegsschauplätzen, da sie *Astrachan* und *Tobolsk* begreift, mit Recht bei ihrer übrigen Vollständigkeit vorzuziehen, da jene oft nicht einmal bis *Moskwa* gehen, und daher jedem, der die Geschichte des jetzigen Krieges verfolgen will, als ein sehr brauchbares Hülfsmittel zu empfehlen ist.

7.

Knittel's, J. E., Neue militärische Situations - und Postkarte von West-Rufsland. Nürnberg, Fr. Campe. 1812.
Südlich stöfst daran:

Dessen: Neue militairische Situations- und Postkarte von Polen und Preussen. Ebendaselbst.

— — —

Diese sehr betrüglichen Titel sollen wahrscheinlich zur Lockspeise dienen, beiden Charten mehrere Käufer zu verschaffen. Von *Polen* sieht man hier nichts, als das Herzogthum *Warschau* und einen Theil von *Galizien*, von *Westrufsland* hauptsächlich nur *Esthland*, *Lievland*, *Curland* und *Semgallen*, aufser einigen Theilen der an das Herzogthum *Warschau* gränzenden russischen Gouvernements, welche doch den Namen *West - Rufsland*, der allenfalls dem *ganzen*, in Europa liegenden Theile des russischen Reichs zukommen könnte, nicht führen können. Auch sind keineswegs die Preufsischen Staaten, wie der Titel der zweiten Charte falsch angiebt, ganz darauf dargestellt, indem weder *Stettin* noch *Berlin* hier zu finden ist. Der wahre Titel der Charte wäre besser gewesen: *Charte vom Herzogthum Warschau mit Theilen der angränzenden Länder.*

Der Maasstab beträgt 3½ Par. Z. für 15 geogr. Meilen, und beide Blätter haben zusammengestofsen 37 Par. Zoll Höhe, und 29½ dergl. Breite.

Welche Richtigkeit und Güte man von solchen, in möglichster Eile zusammengestoppelten, Charten erwarten kann, läfst sich leicht ermessen. Mit umständlicher Prüfung derselben können wir uns hier um so weniger

befassen, da sich der Kriegsschauplatz längst aus dem
gröfsten Theile der, auf ihr dargestellten Gegenden entfernt hat. Ueberhaupt kann man erst nach vollendetem
Kriege und geschlossenem Frieden einen sogenannten
Kriegsschauplatz mit Richtigkeit und Vollständigkeit entwerfen. Oft werden unbedeutende Orte durch Kriegs-
vorfälle erst wichtig. Wie kann ein Chartenstecher in
Nürnberg voraussehen, welche dies seyn werden? Auch
werden Charten von weit gröfserem Maasstabe erfordert,
um auf dem weit ausgedehnten Kriegsschauplatze die
Verschiedenheit des Terrains, jeden Ort, jeden Weg,
jede Brücke, jedes Defilée, jeden Wald u. s. f. darzustellen, welches alles auf vollständigen Kriegscharten seyn
mufs. Und wie kann man wissen, ehe der Krieg geendigt ist, wie weit sich die Gränzen seines Schauplatzes
erstrecken werden? Das kümmert aber den Speculations-
geist unserer Zeiten leider nicht, und das Publicum wird
durch falsche Titel getäuscht.

VERMISCHTE NACHRICHTEN.

I.

Nachricht von einem Etablissement auf der bis-
her unbewohnten Insel Pittcairn, im gros-
sen Ocean.

Dem Geographen ist die Geschichte des Capitain
Bligh erinnerlich, welcher auf einer Reise nach den So-
cietäts-Inseln im J. 1789, um daselbst Pflanzen des
Brodbaums zu sammeln, das Unglück hatte, dass sich
seine Schiffs-Mannschaft, unter Anführung eines gewissen *Christian Fletcher's*, gegen ihn empörte, weil Ersterer derselben versprochen hatte, ihr auf *Otaheiti*
oder auf irgend einer andern Insel des grossen Oceans
eine Niederlassung zu verschaffen. Gleichfalls weiss
man, dass ein zur Aufsuchung dieser Verbrecher abge-
schicktes englisches Schiff nur eine geringe Anzahl derselben auf *Otaheiti* vorgefunden hat, und man nicht
wusste, wo die Uebrigen hingekommen wären.

Neuerdings hat man von ihrem Schicksale unerwar-
tet Nachricht erhalten. Ein Americanisches Schiff fand
auf der Insel *Pittcairn* weisse Menschen, die Englisch
sprachen. Er forschte ihrem Ursprunge nach, und er-
fuhr Folgendes: Der Empörer *Fletcher* hatte sich des

englischen Schiffs bemeistert, und führte es nach *Otaheiti*, woselbst mehrere von seinen Gefährten zurück-
blieben. Er und acht andere hielten es für besser, eine
wüste Insel aufzusuchen. Sie giengen daher in See,
nachdem sie mehrere Otaheitische Weiber und eine bestimmte Anzahl Männer zu ihrer Bedienung mit sich genommen hatten. Nach ihrer Ankunft auf der Insel *Pittcairn* brach Zwietracht unter ihnen aus. *Fletcher* ward
wahnsinnig, liefs das mitgebrachte Schiff zerstören, und
brachte sich dann ums Leben. Die Otaheiter mordeten
die Engländer bis auf einen, Namens *Smith*, welcher
schwer verwundet für todt gehalten ward. Die Otahei-
terinnen überfielen des Nachts ihre Landsleute, und
opferten sie den Manen ihrer erschlagenen englischen
Männer. *Smith* wurde geheilt, und machte nun mit
9 Weibern und 4 bis 5 Kindern die ganze Bevölkerung
der Insel aus. Er baute sie an, legte sich auf die
Schweinszucht, und ernährte damit seine kleine Gesellschaft. Die Kinder wuchsen heran, und verheiratheten
sich. Im J. 1808, als das americanische Schiff an der
Insel ankam, belief sich deren Bevölkerung schon auf
35 Individuen, welche den *Smith* für ihr Oberhaupt und
ihren Patriarchen anerkannten. Der Commandant der
Station vor *Buenos Ayres* hat der Admiralität vor Kurzem hiervon Bericht abgestattet, worauf die Sache näher untersucht, und alles der Wahrheit gemäfs befun-
den ward.

2.

Nachtrag

*zu der in den A. G. E. Septbr. 1812 S. 129 ge-
gebenen Nachricht von Leblond's Reisen in
Süd-America.*

Herr *Leblond* ist durch zahlreiche Sammlungen naturhistorischer Gegenstände, von denen sich ein Theil

im kaiserlichen Müscum, und die übrigen im Besitze
mehrerer Naturforscher in *Paris* befinden, so wie durch
mehrere gedruckte Schriften, rühmlich bekannt. Von
letzteren führen wir hier seine Abhandlungen über das
Plateau von *Santa-Fé de Bogota*, eines der höchsten
der Cordilleren, über die Platina, über die Cultur der,
aus Ostindien in das französische *Guyana* versetzten, Gewürzpflanzen, über die Lebensmittel in den Colonien,
Beobachtungen über das gelbe Fieber, und die den Tro-
penländern eigene Krankheiten, an. Herr *Leblond* hat
über 30 Jahre in America als praktischer Arzt gelebt,
und dabei mit philosophischem Geiste alles, was die
Fortschritte der Wissenschaft und der Cultur betrifft,
beobachtet. Von 1766 bis 1771 bereisete er die Antillen.
In der Folge liefs er sich auf der Insel *Trinidad* nieder,
und besuchte die vorzüglichsten Städte des spanischen
Guyana, des Capitanats von *Carracas*, der Königreiche
Neu-Grenada, *Quito* und *Peru*, und kam selbst über
Lima hinaus. Sein Stand, als Arzt, öffnete ihm überall
die Häuser. Wie er im J. 1785 nach Frankreich zurückgekehrt war, gab ihm die Regierung den Auftrag, im
französischen *Guyana* die China aufzusuchen. Er kehrte
im Jahre 1802 nach Frankreich zurück, und würde sogleich die Beschreibung seiner Reisen bekannt gemacht
haben, wenn seine Vermögensumstände ihm erlaubt
hätten, die Kosten des Drucks zu bezahlen, die in Betracht der Menge Kupfer, welche zu ihr gehören, sehr
beträchtlich seyn müssen. *)

*) Von dieser interessanten Reise wird, gleich nach ihrer
Erscheinung zu Paris, eine zweckmäfsige Bearbeitung in
der Sprengel-Ehrmannschen Allgem. Bibliothek der Reisen erscheinen. D. H.

3.

Statistische Berechnung der Vortheile kunstmäs-
sig angelegter Strasen für die Staaten..

In *Wiebeking's* theoretisch - praktischer Strasenbau-
kunde, und in den Beiträgen zur Brückenbaukunde (V. Heft)
ist im Allgemeinen der wohlthätige Einflus, den beque-
me Strasen und Brücken auf den Ruhm und das Wohl
jedes Volkes haben, geschildert; inzwischen ist es vielleicht nicht überflüssig, denselben durch eine statistische
Berechnung näher zu erweisen.   Da von den Chausséen
des Königreichs *Baiern*, deren Länge 2,162 Stunden beträgt, gegenwärtig 2,000 Stunden zu den bequemsten
Strasen von Europa gehören (zu deren noch wohlfeile-
rer Unterhaltung die Einführung der breitfelgigen Rä-
der wesentlich beitragen wird); so wollen wir die Vortheile, welche sie für dieses Reich hervorbringen, etwas
aus einander setzen.

Man kann annehmen: 1) dafs täglich auf jeder Stunde
Chaussée 30 Stück Zugvieh Lasten fortziehen; 2) dafs
ein Dritttheil des Zugviehes auf diesen vortrefflichen
Strasen erspart wird; das heifst also 10 Stück Zugvieh
täglich auf jeder Stunde Chaussée, folglich jährlich für
das ganze Königreich 10. 365. 2,000 = 7,300,000. Gering gerechnet kostet die Erhaltung eines Stücks Zugvieh täglich 20 kr., die Nation erspart also dabei jährlich 2,433,333 Fl. Hierzu nur die Hälfte für die Arbeiter oder Knechte, welche das Zugvieh besorgen; so erhält man eine jährliche Ersparnifs von 3,650,000 Fl.
Wegen der guten Chausséen in Baiern werden demnach
20,000 Stück Zugvieh bei dem Fuhrwerk erspart, welche
dem Ackerbau zugewendet werden können, und 10,000
Arbeiter, welche mit diesem Zugvieh beschäftigt wären.
Wahrlich kein geringer Vortheil für ein Land, worin
es noch immer an Arbeitern fehlt! Rechnet man nun,
dafs 20,000 Stück Vieh im Ankauf nur 600,000 Fl. kosten,

und daſs das Zugvieh höchstens zehn Jahre benutzt werden kann, so geht jährlich ein Capital von 60,000 Fl.,
und die Interessen von einem zehnfach gröſseren Capital, also 30,000 Fl. verloren. Diese 90,000 Fl. zu den
obigen addirt, beweisen eine jährliche Ersparniſs von
3,740,000 Fl. Die Wiederherstellung und Unterhaltung
von einer Klafter der Bairischen Chausséen kostet jährlich 7½ Kr. Man kann daher für diese Chausséen höchstens 600,000 Fl. jährlich anschlagen.

Diese Summe wird bei einem zu erhebenden Wege-
gelde, welches nach dem Grundsatze aufgelegt wird,
daſs derjenige, welcher den Nutzen von einer öffentlichen Anstalt hat, auch zu ihrer Unterhaltung beitragen
müsse, groſsentheils von dem Auslande getragen, wo-
fern nur eine sichere Controlle Statt findet; und dieses
fremde Geld gewinnt die arbeitsame Classe des Volkes.
Kein Land ist nämlich zum Transithandel so gelegen,
wie *Baiern*, weil es den Mittelpunct zwischen *Oesterreich*, *Frankreich*, *Italien* und *Sachsen* bildet. Seine bequemen Straſsen leiten ihm daher deren Transithandel
zu, befördern seinen Verkehr, und vermehren das Na-
tionalvermögen.

Diese Straſsen, welche in solcher Menge vorhanden
sind, daſs auf eine Quadratmeile beiläufig 1½ Läng-n-
stunde Chaussée trifft, verbinden die kleinsten Städte
und Marktflecken unter einander. Sie machen den Absatz des Getraides und Holzes auf 20 Stunden Entfernung
leicht, sind daher für den Grundeigenthümer, welcher
seine Producte leicht absetzt, indem sie den Transport
erleichtern, und die Concurrenz befördern, ein wahrer
Gewinn, stellen das Gleichgewicht der Preise von den
nothwendigsten Lebensbedürfnissen her, und erniedrigen

dieselben! Ihr wohlthätiger Einfluß ist sonach selbst
für die ärmste Volksclasse fühlbar, und für jede Familie
wohlthätig. Auf diesen guten Chausséen eilt der Arzt
dem Kranken schnell zu Hülfe, die Menschen sind sich
näher gebracht, die Gewerbe befördert, die Aerndte be-
schleunigt, die Heere eilen schneller vorüber, und in
der Regel wird ein solches Land nur immer kurze Zeit
der Kriegsschauplatz seyn, da der einsichtige Feldherr
seine Operationen überall hinwenden kann. Welche
Ausgaben werden zugleich für Schmiede - und Wagner-
arbeiten, für Pferdegeschirr u. s. w. erspart? Die intel-
lectuelle Cultur gewinnt, indem die Menschen leichter
zusammen kommen, und weniger ihrem Vaterlande
fremd bleiben. Hieraus ergiebt sich zugleich die Wichtigkeit guter Vicinalwege; diese, vorzüglich zum innern
Verkehr nützlichen, Strafsen verdienen die gröfste Aufmerksamkeit. Ihre Anlage und Unterhaltung läfst sich
bei einer zweckmäfsigen Einrichtung mit einem Tage
Arbeit jährlich bewerkstelligen, wozu ein einziger abge-
schaffter Feiertag hinreicht. Alles hier Gesagte pafst
auf jedes Land!

4.

Geograph. statistische Novellistik.

A.

Neue Charten von Rufsland.

In *Paris* sind über *Rufsland* folgende neue Charten
erschienen:

1. *Carte de la Russie Européenne* en 77 feuilles, exe-
cutée par ordre de S. Exc. M. le duc de *Feltre*,

Ministre de la guerre, sous la direction du Général Comte *de Sanson*, au Dépót général de la guerre. Paris 1812.

Von dieser wichtigen neuen Charte von *Rufsland,* welche einen noch gröſseren Maasstab hat, als die Charte des Russischen Reichs des Kaiserl. Charten-Dépóts zu *St. Petersburg* in 108 Blättern, (die übrigens bei obiger zum Grunde gelegt ist) gearbeitet wird, ist die *erste Abtheilung* von 22 *Blättern,* nebst dem Tableau d'assemblage der ganzen Charte, bereits erschieſsen.

2. *Carte des Routes de poste de la Russie Européenne,* exécutée par ordre de S. Exc. M. le duc de *Feltre,* Ministre de la guerre, sous la direction du Général Comte *de Sanson,* au Dépót général de la guerre. Paris, 1812.

Diese Charte, in 3 Blättern, ist bereits erschienen.

3. *Carte de la Russie d'Europe,* en six feuilles grand-aigle, dressée par *P. Lapie,* capitaine de première classe au corps impérial des ingénieurs-géographes, gravée et publiée par P. A. Fr *Tardieu.* ière Livraison. Paris, chez Tardieu, Piquet et Treuttel et Würtz.

Die drei, von dieser Charte bereits erschienenen, Blätter begreifen das jetzige Kriegstheater, das Herzogthum *Warschau,* und den Theil von *Rufsland* zwischen *Wilna,* *Grodno,* *Moskwa* und *Petersburg,* nach der groſsen, auf Befehl des Russischen Gouvernements herausgegebenen, Charte in 100 (jetzt 108) Blättern.

B.

Notizen über das innere Afrika.

Vor einigen Jahren sandte der englische Gouverneur am Cap, Lord *Caledon*, den Doctor *Cowon*, mit einem Detachement Soldaten nach *Ober - Monomotapa* ab, um diesen so wenig bekannten Theil des südöstlichen Afrika's zu untersuchen. *Cowon* besuchte die *Barrolus*, ein Volk, das in mehreren Künsten Fortschritte gemacht hatte, und am Ufer des *Melippo* wohnt. Hernach entdeckte er den *Bampura*, wahrscheinlich einen Arm des *Zambeson*, (der sich östlich ins Meer ergiefst,) und als er im Jahre 1809, dem Lauf desselben folgend, zu den portugiesischen Niederlassungen vordringen wollte, fiel er einem afrikanischen Könige in die Hände, der starken Sclavenhandel treibt. Seitdem hat man nichts weiter von ihm vernommen. Auch nichts weiter von unserem Landsmann, Dr. *Seetzen*, der von *Mocka*, in Arabien, aus im Jahre 1810 nach der Küste *Zanguebar* übergehen, und Nachrichten vom südlichen Afrika einziehen wollte. Die Erforschung dieses Welttheils gelang also damit südwärts so wenig, wie nördlich; und die Portugiesen beobachten hartnäckiges Stillschweigen, ob sie uns gleich vieles mittheilen könnten, denn sie unterhalten nicht nur Communication zwischen ihren, in *Congo* und *Manomotapa* gelegenen Colonien, mitten durch Südafrika, sondern ihr Verkehr auf diesem Wege soll in neueren Zeiten selbst ziemlich lebhaft geworden seyn.

* * *

C.

Hrn. v. Larrey's chirurgische Feldzüge.

Der General-Chirurgus bei der Kaiserlich-französischen Garde, Baron *Larrey*, der jetzt, so wie ehemals *Percy*, Chef aller Militär-Chirurgen ist, und sich dermalen im Gefolge des Kaisers *Napoleon* befindet, hat unlängst die Geschichte seiner chirurgischen Feldzüge herausgegeben. Er war in *America*, machte sodann die Feldzüge am Rhein, in Piemont, in Catalonien, in Italien und endlich auch den Zug nach Aegypten mit. Ueber dies letztere Land liefert er sowohl in medicinischer, als naturhistorischer Hinsicht manche interessante Notizen. Das Klima von *Cairo* schildert er als sehr gesund, und den dortigen häufigen Gebrauch der Bäder als dem Körper überaus zuträglich. Als er dort war, (im Jahre 1800) gab es unter der wohlhabenden Classe nicht weniger als 35 Personen, die hundert Jahre und darüber alt waren.

INHALT.

In den *A. G. E.* Bd. XXXIX. St. 1. lese man:

Seite 18, Zeile 6 v. unten: Er besteht aus 6 Ministern,
1) dem Justizminister, 2) dem Minister der innern
Angelegenheiten und des Cultus, 3) dem Kriegsminister, 4) dem Finanz- und Schatzminister, 5) dem
Polizeiminister, 6) dem Staatssekretärminister.

Allgemeine

Geographische

EPHEMERIDEN.

XXXIX. Bds. viertes Stück. December. 1812.

ABHANDLUNGEN.

I.

Ueber

die Insel Lemnos und den Mosychlos.

Schreiben des Herrn Prof. *Ukert* zu Gotha an den
Herausgeber.

(Mit einer Charte.)

Zum Behufe meiner Untersuchungen über alte
Geographie, woran ich, wie Sie wissen, unablässig arbeite; habe ich mich bemüht, nachzuforschen, welche Veränderungen die Küsten des
Aegaeischen und *Jonischen* Meeres, und die Inseln in beiden erlitten haben. Zuerst sende ich
Ihnen, was ich über *Lemnos* und *Chryse* fand;
ein Paar Inseln, von denen die umständlichen
Nachrichten bei den Alten verloren gegangen

sind, denn gerade an den Stellen, wo *Strabo* und
Diodor von Beiden handeln mußten, finden sich
große Lücken in den Handschriften, und Werke
wie das von Demetrius über die Erdbeben (*Strab.*
c. I. p 6o.) sind nicht zu uns gekommen. Nur
aus einzelnen, zerstreuten Stellen können wir
daher über die frühere Beschaffenheit jener Gegenden etwas muthmaßen; und daher lassen sich
auch die Abweichungen in den Untersuchungen
der Neueren erklären.

Am merkwürdigsten sind die kurzen Notizen über den Vulcan auf *Lemnos* und die Insel *Chryse*, wo *Philoktet* von einer Schlange gebissen ward, die aber später nicht aufzufinden
war; daher auch mehrere von den Scholiasten
in ihren Angaben irrten, und Neuere sich nicht
entschieden. So sagt *Cellarius* (Geogr. ant. T. I.
p. 1053).: „*a Lemno in austrum jacet Insula,
hodie S. Strati dicta, quam putant Chrysen esse
veterem, quam certo vel dubie in medio relinqui-
mus*" etc.

Die Hauptstellen über den Vulcan auf *Lemnos* hat zuerst vollständig *Musgrave* in seinen
Anmerkungen zum *Philoktet* des *Sophokles* gesammelt; einiges gaben früher *Bayle* (Dict hist.
v. Lemnos) und *Bochart* (Canaan et Phaleg. T. II.
p. 386.) Vom Herrn *Buttmann* erhielten wir vor
einiger Zeit in dem Museum der Alterthums-
Wissenschaft (1. Bd. 2. St. S. 195 u. f. w.) Bemerkungen über den feuerspeieñden Berg auf
Lemnos, indem er sich zugleich bemühte, die
Zeit, wann die Auswürfe des Feuers aufhörten,

zu bestimmen. Er glaubte, dies sey ungefähr um
Alexanders Zeit geschehen. Unabhängig von ihm
stellte zur nämlichen Zeit Herr *Dureau de la
Malle* Untersuchungen über diese Insel an (*Mal-
te-Brun Annales des Voy. III. souscr. T. I. cah.
I. p. I. etc.*), und suchte darzuthun: 1) dafs der
Vulcan *Mosychlos* auf Lemnos fast 1200 Jahre
brannte; 2) dafs er unter der Regierung der An-
tonine zugleich mit der Insel *Chryse* von den
Wellen verschlungen ward; 3) dafs die, durch
Choiseul Gouffiers Veranstaltung genauer unter-
suchten Klippen und seichten Stellen, östlich von
Lemnos, die versunkene Insel *Chryse* und der
Mosychlos sind.*)

Diese abweichenden Resultate beider Gelehrten bewogen mich, auf's Neue alle Stellen der
Alten und Neuen zu prüfen, um zu sehen, welcher Angabe man Glauben beimessen dürfe.

Was *Pouqueville* (Voy. T. III. p. 139.) von den
westlichen Gegenden und Meeren der Europäischen Türkei sagt: „unterirrdisches Feuer scheint
unter *Zante*, *Cefalonia*, *St. Maura*, *Ithaka*,
in *Akarnanien* und *Morea* zu lodern“; kann
man mit noch gröfserem Rechte auf die östliche
Seite anwenden. Bekannt ist, dafs mehrere Städte
Griechenlands plötzlich vom Wasser verschlungen wurden, dafs mehrere Inseln ein ähnliches
Schicksal hatten, andere dagegen aus der Tiefe
des Meeres emporstiegen (*Thucid.* 3, 87. 89.
Plin. ed. Hard. l. 2. c. 88, 89. cfr. 92—94.

*) S. die beiliegende Charte von *Choiseul Gouffier.*

Strab. l. r. p. 58. *Seneca.* N. Q. l. IX. c. 23.
Aristot. de mundo c. 4. *Justin.* l. XXX. c. 4.)
Bei ähnlichen Revolutionen erlitt auch Lemnos
bedeutende Veränderungen.

Die Insel erscheint uns zuerst in den Sagen
der Argonautenfahrt. Die kühnen Helden verweilen dort eine Zeitlang; aber über Lemnos
selbst erfahren wir wenig (*Schol. Pind. Pyth.* IV.
paw. Apoll. Rhod. 1, 601. *Valer. Flacc.* l. 2. v.
370.) Früh hiefs sie schon dem *Hephaestos* ge-
weiht, der dort niederstürzte, als Zeus ihn vom
Olymp hinabwarf (Il. 1, 592.), und mit Recht
würde man aus dieser Sage schon auf einen Vulcan in dieser Insel schliefsen, da Plätze, wo
Feuer aufloderte, als dem kunstreichen Gott der
Metallarbeiter geheiligt angesehen wurden. Lemnos war daher des Hephaestos Lieblingsaufent-
halt; er gieng (Od. VIII, 283.), als er das künstliche Netz, Aphrodite und Ares zu fangen, be-
reitet hatte:

— gen Lemnos, der Stadt, voll prangender Häuser,
die am meisten er liebt, vor allen Landen der Erde.
Aufserdem schildert Homer die Insel als wein-
reich (Il. VII, 467. VIII, 230. so auch Q. Cala-
ber IX, 337.); er nennt sie die göttliche (Il. II.
722.); aber es war schwer dort zu landen (Il.
XXIV, 753.). Sie war von *Sintiern* bewohnt (Il.
I, 594. *Steph. Byz.* v. Λῆμνος,) die Homer ihrer
Mundart wegen auszeichnet (Od. VIII, 293); sie
sollen zuerst Eisen geschmiedet haben (*Hellanic.
ap. Schol. Apollon. Rhod.* l. 1, 608. *Schol. Hom.
Il.* l. c.), und waren berüchtigt als wilde, un-

gastfreundliche Menschen (*Eustath.* ad Il. α. ed.
Rom. p. 158. *Strab.* l. VII. fin.).

Was wir oben aus der Verehrung des Hephaestos folgerten, daſs ein Vulcan auf der Insel
gelodert habe, meldet uns bestimmt *Eustathius*
ohne jedoch anzugeben, woher seine Nachrichten
entlehnt sind (ad Il. α. p. 157.): τὸ δὲ ἐν Λήμνῳ
κατενεχϑῆναι Ἡφαίστον, τῇ μυϑικῇ συμβάλλεται
πιϑανότητι ὡς ἀπὸ ἱστορίας, οὐχ ὡς τῶν ἀερίων,
ἐκπυρωμάτων ἐν Λήμνῳ καταπιπτόντων, ἀλλ'
ὅτι πῦρ καὶ ἐκεῖ γῆϑεν ἀνεδίδοτό ποτε αὐτόμα-
τον. διόπερ ἀποκληρωτικῶς ἔδοξε τῷ μύϑῳ αὐ-
τόϑι καταρρίψαι τὸν Ἥφαιστον, ὡς εἰς τόπον
τινὰ συγγενῆ. προσφυὲς γὰρ πάντως τῷ πυρὶ
Ἡφαίστῳ, τόπος πῦρ τε ἀναβλύσαι, καὶ ἄλλα
σημεῖα ἔχων ϑερμότητος. οἷον τὴν τῶν ἐκεῖ ϑερ-
μῶν ὑδάτων ἀνάδοσιν, τὸ ψιλὸν τῆς γῆς, τὴν
πενίαν τῆς πιότητος. διὸ οὐ δὲ λασία ἐξλ. ἡ νῆσος ὕλαις ὀρεινᾶις. Später setzt er noch hinzu:
ἡ δὲ ἱστορία, καὶ ἄλλως προσοικειοῖ τῷ Ἡφαίστῳ
τὴν Λήμνον, οὐ μόνον διὰ τοὺς ἐν αὐτῇ γῆϑεν
ἀναβαίνοντας κρατῆρας τοῦ πυρός, ὡς εἴρηται,
ἀλλὰ καὶ διότι χαλκεῖς ἄνδρας ἤνεγκέ ποτε ἡ
νῆσος, οἳ πρῶτοι χαλκευσάμενος βέλη, δια τοῦτο
Σίντιες ἐπεκλήϑησαν. Da indeſs *Eustathius* seine
Gewährsmänner nicht nennt, so können wir aus
dieser Stelle nicht schlieſsen, um welche Zeit
noch Feuerflammen aufschlugen, so wenig wie
aus einer Angabe bei *Heraklides Ponticus*, der,
was er berichtet, aus Aelteren entlehnte (ed.
Schow. c. 26. p. 93 — *Gale. opusc. myth.* p. 447)
ἐν ταῦϑα γὰρ ἀγλενται ἐγγηγενοῦς. πυρὸς αὐτό-
ματοι φλόγες.

Auch zu *Hipparchs* Zeit, oder kurz vorher,
scheint Lemnos und die umliegenden Gegenden
durch Erdbeben gelitten zu haben; denn *Onoma-
kritus,* wie *Herodot* (7, 6) erzählt, der die Orakel des *Musäus* den Wißbegierigen auslegte, schob
dem *Musäus* selbst Orakel unter, worin er pro-
phezeite, daß die um Lemnos liegenden Inseln
durch Feuer untergehen würden. Sein Betrug
ward aber durch *Lasus* aus *Hermione* (*Diog.
Laërt.* vit. *Thal. Suid.* h. v.) entdeckt, und *Hip-
parch* nöthigte ihn die Stadt zu verlassen. Heftige Feuerauswürfe des Vulcans, Erschütterungen
der Insel Chryse und anderer schienen ihm wohl
Vorzeichen des Untergangs dieser Insel zu seyn.
Weder *Herodot* noch *Thucydides* erwähnen den
Vulcan, so sorgfältig auch sonst der letztere ist,
Erdbeben und andere Ereignisse der Art zu ver-
zeichnen. Selbst auch wenn die unter *Anakre-
ons* Namen bekannten Oden alle ächt wären, so
möchten wir doch nicht, mit Herrn *Dureau de
la Malle,* in der bekannten Stelle (Od. 45.):

> ὁ ἀνὴρ ὁ τῆς κυθήρης
> παρὰ λημνίαις καμίνοις
> τὰ βέλη τὰ τῶν Ἐρώτων
> ἐποίει.

einen Beweis für den damals in Lemnos brennenden Vulcan finden. Mit demselben Rechte
hätte hier auch eine Stelle aus Lucian angeführt
werden können, Dial. Mor. XI. p. 115, wo ein
Cod. Reg. πᾶν ὅσον ἐν τῇ καμίνῳ πῦρ εἶχε, καὶ
ὅσον ἐν τῇ Αἴτνῃ, wo der Gegensatz offenbar auf

Lemnos deutet, wenn nicht dieser Name in der corrupten Stelle wirklich ausgefallen ist.

Einige Nachweisungen über die Lage des Berges erhalten wir zuerst bei Sophokles. Bekannt ist, dafs Philoktet lange auf Lemnos im Elend lebte, von den Griechen auf ihrer Fahrt nach Troja ausgesetzt, nachdem ihn auf der Insel Chryse eine Schlange gebissen hatte. Homer sagt (Il. 2, 721 etc.:)

— er selber lag in dem Eiland, Qualen erduldend,
dort in der heiligen Lemnos, wo Argos Heer ihn zu-
rückliefs,
krank an schwärender Wunde, vom Bifs der
verderblichen Natter.

Sophokles, der zu einer Zeit lebte, da diesen Theil des Aegaeischen Meeres die Athener häufig befuhren, erwähnt mehrere Mal die Insel Lemnos, und Philoktet erzählt dem Neoptolem (v. 300 — 304. nach *Solger's* Uebers.):

Doch nun, o Jüngling, höre von der Insel auch.
Zu dieser naht freiwillig nie ein Schiffer an,
Es fehlt an Landungsplätzen, fehlt an Orten, wo
Er Handelsvortheil fände, wo Geselligkeit.
Nein, nicht Verständ'ge lenken gern hieher die Fahrt.

Noch öfter spricht er von der Insel als unbewohnt, und ohne Haven, was wohl nur von der östlichen Seite zu verstehen seyn möchte, die von den Bewohnern verlassen war, wie die östliche Seite Siciliens eine Zeitlang, wegen der vom Aetna drohenden Gefahr. (cfr. Philokt. 220. 237. 238. 685 — 696. 936 etc.) Euripides läfst während der zehn Jahre seines Aufenthalts auf Lem-

nos, mehrere der Bewohner zum Philoktet kommen (Dio Chrys. or. 59. cfr. *Valk. Diatrib. ad
Eur.* c. XI. p. 115.). „Nicht ferne von der Fel-
sengrotte, welche der Verwundete bewohnte,
muſste der Vulcan seyn; Sophokles läſst ihn darauf hinzeigen (799 — 801.):

> O theures Kind, du Edler, nimm und brenne mich
> dort hoch in Lemnos emporgewirbelter Flammenglut
> zu Asche gleich, o Edler!

Wo schon der Artikel ($\tau\tilde{\omega}$ $\lambda\eta\mu\nu\acute{\iota}\omega$ $\tau\tilde{\omega}\delta\varepsilon$ $\pi\acute{\upsilon}\rho\iota$)
verwehrt, das $\lambda\acute{\eta}\mu\nu\iota o\nu$ $\pi\tilde{\upsilon}\rho$ im Allgemeinen zu
nehmen, wie einige Ausleger wollten.

V. 985 ruft Philoktet aus:

> Sieh, Land von Lemnos, sieh es allgewalt'ger Strahl
> Vom Heerd' Hephaestos, ist erträglich solche That?

wo er offenbar sich an die, aus dem Crater auf-
schlagende Flammensäule wendet. Der Scholiast
bemerkt zu v. 800: $\dot{\varepsilon}\nu$ $\gamma\grave{\alpha}\rho$ $\Lambda\acute{\eta}\mu\nu\omega$ $\dot{\varepsilon}\rho\gamma\alpha\delta\tau\acute{\eta}\rho\iota o\nu$
$\tau o\tilde{\upsilon}$ $'H\phi\alpha\acute{\iota}\delta\tau o\upsilon$, $\ddot{\varepsilon}\nu\vartheta\alpha$ $\varkappa\alpha\grave{\iota}$ $\varkappa\rho\alpha\tau\tilde{\eta}\rho\varepsilon\acute{\varsigma}$ $\pi\upsilon\rho\acute{o}\varsigma$; was er
v. 986 mit einigen Zusätzen wiederholt.

Auch Aristophanes läſst in seiner *Lysistrata*
(v. 299.) eine Person, die durch heiſsen Dampf
gequält wird, ausrufen:

> $\varkappa\tilde{\alpha}\varepsilon\iota$ $\lambda\acute{\eta}\mu\nu\iota o\nu$ $\tau\grave{o}$ $\pi\tilde{\upsilon}\rho$ $\tau o\tilde{\upsilon}\tau o$ $\pi\acute{\alpha}\delta\eta$ $\mu\eta\chi\alpha\nu\tilde{\eta}$,

woraus wir zum wenigsten ersehen, daſs die
Ausbrüche des Vulcans bedeutend gewesen seyn
muſsten und allgemein bekannt, so daſs man
jenen Ausdruck, den mehrere griechische Lexi-
cographen erklären, schon gebrauchen konnte.
Gerade in der ersten Zeit des Peloponnesischen

Krieges ward Griechenland) in mehreren Gegenden, durch heftige Erdbeben verheert, *Delos* er-
zitterte, besonders um *Euboea*, wo das Meer
eine Strecke Landes verschlang, und in *Böotien*
zeigten sich die Wirkungen dieser fürchterlichen
Naturerscheinung (Thuc. III, 87. 89.); Wahrscheinlich mochte auch damals der Vulcan auf Lemnos toben.

Keiner indefs der bisher genannten Schriftsteller führt den Namen des Berges an; ihn lernen wir zuerst aus einem Gedichte des *Antimachus* kennen (400 a. Chr.), wovon der Scholiast
des *Nikander* (Ther. 472.) eine Stelle erhalten
hat: ὁ Σάος καὶ ὁ Μόσυχλος ὄρη εἰσὶ τῆς Σά-
μου *) καὶ Λήμνου. Μέμνηται δὲ τούτων, τῶν
τόπων, τὴν Λήμνον καὶ Σαμοθρᾴκην, ἑκατέρας
τὰς νήσους διὰ τουτων σημαίνων. Ἐκαλεῖτο δὲ
Σάος καὶ ἡ ὅτη Θρακικὴ Σάμος, καὶ Μόσυχλος
δὲ τὰ ὄρη τῆς Λήμνου, ὡς Ἀντίμαχος.

— Ἡφαίστου πυρὶ εἴκελον, ἥν ῥα τιτύσκει
Δαίμων ἀκροτάταις ὄρεος κορυφαῖσι Μοσύχλου.

und gleich darauf citirt der Scholiast noch eine
Stelle aus dem *Eratosthenes* (276. a. Chr.):

εὖ τοῖ ὅσοις φαίνεσκε Μοσυχλαίη φλογὶ ἶσον,

wo *Buttmann* ἐν τοῖ ὅσσοις zu lesen vorschlägt.
Wahrscheinlich sah auf eine dieser Stelle *Hesy-
chius,* der kurz anführt: Μόσυχλος, ὄρος Λήμνου.

_____

*) Die Worte καὶ Λήμνου fehlen in der Ausgabe des Ni-
kander, Parisiis 1557. 4. p. 24, es ist aber offenbar,
dafs sie nur ausgelassen sind.

Nikander selbst (140 a. Chr.) schildert die Insel (Theriac. 458) als dem Hephaestos heilig, beschreibt dann eine, Samothrake und Lemnos eigenthümliche Schlangenart, von welcher er erzählt: sie ziehe sich, während der großen Hitze, in die Berge:

> Ἅιματός ἰσχανόων καὶ ἐπὶ κτίλα μῆλα
> δοκεύων
> Ἡ Σάου ἠὲ Μοσύχλου, ὅτ᾽ ἀμφ᾽ ἐλά-
> ταισι μακεδναῖς
> Ἄγραυλοι ψύχωσι, λελοιπότες ἔργα νο-
> μήων.

wo wir also ebenfalls den *Mosychlos* genannt finden, ohne daß uns der Dichter genau bestimmt, auf welchem der beiden angeführten Berge die schlanken Tannen stehen.

Auf den Vulcan bezieht sich auch der Name Ἀιϑάλεια, der von mehreren Schriftstellern der Insel Lemnos gegeben wird. *Stephanus* (v. Ἀιϑάλη. de urb.) sagt: Πολύβιος δὲ ἐν τριακοστῇ τετάρτῃ λέγει, Αἰϑάλειαν τὴν Δῆμνον καλεῖσϑαι. Ἐκαλεῖτο δὲ οὕτως ἡ νῆσος, ἴσος ἐκ τῶν ἀναδιδομένων τοῦ Ἡφαίστου κρατήρων. ἐκεῖ γὰρ ἀνωμολόγηται ταῦτα. Auch *Lycophron* deutet auf das Feuer hin (Cassandr.   )

> τεφρώσας γυῖα λημναίῳ πυρί.

Oben ward schon die Redensart λήμνιον πῦρ angemerkt; alle griechischen Scholiasten und Grammatiker, die eine Erklärung derselben geben, leiten sie, wie *Suidas* von dem brennenden Vulcan her (*Hesych.*: v. λήμνιον βλέπει. *Photius* v. λήμνιον πῦρ. *Eustath.* ad *Dionys. Perieg.* p. 74, cfr. *Mich. Apostol.* XI, 99. *H. Jun.* Cent. III. 89.).

Auch bei mehreren lateinischen Dichtern finden wir einen feuerspeienden Berg auf *Lemnos* erwähnt. Ein Fragment des *Attius* hat *Varro* (de l. lat. VII.) aufbewahrt:

> — — — — qui Lemni aspera
> Tesca fuere — — —
> Et Volcania templa sub ipsis
> Collibus, in quos delatu' locos
> Dicitur alto ab limine coeli
> Aetnaea vi spirante vapor
> Fervidus.

Seneca läfst den von den brennenden Qualen des Gifts gefolterten *Hercules* ausrufen (Herc. Oet. 1360):

> O mater, hydram et mille cum Lerna feras
> Errare mediis credo visceribus meis.
> Quae tanta nubes flamma Sicanias bibit?
> Quae Lemnos ardens?

Valerius Flaccus (Arg. l. 2, 78.) nennt Lemnos *Vulcania*, und nachdem er die aus Homer bekannte Geschichte vom Sturz des Hephaestos erzählt hat, und wie ihn die Bewohner der Insel aufnahmen und pflegten, setzt er hinzu (v. 94 — 98):

> Hinc reduci superas, postquam pater annuit arces,
> Lemnos cara Deo; nec fama notior Aetnae
> Ant Lipares domus. Has epulas, haec templa, peracta
> Aegide, et horrifici formatis fulminis alis
> Laetus adit.

und im zweiten Buche (v. 332 — 336.):

> Ventum erat ad rupem, cujus pendentia nigris
> Pumant saxa jugis, coquiturque vaporibus aër.
> Substitit Aesonides, atque hic regina precari
> Hortatur, caussasque docens, haec antra videtis,
> Vulcanique, ait, eccos domos:

Auch bei *Statius* wird das Feuer erwähnt
(Theb. V., 49 — 52.):

> — — Aegeo premitur circumflua Nereo
> Lemnos, ubi ignifera fessus respirat ab Aetna
> Mulciber; ingenti tellurem proximus umbra
> Vestit Athos, nemorumque obscurat imagine pontum.

und v. 87:

> — quales antra Dei fumantis anhelas
> Exeruere apices.

So fänden wir die Existenz eines Vulcans
von griechischen und lateinischen Schriftstellern
bestättigt; eine zweite Frage ist nun: auf welcher
Seite von *Lemnos* er zu suchen sey? Mehrere
Nachrichten bei den Alten zeigen uns nach der
Ostseite hin, wo wir uns also auch den *Philoktet* denken müssen, den die Griechen dort
zurückliefsen (Soph. Phil. 270):

> — — — — als vom Meereilande sie
> Hinweg, von Chryse, lenkten her der Schiffe Zug.

Dafs die Insel *Chryse* nicht weit von der
östlichen Küste von *Lemnos* lag, bezeugen mehrere Alte (*Pausan.* VIII. 668. 669. cfr. *Leo Al-
latius* de patria Homeri, p. 129. *Salvagnius* in
Ovid. *Ibin. Valk.* Diatrib. ad Eurip. c. XI. p. 127.
Eustath. ad Il. I. pag. 73. p. 707.). So erzählt

auch *Galenus* (Saec. 2. p. Chr.), der zweimal
nach *Lemnos* gieng, um genau die dort gegrabe-
ne, in der Medicin berühmte, Erde kennen zu
lernen (de simplic. Med. usu IX. p. 117. ed. Bas.)
bei seinen ersten Reise sey er auf der westlichen
Seite der Insel gelandet, bei der Stadt *Myrina*,
dort aber habe er erfahren, dass in jener Gegend
kein Hügel sey, der nach dem *Philoktet*, der
Tempel des *Hephaestos* benannt werde, sondern dass man ihn auf der östlichen Küste, unfern von der Stadt *Hephaestia*, suchen müsse.
Später unternahm er eine zweite Reise, besuchte die zuletzt genannte Stadt, und fand den
Hügel, dessen Beschaffenheit ihm, wie er sagt,
die Homerische Fabel, dass *Hephaestos* auf
Lemnos niedergefallen sey, erkläre. „Denn, fügt
er hinzu, er sieht ganz einem verbrannten ähnlich, an Farbe sowohl, als weil gar nichts darauf wächst." Ganz auf dieselbe Art schildert
Servius (ad Virg. Aen. VIII., 454) diesen Hügel:
„*Lemnos* insula Graeciae, in mari Aegaeo, sa-
tis fertilis et plana, in qua colebatur Vulcanus
deus ignis, unde Lemnios ardor, λήμνιον πύρ,
dicitur a poetis. Nam, ut est in fabulis, cum
Juno eum peperisset, eumque turpem conspexis-
set, e coelo in eam insulam dejecit, in collem
quemdam Hephaestiadi urbi imminentem. Hu-
jus fabulae occasionem praestitit collis ejus co-
lor et sterilitas. Nam et exusto simillimus est,
et nullam omnino plantam gignit. *)"

*) Mit der Schilderung des Ortes, wo die Lemnische
   Erde gefunden wurde, stimmt einigermafsen eine

Sehen wir auf diese Beschreibungen zurück,
besonders auf die des *Galenus*, so erhellet wohl,
dafs um seine Zeit der Vulcan in *Lemnos* schon
ganz unbekannt seyn mufste, dafs also schon vor
geraumer Zeit er aufgehört hatte, Feuer auszu-
werfen, da sonst ein Mann von den Kenntnissen
und der Forschbegier des *Galenus*, gewifs nicht
zweifelhaft gewesen wäre, wo er den Berg zu
suchen hätte. Keineswegs möchten wir also aus
dieser Stelle mit Hrn. *Dureau de la Malle* gegen Herrn *Buttmann* argumentiren, der annehmen zu können meinte (p. 306), dafs um die
Zeiten *Alexander's* der Berg erlosch, und dafs
der Alexandriner *Eratosthenes*, ein blofs gelehrter Dichter, sich jenes Gleichnisses nur als Nach-
ähmer des *Antimachus* (dessen Worte er auch
nur paraphrasirt), bedient habe. Doch wir wollen Hrn. *Dureau de la Malle* selber hören
(p. 16): „Il ne nous est point resté de détails

Stelle bei Philostratus (Heroic. c. 5. p. 702) zusammen. Ich verdanke die Nachweisung dieser Stelle
und der früher aus dem Lucian angeführten, meinem Freunde und Collegen, dem Hrn. Hofr. *Jakobs*,
der noch bemerkt: „es heifst bei Philostratus vom
„Philoktet: νοσεῖν αὐτὸν ἐπὶ ἀκτῆς ὑψηλῆς ἐν πέτρᾳ κείμε-
„νον, wo ich sehr irren müfste, wenn es nicht ψιλῆς
„geheifsen hätte. Beide Worte sind an unzähligen
„Stellen verwechselt; und ψιλῆς giebt hier einen Zu-
„satz zu Philoktet's trauriger Lage, während ὑψηλῆς
„von gar keiner Bedeutung ist. Philostratus hatte
„den Vers des Sophokles (Phil. 272) im Gedanken:
        εὔδοντ' ἐπ' αὐτῆς ἐν κατηρεφεῖ πέτρῳ.
„Uebrigens giebt Philostratus (p. 703) auch eine
„Beschreibung von der Lemnischen Erde und ihren
„Kräften."

sur l'extinction du Mosychlos; mais l'histoire nous atteste la destruction de l'île *Chryses.* Cet événement rémarquable arriva du temps de Pausanias, c'est-à-dire, sous le régne d'Antonin le philosophe. Voici comment s'exprime cet auteur: „La fortune a donné de nos jours un exemple de l'instabilité des choses humaines. L'île *Chryses*, qui n'étoit separée de *Lemnos* que par un très-petit bras de mer, où Philoctète fut piqué par un serpent, et où il supporta de si cruelles douleurs. l'île *Chryses* vient d'être envahie par les vagues et engloutie au fond de la mer, tandis que dans le même moment l'île *Hiera* (à Santorin) vient de s'élever subitement du fond des eaux." Später (p. 17) setzt er von dem Vulcan hinzu: „On suit sans interruption son existence, depuis la prise de Troie et le siècle d'Homère jusqu'au régne d'Antonin." Was indefs die nach Antimachus lebenden Schriftsteller betrifft, auf deren Zeugnifs der oben genannte Gelehrte sich beruft, so möchten diese, bei genauerer Prüfung, nicht wohl dazu dienen können, mit Sicherheit das Daseyn des Vulcans zu beweisen.

Bekannt genug ist, dafs es der vorwaltende Hang der Alexandriner, vorzüglich der Dichter war, überall das Seltene und Entlegene aufzuspüren, und wieder anzubringen, wovon sich Beispiele in Menge anführen lassen. Die lateinischen Dichter folgten wieder den Alexandrinern, so dafs jene eben so wenig als diese, für gewichtige Zeugen hier gelten können. Ja, wenn

wir aus dem Stillschweigen der anderen Alexandriner argumentiren wollen, so scheint der Mosychlos damals als ganz unpassend betrachtet zu
seyn, in einem Gedichte mit Erfolg angeführt
zu werden, denn *Apollonius Rhodius*, der sonst
alle alten Sagen von *Lemnos* hat (I. 601. 830.
851 etc.), schweigt von dem Vulcan. Auch
selbst die Stelle im *Pausanias*, die Herr *Buttmann* sicher kannte, möchte nicht beweisen,
was sie nach *Dureau de la Malle* beweisen soll,
und damit der Leser selbst vergleichen kann,
möge sie hier auch Griechisch stehen: Λήμνου
γὰρ πλοῦν ἀπεῖχεν οὐ πολὺν Χρυσῆ νῆσος, ἐν
ᾗ τῷ Φιλοκτήτῃ γενέσθαι συμφορὰν ἐκ τοῦ
ὕδρου φασί· ταύτην κατέλαβεν ὁ κλύδων πᾶ-
σαν, καὶ κατέδυ τε ἡ Χρυσῆ καὶ ἠφάνισαι κα-
τὰ τοῦ βυθοῦ· νῆσον δὲ ἄλλην καλουμένην
Ἱερὰν τόνδε οὐκ ἦν χρόνον. *) Wir sehen hier,
daſs Pausanias nicht bestimmt, daſs diese Insel
zu seiner Zeit versunken sey; so wie sich überhaupt aus der ganzen Stelle nichts für die Zeit,
wann es geschehen seyn mag, entnehmen läſst.
In der letzten Zeile liest Herr *Dureau de la
Malle*, νῆσον δὲ ἄλλην ἀνέφηνε καλουμένην Ἱερὰν, ᾗ τόνδε οὐκ ἦν χρόνον, was aber, so viel
mir bekannt ist, in keiner Handschrift sich findet. In einem Manuscripte der kaiserlichen Bibliothek zu *Paris*, das wörtliche Auszüge aus mehreren Schriftstellern enthält, und unter andern

*) Herr *Mannert* (Geographie der Griechen und Rö-
    mer, 7. Th. S. 255) giebt, nach dieser Stelle, an,
    ein Orkan hätte die Insel *Chryse* versenkt, wovon
    aber Pausanias nichts sagt.

auch aus *Strabo* und *Pausanias* (Mem. de l'Ac.
des Inscr. Hist. T. XIV. p. 195) fin et sich folgende Lesart: νῆσον δὲ ἄλλην ἀνέδωκεν, ἣ
τόνδε τὸν χρόνον οὐκ ἦν, und so möchte wohl
Pausanias geschrieben haben, jener Name, *Hiera*,
aber ward von einem Abschreiber hinzugesetzt,
da dies die bekannteste Insel ist, unter denen
die aus der Tiefe des Aegaeischen Meeres emporstiegen. Selbst aber auch, wenn man den
Namen *Hiera* in den Text nehmen müfste, würde diese Stelle mehr für Hrn. *Buttmann*, als
seinen Gegner zeugen; denn *Hiera* trat aus dem
Meere hervor, als die Römer den Philipp von
Macedonien bekriegten (Justin. lib. XXX. c. 4.
Plutarch de Pyth. orac. p. 399), und ungefähr
dieselbe Zeit bestimmt Plinius (hist. nat. l. II.
c. 89. ed. Hard. T. I. p. 114.).

Aus dem bisher Angeführten ergiebt sich
auch, was von Hrn. *Dureau de la Malle* Behauptung zu halten ist (p. 20.): „Les faits nom-
breux que j'ai rapportés refutent, je crois, suffi-
samment M. *Buttmann* qui, apres avoir observé
que *Valerius* parle des effets volcaniques du Mosychlos comme d'une chose actuelle, fixe, par
une simple conjecture dénuée d'opinion historique, l'exstinction de ce volcan au siècle d'Alexandre.“

Auch möchte sich wohl nicht mit Gewifs-
heit behaupten lassen, dafs die verödete Insel bei
Lemnos, wo nach *Appian* (bell. Mithrid. c. 77.)
Lucullus den *Varius*, *Alexander* und *Dionysius*

fand, und wo man ihm den Altar des *Philoktet*,
die eherne Schlange, den Bogen und Harnisch
des Helden zeigte, die Insel *Chryse* gewesen
sey, die *Appian* wohl genannt hätte. Auffallend
ist, dafs *Plinius*, der an mehreren Stellen ausführlich über *Lemnos* spricht, auch von der dort
gegrabenen Erde (V, 14), nichts von dem feuerspeienden Berge erwähnt.

Unter den neuen Reisenden sind mehrere,
die von *Lemnos* sprechen, und einige geben
ziemlich ausführliche Nachrichten, daher Herr
Buttmann mit Unrecht behauptet (p. 310): ,,kein
Einziger von denen, die ihre Reisen dem Publicum bis jetzt vorgelegt haben, hat das merkwürdige *Lemnos* besucht.‘‘

Stephanus Albarkarius, ein Arzt, ward von
Busbek, der als kaiserlicher Gesandter in *Constantinopel* sich aufhielt, nach *Lemnos* geschickt,
um die berühmte Erde, die dort gegraben wird,
zu untersuchen. Ihn versicherten die dortigen
Griechen, dafs die Lemnische Erde an keiner
anderen Stelle sich finde, als da, wo sie jetzt
gegraben würde, und sie hätten auch von keinem anderen Orte gehört, wo sie in früherer
Zeit gegraben wäre. ,,Aber, fährt er fort, ich
kann nicht glauben, dafs der gegenwärtige eben
der Ort sey, der zu *Galen's* Zeit der Fundort
war. Dieser schreibt, der Hügel sey rothgelb,
kein Baum, kein Fels, keine Pflanze sey darauf,
sondern nichts als Lemnische Erde; aber wo
man diese jetzt gräbt, ist gerade das Gegentheil

von allem diesen. Gerade wo die Gruben jetzt
sind, finden sich so grofse Steine, dafs man sie
zu Mühlsteinen braucht. Der Hügel sieht keines-
weges einem verbrannten ähnlich, und hat keine
Spur von rother Farbe, ist überdies so fruchtbar
an Pflanzen und Bäumen, dafs er von den Einwohnern mit grofsem Vortheil bebaut wird. Der
Berg liegt nach Osten hin, wo ein Dorf, Namens *Repondi*, liegt; aber die Gruben sind auf
dem Gipfel des Berges, wo sich derselbe in eine
Fläche ausbreitet." An einer anderen Stelle sagt
er: „die Erde selbst, die dort gegraben wird, ist
gröfstentheils weifs, oder nur ein wenig röth-
lich, ob sie gleich, jedoch äufserst selten, auch
von rother und goldgelber Farbe gefunden wird.
Galen's Lemnische Erde war roth, wie Mennig
oder Röthel *), dergleichen zwar auch auf der
Insel ist, welches aber eben so wenig die Gale-
nische seyn kann, da sie sehr abfärbt, welches
jene nicht that. Alles dies bringt mich dahin,
zu glauben, dafs *Galens* Hügel entweder durch
Erdbeben oder Ueberschwemmung vernichtet worden, oder dafs er seine Gestalt und Natur verändert hat, durch den Fleifs der Anbauer.

Eine ausführliche Beschreibung von *Lemnos*
hat *Petrus Bellonius* gegeben (*P. B.* plurima-
rum singular. rerum in Graecia, Asia etc. ab ip-
so conspectarum observationes, tribus libris ex-

---

*) Auch *Nikander* sagt (Ther. 864):
— ἀμέργεο πολλάκι μίλτου λημνίδος. cfr. Schol.

pressae. Antwerp. 1589. 8. p. 60 — p. 76), woraus hier nur Einiges mitgetheilt werden kann.
Er besuchte die Ruinen von *Hephaestia*, wo er
noch Ruinen einer alten Burg fand, *Samothra-
cien* gegenüber (p. 67.). Von den Ruinen gieng
er mit seinen Reisegefährten nach dem Hügel,
wo die Lemnische Erde gegraben wird, und der
nicht mehr, als 3 Pfeilschüsse entfernt ist. Zwischen dem Haven *Hephaestia* und dem Hügel
steht eine Kapelle; dann gelangt man zu 2 Quellen, und jenseits derselben zu dem Hügel, wo
aber unser Reisender nichts, als die mit Erde zu-
geschüttete Grube sah, da sie nur an einem einzigen Tage im Jahre geöffnet werden darf. Der
Hügel selbst war dürre, doch wuchs Waizen darauf. Er setzt dann hinzu: ,,alle Einwohner wis-
,,sen vom Vulcan zu erzählen.'' Nach Einigen soll
er dort, beim Sturz vom Pferde, das Bein gebrochen haben, und durch den Gebrauch der
Erde geheilt seyn; nach Anderen verrenkte er
blofs die Hüfte.

    An einer anderen Stelle (p. 76) erzählt er
auch von warmen Quellen in *Lemnos*; ,,man habe eine Hütte darüber gebaut, ein alter steiner-
ner Mörser diene zur Badewanne, und das Wasser sey nicht sehr warm. Fast dasselbe giebt
auch *Sonnini* an (Voyage en Grèce et en Tur-
quie p 352): ,,Il ne reste plus de vestiges de
ces volcans, cependant des feux interieurs y brû-
lent encore, car l'on y trouve une source d'eau
chaude, dont on a fait des bains, et une autre
d'eau alumineuse. *Choiseul Gouffier* (Voy. pit-

tor. T. II. p. 136) berichtet: der Berg *Therma*
verdankt seinen Namen einer heifsen Quelle, die
an seinem Fufse, auf der nordöstlichen Seite,
entspringt. Er ist der höchste Berg auf der Insel, und erhebt sich 174½ Toisen über die Meeresfläche. In den heifsen Quellen steigt das
Réaumursche Thermometer auf 31 Grad; sie
scheinen keine Schwefeltheile zu enthalten, sondern blofs Eisen, das sich in Menge rings umher findet. Aehnliche Nachrichten gab auch
schon *Pokocke*, der ebenfalls in Lemnos war
(III. Th. p. 34. teutsche Uebers.).

Torelli (Egeo rediviva p. 427.) berichtet:
auf der ganzen Insel Lemnos wären *zwei* Berge;
den einen, wo man die Siegelerde gewinnt, ver-
legt er nach Norden, nennt ihn *Monte di Volca-*
no, und beschreibt ihn als einen angenehmen
Hügel, verglichen mit dem *Monte di Nettuno*
im Süden, der sein stolzes Haupt furchtbar in
die Wolken hebe, und das Auge mehr beleidige,
als ergötze.

Van Kingsbergen in seiner Beschreibung des
Archipelagus (S. 71 — 83 der teutschen Uebers.
von *Sprengel*) giebt ziemlich umständliche
Nachrichten von Lemnos, woraus wir nur Folgendes ausheben wollen: „Lemnos liegt unter
dem 39° 51' der Br., was besonders auf das süd-
lichste Vorgebirge der Insel pafst. Die Länge
beträgt 23°. Er selbst indefs hält diese Bestimmung nicht für genau. Lemnos ist von Süden
nach Norden nur drei Meilen lang, und hat eine

viereckige Gestalt, deren Winkel nach allen vier
Himmelsgegendeu gerichtet sind.   Das Land ist
zwar durchaus uneben und bergig, doch erscheint
es nicht sehr hoch.

„An der Ostküste der Insel kann man nirgends landen, weil sich eine Bank, von 3 Meilen in der Ausdehnung, davor gelegt hat.   Die
besten Ankerplätze findet man am südlichen
Ufer; die Merkmale, die man beobachten mufs,
wenn man hier anlegen will, sind zwei Berge,
die sich über das Land erheben, und südostwärts
erscheinen.

„Rund um den Haven *St. Anton* liegen Dörfer in einer ziemlich angebauten Ebene.   Ein
Weg, der zum Castell und zur Stadt *Lemnos*
führt, geht längs der See, und nachher am *Fufse*
eines steilen Berges weg, den man für den *berühmten ausgebrannten Vulcan* hält.

„Die Insel mag 50 Dörfer und 8000 Einwohner haben.   Im Innern derselben giebt es fast
gar keine Türken.   Die Ländereien liefern Waizen, Gerste und Wein.   Bauholz hat die Insel
gar nicht; man erhält es gröfstentheils aus Tasso,
und von den Küsten des Meerbusens von Contessa."

Kingsbergen kannte also die Untiefen an der
Ostküste, die auch *Dapper* in seiner Beschreibung der Inseln des Archipelagus anführt (p. 243),
ohne jedoch an eine versunkene Insel zu denken;
suchte aber den Vulcan auf der westlichen Seite

von Lemnos, und scheint den Berg von Therma dafür gehalten zu haben.

Pokocke, der auf seiner Reise in Orient ebenfalls Lemnos besuchte, und manche interessante Nachrichten über diese Insel giebt, fügt am Ende hinzu: „ich konnte in Lemnos weder von einem feuerspeienden Berge, dessen die Alten gedenken, noch von einem Labyrinthe Nachricht erhalten (Reise in den Orient. III. Th. S. 36.)."

Auf seiner zweiten Reise nach Griechenland liefs *Choiseul Gouffier* von seinen Begleitern die Insel Lemnos untersuchen, um dadurch, wo möglich, Aufklärung über so manche dunkle Stelle in den Alten sich zu verschaffen. Ueber Erwarten glücklich waren diese bei ihrem Unternehmen, und da das Original der Reise, der Kostbarkeit wegen, nur Wenigen zur Hand seyn möchte, wollen wir das Wichtigste der mitgetheilten Nachrichten nebst der Charte ausheben, um zu sehen, was sich daraus für die Lage des Vulcans folgern läfst.

„Der Hügel, sagt *Choiseul Gouffier*, wo man noch jetzt, wie ehemals, mit religiösen Gebräuchen, die berühmte Thonerde holt, der man seit so vielen Jahrhunderten die Kraft zuschreibt, Uebel aller Art zu heilen, trägt alle Spuren eines, durch unterirdisches Feuer verbrannten Bodens an sich; jener Krater indefs, von welchem *Cicero* (de Nat. Deor. III. 22.) spricht, den Eustathius und der Scholiast des Sophocles (Philokt. 814.) erwähnen, fand sich nirgends. Die ersten

Nachforschungen, die man im Innern der Insel
und in den höher gelegenen Gegenden angestellt
hatte, waren alle ohne Erfolg gewesen; man traf
keinen Krater, keine Laven, keine Spur eines
Vulcans. Nichts fand sich, als Bimsteine, aber
die konnten auch die Woogen ans Ufer geworfen
haben, oder sie konnten durch Vulcane, die offenbar auf nahe liegenden Inseln gebrannt hatten, nach Lemnos geschleudert seyn.

„Eine sorgfältigere Untersuchung der Klippen, deren Ausdehnung genau zu kennen, für
die Schifffahrt sehr wichtig war, zeigte mir, dafs
diese Untiefen einen Theil der Insel Lemnos ausmachen, der bei irgend einem Anlafs versank.
Dort war der Vulcan; unterirdische Feuer unter-
gruben den Grund des, jetzt von den Fluten bedeckten Vorgebirges; der brennende Berg, welcher der ganzen Insel Verderben drohte, ist untergegangen, und zog in seinen Sturz das nahe
liegende Land mit hinab.

„Durch häufiges Sondiren dieser Untiefen,
wo bei ruhiger See einige Felsspitzen hervorra-
gen, fand man eine enge Durchfahrt, wodurch
diese versunkenen Felsen getrennt wurden, und
ein Fahrzeug konnte, von einem guten Steuer-
mann gelenkt, diese Strafse durchfahren. Dieser
Umstand, der die Aufmerksamkeit der zum Sondiren ausgeschickten Seeleute erregte, liefs mich
unter den Wellen die Insel *Chryse* erkennen,
die, durch Philoktet's Unglück berühmt, nirgends
mehr zu finden war.

„Die kleine Insel *Chryse* ward nur durch eine schmale Strafse von dem gleichnamigen Vorgebirge geschieden, und sie versank mit diesem.
Ein gleiches Schicksal stürzte den öden Felsen,
das traurige Asyl des Philoktet, und das grofse
Vorgebirge, das einst Flammenströme auswarf,
in den Schoos des Meeres; Delphine spielen
über der erloschenen Werkstatt Vulcans; und der
Pilot, voll Furcht gegen diese Klippen geworfen
zu werden, wünscht oft sehnlich in den Schreck-
nissen einer finsteren Nacht, den furchtbaren
Leuchtthurm zurück, der Jahrhunderte hindurch
den Weg zum Hellespont erhellte.

„Einige widersprechende Stellen der Alten
könnten zu beweisen scheinen, dafs die Insel
Chryse auch *Neae* geheifsen habe (Plin. II, 8.
IV, 12. Steph. de urb. Suid. v. *Νεαῖ.* Antigon.
hist. Mirab. c. 9); und es würde nicht unmöglich seyn, diese Meinung durch Stellen aus Stephanus von Byzanz, durch einige Verse aus dem
Altar des Dosiades zu unterstützen; lieber aber
wird man, auf Treu und Glauben, die Meinung
des Herrn *Barbié du Bocage* annehmen, der die
kleine Insel *Agio-Strati* für die Insel *Neae* hält.“

Später setzt *Choiseul Gouffier* noch hinzu;
„die Flammen, die ehemals hier auflodernten,
sieht man nicht mehr; aber sie sind nicht erlo-
schen; heftige Erschütterungen lassen oft neue
fürchterliche Umwälzungen erwarten. Der Hügel, wo man die Lemnische Erde gräbt, ist im

Laufe der Zeiten mit einer Lage fruchtbarer Erde bedeckt, die Gemüse in Menge hervorbringt."

Offenbar ergiebt sich aus diesen Untersuchungen, dafs wir keinen Anstand nehmen dürfen,
die Insel *Chryse* unter den Woogen zu suchen,
und ebenfalls den feuerspeienden Berg; so dafs
jener nördlich gelegene Hügel, den man bisher
dafür gehalten hat, nicht länger dafür gelten
kann. Auch glauben wir nicht zu irren, wenn
wir den Untergang des Mosychlos und des Eilan-
des nicht lange nach Alexander setzen, da für
eine spätere Epoche sich keine Beweise finden.

Gotha.   *Ukert.*

2.

Nachrichten

über die Landschaft *Agoona* auf der
Goldküste in *Afrika*, datirt vom
20. Decbr. 1809.

Von *Heinrich Meredith*, Esq. *)

Die Landschaft *Agoona* erstreckt sich gegen
20 kl. Seemeilen in die Länge von Osten nach

*) Aus dem Monthly Repertory of Engl. Litterature.
April 1811.

Westen, und gegen 30 kl. Seemeilen in die Breite,
da es zwischen 5° und 5° 30' nördlicher Breite
liegt. Gegen Süden macht das Meer die Gränze,
westlich, nördlich und östlich stöfst es an die
Districte *Akron, Adgumakoon, Assin, Akim* und
Akra. Das Land gewährt einen mannichfaltigen
Anblick. An einigen Orten ist es flach, und sogar morastig, an anderen erheben sich Hügel,
man findet freie Ebenen von beträchtlichem Umfange, und dann wieder reiche Waldungen. Das
Klima hält man verhältnifsmäfsig für gesund;
sicher ist es gemäfsigter, als an vielen anderen
Strichen dieser Küstenlinie. Der Thermometer
steht gewöhnlich von 75° bis auf 85°. In
der Regenzeit stand er schon anf 73°. Die Jahreszeiten kö·nen eingetheilt werden in die *Tor-
nado-*, in die Regen- und in die trockene Zeit.
Die Tornado - Zeit *) fängt im März an, und
dauert gegen zwei Monate.

*) Die *Tornados* sind heftige *Windstöfse* von Osten,
die gewöhnlich mit Donner, Blitz und heftigen Regen begleitet sind. Der eigentliche Sturmwind hält
selten länger als eine halbe Stunde an, aber das
Schauspiel, das sich während dieser Zeit darbietet,
ist eins der furchtbarsten und erhabensten in der
Natur. Nach einem solchen Ungewitter wird die
Luft merklich kühl und rein, und es ist nicht unge-
wöhnlich, dafs der Thermometer nachher innerhalb
zwei oder drei Minuten um 8 bis 10 Grade fällt.
Der menschliche Körper fühlt sich dann kräftiger
und thätiger, und die Seele erhält wieder die Schnell-
kraft, die durch die lang anhaltende Hitze verloren
gegangen ist. Eine genauere getreue Schilderung
der Tornados und der dabei vorkommenden physi-

Die Regenzeit beginnt gegen Ende des Mai, und hört auf im August; hierauf folgt die trokkene Zeit, und währt, mit geringen Veränderungen, den Ueberrest des Jahres hindurch, das heifst, vom August bis März. Gegen Ende Decembers oder Anfang Januars in jedem Jahre, und zuweilen im Februar, weht ein Landwind von ganz besonderer Art, der *Harmattan* genannt, vier, sechs, auch acht Tage, ja zuweilen vierzehn Tage lang. Er ist besonders merkwürdig wegen seiner verkältenden und starr machenden Wirkung auf den menschlichen Körper, und wegen des aufserordentlichen Grades von *Dürre*, den er hervorbringt, indem der Ausdünstungsprocefs, während er anhält, mit erstaunender Schnelligkeit vor sich geht. *)

In der Nähe des Meeres ist der Boden an manchen Orten gering und sandig, und daher ungünstig zum Anbau der Producte, die den Wendekreisen eigen sind. Und wo der Boden auch nicht so beschaffen ist, findet man doch, dafs viele Pflanzen nicht gedeihen, was man theils der Kälte und Feuchtigkeit der Seelüfte oder Südwestwinde zuschreibt, die an dem Ufer durch Nichts gemildert werden, theils aber daraus erklärt, dafs die Luft daselbst mit Salzpartikeln geschwängert ist, die beständig mit dem Meerschlamm ans Land geworfen werden.

schen Erscheinungen findet man in Dr. *Winterbottom's* Account of Sierra Leone, p. 24.

*) S. *Winterbottom's* Account of Sierra-Leone, p. 39.

Ungefähr zwei oder drei Meilen vom Meere
ist der Boden schon weit fruchtbarer, und dies
nimmt immer mit der Entfernung zu, so dafs
sechs oder acht Meilen vom Ufer der Boden hinlänglich gut ist, beinahe jedes tropische Product
hervorzubringen. In dieser Entfernung ist auch
das Klima besser und so gemäfsigt, dafs es den
Anbau europäischer Pflanzen und Gewächse zuläfst. Nahe àm Meere gedeihen am besten Reifs,
Zuckerrohr und Baumwolle.

Das einzige mineralische Erzeugnifs, das
bisher in dieser Gegend ist entdeckt worden, ist
Gold, und die Eingebornen bemühen sich, die
Art, wie sie es zu Tage fördern, vor den Europäern
zu verbergen. Es ist aber auffallend, dafs sie
eben so wenig die mineralischen Producte aufzusuchen verstehen, als sie dieselben zu verar-
beiten wissen.

Von zahmen *Hausthieren* giebt es dort Schafe,
Ziegen, Schweine, Hunde, Katzen, die gewöhnlichsten Vögelgattungen u. s. w. Von wilden
Thieren aber Tiger, Leoparden, Hyänen, Büffel-
ochsen, wilde Schweine, Hirsche, Hasen, Eich-
hörnchen, Affen, Ameisenbäre, Muscusthiere,
Crocodille und Schlangen.

Man findet in dieser Gegend nur wenig
Schiffbauholz, dagegen giebt es Holzarten, die
zum Häuserbauen und zur Verfertigung von Möbeln und anderem Geräthe sehr brauchbar sind,
wiewohl nicht in grofsem Ueberflusse. Aufser-

dem sind die vorzüglichsten vegetabilischen Erzeugnisse: Mais (der zwei Aerndten im Jahre giebt), Hirse, Yams, Cassava, süfse Potatoes, Plantanen, Bananas, Zuckerrohr, Reifs, Baumwolle, Pfeffer und Erbsen von verschiedenen Arten u. s. w.; aufser Pomeranzen, Pinienäpfeln und anderen Früchten der Linie. Alle diese Producte werden mehr oder weniger von den Eingebornen angebaut, und der Boden wäre auch gröfstentheils für die übrigen tropischen Erzeugnisse geeignet. Ihre gegenwärtige Art, das Land zu bauen, ist zwar sehr roh und mangelhaft, könnte aber durch Einführung der Pferde und des Hornviehes, so wie durch das Beispiel und die Belehrung von Europäern, sehr verbessert werden, vorausgesetzt, dafs der Fleifs der Eingebornen durch Belohnungen angeregt und aufgemuntert würde.

Gegenwärtig sind noch alle Ländereien der Provinz *Agoona* ein gemeinschaftliches Gut, und kein Individuum darf sich einen Theil davon zueignen, aufser während er denselben anbaut. Es giebt grofse Striche Landes, die keinen Besitzer haben, und wo nicht mehr als der zehnte Theil des ganzen Landes angebaut ist. Unter den Eingebornen weifs man gar nichts vom Verkaufen, oder Verpachten der Ländereien, und nur die Europäer kaufen zuweilen für fünf oder sechs Pfund Sterling eine beträchtliche Strecke Landes. In diesem Falle wird ihr Recht auf dies Land schwerlich gestört; doch wäre wohl in dem dermaligen Zustande der bürgerlichen Gesellschaft der Besitz der Erzeugnisse ohne besonde-

ren Schutz nicht immer sicher, zu welchem Ende man eine hinlängliche Anzahl von Arbeitsleu-
ten in beständigen Sold nehmen müſste, die
dann das Feld anbauten, und zugleich beschütz-
ten. Dieser Sold würde nicht über zehn bis
zwölf Schillinge des Monats kommen.

Agoona hat keinen schiffbaren Fluſs, aber
durch kleine Bäche, die es nach vielen Richtungen durchschneiden, ist es ziemlich mit frischem
Wasser versehen.

Die vorzüglichsten Städte sind: *Winnebach*
(oder *Simpa*), *Agoona*, *Bereac* und *Fettah*.
Die ganze Bevölkerung der Provinz kann gegenwärtig nur auf 10,000 Seelen geschätzt werden,
worunter man 7000 Weiber und Kinder annimmt,
doch war sie vor dem letzten Kriege und Einfall
der *Asianter*, eines Volkes im Innern von Afrika, weit stärker. *)

Unmittelbar an der Seeküste leben die Einwohner hauptsächlich vom Fischfang, in den
übrigen Theilen der Provinz von der Jagd und
dem Ackerbau. Nur sehr wenige ernähren sich
vom Handel. Dieser Handel besteht darin, daſs
sie gegen Gold und einige andere Artikel von
den Europäern Muscheln, ostindische Baumwolle,
Eisen, Blei, geistige Getränke, Tabak, Tabaks-

---

*) Dieser Krieg hatte drei Jahre vorher seinen Aufang
genommen, und einen groſsen Theil der Goldküste
verheert.

pfeifen, Flinten, Schiefspulver, eherne Gefäfse,
und wollene und baumwollene englische Manufacturwaaren einkaufen, welche Waaren sie dann
entweder an ihre Landsleute oder an Einwohner
des inneren Landes gegen Gold, Lebensmittel
aller Art, Palmwein, Palmöl u. s. w. austau-
schen. Der Werth aller Waaren wird nach Muscheln und Gold bestimmt. Sie haben kein bestimmtes Maas und Gewicht.

Die Verfassung, Regierungsform und Gesetze
der Provinz *Agooma* gleichen sehr denen der
Fantees. Von den Oberhäuptern der kleinen
Districte (Caboceers) sind einige erblich, andere
werden vom Volke gewählt. Diese Oberhäupter
regieren zuweilen sehr despótisch, aber ihre Gewalt ist dann nicht von langer Dauer, weil das
Volk sich häufig dagegen empört, und den Un-
terdrücker vertreibt oder sonst bestraft. In der
Verwaltung der Gesetze werden diese Oberhäupter von einer Art von Gerichtshof unterstützt,
dessen Mitglieder, *Pynins* genannt, aus den Ael-
testen jedes Districtes vom Volke gewählt werden, und die vorkommenden Streitigkeiten nach
dem Gesetze schlichten. Das Gesetz selbst wird
nur mündlich von den Richtern aufbewahrt, weshalb sie öfters zusammen kommen, um das Andenken derselben unter sich zu erneuern. Uebrigens ist es ihr Interesse, die angeklagten Personen zu verurtheilen, denn sie bekommen einen
Antheil von allen Geldstrafen und Güter-Einzie-
hungen.

Beinahe alle Verbrechen, grofse und kleine,
werden durch Geldstrafen oder Sclaverei bestraft,
was in der That einerlei Strafe ist, denn wer die
ihm zuerkannte Geldstrafe nicht bezahlen kann,
wird durch das Gesetz zur Sclaverei verurtheilt.
Sogar Mord, (ein Verbrechen, das selten vorkommt) obwohl das Gesetz die Todesstrafe dagegen ausspricht, kann doch durch sieben Sclaven
vergütet werden. Ist gegen einen Beklagten kein
Beweis vorhanden, so tritt eine Art von Gottes-
urtheil (Ordalien) ein, die darin besteht, dafs
der Angeklagte von der Rinde eines Baumes essen mufs, den man für vergiftet hält. Behält er
diese Rinde bei sich, so wird er für schuldig erklärt, wo nicht, für unschuldig Man hält diese
Richter für sehr bestechlich, weshalb zuweilen
die Entscheidung eines Streites den Pynins eines
anderen Districtes vorgelegt wird. In Fällen,
wo Jemand der Zauberei schuldig erklärt wird,
erstreckt sich die Strafe auf seine ganze Familie,
ja auf alle Personen, die mit ihm unter einem
Dache wohnen. Doch ist seit der Abschaffung
des Sclavenhandels Niemand dieses Verbrechens
schuldig erklärt worden.

Erbfeindschaften sind unter diesem Volke
gewöhnlich; ihre Feindseligkeiten bestehen jedoch
selten in kühnen Unternehmungen, da persönli-
cher Muth eben kein Hauptzug ihres Charakters
ist, sondern mehr in Ueberfällen, wo sie dann
die Einwohner des feindseligen Districtes oder
Staates mit sich fortführen, und zu Sclaven
machen. Zuweilen werden die Kriegsgefangenen

in der ersten Hitze umgebracht, aber im Allgemeinen behält man sie des Vortheils wegen.
Nur selten werden sie ausgewechselt.

Die Einwohner dieser Provinz sind schwarz,
von mittlerer Statur, im Durchschnitt wohl gebaut, kräftig und fähig grofse Strapatzen auszuhalten. Sie haben gröfstentheils einen gefälligen
und offenen Ausdruck des Gesichtes, und sind
aufgeweckten, fröhlichen Temperaments. Es
fehlt ihnen nicht an schneller Fassungskraft in
allen ihnen bekannten Dingen, was ihnen aber
fremd ist, begreifen sie nur langsam. In ihren
Neigungen sind sie nicht sehr hitzig, denn ob
sie gleich gelegentlich sich heftig und ungestüm
zeigen, so gehen sie doch gewöhnlich langsam
und mit Ueberlegung zu Werke. Die Gastfreiheit wird bei ihnen sehr weit getrieben, und
alle Fremde und Reisende werden mit dem be-
wirthet, was das Haus vermag.

Im Ganzen genommen sind die Einwohner
von *Agoona* ein fleifsiges Volk, besonders diejenigen, die vom Fischfange leben. Sie stehen
aber auf einer sehr niederen Stufe der Sittlich-
keit. Sie scheinen nichts vor Augen zu haben,
als ihr eigenes Interesse und Furcht vor der
Strafe, wozu freilich die Beschaffenheit ihrer
Gesetze, und die Art, wie sie gehandhabt werden, nicht wenig beitragen mag. Ihre Religion
hat nicht die mindeste Einwirkung auf die Sitt-
lichkeit, und besteht nur aus einer abergläubischen Furcht vor einem bösartigen höheren Ein-

flufse, wogegen sie sich durch *Fetische* oder Ta-
lismane, die sie durch ihre Priester erhalten, zu
verwahren suchen. Das Volk selbst scheint keine
Art von religiösen Gebräuchen auszuüben, wohl
aber die Priester (*Fetishmen*), die eine Art von
Gottesdienst und Ceremonien haben, und von
denen das Volk glaubt, sie wären in unmittelba-
rem Verkehr mit dem Dämon oder Fetisch selbst.
Diese Priester stehen gewöhnlich mit den ge-
walthabenden Personen in Verbindung, und gebrauchen ihren Einflufs auf das Volk dazu, den
Gesetzen Gehorsam zu verschaffen, und das Ansehen der Regierung zu befestigen.

In *Winnebah* opfert man jährlich dem
Fetisch eine Hirschkuh. Menschenopfer treten
nur dann ein, wenn ein Mann von Bedeutung
stirbt. Die Schlachtopfer werden unter den Sclaven des Verstorbenen gewählt, und sind gemeiniglich alt und gebrechlich. Diese Opfer geschehen aber in *Agoona* nur sehr selten.

Obgleich die Eingehornen an natürlicher Fä-
higkeit den Europäern nicht nachzustehen scheinen, so befinden sie sich doch in Rücksicht der
Bildung auf der niedrigsten Stufe. Sie haben
keinen Begriff von Buchstaben, und können daher ihre Sprache, die sanft und wohlklingend
ist, nicht festhalten und ausbilden.

Künste und Handarbeiten sind sehr unvollkommen. Sie verfertigen Kähne, Fischnetze,
Angeln, Körbe, Matten und andere ähnliche

D d 2

Sachen, und einige unter ihnen treiben Mau-
rer- und Zimmermanns-Arbeit.

Die Jugend belustigt sich mit Tanzen und
Singen; die älteren Leute erzählen einander die
Thaten und Begebenheiten ihrer Jugend.

Die Weiber in *Agoona* sind in einem Zustande der Herabwürdigung, so wie in allen
Ländern, wo die Vielweiberei herrscht. Sie sind
im strengsten Sinn die Sclaven der Männer, und
verrichten alle Hausarbeiten. Auch versehen sie
die Stelle der Aerzte und Wundärzte. Die häufigsten Krankheiten sind Fieber, Flüsse, Rheu-
matismen und Aussatz, gegen welche Uebel sie
meistens gewisse einheimische Kräuter brauchen.

Die Zahl der Sclaven in *Agoona* ist nicht
beträchtlich, und auf 40, ja vielleicht 50 Personen rechnet man nur einen Sclaven. Die Gewalt des Herrn über seinen Sclaven ist unein-
geschränkt, und erstreckt sich bis auf sein Leben. Was aber die Feldarbeit anlangt, so ist
kein Unterschied zwischen dem Freien und Sclaven; sie haben dieselben Arbeitsstunden, und
der Sclave wird nicht zur Arbeit gezwungen.

Noch immer wird sowohl von den Hollän-
dern, als von den Dänen, die an der Küste wohnen, einiger Sclavenhandel getrieben. Am meisten führen die Portugiesen Sclaven von der
Goldküste weg. Ihr grofser Markt ist auf der
sogenannten Sclavenküste. Noch im letzten Oc-

tober v. J. holten zwei Schiffe von *Cuba* Ladungen von Sclaven von der Goldküste ab.

Der Nutzen, den die Abschaffung der Sclaverei von Seiten der Engländer für die Goldküste gehabt hat, wird sehr verhindert oder doch verringert durch den Sclavenhandel, den andere Nationen, obgleich in geringerem Grade, noch forttreiben. Seit dieser Abschaffung ist es auffallend, dafs die Landeseinwohner im Goldsuchen fleifsiger, und überhaupt betriebsamer geworden sind; auch hat die persönliche Sicherheit zugenommen, so wie Verurtheilungen wegen Zauberei und zerstörende Kriege seltener unter ihnen geworden sind. Es ist daher unläugbar, dafs die gänzliche Abschaffung des Sclavenhandels für Afrika die gröfste Wohlthat seyn würde, so wie es die dringendste Pflicht der Menschlichkeit ist.

Diese Nachrichten und Bemerkungen betreffen nur einen kleinen Theil von der sogenannten Goldküste, und obgleich die ganze Küste an Boden und Klima viele Aehnlichkeit hat, so findet man doch in anderen Hinsichten bedeutende Unterschiede. Die Provinz *Anta* z B., die zwischen den Flüssen *Ancobra* und *Succondee* liegt, ist ein reiches, waldiges Land, reichlich gewässert, und mit Gewächsen überdeckt. Das Holz daselbst ist zu jedem Gebrauche tüchtig. Gold und andere Metalle finden sich hier in gröfserer Menge, als in den benachbarten Staaten. Auch ist der Boden besser angebaut, und es finden

sich mehrere sehr brauchbare Buchten und Lan-
dungsplätze.   Der Fluſs *Ancobra* trennt diese
Provinz von dem Königreiche *Apollonia*.   Hier
ist das Land noch mehr durch Seen und Flüsse
gewässert, und noch mehr geeignet zum Anbau
von Reiſs, Zuckerrohr und aller Producte, die
einen feuchten Boden bedürfen.

Je weiter man aber vom Meere abwärts in
das Innere des Landes dringt, desto fruchtbarer
wird der Boden, um so gesegneter erscheint das
Klima; die Industrie nimmt in demselben Grade
zu, und im Ganzen befinden sich die Einwohner
glücklicher. Alle tropischen Producte würden in
diesem Lande sehr gut gedeihen, und es lieſse
sich ein sehr vortheilhafter Tauschhandel gegen
europäische Manufacturen einrichten, an die der
Eingeborne schon gewöhnt ist.   Wenn man erwägt, was Geschicklichkeit und Fleiſs in West-
indien und in den pestilenzialischen Sümpfen
von *Guiana* ausgerichtet haben, — was lieſse
sich nicht von den reichen Hügeln und weiten
Ebenen dieses Landes erwarten, wo der Boden
von so üppiger Fruchtbarkeit, und das Klima ver-
hältnifsmäſsig so gesund ist?

3.

Nachrichten über die Zindschen. *)

Masudy hat in seinem *Morudsch - al - dheheb* einige Nachrichten über die *Zindschen* gegeben, die hier zusammengestellt sind.

Nachdem er den Lauf des *Nil's* durch die Negerländer beschrieben hat, fügt er hinzu: „Es trennt sich von diesem Flusse ein Arm, der sich in das Meer der *Zindschen* ergiefst, welches die Küsten der Insel *Kanbalu* umgiebt. Die Herren der Barken von *Siraf* und *Oman*, die diese Gestade besuchen, versichern einstimmig, dafs sie zur Zeit der Ueberschwemmung *Aegypten's* durch den *Nil* oder wenige Zeit vorher, einen Flufs bemerken, der sich ins Meer ergiefst, und dessen Lauf so stark ist, dafs er sich eine Bahn durch die Wogen bricht; dafs dieser, von den Gebirgen der *Zindschen* strömende. Flufs über eine halbe Stunde breit, und sein Wasser süfs und hell sey, aber wenn der *Nil* wachse, trübe und schmutzig, auch von den *Susmar's* (Krokodillen) bewohnt werde. Dieser Flufs dient zur Gränzlinie zwischen dem südlichsten *Habesch* und dem Lande der *Zindschen*. Ohne diese und

---

*) Aus *Et. Quatremère* Mém. géogr. et histor. sur l'Egypte et quelques contrées voisines, recueilli et extraits des Msts. Coptes, Arabes etc. de la Bibliothèque Impériale. T. II. p. 181 — 189.

die Vormauer, welche Moräste und Sandwüsten
bilden, würden sich die *Abyssinier* gegen die
Menge und Tapferkeit der Völkerschaften der
Zindschen, ihrer Nachbarn, nicht erhalten können." —

„Das Indische Meer ist eins der gröfsten auf
der Erdoberfläche. Der Arm desselben, welcher
die Ufer *Abyssinien's* umgiebt, und sich bis zum
Bezirk *Berber*, im Lande der *Zindschen*, erstreckt, heifst die *Strafse von Berber*, die 125
geograph. Meilen lang, und an beiden Enden
25 dergleichen breit ist. (Man verwechsle den
Bezirk *Berber* nicht mit den Berhern, welche die
Provinz *Afrikiah* im *Magreb* bewohnen.) Die
Herren der Barken von *Oman* fahren über die
Strafse von *Berber*, welche sie das *Meer von
Barbara* nennen, und dem sie mehr Ausdehnung
geben, als eben geschehen ist, wenn sie nach
der Insel *Kanbalu* fahren. Denn diese und die
Länder *Sofalah* und *Wakwak*, die an der Süd-
gränze des Landes der *Zindschen* wohnen, sind
das Ende ihrer Schifffahrt. Auch besuchen die
Bewohner von *Siraf* dieses Meer. Ich bin selbst
mit Barken, die von der Hauptstadt *Oman's,
Sandschar,* abgiengen, und dem Herrn aus *Siraf* waren, über dieses Meer geschifft. Im J.
304 d. H. (897 n. Chr. Geb.) schiffte ich abermals darüber, wie ich von der Insel *Kanbalu*
abreisete, um nach *Oman* zurückzukehren."

„Letztere Insel ist sehr bevölkert. Hier leben viel *Zindschen*, die ihre Muttersprache

sprechen, und Musulmans sind. Gegen Ende der
Dynastie der *Ommiaden*, oder im Anfange der
Herrschaft der *Abassiden*, bemächtigten sich die
Musulmans dieser Insel, und führten die darauf
wohnenden *Zindschen* als Gefangene ab, und
sind noch im Besitze dieser Insel, die vom Lande
der *Zindschen* eine bis zwei Tagereisen entfernt
ist. Die Entfernung zwischen *Oman* und *Kan-
halu* beträgt, der Schätzung der Schiffer zu Folge, 500 Parasangen."

„Das Land der *Zindschen* liefert Zebra- und
Leoparden-Häute, welche den Bewohnern theils
zu ihrer Bekleidung dienen, theils in die dem
Islam unterworfenen Länder verhandelt werden.
Die Leopardenhäute von hier sind die gröfsten,
die man hat, und die schönsten zu Pferdedek-
ken. Auch zieht man Schildkrötenschalen aus
diesem Lande, die zu Kämmen verarbeitet werden. Die Giraffen sind hier in sehr grofser
Menge. In *Abyssinien* giebt es gar keine. In
Persien wird die Giraffe *Oschtorga* genannt.
Die Sanftheit dieses Thieres und die Liebe zu
seinen Jungen, zeichnen es aus. Man hat wilde
und zahme, wie bei den Elephanten."

„Blofs die *Zindschen* giengen von den anderen Völkerschaften, die sich an der Ostseite des
Nils niederliefsen, über den Arm desselben, der
sich in das von ihnen benannte Meer ergiefst,
und liefsen sich in ihren dermaligen Wohnsitzen
nieder, welche sich bis an die Gränzen von *So-*

falah und *Wakwak*, goldreicher, heißer und fruchtbarer Länder, erstrecken."

„Wie die *Zindschen* in dies Land gekommen waren, erbauten sie eine Stadt, welche die Hauptstadt des Reichs ward, und wählten einen König, der den Titel *Wakliman* jederzeit führt. Unter ihm stehen die übrigen Fürsten der *Zindschen*, und der *Wakliman* kann mit wohl 300,000 Reutern (auf Ochsen) in's Feld ziehen. Das Rindvieh dient den *Zindschen* zur Nahrung. In ihrem Lande giebt es weder Pferde, noch Maulthiere, noch Kameele. Auch kennen sie weder Schnee noch Hagel."

„Das Land der *Zindschen* ist überall von Thälern, Bergen und Sandwüsten durchschnitten, und erstreckt sich von oben erwähntem Nilarme 700 Parasangen bis an *Sofalah's* und *Wakwak's* Gränze. Elephanten giebt's hier sehr häufig, aber keine gezähmte. Die *Zindschen* brauchen sie weder zum Kriege, noch zu anderen Zwekken, und suchen sie nur zu tödten. In dieser Absicht legen sie sich auf die Lauer an dem Wege der Elephanten, wo sie ein Gefäß mit Wasser, das über den Blättern, der Rinde und den Zweigen eines hier einheimischen Baumes gestanden hat, hinstellen. Säuft der Elephant dieses Wasser, so wird er betrunken, und fällt um Nun laufen die *Zindschen* mit Mordwaffen herbei, und tödten ihn, um seiner Zähne habhaft zu werden. Aus ihrem Lande kommen die großen Elephantenzähne, von denen jeder im

Durchschnitt 150 *Wann* wiegt. Gröfstentheils gehen sie nach *Oman*, und von da nach *Indien* und *China*. Obwohl die *Zindschen* so sehr viel Elfenbein besitzen, machen sie doch keinen Gebrauch davon. Statt mit Gold oder Silber, schmücken sie sich mit Eisen. Die Ochsen, die ihnen, wie oben gesagt, zum Schlachtvieh dienen, sind auch im Kriege ihre Träger. Sie haben dann Sattel und Zaum, und laufen so schnell wie die Pferde."

Das Wort *Wakliman* (s. oben) bedeutet: Sohn des höchsten Herrn, und er ist von Gott, wie die *Zindschen* glauben, ernannt, um sie mit Gerechtigkeit und Billigkeit zu regieren und zu behandeln. Entfernt sich einer dieser Regenten von der Gerechtigkeit, und begeht irgend eine tyrannische Handlung, so tödten sie ihn, und berauben seine Abkömmlinge des Rechts, ihm nachzufolgen. Führt er sich nämlich, nach ihrer Meinung, so schlecht auf, so hört er auf, der Sohn des Herrn des Himmels und der Erde zu seyn. Gott heifst bei ihnen: *Maklandschlu*, Grofsmüthiger Herr. Die *Zindschen* sind sehr beredtsam, und haben Redner, die zum Volke in seiner Sprache sprechen. Oft muntert ein eingehorner Geistlicher, der mitten in einem Haufen Volks steht, dasselbe auf, sich Gott lieb zu machen, und sich seinem Willen zu unterwerfen, wobei er ihnen die Strafen ihres Ungehorsams schildert, und ihnen das Beispiel ihrer Vorfahren und alten Könige vorhält. Die *Zindschen* haben keinen Religions-Codex. Ihre Gesetze beruhen auf dem Herkommen, das die Verbindlichkeiten des Volks gegen den König, und einige Maximen für letzteren, in Absicht seiner Unterthanen, bestimmt."

„Die Nahrungsmittel der *Zindschen* sind die sehr häufig wachsenden Bananen. Allgemeiner aber wird der Saame der Durrah und die Trüffelartige Wurzel *Kalary*, die der Kolokasia Aegypten's und Syrien's gleicht, genossen. — (Jeder *Zindsche* hat seinen Fetisch, den er verehrt, ein Thier, eine Pflanze, oder einen Stein.) — In dem anliegenden Meere befinden sich viel Inseln mit Kokospalmen, deren Frucht auch ein Hauptnahrungsmittel der vielen Völkerschaften der *Zindschen* ist. Auch Honig und Rindfleisch dient zu ihrer Nahrung."

So weit *Masudy*. *Abul-Mahasen* sagt in seinem *Maehal-Safiz*: „*Lamu* ist eine Stadt im Lande der *Zindschen*, an der Küste des Meeres von *Barbara*, 20 Stationen westlicher als *Makadokscho* gelegen. Gegenwärtig ist diese Stadt fast ganz mit Sande bedeckt, der sich mehrere Klaftern hoch angehäuft hat. Das Meer wirft oft an der nahen Küste Stücken Ambra aus, die der König sammeln läßt. Einst fand man ein Stück, das 1200 Rotls wog. — In dem Bezirke dieses Ortes wachsen viele Bananenbäume von verschiedenen Arten. Eine derselben trägt 18 Pariser Zoll lange Früchte. Die Einwohner machen die Bananen ein, oder bereiten daraus einen Syrup, der sich ein Jahr lang hält."

„In *Makadokscho* ist es Herkommens," erzählt derselbe Schriftsteller, „daſs die Groſsen des Reichs sich am Fuſse des Palastes versammeln. Sind sie Alle bei einander, so wird oben in der Zinne des Palastes ein Fenster geöffnet, auf welches Zeichen die hohen Beamten sich niederwerfen, und die Erde küssen. Wenn sie wieder aufstehen, sehen sie den König am Fenster, von dem aus er ihnen Audienz ertheilt, und alles verordnet, was auf die Verwaltung des Staates Bezug hat. "

BÜCHER - RECENSIONEN.

I.

Description topographique et statistique de la France etc., par J. Peuchet et P. G. Chan-laire. Cahiers 36 — 39 incls. et Cahiers 45 — 49 incl. Paris, 1811.

Wir geben hier unseren Lesern den wesentlichen Auszug der verspäteten Hefte 36 — 39, (siehe *A. G. E.* Bd. XXXVII. S. 411), und fahren dann mit der Inhalts-anzeige der Fortsetzung dieses schätzbaren topogra-phisch·statistischen Werkes regelmäßig fort.

XXXVI. Heft. Das Departement von der Oise. 32 Seiten. Als die vorzüglichsten Quellen der Beschrei-bung dieses Departements sind genannt: *La Descrip-sion du Beauvoisis de Jacques Grevin en un Vol. in 8. imprimé à Paris en 1558. — Mémoires de Beauvais et du Beauvoisis, par Loisel. Paris, 1617. un Vol. in 4. — Petri Louvet Nomenclatura et Chronologia rerum ecclesia-sticarum Dioecesis Bellovacensis. Lutetiae, 1613. in 8. — L'histoire de la ville et cité de Beauvais, et des Anti-quités du Beauvoisis; von demselben·Verfasser. Rouen,*

1614. 8.; so wie dessen *Traité de la Noblesse Beauvoi-
sienne. Beauvais*, 1640. 8. Von dem geschätzten Historiker *Simon* hat man ein *Supplement aux Mémoires de
l'histoire de Beauvoisis d'Antoine Loisel et de Pierre Louvet. Paris*, 1704. un *Vol. in* 12. — *L'histoire du Duché de Valois* etc. *par l'Abbé Carlier.* 3 *Vol. in* 4. *Paris*, 1764; und endlich die *Voyage pittoresque de la
France*, von einer Gesellschaft, in mehreren Foliobän-
den vom Jahre 1789 an herausgegeben, und noch un-
beendigt.

Dies Departement liegt im 49° der Breite zwischen
4' und 46', und wird gerade durch den Meridian von
Paris durchschnitten. Seine mittlere Länge von Nord
nach Süd von *Paillart* an der *Aunoy*, bis an den Zusammenfluſs der *Theve* und der *Oise*, beträgt 12 Lieues,
und seine gröſste Breite von West nach Ost, von *Bre-
tigny* an der *Oise*, bis *Saint Pierre des Champs* an der
Exte, 21 Lieues.

Das Klima ist im Durchschnitt gemäſsigt und gesund; der nordöstliche und südwestliche Theil jedoch
enthalten Seen und Moräste, die einen Dunstkreis um
sich verbreiten, der den Aufenthalt daselbst weniger zuträglich macht. Auf einem Flächengehalt von 1216,500
Arpens oder von 304 Qu. Lieues, beträgt die Bevölkerung 369,094 Seelen.

Das Departement ist eins der fruchtbarsten, und
gewährt durch die Mannichfaltigkeit der Ansichten den
Anblick eines Gartens. Auch zeichnet es sich durch
trefflichen Anbau, durch groſse Industrie und Fabriken
aller Art aus, mit deren Erzeugnissen ein lebhafter Zwi-
schenhandel getrieben wird.

Es machte sonst einen Theil der Provinz *Isle de
France* aus Die ältesten Bewohner, noch vor der Eroberung *Gallien's* durch *Julius Caesar*, waren die *Bello-
vaci* und die *Sylvanectes*, die *Caesar* zu den *Belgen* zählt,
und unter ihre tapfersten Stämme rechnet.

Die Einwohner des Departements sind im Durchschnitt grofs, stark und wohlgebaut, lebhaft, arbeitsam,
und industriös; die Weiber sind hübsch, und *meistens*
gelehrig und eingezogen. Die Sonn- und Festtage werden mit grofser Feierlichkeit und vielem Aufwande be-
gangen; unter dem Volke haben sich uralte, seltsame
Gebräuche erhalten.

Die vorzüglichsten Städte sind: *Beauvais*, der Sitz
der Präfectur, mit 13,000 Einwohnern; *Clermont*, mit
1,095 Einwohnern; *Compiegne*, mit 6,360 Einwohnern;
Senlis, mit 4,312 Einwohnern; *Noyon*, mit 6,000 Einwohnern u. s. w.

XXXVII. Heft. Departement der Vendée, 40 Seiten. Quellen: *Bibliothèque historique et politique du Poitou; par Dreux du Radier. Paris. en 5 Vol. in 12. 1754.*
— *Dictionnaire de la France et des Gaules, por l'Abbé
Expilly.* — *La Statistique du Departement de la Vendée,
par M. de la Bretonnière, imprimée en l'an 1802.* — *Histoire de la Guerre de la Vendée et des Chouans, par M.
de Beauchamp. 3 Vol. in 8.*

Dies Departement besteht aus dem östlichen Theil
von *Nieder-Poitou*, und liegt von Süd nach Nord, von
der Spitze von *Aiguillon* am Ocean, bis nach *Sevre-
Nantaise*, zwischen dem 46° 18', und dem 47° 7' nördlicher Breite, und von West nach Ost vom Fluss *Vendée*
an bis an den Ocean, zwischen 2° 54' und 4° 26' östl. L.
nach dem Pariser Meridian.

Das Gebiet dieses Departements, ehedem *Nieder-
Poitou* genannt, wurde sonst von den Picten (*Pictones,
Pictavi*) bewohnt, ein Name, den ihnen die Römer gaben, weil sie ihre Körper zu bemalen pflegten. *Poitou*,
als ein Theil von *Aquitanien*, gerieth erst unter die
Herrschaft der Westgothen, und dann nach der Schlacht
von *Poitiers*, die *Clovis* gegen *Alarich* gewann, unter
die Botmäfsigkeit der Franken. Eine Zeitlang gehörte
dies Land zum Königreiche *Austrasien*, dann zu *Neu-*

strien, gehorchte dann eigenen Grafen oder Herzogen, kam dann durch Heirath an die Könige von England, und wurde nach verschiedenen Veränderungen unter König *Karl VI.* im Jahre 1400 mit den Kron-Domainen vereinigt. Während der Französischen Revolution wurde dies Land durch den *Vendée*-Krieg berüchtigt und verwüstet. Seitdem hat das Gouvernement große Summen zur Wiederaufbauung der Wohnungen und öffentlichen Gebäude, und zur Herstellung der Straßen verwendet.

Dies Departement gehört im Allgemeinen zu den fruchtbarsten des Reichs, ist aber in Hinsicht auf Industrie, Künste und wissenschaftliche Bildung weit zurück. Das Klima ist je nach der Lage sehr verschieden. Im gebirgigen Theil ist die Kälte viel strenger und anhaltender, als in der Ebene und in den sumpfigen Gegenden. Die Winde verändern sehr oft und plötzlich ihre Richtungen, doch sind der Nord- und der Südwind herrschend. Von diesem plötzlichen Wechsel der Luft und der Kälte mit großer Hitze, pflegen häufig Krankheiten zu entstehen, als Katarrhalfieber, Wechselfieber, Seitenstechen u. s. w.

Der Ackerbau, von dem die Einwohner meistens leben, wird nach der verschiedenen Beschaffenheit des Bodens auf verschiedene Weise betrieben, ist aber lange nicht so blühend, als er seyn könnte. Man baut hauptsächlich Waizen, Roggen, Hafer, eine Art von Gerste, Hirsen, Türkischen Waizen u. s. w. Der künstliche Futterbau ist noch sehr unvollkommen, ob man gleich nur wenig natürliche Wiesen hat. Man braucht daher den Roggen sehr häufig zum Futter für das Vieh. Wein wird nur wenig, und nur von schlechter Qualität, erzeugt. Die Wälder betragen nur 42,000 Arpens, also ungefähr ein Fünfunddreißigstel des ganzen Flächengehalts, der 1,448,500 Arpens oder 362 Qu. Lieues beträgt. Die Ausfuhr besteht beinahe bloß in rohen Erzeugnissen, ist aber sehr beträchtlich, und übersteigt die Einfuhr. Die wichtigsten Artikel sind Getraide, Vieh,

Wolle und Salz. Eingeführt werden alle Arten von Fabrikwaaren, Wein, Oel, Metalle u. s. w.

Die Bevölkerung beträgt 270,271 Seelen. Die vorzüglichsten Städte sind: *Sables d'Olonne*, mit 5,168 Einwohnern; *Montaigu*, mit 1,011; *Fontenay*, der Sitz der Präfectur, mit 6,600, und die Stadt *Napoleon* (sonst *la Roche sur Yon*), mit 2,500 Einwohnern.

XXXVIII. Heft. Departement der beiden Sevres. 36 Seiten. Quellen: *Description des principaux lieux de la France, par M. Dulaure. Paris*, 1789. — *Statistique du Departement des deux Sevres, par M. Dupin. in 8.* und von demselben Verfasser eine Statistik dieses Departements, in 4. unter dem Titel: *Mémoire;* ferner von demselben Autor ein *Dictionnaire géographique, agronomique et industriel du Departement des d. S. 8. Niort.* 1803. — *Archives statistiques de M. Alexandre de Ferrières.*

Die ältesten, bekannten Bewohner dieses Departements, das einen Theil des ehemaligen *Poitu* ausmacht, waren die *Picten.* Das Land gerieth nach und nach in die Gewalt der Westgothen, der Franken, und nur auf kurze Zeit unter die der Saracenen. Es gehörte lange Zeit zum Herzogthum *Aquitanien*, hatte dann eigene Herren, kam durch Heirath an die Krone *Frankreich*, und dann nach der Scheidung *Ludwig's des Jungen* von *Eleonoren*, der Erbin von *Poitou* und *Guyenne*, durch die Vermählung derselben mit *Eduard III.* an die Krone *England.* *Philipp August* vereinigte es 1202 wieder mit der Krone *Frankreich*, welcher es, trotz der Ansprüche *England's*, die es früher mit den Waffen geltend zu machen suchte, seitdem angehörte.

Dies Departement liegt zwischen 45° 56', und 47° 7' nördlicher Breite, und zwischen 2° 10' und 3° 15' östlicher Länge von *Paris.*

Es ist eins der fruchtbarsten des Reichs, besitzt einen blühenden Ackerbau, und viele Fabriken, mit deren Producten ein lebhafter Handel getrieben wird. Das Land hat keine Berge, sondern nur Hügel, wie das Departement der *Vendée*, und viele ungesunde Moräste, die leicht auszutrocknen wären. Das Klima, so wie der Boden, ist sehr verschieden.

Der Flächeninhalt des Departements beträgt 1,145,976 Arpens, davon 410,000 Arpens mit dem Pflug angebaut werden; 25,000 Arpens enthalten Weinberge, 5,000 Arpens Gärten, die natürlichen und künstlichen Wiesen nehmen 53,000 Arpens ein u. s. w. Der Reichthum des Landes besteht, aufser dem starken Getraidebau, wovon die Ausfuhr im Durchschnitt 1,600,000 Centner betragen kann, in der grofsen Viehzucht, hauptsächlich in der Zucht der Maulthiere und Maulesel, die nicht nur in Frankreich, sondern in ganz Europa die schönsten und stärksten ihrer Gattung sind, und besonders in Spanien sehr gesucht werden. Man rechnet manche Jahre den Betrag der ausgeführten Maulthiere auf 6 bis 700,000 Franken. Aufserdem ist die Hornvieh- und Schafzucht sehr bedeutend und einträglich. Man rechnet die Zahl des gesammten Hornviehes ungefähr auf 90,000 Stück, so wie die der Schafe im J. 1804 auf 315,811 Stück.

Von Metallen wird am meisten Eisen gewonnen, dessen jährliche Ausbeute zu 30,000 Centner angegeben wird.

Die Fabriken haben an Anzahl und Bedeutung durch die Revolution und den Vendée-Krieg verloren, besonders die Verfertigung der Wollenzeuche; doch haben sie seitdem schon wieder zugenommen, und man hat gegründete Hoffnung, dafs sie in kurzer Zeit ihren alten Glanz noch übertreffen werden.

Man rechnet die jährliche Ausfuhr der rohen Producte auf 12,244,987 Franken, die der verarbeiteten Producte auf 4,077,415 Fr., und endlich die Einfuhr an beiden Producten auf 11,101,992 Franken.

Die Bevölkerung des Departements ist 242,658 Seelen stark. Die vorzüglichsten Städte sind: *Niort*, Sitz der Präfectur, mit 15,000 Einwohnern; *Partenay*, mit 3,200 Einwohnern; *Thouars*, mit 2,000 Einw. u. s. w.

XXXIX. Heft. Departement der hohen Alpen. 40 Seiten. Quellen: *L'histoire du Dauphiné et des Princes, qui ont porté le nom de Dauphin, par M. Bourchenu de Valbonais.* 2 Voll. *in fol.* Genève, 1722. — *Mémoire sur la Statistique du Departement des hautes Alpes.* 8. *imprimé à Gap.* 1801. — *Journal d'agriculture et des arts, redigé par la Société d'Emulation de Gap.*

Das Departement der *hohen Alpen* besteht aus dem ehemaligen *Haut - Dauphiné.* Es liegt zwischen 44° 9', und 45° 6' der Breite, und zwischen 3° 1' und 4° 41' östlicher Länge von *Paris.*

Dieses Land machte zu den Zeiten der Römer einen Theil von *Gallia Narbonensis* aus, und gehörte nachmals zu der Römischen Provinz der See-Alpen. Nach dem Untergange des Römischen Reichs kam es unter die Gewalt der Ostgothen, und im sechsten Jahrhundert unter die Bothmäßigkeit der Franken. Es gehörte zum Königreiche Burgund, kam dann an das Haus der Dauphins, und wurde im Jahr 1349 mit der Krone *Frankreich* vereinigt.

Dies, im südwestlichen Theile des Reichs gelegene, Departement ist von Felsen, Gletschern und Gebirgen umgeben, und von Strömen und Gießbächen durchschnitten. An Getraide ist es arm, hat aber Ueberfluß an reichen Viehweiden, und besitzt einträgliche Bergwerke und Steinbrüche.

Das Klima ist im Ganzen schön, der Himmel heiter, die Luft rein, aber durch die heftigen Windstöße, die von den Gletschern in die Thäler streichen, wird die Temperatur der Luft oft plötzlich verändert, und mitten im Sommer tritt eine empfindliche Kälte ein, die Krankheiten verursacht.

Die Beschaffenheit des Bodens ist in einem gebirgigen Lande eben so verschieden, als Klima und Temperatur der Luft, und ein Thal unterscheidet sich vom andern durch die Lage der Berge und die Richtung der Winde. Der Ackerbau, wenig begünstigt durch das Klima, wird aufserdem noch sehr unvollkommen betrieben. Man versteht weder die Kunst zu säen, noch zu düngen. Die natürlichen Wiesen, besonders die Alpenweiden, machen den Reichthum dieses Departements aus. Der Weinbau ist nicht unbeträchtlich; doch ist der Wein nur mittelmäfsig, hält sich meistens nicht länger als ein Jahr, und verliert noch durch schlechte Zubereitung an seiner Güte. Die Viehzucht ist sehr bedeutend, besonders die Zucht der Maulthiere, des Hornviehes und der Schafe.

Von Metallen wird Blei und Kupfer am meisten gewonnen; doch sind mehrere Bergwerke in neueren Zeiten aufgegeben worden. Man findet auch Marmor, Quarz, Gyps und Torf.

Der Flächengehalt des Departements beträgt gegenwärtig nach der Vereinigung des Cantons *Barcellonette de Vitrole*, 1,142,500 Arpens, und die Volksmenge beläuft sich auf 119,339 Seelen.

Die vorzüglichsten Städte sind: *Briançon*, mit ungefähr 3,000 Einwohnern; *Embrun*, mit 3,138 Einwohnern, und *Gap*, der Sitz der Präfectur, mit 8,050 Einwohnern.

XLV. Heft. Departement der Orne. 46 Seiten. Quellen: *Histoire du comté du Perche et du duché d'Alençon. in 4. à Paris*, 1621. — *Description abregée du département de l'Orne; redigée par la Société littéraire d'Alençon.* 8. 1802. — *Statistique de la ville de Mortagne.* 1806. *par M. Délestang.*

Das Departement der *Orne* besteht aus dem ehemaligen Herzogthume *Alençon*, und dem gröfsten Theil der Grafschaft *Perche.* Es liegt von Süd nach Nord zwischen dem 48° 12', und dem 48° 58' nördlicher Breite, und von West nach Ost zwischen dem 1° 20', und dem 3° 8' der östlichen Länge von *Paris.*

Der Theil des alten *Neustrien*, der heut zu Tage das Departement der *Orne* ausmacht, wurde vom *Caesar* zu *Gallia celtica* gerechnet, und seine Bewohner zählte man unter die *Armorici*, oder Bewohner der Meerufer. Die *Sachsen* bemächtigten sich hierauf dieses Landes, und legten unter Oberherrschaft der *Römer* Colonien an. Dann fiel es in die Gewalt der *Alanen*, und kam unter *Clovis* zu Frankreich. Bei den Eroberungen der Normänner wurde ihnen von *Karl dem Einfältigen* ein Theil von *Neustrien*, worunter auch *Alençon*, abgetreten. Nachmals wurden *Alençon* und *Perche* von eigenen Grafen regiert, fielen an die Krone Frankreich, und wurden als Apanage wieder abgetreten, bis es 1714 auf immer mit der Krone vereinigt wurde.

Das Klima ist gemäfsigt und gesund, daher die starke Leibesbeschaffenheit der Einwohner, ihr hoher Wuchs, ihr sanguinisches Temperament; das sie zu Vergnügungen geneigt, aber auch thätig und arbeitsam macht.

Der Flächengehalt des Departements beträgt 1,275,000 Arpens; davon macht das bearbeitete Land 637,500 Arpens aus; die Wiesen und Weideplätze 127,100; die Wälder 120,000 Arpens aus u. s. w. Die Bevölkerung beläuft sich auf 397,931 Seelen.

Der Boden ist an Güte sehr ungleich, und im Ganzen genommen kaum mittelmäfsig, daher auch für das Bedürfnifs der Einwohner nicht genug Getraide erzeugt wird. Flachs und Hanf werden in grofser Menge angebaut, und sind von besonderer Güte. Die Pferdezucht ist von grofser Bedeutung, da man in diesem Departement die schönste Rasse von Normandischen Pferden findet. Die vortrefflich eingerichtete Stuterei von *Er-mes*, unter dem Namen Stuterei von *Pin* bekannt, war durch die Revolution in Verfall gerathen, wird aber bald durch die Aufmunterung des Gouvernements ihren vorigen Werth wieder erhalten.

Die Industrie und der Handel dieses Departements sind sehr ausgebreitet und bedeutend, wozu die Nähe der Hauptstadt und des Meeres viel beitragen. Besonders ist die Fabrication des Eisens, der Leinwand und der Spitzen, die unter dem Namen Spitzen von *Alençon* bekannt sind, sehr wichtig, und beschäftigt viele Tausend Hände.

Die vorzüglichsten Städte sind: *Domfront*, mit 1548 Einwohnern; *Argentan*, mit 5618 Einwohnern; *Mortagne*, mit 5750 Einwohnern; *Seès*, mit 5471; *Laigle*, mit 5947, und *Alençon*, mit 12,400 Einwohnern.

XLVI. Heft. Departement von Loir und Cher. 38 Seiten. Quellen: *Mémoire sur l'amélioration de la Sologne, par M. d'Auteroche.* 1787. — *Les Annuaires du Departement de Loir et Cher, par M. Petitain.*

Dies Departement liegt von Süd nach Nordost zwischen dem 47° 13', und dem 48° 8' nördlicher Breite, und von West nach Ost zwischen 0° 8', und 1° 42' östlicher Länge des Pariser Meridians.

Es enthält die ehemaligen Provinzen *Blaisois*, *Vendomois* und *Sologne*. Es wurde in den frühesten bekannten Zeiten von verschiedenen Völkerstämmen bewohnt, von denen wir die *Turones*, *Carnutes* und *Bituriges* nennen. Sie erlitten gleiche Veränderungen mit dem übrigen *Frankreich*, hatten eine Zeitlang eigene Herrscher, und wurden dann früher oder später mit der Krone *Frankreich* vereinigt.

Das Klima ist im Ganzen genommen mild und gemäßigt, und die Luft rein und gesund.

Dies Departement ist reich durch seinen Korn - und
Weinbau, so wie durch seine trefflichen Schafwoiden,
zeichnet sich aber wenig durch Fabrikwesen und Handel
aus. Man kann im Durchschnitt den jährlichen Ertrag
des Weins im ganzen Departement auf 343,000 Stückfafs
Wein (*pièces de vin*) rechnen.

Der Flächengehalt des Departements beträgt 1,343,500
Arpens, und die Bevölkerung beläuft sich auf 211,512
Seelen.

Die vorzüglichsten Städte sind; *Blois*, der Sitz der
Präfectur, mit 13,312 Einwohnern ; *Vendôme*, mit 7555
Einwohnern, und *Romorantin*, mit 5730 Einwohnern.

XLVII. Heft. Departement der obern Marne.
42 Seiten. Quellen: *L'histoire du diocèse de Langres,
par l'Abbè Mangin.* 3 *Voll. in* 12. *Paris*, 1768. — *Les
Annuaires du Departement de la Haute-Marne, impr. à
Chaumont.* — *La Statistique minéralogique du Departement de la Haute-Marne, par M. M. Rosières et Houry.*

Dies Departement liegt zwischen 47° 34', und 48°
41' der Breite, und zwischen 2° 18' und 3° 32' westlicher Länge des Pariser Meridians.

Es enthält einen Theil von der ehemaligen Provinz
Champagne, und einen beträchtlichen Theil des vorigen
Herzogthums *Bar*. Als *Julius Caesar Gallien* eroberte,
war dies Land von den *Lingones* bewohnt, und kam
dann, als die *Franken* die Herrschaft behaupteten, zum
Königreich *Burgund*. Dann gehörte es theils den Köni-
gen von *Provence*, theils eigenen Grafen, die den Titel
Grafen von *Langres* führten, bis es unter *Ludwig VII.*
mit der Krone *Frankreich* vereinigt wurde.

Das Klima ist im Ganzen gemäßigt, und die Luft
rein; aber die höhere Lage des Bodens wirkt merklich
auf die Temperatur der Luft.

Der Flächengehalt des Departements besteht in

ɪ,308,000 Arpens, mit einer Bevölkerung von 228,000 Seelen. Von diesem Flächengehalt nimmt das Ackerland
ein: 675,700 Arpens; die Wiesen 62,302 Arpens; die
Weinberge 36,346 Arpens; die Waldungen 354,008 Arpens u. s. w.

Man rechnet im Durchschnitt den jährlichen Ertrag
aller Weinberge auf 254,107 Faſs Wein (*muids*), wovon
ein beträchtlicher Theil ausgeführt wird.

Die Zahl des gesammten Hornviehes giebt man auf
195,190 an, so wie die Zahl des Schafviehes auf 200,000
Stück.

Ein groſser Theil des Reichthums dieses Departements liegt in seinen zahlreichen Eisenbergwerken. Man
giebt die Zahl der Eisenhämmer auf 67 an, deren Pro-
duction auf ungefähr 5 Millionen Franken geschätzt
wird, und wovon 6000 Familien leben. Die Messer-
schmidts-Fabriken beschäftigen ungefähr 2000 Arbeiter,
und tragen gegen zwei Mill. Franken ein.

Die vorzüglichsten Ausfuhr-Artikel sind Eisen, roh
und verarbeitet, Getraide, Holz und Wein. Man schätzt
den Betrag der gesammten Ausfuhr auf 12 Mill. Franken, und den Betrag der Einfuhr auf 9 Mill. Franken.

Die wichtigsten Städte sind: *Vassy*, *Chaumont*, der
Sitz der Präfectur, und *Langres*.

XLVIII. Heft. Departement von Creuse. 35 Seiten. Quellen: *Les Annales d'Aquitaine*, *par Jean Bou-
chet. in fol. Poitiers*, 1644. — *L'histoire d'Aquitaine,
par Pierre Louvet, impr. en* 1659. — *Recherches sur
plusieurs monumens celtiques, par M. Laraillon.*

Dies Departement liegt zwischen 45° 39' und 46° 27'
der Breite, und zwischen 0° 16' westlicher und 0° 56'
östlicher Länge des Pariser Meridians.

Die hohe, gebirgige Lage dieses Landes, und die
vielen Bäche und Quellen, von denen es durchschnitten

ist, machen die Luft kalt und feucht, so daſs der Winter streng und von langer Dauer ist.

Dieses Departement macht die ehemalige Provinz
Marche aus, erlitt dieselben Schicksale, wie das übrige
Frankreich, veränderte als Grafschaft oft seine Herrn,
und wurde von *Franz I.* mit der Krone vereinigt.

Der Boden ist im Allgemeinen dürftig, leicht und
wenig fruchtbar. Der Ackerbau ist schon deshalb unbeträchtlich, und da er noch sehr fehlerhaft und nachlässig betrieben wird, so ist das Erzeugniſs an Getraide
für das Bedürfniſs der Einwohner bei weitem nicht hinreichend. Von Mineralien werden nur Steinkohlen gewonnen, ob sich gleich hier und da Spuren von Metallen zeigen.

Die Hornvieh - und Schafzucht sind die wichtigsten
Erwerbzweige der Einwohner. Da auch die Industrie
und das Fabrikwesen nur unbedeutend sind, so übersteigt der Betrag der Einfuhr beträchtlich den jährlichen
Betrag der Ausfuhr. Dieses nachtheilige Verhältniſs
wird dadurch gehoben, daſs jährlich ungefähr 40,000
Einwohner auswandern, acht bis neun Monate in anderen Departements verschiedene Handthierungen und Gewerbe treiben, und dann den Ertrag ihrer Arbeit in
den übrigen drei Monaten in ihrer Heimath verzehren.

Der Flächengehalt des Departements beträgt 1,080,500
Arpens, und die Bevölkerung beläuft sich auf 218,422
Seelen.

Die vorzüglichsten Städte sind: *Gueret*, der Sitz der
Präfectur, *Boussac*, *Aubusson*, *Bourganeuf* u. s. w.

XLIX. Heft. Departement des Calvados. 45 Seiten. Quellen: *L'histoire de Normandie, de Gabriel du
Moulin. in fol. Rouen*, 1631. — *La Description de la
Haute-Normandie, par Dom Duplessis.* 2 Voll. in 4.
1740. — *Recherches et Antiquités de Normandie, mais
principalement de la ville de Caen, par Charles de Bourgueville. Caen*, 1588. *in 4.* — *Origines de la Ville de*

Caen. Rouen, 1706. 8. *Essai sur l'histoire de l Indu-*
strie du Bocage en général, et de la ville de Vire, sa ca-
pitale, par M. Richard Seguin. in 12.

Dieses Departement liegt von Südost nach Nordost
zwischen dem 48° 47′ und dem 49° 25′ nördlicher Breite,
und von West nach Ost zwischen dem 1° 52′ und dem
3° 27′ östlicher Länge des Pariser Meridians.

Das Departement von *Calvados* begreift einen Theil
der ehemaligen Provinz *Normandie.* Zu *Caesars* Zeiten
wurde dies Land von verschiedenen Völkerstämmen bewohnt, von denen wir nur die *Biducasses* und *Lexobii*
oder *Lexovii* nennen. Sie erlitten gleiche Veränderungen mit den übrigen Gallischen Völkern, wurden später
von eigenen Grafen regiert, und diese Grafschaften
wurden endlich mit der Krone vereinigt.

Das Klima ist sehr veränderlich, die Luft ist rein
und gesund, obgleich mehr feucht als trocken, und der
Winter dauert oft beinahe ein halbes Jahr. Eine große
Anzahl von Flüssen und Bächen bewässern dies Land,
die alle nördlich ihren Lauf nehmen, und sich in den
Arm des Oceans verlieren, den man den Canal oder
la Manche nennt.

Der Boden ist im Ganzen fruchtbar, gut angebaut,
und größtentheils eben. Zunächst dem Getraidebau ist
die Viehzucht, wegen der vielen vortrefflichen Weiden,
ein Hauptnahrungszweig der Einwohner. Außer der
Ausfuhr gemästeter Ochsen, schätzt man den jährlichen
Betrag der Butter auf 2 Millionen Franken, wovon ein
großer Theil in das übrige Frankreich, und sogar in
das Ausland zu Wasser verführt wird. Weniger bedeutend ist die Schafzucht.

Von mineralischen Producten findet man Marmor,
Quader- und Kalksteine, Steinkohlen und Torf u. s. w.

Die Industrie und das Fabrikwesen sind in diesem
Departement sehr bedeutend und mannichfach. Besonders wichtig ist die Fabrication der Tücher in der Stadt

Vire, deren jährlicher Betrag sich auf 3,800,000 Franken an Werth belaufen soll. Auch ist die Verfertigung von grober und feiner Leinwand, so wie mehrerer baumwollenen Zeuche, und die Spitzenfabrication sehr beträchtlich.

Der Handel kann bei dieser grofsen Menge von rohen und künstlichen Producten, und bei der Lage am Meere, nicht weit von der Hauptstadt des Reichs, nicht anders als sehr lebhaft und bedeutend seyn. Die Ausfuhr besteht hauptsächlich in Ochsen, Pferden, Geflügel, Butter, in Cider, und mancherlei Fabrikwaaren.

Der Flächengehalt des Departements beträgt 1,128,000 Arpens, und die Bevölkerung beläuft sich auf 483,108 Seelen.

Die wichtigsten Städte sind: *Caen*, der Sitz der Präfectur, mit 39,000 Einwohnern; *Bayeux*, mit 9970; *Lisieux*, mit 10,192; *Falaise*, mit 14,000; *Honfleur*, mit 9600, und *Vire*, mit 7523 Einwohnern.

Die Charten dieser angezeigten neun Hefte zeichnen sich, gleich den früheren, durch grofse Genauigkeit und Schönheit aus, und sind in jeder Hinsicht als Muster zu empfehlen.

2.

MALTE-BRUN *Précis de la Géographie universelle ou Déscription de toutes les parties du Monde sur un plan nouveau. T. IIIème. (Déscription de l'Asie, excepté l'Inde). à Paris, chez Fr. Buisson.* 1811. 617 *S.* 8.

Die beiden ersten, die Geschichte der Erdkunde und die alte, die mathematische und die physische Geogra-

phie enthaltenden Bände dieses schätzbaren Werkes,
sind in den *A. G. E.* (Bd. XXXVI. S. 133 f. u. Bd. XXXIX.
S. 307 f.) mit dem verdienten Lobe angezeigt worden.

Der *III. Band* giebt eine Beschreibung *Asien's* ohne
Ostindien, fängt also die specielle Geographie an. Daß
Asien hier gegen die bisherige Gewohnheit der europäischen Geographen-den Anfang macht, kann man wohl
dem schwankenden Zustande der europäischen Staaten
zuschreiben, deren Gränzen in unseren Zeiten unauf-
hörlich verrückt, und in sich neu umgeschaffen werden,
auch wohl ganz ihre politische Existenz verlieren.

Das *XLVI. Buch* beschäftigt sich mit der allgemeinen
Beschreibung *Asien's*. Namen. Gränzen. Sie sind gegen Norden, Osten und Süden und einen Theil von Westen von der Natur bestimmt, nur gegen *Europa* nicht.
Der Verf. nimmt den Lauf der Flüsse *Manytsch* und
Kuma als Gränze an, die dann vom Einfluß der *Kuma*
in das Kaspische Meer, an dessen Küsten bis zum Einfluß des *Urals* in dasselbe fortgeht, worauf dieser Fluß
und die seinen Namen führende Gebirgsreihe die natürliche Gränze zwischen *Asien* und *Europa* bildet. — Natürliche Eintheilung *Asien's* in Mittel-, Nord-, Ost-,
West- und Süd-Asien. Flächeninhalt derselben: 3,960,000
bis 4,000,000 Quadrat-Myriameters. *) Flüsse, nach
den Meeren geordnet, in die sie fallen, mit Angabe der
Länge ihres Laufes in Myriametern. Seen; bei mehreren ist ihr Flächeninhalt angegeben. So der des *Kaspischen Meeres* zu 7896; des *Aral*-Sees zu 460½; des *Ter-
kiris* in *Thibet* zu 108; der *Hohonors* oder *Kokonors* zu
86¾ geograph. Quadr. Meilen. — Ursachen der größeren
Kälte im östlichen Asien. Einfluß der natürlichen Beschaffenheit eines Landes auf die Bewohner. *Asien* hat
keine eigentlich gemäßigte Zone. Zieht man von *Mingrelien* eine Linie längs des *Kaukasus* um das *Kaspische
Meer* längs der Gebirge, die zum Theil *Persien's* Gränze

*) Ein Myriameter hat 5132 Toisen, und ein Quadrat-Myria-
meter 26,337,424 Quadrattoisen.

gegen *Kaschemir* machen, durch *Thibet*, und wendet diese Linie dann nordöstlich durch die nördlichen Theile *Asien's* bis nördlich von *Korea*, so hat man so ziemlich die Gränze zwischen dem warmen und kalten Klima in *Asien* gezogen. Es giebt zwar, vorzüglich in *West-Asien*, Gegenden, die völlig europäisches Klima haben, aber im Allgemeinen bezeichnet obige Linie den schnellen Uebergang von Kälte zur Wärme. *Süd-Asien* baut Reis und Mais, *Nord-Asien* Hirse und Gerste, und auf der Gränzlinie zwischen beiden wird Roggen gebaut. *Nord-Asien* benutzt das Reunthier, *Mittel-Asien* das Pferd, *West-Asien* das Kameel, und *Süd-Asien* den Elephanten, zum Tragen und Ziehen. In *Sina* werden sie durch die zahlreichen Boote auf den Canälen und Flüssen ersetzt.

XLVII. Buch. Kaukasien, Abassien, Cirkassien, Ebenen am *Kuban, Daghestan* und *Schirwan*. Die Breite der kaukasischen Landenge ist zwischen den Mündungen des *Don* und der *Kuma* 79, zwischen der Strafse von *Caffa* und der Spitze der Halbinsel *Abscheron* 150, und zwischen der Mündung des *Phasis* und der Stadt *Derbent* 69 geograph. Meilen. Kurz, aber lehrreich ist die Schilderung des *Kaukasus*, und seiner Producte aus den drei Naturreichen. Classification der ihn bewohnenden Völker nach den Sprachen. Eintheilung *Georgien's* in 5 Provinzen. *Georgien's* Flüsse, Klima, Producte. Die *Georgier* sind Abkömmlinge der alten *Iberer*. Ihr Handel ist unbeträchtlich; ihre Wohnungen sind schlecht. Ehemalige Staatsverfassung derselben. Schilderung von *Imerete* und seinen Bewohnern, der *Gurier*, der *Lazier*, *Mingrelier*, *Suanen*, *Abassen*. Das russische Gouvernement *Kaukasien* ist von *Nogaischen Tataren* und *Kosaken* bewohnt. Letztere spielen die Herren. Wahrscheinlich waren die *Tscherkessen* die Urbewohner der nördlichen Seite des *Kaukasus*. Die *Tscherkessen* der *Kabarda* zeichnen sich durch ihre Kraft und Schönheit aus. Merkwürdig sind ihre Lehnsverfassung und ihr Erziehungssystem. Die vornehmen *Tscherkessen* haben eine eigene Sprache. Sie sind sehr gastfreundlich. Ehemals waren

sie Christen: jetzt sind sie eben nicht eifrige Muham-
medaner. Die *Basianen* sind ein aus der Kabarda von
den *Tscherkessen* vertriebenes, aus vielerlei Völkern entstandenes, Volk, welches die Gebirge über der Kabarda
bewohnt. Nachrichten von den *Osseten*, *Kisten*, *Inguschen*, *Karabulaks*, deren Sprache der der *Alanen* ähnlich seyn soll. *Tschetschenzen*, die aus ihren Klippen
oft ihre Räubereien tief in das russische Gebiet erstrek-
ken, und *Tuschen*, welche die Katzen verehren. Dann
von den räuberischen und tapfern *Lesghiern*, deren
Sprache der finnischen ähnlich seyn soll; den *Awaren*,
deren District *Awar*, auch den Namen *Chunsag*, d. i.
Land der *Chun* oder *Hunnen*, führt; den friedlichen
Hirtenstämmen *Dido* und *Unso*, den *Kabutschen*, den
Andys, *Akuschen*, *Zudakars* und *Kubaschen*, welche ein
sehr industriöses und redliches Volk bilden, aus welchen
gewöhnlich die Mäkler bei dem Handel zwischen Rußs-
land und Persien genommen werden. Sie sind Muham-
medaner, nehmen aber nur eine Frau. Bettler und Müs-
siggänger dulden sie unter sich nicht. Zu den Lesghi-
schen Stämmen gehören noch die *Kasimukken*, *Karakaï-
dakken*, *Karaëlen* und *Kaidakken*. Der Fürst der letzteren hat den Titel: *Uzmey*, und sein Sohn wird nach
und nach von allen Frauen des Landes gesäugt, um dadurch bei ihnen Liebe und Zuneigung zu ihrem künftigen Beherrscher zu erwecken. Noch leben am östlichen
Kaukasus zwei tatarische Völker, die *Kumucken* und die
Truchmenen. Die Gränzen zwischen *Daghestan* und
Schirwan sind wegen der unaufhörlichen Einfälle der
Lesghier veränderlich. Nachrichten von den Städten
Endery, *Tarku*, *Derbend*, *Neu-Schamachie* und *Baku*,
so wie von den, in der Nähe dieser Stadt befindlichen,
reichen Naphthaquellen, beschließsen dieses Buch.

XLVIII. *Buch. Asiatische Türkei.* I. Theil. *Nato-
lien.* Gebirge, (*Taurus*, *Antitaurus*, *Argäus*, *Amanus*,
Tmolus, *Messogis*, *Sipylus*, *Ida*, *Olymp*, *Olgassys*,). —
Flüsse: (*Seihun*, *Meinder*, *Sankara*, *Bartin*, *Kisil-* und
Jekil-Irmak). — Seen — Klima — Producte (unter an-
dern hat man ganze Wälder von Nuß-, Apricosen-,

Pflaumen - und Kirschbäumen an der nördlichen Küste.)
— Thiere (unter den seltenen die langhaarigen angori-
zischen Ziegen und Katzen.). — Mineralien (vorzüglich wird noch Kupfer gewonnen.) Nun folgt eine Aufzählung der vorzüglichsten Orte *Klein-Asien's*, nebst
Nachrichten von ihnen, die mit vielem Fleiſs aus älteren und neueren Reisebeschreibungen zusammengetragen sind, hier aber keinen Auszug erlauben. Den
Schluſs dieses Buches machen eine vergleichende Tabelle, was bei den Alten unter *Asia*, *Asia propria* und
Asia minor verstanden ward, und 3 Uebersichtstabellen
der bei den Griechen üblichen Eintheilung *Klein-Asien's*,
der von *Konstantin* eingeführten Abtheilung desselben,
und der dermalen unter Herrschaft der *Türken* bestehenden Eintheilung, die aus *Hadschi-Chalfa's Dschehan-
Numa* gezogen ist.

*XLIX. Buch. Asiatische Türkei. II. Theil. Arme-
nien, Mesopotamien* und *Irak-Araby.* Wohl hat der Verfasser recht, daſs diese von den jetzigen Geographen nur
obenhin abgehandelten Länder doch alle Aufmerksamkeit verdienen. „Hier bildeten sich die ersten Städte
„und die ältesten Reiche, welche die Geschichte kennt.
„Hier gab *Alexander* der kolossalen Monarchie der Per-
„ser den Todesstoſs. Späterhin wurden die Ufer des
„*Tigris* und des *Euphrats* der blutige Schauplatz, auf
„den *Trajan*, *Julian* und *Heraklius* ihre Legionen gegen
„die Reuterschaaren der unbesiegbaren Parther führten.
„Und auch jetzt noch streiten zwei groſse Mächte, die
„*Osmanli's* und die *Sophi's*, oder *Omar's* und *Aly's*
„Secte um diese Gegenden. Allein sie sind dem Geo-
„graphen an sich merkwürdig genug. Der kleine Raum
„von 10 Breitengraden zeigt uns in der Nähe von *Bag-
„dad* eine Hitze, die der in *Senegambien* gleich kommt,
„und auf dem Gipfel des *Ararats* ewigen Schnee. Fich-
„ten und Eichenwälder schlieſsen sich in *Mesopotamien*
„an Wälder von Palmen - und Citronenbäumen. Der
„Löwe *Arabien's* beantwortet hier das Geheule des Bä-
„ren auf dem *Taurus* durch sein Brüllen. Man sollte
„denken, *Afrika* und *Sibirien* besuchten hier einander.‟

Diese, noch etwas abgekürzte Stelle mag eine Probe
von dem Vortrage des Verfassers seyn. Diese Verschiedenheit des Klima's wird durch die verschiedene Erhöhung des Bodens, die im Norden sehr beträchtlich sich
gegen den Ausfluß des *Euphrats* und *Tigris* in den persischen Meerbusen in eine ungeheuere Ebene absenkt,
richtig erklärt.

Nun folgt die Beschreibung des Laufes der Flüsse
Euphrat und *Tigris*, welche wegen der vielen Ableitun-
gen, die im unteren Theile ihres Laufes von ihnen zur
Bewässerung der anliegenden Ländereien viele Schwierigkeiten hat, wenn sie ganz richtig seyn soll.

In der speciellen Topographie *Armenien's*, *Mesopotamien's* und *Irak-Araby's*, so wie in den Nachrichten
über die Armenier, Turkmenen, Urghiany's und Kurden, können wir hier dem Verf. nicht folgen. Nur bemerken wir, daß sich die Zahl der unter dem Patriarchen zu *Esmiazin* stehenden Armenier vor 150 Jahren
auf 150,000, und die der unter dem Patriarchen zu *Sis*
stehenden, auf 20,000 Familien belief, woraus man damals die ganze Volksmenge der Armenier auf 1,700,000
Individuen schätzen konnte, und wahrscheinlich ist sie
jetzt nicht kleiner geworden. Die wandernden *Turkmenen* mögen sich etwa auf 30,000 belaufen. Die *Kurden* sollen, wenn ihre verschiedenen Stämme zusammen-
gezählt sind, 140,000 Zelter, d. h. bewaffnete Männer,
haben. Den Schluß dieses Buches macht eine Tabelle
über die dermalige Eintheilung der türkischen Besitzungen am *Tigris* und *Euphrat*, verglichen mit der Eintheil-
lung früherer Zeiten, so wie eine über die Provinzen
und Districte *Armenien's* nach *Moses von Chorene* arme-
nischer Geschichte, mit einer Vergleichung derer, welche die Griechen und Römer kannten.

L. Buch. Asiatische Türkei. III. Theil. *Syrien* und
Palästina. — Dieses Buch handelt von *Syrien's* unbe-
stimmten Gränzen gegen Ost und Süd, Bergen (dem
Rossus, Casius, Liban, Antiliban); Flüssen (*Orontes,*

jetzt *Aahi* und *Jordan*); dem Klima, das wegen verschiedener Höhe des Terrains auch verschieden ist, dem
zur Cultur fast jeder Pflanze fähigen Boden, den *Thie-*
ren, zu denen hier der Büffel und das Kameel, so wie
Gazellen, Schakals, Hyänen, Onzen und, die schädlich-
sten von allen, Heuschrecken kommen; den verschiedenen Nationen, die hier vermischt leben; der Regierung
durch vier Paschah's, und den freien Völkern (*Maroni-*
ten, Drusen, Nassarier, Motualis u. s. f.), und giebt
dann eine lehrreiche topographische Beschreibung der
4 Paschaliks *Haleb, Damas, Tripoli* und *Akre,* die aber
keinen Auszug leidet. Am Schlusse dieses Buches finden
sich abermals mehrere, vorzüglich für den Historiker,
brauchbare tabellarische Uebersichten, als: Eintheilung
von *Syrien* in den ersten drei Jahrhunderten vor Christi
Geb.; Eintheilung von *Palästina* nach den 12 Stämmen;
Constantin's d. Gr. Eintheilung der Diöcese des Orients;
Eintheilung des Königreichs *Jerusalem* im zwölften Jahrhundert; dermalige Eintheilung *Syrien's* und *Palästina's,*
und Eintheilung *Palästina's* in 10 Districte, wie sie jetzt
besteht.

LI. Buch. Asiatische Türkei. IV. Theil. Allgemei-
ner Blick auf das Ottomannische Reich. Voran eine
kurze Geschichte der *Othomannen.* Dann eine Berechnung des Flächeninhalts dieses Reichs nach Quadrat-
Lieues, wo für die europäische Türkei 26,440, für die
asiatische 60,500, und für Aegypten 20,000, für das ganze
Reich also 106,940 Quadrat-Lieues (oder $38,498\frac{2}{3}$ geogr.
Qu. Meilen) gerechnet sind. Die Volksmenge wird von
dem Verf. zwischen 25 und 30 Millionen geschätzt. Und
doch berechnet er für die asiatische Türkei höchstens
$11\frac{1}{4}$ Million Einwohner, so dafs für die europäische und
Aegypten respectiv $13\frac{1}{4}$ oder $18\frac{1}{4}$ Mill. blieben, welches
höchst unwahrscheinlich ist. In dem Gemälde, das
dann von dem türkischen Reiche, dessen Regierung,
Bewohnern, deren Sitten, dem verderblichen Einflufs ihres Glaubens auf die Türken, dem Zustande der Wissenschaften, Künste und Industrie, den Staatseinkünften,
dem Militär, der Marine und dem Seraj, von dem Verf.

aufgestellt wird, findet man reiche und gedrängte Belehrung über den dermaligen, eben nicht glänzenden, Zustand dieses Reichs.

LII. Buch. *Arabien, nebst dem Arabischen und Persischen Meerbusen. Arabien* liegt beinahe im Mittelpuncte der, den Alten bekannten Oberfläche der Erde. Es ist vor allen andern Ländern in der Geschichte durch von hier ausgegangene, mit unendlich kleinen Kräften begonnene und weit ausgebreitete Umstürzungen der mächtigsten Staaten berühmt. *Mahomed* wagte im siebenten Jahrhundert des christlichen Glaubens eine neue Religion, deren Anhänger zugleich Fanatiker und Eroberer waren, zu stiften, und der siegreiche Halbmond erhob sich bald in der kalten *Tatarei* und dem glühenden *Aethiopien.* Er herrschte von *Spanien* aus bis zu den *Molucken,* vielleicht gar bis zum Archipel der *Karolinen,* und gieng südwärts über *Mozambique* und *Madagascar* hinaus. Dann folgt die gedrängte Beschreibung des Arabischen und Persischen Meerbusens, der Gebirge, so weit der Europäer das innere Arabien kennt, welches auch noch gröfstentheils eine *terra incognita* für ihn ist; der Küstenflüsse, Seen, des Klima's, des tödtenden Windes *Samum,* der Vegetation im Innern und an den Küsten, des Kaffeebaums, den die Araber aus Abyssinien, wie sie selbst sagen, erhalten haben, des Balsambaums, anderer Handelsgewächse, des Ackerbaues, der zahmen und wilden Thiere, und Mineralien *Arabien's.* Dann dessen alte und neue Eintheilungen, und Topographie, welche nach Art einer Reisebeschreibung eingerichtet ist, und bei der alle zugängliche ältere und neuere Hülfsmittel zu Rathe gezogen, und zu einer gedrängten Uebersicht des neuesten Zustandes dieses Landes verarbeitet sind. Auch über die *Wahabis,* die Perlenreichen *Baharëin* - Inseln im Persischen Meerbusen, das Reich *Yemen,* (von 900 geogr. Qu. Meilen mit 1,000,000 Einwohnern), dessen Regierung, Kriegsmacht, Handel, Provinzen und Städte, so wie über die Sitten, Gastfreiheit, Wohnungen, Nahrungsmittel, Kleidung, Sprache, Religion und Künste der Araber, sind befriedigende und

belehrende Nachrichten gegeben. Am Schlusse dieses
Buches ist, so wie am Schlusse des 47., 51. und 55sten
ein Verzeichnifs der besten Ortsbestimmungen, mit Angabe der Quellen gegeben, welches den Werth dieses
Werkes erhöht.

LIII — LV. Buch. Persien. Im LIII. wird eine allgemeine physikalische Beschreibung dieses Landes gegeben. Voran eine gedrängte Geschichte dieses Landes,
welches bekanntlich jetzt aus zwei Reichen, dem der
Afghanen, die *Ostpersien* mit einigen Theilen Vorder-
Indien's und der Bucharei unter *Zemaun-Schah*, der in
Kabul residirt, besitzen, und *Westpersien*, unter *Feth-
Ali-Schah*, der in *Teheran* seinen Sitz genommen hat.
Er kann eine Armee von 100,000 Mann ins Feld stellen,
und die Zahl seiner Unterthanen beträgt wahrscheinlich
zwischen 6 und 8 Millionen. *Kandahar* oder *Ostpersien*
kann für eben so stark bevölkert gehalten werden. Dann
schildert der Verf. den, von der Natur sehr ungleichförmig gebildeten Boden dieses Landes, giebt von den einzelnen merkwürdigen Gebirgen, Seen, Flüssen, dem
Klima, der Temperatur, der Vegetation in den verschiedenen Gegenden, dem Ackerbau, Obstbau, der *Cultur*
anderer Handelspflanzen, den zahmen und wilden Thieren, Nachricht. Dann folgen im

LIV. Buche topographische Nachrichten über *Persien's Provinzen* und Städte, die hier keinen Auszug erlauben, aber sehr belehrend sind, da der Verf. Alles, was
ihm ältere und neuere Geographen darboten, sorgfältig
nach strenger Prüfung benutzt hat.

Das *LV. Buch* betrifft die Abstammung der *Perser*, die älteren und jetzigen Sprachen dieses Landes (*Zend*, *Pehlwö*, *Parsi* und das dermalige *Persisch*,
welches aber im nördlichen Persien, und selbst in der
Hauptstadt *Teheran*, von der groben türkischen Sprache verdrängt worden ist), die Körperbildung, Kleidung,
Lebensart, den Luxus, die Tänzerinnen, Verschnittene,
grausame Strafen, sclavische Sitten, pomphafte Titel,
und überhaupt den Nationalcharakter der *Perser*, die als
Schiiten viel toleranter gegen anders Glaubende, vorzüg-

lich gegen Christen und Guebern, sind, als die Sunni-
ten, zu denen die Türken gehören. Eine eigene Secte
der Mohammedaner sind die *Zabier*, die nicht mit den
Sabéern zu verwechseln sind. Sie verehren das Kreuz,
haben eine Art Taufe, und nennen sich Schüler des Jo-
hannes. Ihre Glaubenslehren nähern sich aber denen
der Ismaëliten und Guebern. Sie opfern Hühner und
Widder. Der Zustand der Wissenschaften ist dermalen
nicht der beste. In Manufactur - und Fabrikarbeiten
sind aber die Perser nicht zurückgegangen. Die Stickerei auf Tuch, Seide, Leder, ist sehr vollkommen. Das
Persische Porzellan zeichnet sich durch seine Härte
aus, und die Persischen damascirten Säbel wird kein
europäischer Waffenschmidt nachahmen. Eben so sind sie
Meister in Verfertigung des Chagrins und Maroquins, so
wie der unter dem Namen der türkischen, beliebten Tep-
piche. Der Persische Seehandel wird nur durch fremde
Schiffe betrieben, weil *Persien* Mangel an Schiffbauholz
hat. *Persien* zählt eine Menge Nomaden unter seine
Bewohner, so die der *Turcomanen* (zusammen 548,000
Köpfe), *Kurden* (an 90,000), *Lurier* (an 140,000), und
Araber am Persischen Meerbusen (etwa 100,000). Nach-
richten über die *Afghanen* (in Indien *Patanen* genannt),
ihren Ursprung, ihre Stämme, Sprache (die mit der
Chaldäischen sehr übereinstimmen soll), Kleidung, Le-
bensart, Regierung, die eine Lehnsverfassung hat, Ein-
künfte, (sie stiegen unter *Ahmed Schah*, dem Stifter des
Reichs, auf 18,750,000, betragen aber jetzt unter *Tymur-
Schah* nur 6,250,000 Thlr.), Armee (ersterer hatte 100,000
Mann Reuter, letzterer hat nur 30,000) machen den
Schluß dieses Buchs, dem außer den Ortsbestimmungen eine Tabelle zur Vergleichung der alten und neuen
Eintheilungen und ein, aus handschriftlichen Reise-
journalen mehrerer französischer Reisender gezogenes,
Verzeichniß der in *Persien* lebenden Völkerschaften, de-
ren Zahl sich bis auf 58 erstreckt, hinzu gefügt ist.

    LVI. Buch. Untersuchungen über das Kaspische
Meer, und die alte Mündung des *Oxus* oder *Gihon*.
Dimensionen dieses Meeres. (Die Länge von S. g. N. be-
trägt 165, die Breite von W. g. O. am schmalsten Orts

24⅔, am breitesten 60 geograph. Meilen.) Kurze Geschichte der Charten von demselben. Der Wasserspie-
gel dieses Meeres steht nach *Lowitz'ens* Messungen 50
Fuls tiefer, als der Ocean. Oft ist es 4 bis 5 Fuls höher, wenn die *Wolga,* der *Ural,* der *Tedschen,* der *Ki-
zil-Ozen* und der *Khur,* die sich in dasselbe ergiefsen,
durch geschmolzenen Schnee angeschwollen sind. Periodische Vergröfserung des Sees durch Ueberschwemmung
oder Abwaschung der Russischen Küsten. Man glaubt,
dafs das Kaspische Meer in sehr frühen Zeiten mit dem
Azowschen in Verbindung gestanden habe; aber kein einziges historisches Datum spricht dafür. Die beträchtliche Ausdünstung einer so grofsen Wasserfläche, als die
dieses Meeres ist, erklärt leicht, wo die Wassermasse
hinkommt. Nun folgen Nachrichten über die Küsten,
das Wasser, die Fische (es wird jährlich eine ungeheure Zahl grofser Störe, Sterlets, Hausen, Seehunde von
eigener Art u. s. f. gefangen), die Inseln, und die verschiedenen Benennungen dieses Meeres. Die antiquari-
sche Untersuchung, ob der *Oxus* (*Gihon*) jemals in das
Kaspische Meer, und nicht vielmehr in den *Aral-See,*
sich ergossen habe, müssen wir hier übergehen.

LVII. Buch. Freie Tatarei, im eigentlichen Verstande, oder die *grofse Bukharei, Khowharezm, Turko-
manien, Turkestan,* und das *Land der Kirgis.* Diese
Gegenden waren das Stammland der *Türken* und *Tarta-
ren* (richtiger *Tatarn*). Die Sinesen nannten alle Wan-
dervölker *Hochasien's Tata.* Sie unterscheiden sich
durch ihre ganze Organisation wesentlich von den *Mongolen,* von denen sie einst unter dem *Dschengiskhan* unterjocht, und den Heeren dieses Eroberers einverleibt
wurden. Da sie viel zahlreicher, als ihre Besieger waren, ward ihre Sprache in allen von den *Dschengissiden*
eroberten Ländern, welche weder Tatarisch, noch Mongolisch verstanden, die allgemeine. Allein viele tatarische Stämme sind von den *Kalmucken* und *Russen* unterjocht worden. Die noch Unabhängigen bewohnen die
Gegend Asien's, die nördlich vom *Irtisch,* westlich vom
Ural und dem *Kaspischen Meere,* südlich von *Khorasan*

und den Gebirgen von *Gaur,* östlich von den Bergreihen von *Belür* begränzt werden. So ist ihr Wohnsitz,
der über 216,000 geogr. Qu. Meilen beträgt, aber nur
ungefähr 5 Millionen Bewohner enthält, gegen alle Him-
melsgegenden vor anderen Völkern durch natürliche
Gränzen geschützt, nur gegen Süden nicht gegen die
Angriffe der *Afghanen,* welche die Stadt *Balk* erobert
haben. Hierauf werden die Gränzen, die Eintheilungen,
die Berge, Flüsse, Seen, das Klima (das sich durch
sehr kalte Winter auszeichnet), die Producte des Pflan-
zen- (es herrscht im Durchschnitt grofser Mangel an
Holz) und Mineralreichs (ehemals vorzüglich Gold und
Kupfer) beschrieben. Dann folgt eine Topographie der
verschiedenen Theile, welche die freie Tatarei bilden,
als des *Landes der Kirgis, Turkestan's Khowarezm's,
Chiwa's,* des Landes der *Aralschen Uzbecken,* der *grofsen
Bukharei, Gaur's, Balk's* und *Tokerastan's,* nach der von
dem Verf. gewählten Art, Gränzen, Boden, Flüsse,
Seen, Naturproducte, politische Eintheilungen, vorzüg-
liche Orte, Sitten, Religion und Regierungsverfassung
der Bewohner, zu beschreiben.

LVIII. und *LIX. Buch. Siberien.* Das *LVIII.* enthält: eine allgemeine Darstellung der natürlichen Beschaffenheit dieses Landes; das *LIX.* beschreibt die Völker, die Provinzen und Städte desselben. Im LVIII.
werden die Gränzen, der Umfang und Flächeninhalt
(ersterer von W. g. O. 900, und von S. g. N. zwischen
240 und 420 g. M., letzterer auf 25,200 geogr. Qu. Meil.
also um ⅔ gröfser, als das ganze Europa), die Gebirge,
Steppen, Flüsse, Seen, das Klima, die Witterung, die mineralischen Reichthümer, die Producte des Pflanzen - und
Thierreichs in *Siberien* nach den reichhaltigen Quellen,
die hier dem Verf. flossen, sehr vollständig beschrieben.
Den Schlufs des *LIX. Buches* machen: eine synoptische
Tabelle der Provinzen und Völker *Siberien's,* in der zugleich die wichtigsten Producte der Districte, der Gouvernements, und die Hauptorte der Districte mit ihrer Volksmenge angegeben sind; eine Tafel der Distanzen einiger
Städte *Siberien's* von einander in Wersten; geographische

Ortsbestimmungen in *Siberien*, die sich auf astronomische Beobachtungen gründen; eine Tafel über den Flächeninhalt des urbaren Landes, der Waldungen und der
Wiesen in einigen Districten *Siberien's*, und eine chronologische Tafel über die in *Siberien* gemachten Eut-
deckungen.

LX. Buch. *Mittel-Asien* oder die *Kalmukei*, *Mongolien* und die *kleine Bukharei*. Mit Recht beklagt sich
der Verf. über die Unzulänglichkeit der Hülfsmittel, die
nur aus dem 13ten, 14ten und 15ten Jahrhundert, und
daher mehr für die Erdkunde der mittleren Zeit brauchbar sind. *Mittel-Asien* besteht aus 5 Theilen: *Mogoli-
stan*, nördlich von *Sina*, und südlich von *Irkutzk*; die
Kalmukei oder *Songarei*, westlich von *Mongolien*, und
südlich von *Kolywan*; die *kleine Bukharei* oder *Ost-
Turkestan*, östlich der *grofsen Bukharei*, und nördlich
von *Kaschemire*; *Tangut* oder das *Land der Koko-Nor
Elöths* oder *östlichen Kalmuken*, und zwischen diesen
4 Ländern die Wüste *Cobi* mit den Oasen *Hamel*, *Lop*
u. s. f. Von der natürlichen Beschaffenheit dieser Länder weifs man sehr wenig. Wegen der im Durchschnitte
durchaus sehr beträchtlichen Höhe derselben ist die
Kälte dort ungemein stark. Man kennt die Vegetabilien
nicht, die dort gedeihen. Doch sollen in niedrigen Theilen die Baumwollenstaude und der Weinstock gedeihen.
Kann man den unbestimmten Berichten älterer Reisenden trauen, und zieht das Wenige, was wir von den an
den Seeküsten der *Tatarei* wachsenden Pflanzen wissen, in
Erwägung, so scheinen die dortigen Pflanzen mit den im
nördlichen Teutschland wachsenden, eiuerlei zu seyn,
nur dafs hier noch viele, *Siberien* eigenthümliche, hin-
zukommen. Man kennt weiter keine, diesen Gegenden
eigenthümliche, Pflanzen, als das seltsame Farnkraut,
welches das siberische Lamm (*Polypodium Barometz*)
heifst, und mehrere Arten vom *Rheum*, dessen Wurzeln den Rhabarber liefern. Hier leben viele von
den Thieren wild, die der Mensch zu Hausthieren gemacht hat. So das wilde Pferd, das die Kalmuken *Ta-
kia*, und die Mantschus *Tahi* nennen; der wilde Esel,

Kulan; der *Dschiggetaï* oder die *Hemione*, ein behuftes
Thier, welches zwischen dem Esel und dem Pferde den
Uebergang macht; das zweibuckliche Kameel, welches
frei in den Sandwüsten *Mongolien's* herumirrt; der *Yak*
oder grunzende wilde Ochse, dessen Hörner hinterwärts
gebogen sind, dessen Haar seidenartig und unter dem
Bauche eine Spanne lang ist, und dessen Schwanz dem
eines Pferdes gleicht. Das Eleun findet sich hier noch
unter dem 45sten Grade der Breite. Das Argali oder
wilde Schaf, die Ziege, die Gems, der Steinbock, die
kropfigte Antelope, und die Saiga (wahrscheinlich *Du-
halde's* gelbe Ziege), irren heerdenweise auf den steil-
sten Bergen. Das Moschusthier, welches weite Einöden
liebt, bewohnt *Mongolien*, *Daurien* und die *Berggegen-
den*, durch welche der *Amur* fliefst, *Thibet*, *Sina*, *Tun-
kin*, *Kaschemir*, und die Gegenden von *Krasnojarsk*.
Von wilden Thieren giebt es hier den schwarzen und
braunen Bären, den gemeinen Fuchs, den Korsak, den
Karagan, den weifsen Luchs, den Karakal und den Ma-
nul, welches Thierarten, wie die Unze und der Tiger sind.
Die Unze ist hier sehr häufig. Auch finden sich hier
Hermeline, Marder, Zobel und Fischottern, welche in
grofser Menge an den Seen wohnen, die in der *Kalmukei* so häufig sind. Aufserdem halten sich hier das
Murmelthier, das gestreifte Eichhorn und verschiedene
Hasenarten auf. Auch ist in *Mittel - Asien* der schöne
und sonderbare Vogel, der zwischen dem Fasan und
dem Pfau steht, der *phasianus argus* der Naturforscher, einheimisch. — Nun folgt die Beschreibung der
einzelnen Theile dieses Landstrichs nach des Verfassers
zweckmäfsigem Systeme geordnet, der wir hier wegen
beschränkten Raumes dieser Zeitschrift nicht folgen können. Auch würde die Anzeige von dem *LX. Buche* kür-
zer ausgefallen seyn, wenn diese Gegenden nicht in
solchem geographischen Dunkel lägen.   —

   LXI. Buch. Die *Mantschurei* und *Korea*. Gebirge,
Flufs *Amur*. Sinesische Eintheilung dieses Landes, welches bei ihnen *Schengyn* oder *Schin - Yang* heifst, und
in die beiden Provinzen *Fyntien* oder *Leuo-Tong*, süd-

lich am gelben Meere und *Mantschu*, am *Amur*, und
dem Meere von *Korea*, getheilt wird.   Der topographischen Schilderung dieser Gegenden können wir hier
nicht folgen.   Den Schluß dieses Buches macht eine
synoptische Ueberbicht der Völker von Nord-, Mittel-
und Ost-Asien.

LXII. *Buch.   Japan*, *Jesso*, die *Kurilen* und die *Liö-*
kiö-Inseln.   Entdeckungsgeschichte der nördlich von
Japan liegenden Inseln.   Trotz *Broughton's* und *v. Kru-*
senstern's Reisen, hält der Verf. es noch nicht für entschieden, daß *Sagalien* eine Halbinsel sey.   Die Beschreibung von *Jesso* ist so vollständig, als die dem
Verf. zugänglichen Quellen, unter denen sich zwei japanische Beschreibungen von diesem Lande befanden, nur
gestatten wollten.   Eben so die von *Seghalien* und den
Kurilen.   Verschiedene Benennungen des Inselreichs *Ja-*
pan, und Nachrichten über dessen Ausdehnung, Gebirge, Vulkane, Flüsse, Seen, Witterung, Klima, Ackerbau, vegetabilische Producte, zahme und wilde Thiere,
und den beträchtlichen Reichthum an schätzbaren mineralischen Producten (Gold, das beste Kupfer, welches
bekannt ist, Zinnober u. s. f.), gehen einer topographischen Beschreibung der ansehnlichsten Orte und Inseln,
und der Eigenschaften der eigenthümlich gebildeten Bewohner, und Nachrichten von ihrer Regierung, Gesetzen, grausamen Strafen, großer Volkszahl (allein die
bewaffnete Mannschaft soll 480,000 zu Fuß und 53,000
Mann zu Pferde betragen), der Einkünfte (die sich auf
167,540,000 Thaler belaufen sollen), ihrer Religion und
wissenschaftlichen Cultur, ihrem häuslichen Leben,
Schauspielen und Bordellen, die hier häufiger sind, als
in irgend einem anderen Lande, ihrem Handel und den
Münzen, voran, und eine Beschreibung der *Liökiö*-In-
seln, nebst einem Verzeichnisse geographischer Ortsbestimmungen, die Küsten der *Mantschurei*, *Jesso's*, *Ja-*
pan's und *Korea's* betreffend, machen den Schluß dieses Buches.

LXIII. *bis* LXV. *Buch.   China.*   Das LXIII. Buch

enthält die allgemeine Beschreibung dieses 'Reichs in
Rücksicht seiner Gränzen, seines Flächeninhalts (der
des eigentlichen *China* beträgt nach den, von dem Man-
darin *Chow-ta-Zing* dem Lord *Macartney* mitgetheilten,
Nachrichten 81,125 geogr. Qu. M.), seiner verschiedenen Namen, Gebirge, Flüsse, Seen, Canäle, seines Klima und der Witterung, des Ackerbaues, der sich doch
bei weitem noch nicht über alle Theile dieses Reichs
erstreckt, des Obstbaues, der Theestaude, des Kampfer-
und Maulbeerbaums, des Bambus- und Zuckerrohrs, der
Waldungen, der Hausthiere, welche aber nicht in Menge
gezogen werden, der wilden Thiere (des Löwen ohne
Mähne), verschiedenor Affenarten, Hirsche, wilden Schweine u. s. f., der diesem Lande eigenen Vögel, Fische
und Insecten, von denen die Seidenwürmer am häufigsten sind, und der Mineralien. Das *LXIV. Buch* giebt
eine Topographie der Provinzen und Städte. *Pekin* hat
wahrscheinlich höchstens 700,000 Einwohner; *Canton*
250,000. In der übrigen detaillirten Beschreibung der einzelnen Provinzen und Städte, welche auch die Insel
Formosa betrifft, können wir hier dem Verf. nicht folgen. Das *LXV. Buch* giebt Nachrichten von der Körperbildung der *Chinesen*, und was dort weibliche Schönheit heiße, von der ganz despotischen Regierungsverfassung, den 9 Classen der kaiserlichen Diener (Manda-
rinen), der Sprache, den Wissenschaften, den Garten-
anlagen, der Industrie, der Schifffahrt, der grofsen
Mauer, den Wohnungen, Kleidern, Theatern, Fehlern,
Nahrungsmitteln, Heirathen, der Religion (die des *Kon-
fu-tse*, des *Lao-kiun*, und des *Fo*, — die kaiserliche
Familie verehrt den *Dalai-Lama*), dem Handel, der
Armee (etwa 5 bis 600,000 Mann reguläre und 1 Million
irreguläre Truppen), und der Volksmenge (die sich
nach Pater *Allerstein* im Jahre 1743 auf 198,213,713 Seelen, nach Lord *Macartney* aber gar auf 333 Millionen
belaufen soll, wahrscheinlich aber nur 150 Millionen
beträgt.

LXVI. Buch. Thibet. Dessen Gränzen, verschiedene
Benennungen, Gebirge, Flüsse, Seen, Klima, die Win-

ter, sind hier wegen der hohen Lage des Landes viel
kälter, als in irgend einem Theile Europa's), Ackerbau,
Gewürzpflanzen, wilde Thiere (Bären, wilde Pferde,
Löwen), zahme Thiere (Hunde, so grofs wie Esel, kleine Pferde und Ochsen, ebenfalls kleine Schafe, Ziegen,
aus deren seidenartigen Haaren die Shawls gemacht werden, und Yak's oder grunzende Ochsen), und Mineralien. Die Eintheilungen dieses Landes sind, so wie die
Beschaffenheit der Städte, noch sehr unbekannt. Nachrichten von dem Charakter der *Tibetaner*, ihren Heirathen, der dort üblichen Polyandrie (dafs nämlich eine
Frau, wenn sie einen Bruder heirathet, auch die Frau
seiner übrigen Brüder wird), ihren Begräbnissen, ihrer
Sprache, Schrift, Religion, und der Macht des *Gros-
Lama*, bei welcher Gelegenheit der Verf. eine Uebersicht der in *Mittel - Asien* herrschenden 3 Hauptreligio-
nen, dem *Schamanism*, dem *Braminism* und dem *La-
mism*, und zugleich von den durch *Mittel - Asien* verbreiteten *Nestorianern*, giebt, beschliefsen dieses Buch
und den dritten Theil. Die Beschreibung von *Ostindien*
wird den Anfang des vierten Theils bilden.

3.

*MALTE - BRUN's Abrifs der allgemeinen
Geographie oder Beschreibung der
ganzen Erde, nach einem neuen Plane und
den grofsen natürlichen Abtheilungen gemäfs
entworfen. I. Band 1. und 2te Abtheilung;
enthaltend die Geschichte der Erdkunde. A. d. Französischen. Herausgegeben von E. A. W. v. ZIMMERMANN. (Mit*

6 *Charten.*) *Leipzig, bei Mitzky u. Comp.*
1812. 2 *Bde.* 8.

Auch unter dem Titel:

*MALTE - BRUN's Geschichte der Erdkun-
de von den ältesten bis zu den neuesten Zeiten, nach den gültigsten Angaben.
A. d. Französischen. Herausgegeben mit
Zusätzen von E. A. W. v. ZIMMERMANN,
1. u. 2. Abtheilung.* (*Ebendaselbst.*)

Das Original dieser Uebersetzung oder der I. Theil
von: *Malte-Brun Précis de la Géographie universelle* ist im XXXVI. Bande unserer *A. G. E.* S. 198 f.
angezeigt. Da der Hr. Uebersetzer bekanntlich selbst
Vieles zur Erweiterung und Verbreitung geographischer Kenntnisse beigetragen hat, so müssen wir Hrn.
Malte - Brun Glück wünschen, einen solchen treuen
Uebersetzer gefunden zu haben. Doch findet man von
der Hand des Letzteren überall nicht unwichtige Zusätze, und vorzüglich ist das 22ste Buch des Originals
(das 21ste der Uebersetzung, weil das erste Buch des
Originals nur überhaupt von dem Studium der Erdkunde, dem Plane und den Eintheilungen des Werks
redet, welches mehr in einen Vorbericht, als in ein eigenes Buch gehört,), von ihm ganz neu bearbeitet worden, um mehrere Lücken und chronologische Sprünge
des Originals theils zu ergänzen, theils zu vermeiden,
so dafs dieses Buch als eine eigene Arbeit und nicht als
Uebersetzung anzusehen ist. Dieses Buch begreift die,
für die Geschichte der Erdkunde so wichtige Periode
von 1492 bis 1800. Des Hrn. Verf. dieses Buches Bele-
senheit, ausgebreitete Kenntnisse und sorgfältige Darstellung aller in dieser, an Erweiterungen der Erdkunde
so reichen, Epoche, von der man die neuere Geographie datiren kann, gemachten Entdeckungen, nicht nur

von Küsten und Ländern, sondern auch von den Naturproducten, den Eigenthümlichkeiten ihrer Bewohner,
ihrer Verfassung u. s. f. in kurzen Angaben des Haupt-
gegenstandes jeder merkwürdigen Reise, machten es
sehr wünschenswerth, daß er Zeit genug finde, eine
umständliche Geschichte der Erdkunde von 1492 bis
jetzt zu bearbeiten, wozu er in der Vorrede zur zweiten
Abtheilung Hoffnung macht. Im Einzelnen hier der Geschichte der, im besagten Zeitraume gemachten Entdek-
kungen und Erweiterungen der Erdkunde überhaupt zu
folgen, würde außer den Gränzen dieser Anzeige um so
mehr liegen, da schon das Original in diesen *A. G. E.*
ausführlich angezeigt ist. Die Uebersetzung des zweiten Bandes, der die mathematische und physische Geographie umfaßt, soll binnen Kurzem erscheinen.

CHARTEN — RECENSIONEN.

I.

Charte vom ehemaligen Franken, oder dem Main- und Rezat-Kreise des Königreichs Baiern, den Großherzogthümern Frankfurt und Würzburg, nebst den angränzenden Staaten, von Joh. Leonhard SPÄTH, *Professor in München. Nürnberg, bei Schneider.* 1811.

Es verdient gewiß den größten Dank des Publicums, wenn größere geographische Unternehmungen, als Vermessungen ganzer Länder oder Provinzen, ihre Entstehung und ihr Daseyn den Bemühungen und alleinigen Veranstaltungen von Privatpersonen verdanken, da man sonst in der Regel nur von Landesregierungen, denen größere Kräfte und Mittel zu Gebote stehen, die Veranstaltung solcher Unternehmungen erwarten kann. Es ist uns nicht bekannt, daß die Königl. Baierische, oder irgend eine andere Regierung, eine Triangulirung des ehemaligen Fränkischen Kreises veranstaltet hätte, welches auch fast nicht zu erwarten ist, da mehrere Fürsten *Teutschland's* Theile dieses Kreises besitzen. Wir können also nicht anders (da es uns an Zeit gebricht, für jetzt nähere Erkundigungen darüber einzuziehen), als die Erscheinung der obigen Charte, und die ihr zum Grunde liegende Aufnahme eines Netzes der, auf

derselben dargestellten Gegend, als das Resultat der ver-
dienstvollen Veranstaltung und Ausführung des Verfassers derselben zu halten. Unter dieser Voraussetzung *)
müssen wir, gemeinschaftlich mit allen Geographiefreunden, demselben den gröſsten Dank für sein ver-
dienstvolles Unternehmen zollen, wodurch wir für diesen Theil *Teutschland's*, von welchem wir ohnehin im Verhältniſs gegen andere, eine geringere Anzahl von Ortsbestimmungen besitzen, ja bei einigen Orten bedeutende
Differenzen **) in den bis jetzt bekannten Ortsbestimmungen obwalten; jetzt ein so schätzbares Material erhalten,
woraus sich sowohl viele, bisher noch unbekannte geographische Ortsbestimmungen entnehmen lassen, wie
auch die ganze Charte als eine richtige Grundlage bei
zukünftigen Bearbeitungen dieses Theils von *Teutschland* dienen kann.

Wir haben alle uns bekannten Ortsbestimmungen
der auf der Charte befindlichen Orte, mit ihrer Lage
auf derselben verglichen, und eine gröſstentheils genaue
Uebereinstimmung gefunden. Die kleinen Differenzen
können sowohl ihren Grund in der ungleichförmigen
Zusammenziehung des angefeuchteten Papiers haben, als
auch daher rühren, daſs bei der wirklichen Ortsbestim-
mung mehrerer Orte (besonders gröſserer) nicht immer
gerade der Mittelpunct des Ortes, sondern ein mehr an
dem einen oder anderen Ende desselben befindlicher,
oder auch wohl auſserhalb desselben liegender Punct gewählt wurde, da wir hingegen bei den von der Charte
abgenommenen Angaben, immer den Mittelpunct des
Ortes bestimmt haben. Wir glauben, daſs es unseren
Lesern nicht unwillkommen seyn wird, wenn wir auch
auſser dieser Vergleichung noch mehrere andere, uns
bis jetzt noch nicht bekannt gewordene, Ortsbestimmungen, aus der Charte entnehmen, und den vorigen
hinzufügen.

---

*) Wir werden jede bestimmte Nachricht hierüber mit Dank
  aufnehmen.
**) So ist z. B. die Länge von W ü r z b u r g nach den Conn.
  des Tems 1800 $= 28°\ 1'\ 45''$, nach der Sammlung astronomischer Tafeln im Goth. Hofkalender 1804 $= 27°\ 35'\ 15''$.

Vergleichung mehrerer bekannten Ortsbestimmungen mit der Länge der betreffenden Oerter auf obiger Charte.

Orte.	Auf der Charte Länge.	Auf der Charte Breite.	nach and. Bestimm. Länge.	nach and. Bestimm. Breite.	Angabe der Quellen.
Baireuth	29° 15′	49° 50′	29° 56′	49° 50′	Mon. Corr. VI. Bd.
Coburg	28° 39′	50° 14′	— 15′	50° 15′	Conn. des Tems.
Darmstadt	26° 17′	49° 53′	26° 44′	49° 50′	Mon. Corr. VIII. Bd.
Eger	30° 2′	50° 4′	30° 3′	50° —	Mon. Corr. VI. Bl.
Eichstädt	28° 51′	48° 53′	28° 50′	48° 51′	Mon. Corr. I. B.
Frankfurt am Main	26° 16′	50° 7′	26° 15′	50° 7′	Conn. d. Tems.
Fulda	27° 23′	50° 34′	27° 34′	50° 33′	Bode Jahrb. 1796.
Manheim	26° 9′	49° 29′	26° —	49° 29′	Barry u. Wurm in Lichtenstern's Archiv,
Meiningen	28° 7′	50° 34′	28° 12′	50° 16′	Conn. des Tems 1809
Nürnberg	28° 45′	49° 45′	28° 4′	49° 25′	Tob. Mayer's Geom.
Ohrdruf	28° 23′	50° 50′	28° 47′	50° 35′	Mon. Corr. V. B.
Regensburg	29° 46′	49° 30′	29° 40′	49° 27′	Mon. Corr. XI. B.
Rudolstadt	28° 59′	50° 50′	28° —	50° 51′	Goth. Hof - Kal.
Schwetzingen	26° 14′	49° 22′	26° 14′	49° 43′	Mon. Corr. VII. B.
Wisloch	26° 23′	49° 18′	26° 18′	49° 22′	Mon. Corr. I. B.
Würzburg	27° 36′	49° 47′	27° 35′	49° 46′	Conn. des Tems 1809.
					Goth. Hof - Kal. 1804.

Geographische Längen und Breiten der vorzüglich-sten Orte auf obiger Charte, von denen noch keine Orts-bestimmungen bekannt sind.

Orte.	Länge.			Breite.		
	°	′	″	°	′	″
Altdorf	29	1	26	49	23	22
Amberg	29	31	40	49	26	52
Amorbach	26	53	—	49	38	—
Aschaffenburg	26	46	—	50	1	29
Auerbach	29	12	35	49	45	38
Bamberg	28	34	6	49	53	31
Cronach	28	57	46	50	12	31
Dettelbach	27	49	30	49	48	28
Eberbach	26	39	12	49	27	30
Ebersdorf	29	20	32	50	29	24
Eschenbach	29	31	10	49	45	14
Freystadt	29	—	5	49	12	12
Hemau	29	27	14	49	3	6
Hirschau	29	37	40	49	32	38
Hirschberg	29	27	28	50	24	—
Hof	29	35	18	50	18	55
Hollfeld	28	58	15	49	56	30
Kemnat	29	34	19	49	52	18
Kitzingen	27	50	38	49	44	10
Münchberg	29	28	—	50	10	50
Nabburg	29	51	40	49	27	—
Neumarkt	29	9	30	49	16	44
Ochsenfurt	27	41	40	49	39	33
Obernburg	26	49	15	49	50	4
Pegnitz	29	12	35	49	45	38
Plassenburg bei Culmbach	29	7	20	50	6	37
Redwitz	29	4	41	50	—	15

O r t e.	Länge.			Breite.		
	°	'	''	°	'	''
Schleitz	29	25	—	50	35	21
Schwabach	28	42	—	49	19	50
Seligenstadt	26	36	9	50	4	30
Staffelstein	28	39	5	50	5	50
Sulzbach	29	24	52	49	30	10
Tirschenreit	30	1	30	49	52	35
Uffenheim	2	55	30	49	32	25
Velburg	29	22	30	49	16	30
Vilseck	29	30	30	49	36	19
Vorchheim	28	44	39	49	43	27
Waltershausen	28	13	33	50	53	—
Werneck	27	46	10	49	59	28
Windsheim	28	4	15	49	20	50
Weisenstadt	29	33	15	50	6	10

Wir wollen nun noch unsere Leser mit der besonderen Einrichtung dieser Charte bekannt machen. Sie ist
im inneren Rande 1 Par. Fufs 11,7 Zoll breit, und 1 Fufs
7,6 Zoll hoch, und nach einem Maasstabe von 0,6 P. Z.
auf eine geograph. Meile bearbeitet. Sie reicht vom 26°
bis zum 30° der Länge, und von 48° 45' bis 50° 55' nördlicher Breite, und enthält auf diesem Flächenraume ausser den bereits auf dem Titel erwähnten Ländern und
Provinzen, noch Theile des Königlich Bairischen *Regen-*
und *Ober-Donau-Kreises,* von *Würtemberg, Baden* und
Hessen, die Grafschaft *Henneberg,* und einen Theil von
Sachsen. Der *Main-* und *Rezat-Kreis,* die Theile des
Regen- und *Ober-Donau-Kreises, Würtemberg, Baden,*
das Grofsherzogthum *Würzburg* und die Grafschaft *Hen-*
neberg sind besonders speciell ausgearbeitet, und enthalten aufser allen Städten und Flecken, auch die mehr-
resten Dörfer: sie alle einzutragen, wäre der Maasstab
der Charte wohl etwas zu klein gewesen. Die übrigen

Länder sind gröfstentheils nur skizzirt.   Aufser einigen
sich auszeichnenden Bergen, als dem *Ochsenkopf, Schnee-
kopf, Inselsberg, Schneeberg* u. a. m., ist weiter kein
Bergterrain, und eben so auch keine Waldung angegeben.

Da nun durch obige Charte doch einmal die Grundlage zu einer richtigen Bearbeitung dieser Gegend
Teutschland's gemacht ist, so kann Rec. sich des Wun-
sches nicht enthalten, dafs der verdienstvolle Hr. Verf.
eine völlig detaillirte Aufnahme derselben zu bewerkstelligen im Stande gewesen wäre, wodurch wieder eine
Lücke in dem leider noch so mäfsigen Vorrathe, zu
jedem Zweck brauchbarer Materialien unseres Vaterlandes, gefüllt worden wäre. Indefs sind uns zur Gnüge
die grofsen Hindernisse und Schwierigkeiten bekannt,
die einem Privatmanne bei einem solchen Unternehmen
im Wege stehen, so dafs es unrecht wäre, wenn wir uns
für jetzt nicht auch mit diesem Geschenke begnügen
wollten.

Die bei der Aufnahme des Netzes gewählten Haupt-
standpuncte sind auf der Charte unten namentlich angegeben, und alle aufgenommenen oder geodätisch bestimmten Orte, sind mit einem kleinen Sternchen bezeichnet, und in unserem Auszuge von Ortsbestimmungen sind auch nur solche Orte (mit Ausnahme von
Wisloch) angeführt worden.

Der Stich der Charte gehört zwar nicht eben unter
die vorzüglichen Arbeiten, und besonders sind die wenigen Berge sehr mittelmäfsig gerathen; indefs den Zweck,
den die Charte erfüllen sollte, erfüllt sie dennoch, auch
ohne diese Eleganz. Ein wesentlicher Mangel derselben
aber ist eine Zeichenerklärung (die leider auch jetzt
noch auf so manchen Charten fehlt, und ohne welche
doch keine Charte ganz verstanden werden kann), und
wir sind wirklich nicht im Stande, kleine Städte, Flek-
ken und Dörfer auf der Charte gehörig von einander zu
unterscheiden; ebenso ist uns die Bedeutung der roth

und blauen Striche unbekannt, mit welchen viele Orte in *Baiern* unterstrichen sind, über deren Bedeutung eine Erklärung billig den Besitzer der Charte unterrichten sollte. Auch ist die Charte nicht ganz von (wenn auch mehrentheils nur kleinen) orthographischen Fehlern frei, so lesen wir z. B. Taunrode statt *Tannrode*, Blankenheim statt *Blankenhain*, Rudelstadt statt *Rudolstadt*, Schlichtern st. *Schlüchtern*, Salburg st. *Saalburg* u. s. f.

2.

Topographisch-militärische Charte der vier Departements des Französischen Reichs, nämlich der Elb-Mündungen, Weser-Mündungen, Ober- und Ost-Ems, entworfen von F. W. Streit, und in 19 Blättern herausgegeben von dem Geographischen Institute. Zweite neu berichtigte Ausgabe. Weimar, 1812.

Schon aus der, im XXXVIII. Bande unserer *A. G. E.* befindlichen, Recension der obigen Charte, kennen unsere Leser die Existenz und die nähere Einrichtung derselben. In selbiger wurden zugleich die, bei der Bearbeitung dieser Charte benutzten, Materialien angegeben, unter welchen freilich noch manche, für die Forderungen, die man jetzt an Specialcharten macht, sehr unvollkommene Materialien befindlich waren, als z. B. *Jäger's* Atlas, die Charte von *Bremen* und *Verden* der Berliner Akademie, welche der Zeichner in Ermangelung besserer Materialien zu benutzen gezwungen war.

Seitdem ist nun aber durch die Erscheinung der *Hegre-
te* und *Heiliger'schen* Charte der Länder zwischen der
Elbe, *Weser*, *Trave* und *Hunte* etc. in 6 Blättern, diesem Mangel an guten Materialien für einen grofsen
Theil der, auf unserer oben gedachten Charte dargestellten Geg nd abgeholfen; und wenn gleich diese Charte
nicht ganz die Vollkommenheit hat, als einige andere,
zu eben gedachter Charte der 4 Französischen Departements benutzte Materialien, als z. B. *Lecoq's* Charte
von *Westphalen* u. a., so liefert sie doch ein bei weitem
gröfseres und richtigeres Detail, als die oben erwähnten
Materialien, und das geographische Institut, das rastlos bemüht ist, allen seinen Charten die möglichste Vollkommenheit zu geben, hat sogleich die gedachte, kürzlich erschienene Charte dazu benutzt, um diejenigen
Sectionen, in welche sie fällt, und welche gerade die
unvollkommensten waren, ganz oder zum Theil neu be-
richtigen und stechen zu lassen, so dafs diese Charte
nun möglichst richtig erscheint.

Die neu umgearbeiteten Sectionen sind: *Sect. 3. Stade*; *Sect. 4. Hamburg*; *Sect. 8. Bremen*; *Sect. 9.
Lüneburg*; *Sect. 10. Neuhaus*, und *Sect 14. Sol-
tau.* Rec. hat sich durch die genaueste Prüfung überzeugt, dafs das neue Material auf das fleifsigste und
sorgfältigste benutzt worden ist, so dafs er mit allem
Rechte Liebhabern diese Charte besonders empfehlen kann.

Dem Vernehmen nach wird das Geographische Institut allen Besitzern der ersten Ausgabe dieser Charte
diese 6 Blätter um den Subscriptionspreis einzeln ablas-
sen, um ihnen den Ankauf möglichst zu erleichtern,
und diese werden daher wohl thun, sich in den Besitz
dieser neu berichtigten Sectionen zu setzen.

3.

Das Russische Gouvernement Wilna mit seinen Angränzungen. Nach dem Entwurfe und der Angabe des Hrn. J. M. Frhrn. VON LIECHTENSTERN *gezeichnet von Karl v. Jungwirth, Oberfeuerwerker im k. k. Bombardiercorps. Gestochen von J. Kühn. Wien,* 1812. Südlich stöſst daran:

4.

Das Russische Gouvernement Grodno mit Theilen des Herzogthums Warschau. Nach dem Entwurfe und der Angabe des Hrn. J. M. Frhrn. v. LIECHTENSTERN *gez. von Jos. Bronner, Oberfeuerwerker im k. k. Bombardiercorps. Gest. v. J. Kühn. Wien,* 1812.

———

Beide Blätter gehören zu dem, von dem Frhrn. *v. Liechtenstern* angefangenen Atlas von *Mittel-Europa,* und bilden dessen VII. und XV. Section. Jede Sect. ist I P. Fúſs breit und 9¾ P. Zoll hoch. Der Maasstab ist 6¼ P. Zoll für 15 geograph. Meilen.

Ueber den inneren Werth dieses Atlasses wird sich erst nach seiner Vollendung ein gründliches Urtheil fällen lassen. Auch möchten vielleicht die jetzigen Zeitumstände manche Gränzveränderungen in demselben, so wie in den Aufschriften der einzelnen Sectionen bewürken.

Auf Sect. VII. ist der Name des *Niemen* oder *Memel*-Flusses vergessen. Auf der XV. Sect. steht der letztere, wo dieser Fluſs aber diesen Namen noch nicht führt, sondern *Niemen* heiſst. Daſs alle Städte und Flecken gleich grofse Grundrisse erhalten haben, z. B. *Wilna* mit *Schilany*, ist zwar für Zeichner und Stecher bequem gewesen, allein bei dem verhältniſsmäſsig grossen Maasstabe der Charte nicht der, bei Entwerfung und Zeichnung solcher Charten erforderlichen Genauigkeit entsprechend. Auch ist es unbequem, daſs Fluſsnamen, wie z. B. der der *Wilija*, der *Meretschanka* u. a. gerade verkehrt gestellt sind, und man die Blätter umwenden muſs, um sie zu lesen.

5.

Karte vom westlichen Rusland, ganz Polen und Preuſsen, nebst dem angre(ä)nzenden Schweden, Deutschland und die (den) Oesterreichischen Staaten. Nach der grofsen Charte von REYMANN verkleinert und herausgegeben im J. 1812. Hannover, in Comm. bei d. Gebr. Hahn.

Dieser Titel verspricht nach der jetzt üblich werdenden Weise weit mehr, als die Charte erfüllt. Da man unter dem westlichen *Ruſsland*, nicht *Rusland*, wie der Titel der Charte hat, wohl am natürlichsten den in Europa liegenden Theil dieses Reichs versteht, so müſste man auf dieser Charte nicht nur das ganze *Finnland*, von dem blofs der südliche Theil vorkommt, sondern auch die Gouvernements *Archangel*, *Wologda*, *Olonez*, *Kasan*, *Taurien* u. s. w. sehen, was aber eben so wenig der Fall ist, als daſs ganz *Schweden*, *Teutschland* und *Oester-*

reich darauf zu finden wäre. Die Flüsse sind radirt, und haben oft mit anderen Flüssen keine Verbindung, wie zum Beispiel der bei *Borisow*, der bei *Ulin, Gayny, Glusk* u. s. f., welches eine unbegreifliche Nachlässigkeit des Zeichners oder Stechers verräth. Auch die Orthographie der Namen empfiehlt diese Charte nicht. So liest man *Schmolensk, Pollotzk, Staritza, Willmanstran, Kongwinger, Pesthe, Dännemark, Osterreich,* statt Smolensk, Polotzk, Staritza, Willmanstrand, Kongswinger, Pesth, Dänemark, Österreich u. s. f. *Åbo,* die Hauptstadt Finland's, fehlt.

Solche Fehler lassen sich kaum durch die Eilfertigkeit, die Zeitverhältnisse zu benutzen, erklären, und Blätter von diesem Schlage in anderer Hinsicht zu prüfen, würde verlorne Mühe und Zeit seyn, da das darüber gezogene Netz nicht im Mindesten genau ist. So mifst unter 40° der Länge der 60ste Breitengrad $1\frac{6}{14}$ Par. Zoll, und unter 50° d. L. derselbe Breitengrad nur $1\frac{5}{14}$ Par. Zoll, eine beträchtliche Differenz bei dem kleinen Maasstabe.

Die Charte ist übrigens 18 Par. Z. hoch, und 22 dergleichen breit. Ein Maasstab findet sich nicht darauf, welcher für Kriegscharten, zu denen doch diese gerechnet seyn will, ein unentbehrliches Erfordernifs ist.

6.

Imperium Russicum cum regionibus adjacentibus duabus tabulis, ex optima, quae anno 1787 tribus foliis comparuit, mappa geographica aliisque sub-

sidiis delineatum a C. Mannert. No-
rimbergae, 1808 *et* 1812.

Beide Blätter erschienen in der Schneider- und Weigelschen Kunst- und Charten-Handlung schon im Jahre
1794, und unterscheiden sich in der angeblich neuen
Ausgabe durch nichts, als durch veränderte Illumination
und neue Jahrzahlen. Da bei ihrer Erscheinung der als
Geograph allgemein geschätzte Verfasser noch nicht die
grofse, von der Kais. Russ. Akademie der Wissenschaften herausgegebene, Charte in 106 Blättern, und andere
neuere Hülfsmittel benutzen konnte, so würde man sich
sehr täuschen, wenn man diese Charte, die sich auch
durch ihren Stich sehr wenig empfiehlt, für vollkommen hielte. Bemerkenswerth ist aber die Dreistigkeit
der Verlagshandlung, solche alte Waare für neue auszu-
bieten, und dadurch Käufer anzulocken, die sich dann
getäuscht sehen. Auch ist das Blatt vom *Europäischen*
Rufsland nicht vollständig, da *Öster-Bottn* und der nördliche Theil *Finland's,* welche durch den *zu Friedrichs-*
hamn den 17. September 1809 zwischen *Rufsland* und
Schweden geschlossenen Frieden zu ersterem Reiche gehören, nicht darauf befindlich sind, welches doch vermöge der Jahrzahl 1812 der Fall seyn müfste. Ebenso fehlen die nördlichsten Theile der Gouvernements *Archan-*
gel und *Olonetz.* Kurz es ist eine elende Speculation,
auch ein Russisches Kriegstheater zu liefern; der Käufer
mag übrigens zusehen, wie er mit der aufgewärmten
Waare zurecht kommt; auf jeden Fall aber ein Unfug,
der gerügt werden mufs.

VERMISCHTE NACHRICHTEN.

I.

Vollständiges Friedens-Instrument des Russisch-Türkischen Friedens von Bucharest.

Man kannte bis jetzt nur diejenigen Artikel des Russisch-Türkischen Friedens von *Bucharest*, welche sich auf die *Moldau* und *Bessarabien* beziehen, und wir konnten daher auch im October-Hefte unserer *A. G. E.* nur einen Auszug desselben, nebst einer kleinen Charte über die neu bestimmten Gränzen liefern. Folgendes ist nun das, indessen bekannt gewordene, vollständige *Friedens-Instrument.*

Art. 1. Die Feindseligkeit und der Zwist, der bisher zwischen den beiden grofsen Monarchien obwaltete, hat, Kraft dieses Tractats, von jetzt an auf immer, sowohl zu Wasser als zu Lande, aufzuhören; es soll auf ewige Zeiten Friede, Freundschaft und gutes Einverständnifs zwischen Sr. k. Maj. dem Selbstbeherrscher und Padyschah aller Reussen, und Sr. Maj. dem Ottomannischen Kaiser und Padyschah, zwischen Ihren Nachkommen und Thronfolgern, und Ihren beiderseitigen Reichen bestehen. Beide hohe contrahirende Theile sind von dem aufrichtigen Verlangen beseelt, alles zu entfer-

nen, was zu Uneinigkeiten zwischen ihren beiderseitigen Unterthanen Anlafs geben könnte, werden alles auf
das Genaueste erfüllen, was in gegenwärtigem Vertrage
festgesetzt ist, und auf das Eifrigste verhüten, dafs in
der Folge weder von der einen noch der andern Seite,
weder öffentlich noch in Geheim, etwas diesem Vertrage
Zuwiderlaufendes unternommen werde.

2. Die sonach ausgesöhnten hohen Contrahirenden
versichern, nach der Herstellung des Friedens und der
Freundschaft eine vollkommene Amnestie und allgemeine Verzeihung allen ihren Ünterthanen, welche im Verlaufe des Krieges an militärischen Handlungen Theil genommen, oder auf was immer für eine Art dem Interesse ihres Landesherrn oder ihres Landes entgegen gehandelt haben. Es wird daher in Folge dieser Amnestie
Niemand zu irgend einer Verantwortung gezogen werden, sondern jeder, der in seine Heimath zurückgekehrt
ist, die vormals gehabten Rechte unter dem Schutze der
Gesetze gleich den übrigen geniefsen.

3. Alle Tractate und Uebereinkünfte, *die bei meh-*
reren vorigen Friedensnegotiationen geschlossen, und sowohl von dem kais. Russ. Hofe, als der Ottomannischen
Pforte anerkannt worden sind, werden hiermit bestätigt,
und bleiben in ihrer Wirksamkeit, mit Ausnahme derjenigen Artikel, welche in der Folge der Zeit einige Abänderung erlitten haben. Es versprechen daher beide ausgesöhnten hohen contrahirenden Theile, sowohl den gegenwärtigen, als die vorbesagten Tractate wechselseitig
auf's Heiligste und unverletzt zu halten.

4. Mittelst des ersten Artikels der Präliminarien
ist festgesetzt worden, dafs der *Pruth*-Flufs von da, wo
er in die Moldau eintritt, bis zu seiner Einmündung in
die Donau, von da aber das linke Ufer des letztgedachten Stroms bis *Kilia* und dessen Einmündung in das
schwarze Meer die Gränze zwischen beiden Mächten bilden soll. Die Schifffahrt bleibt indessen beiden Theilen
gemeinschaftlich. Die kleinen und vor dem Ausbruck

des Krieges unbewohnt gewesenen Donauinseln, die jenseits *Ismail* anfangen, und bis *Kilia* anzutreffen sind,
sollen zwar, insofern sie dem linken Ufer näher liegen,
unter Russische Botmäßigkeit kommen, werden jedoch
von keiner dieser Mächte beherrscht; auch darf auf
selben von nun an keine Befestigung oder sonstiges fe-
stes Bollwerk aufgeführt werden, sondern sollen dieselben öde bleiben, doch ist es beiderseitigen Unterthanen
freigelassen worden, daselbst zu fischen, oder Holz zu fällen. Die ganz grofsen, *Ismail* und *Kilia* gegenüberstehen-
den, Inseln bleiben ebenfalls öde, welches jedoch erst bezeichnet werden wird. Die Etablissements, die vor dem
Ausbruche des Krieges bestanden, so wie *Alt - Kilia*, sind
in dieser Gränzlinie nicht eingeschlossen. Im Ueberreste eben dieses Artikels leistet die hohe Ottomannische
Pforte Verzicht, und übergiebt dem kaiserl. Russischen
Hofe das Land, welches am linken *Pruth*-Ufer gelegen
ist, nebst allen Festungen, mit allen Städten und Wohnungen, die sich in diesem Theile befinden, nebst der
Hälfte des *Pruth*-Flusses, die die Gränze zwischen den
beiden Monarchien bildet. Beider Höfe Handelsschiffe
können auf dem Arm bei *Kilia* ein - und auslaufen, und
den ganzen Donaustrom befahren. Was aber die Russischen Kriegsschiffe betrifft, so können selbige nur bis
zur Einmündung des Pruth - Flusses auf der Donau hinauffahren.

5. Se. Maj. der Kaiser aller Reussen überläfst und
stellt zurück an die hohe Ottomannische Pforte denjenigen Theil der Moldau, welcher auf dem rechten Ufer
des Pruth - Flusses liegt, so wie die grofse und kleine
Wallachei, nebst allen Festungen im gegenwärtigen Zustande, Städte, Marktflecken, Dörfer, sonstige Niederlassungen, und alles, was sich immer in diesen Provinzen befindet, zugleich mit den Donau-Inseln, jedoch
mit Ausnahme des, oben im 4ten Artikel des gegenwärtigen Tractates Aufgeführten.

Die besonderen Conventionen, und jene, die in dem
4. Artikel des Jassyer Tractats stipulirt sind, bleiben

ebenfalls in ihrer vollen Wirkung, welche festsetzen,
daſs keine Entschädigung für die entgangenen Revenüen
verlangt, und keine Steuer für die Dauer der ganzen
Kriegszeit begehrt werden soll, und daſs die Einwohner
beider dieser Provinzen in Zeit von 2 Jahren (von der
Auswechselung des Tractats an gerechnet) von jeder
Steuer frei bleiben, und zu allenfälliger Auswanderung
in andere Staaten einen angemessenen Termin erhalten
sollen, zu welch letzterem Endzwecke ihnen ein viermo-
natlicher Termin bewilligt, und die hohe Pforte gewähren wird, die Steuern der Moldau nach Maas ihrer gegenwärtigen Gröſse aufzulegen.

6. Anſser der Gränze des Flusses *Pruth*, werden gegen *Asien* und andere Gegenden die nämlichen Gränzen
verbleiben, wie sie vor Ausbruch des gegenwärtigen
Krieges waren, und der kais. Russ. Hof giebt Kraft des
3ten Artikels der Präliminarien an die hohe Ottoman.
Pforte zurück: alle eroberten Festungen und Schlösser
innerhalb dieser Gränzen in dem nämlichen Zustande, in
dem sie sich dermal befinden, mit allen Städten, Marktflecken, Dörfern und Häusern, und allem dem, was diese
Landstrecken in sich begreifen.

7. Diejenigen Ottomannischen Unterthanen, die nach
Beginnen des Kriegs in dem, nun an Ruſsland abgetretenen Theil geblieben, oder während des Kriegs dahin gekommen sind, können in die Länder der hohen Pforte
sammt' ihren Familien und Habe ziehen, und daselbst
für immer verbleiben, ohne daſs sie jemand daran auch
nur im geringsten hindere. Es wird ihnen auch frei gelassen, ihr Vermögen an wen immer von den Ortsein-
wohnern zu veräuſsern, und mit dem, was sie mitneh-
men wollten, nach den Ottomannischen Staaten auszu-
wandern. Diese Erlaubniſs wird selbst auf die Eingebornen des abgetretenen Strichs Landes, die daselbst einiges Vermögen besitzen, sich aber gegenwärtig in den
Staaten der Ottomannischen Pforte aufhalten, ausgedehnt,
und sowohl diesen, als den erstgedachten zur Regulirung
ihrer Angelegenheiten ein 18monatlicher Termin, vom

Tage der Auswechslung des gegenwärtigen Tractats gerechnet, bewilligt. Ingleichen können die Tataren, die
während dieses Krieges aus *Bessarabien* nach *Rußland*
gewandert sind, wenn sie wollen, nach den Ottomannischen Staaten zurückkehren, jedoch mit der Bedingniß,
daß die hohe Pforte verpflichtet sey, die mit der Ueber-
siedelung und Etablirung dieser Tataren gehabten Kosten
dem Russ. Hofe zu ersetzen. Nicht weniger können die
Christen, die in dem, an Rußland abgetretenen Lande
Vermögen besitzen, daselbst gebürtig sind, nun aber
sich in anderen Theilen der Ottomannischen Staaten aufhalten, wenn sie wollen, nach dem abgetretenen Lande
zurückkehren, und sich daselbst sammt ihren Familien
und ihrer Habe, ohne daß dieselben daran verhindert
werden sollen, niederlassen. Auch ist ihnen erlaubt,
ihr, was immer für Namen habendes, Vermögen, das
sie in den Staaten der hohen Ottomannischen Pforte besitzen, an die Ottomannischen Unterthanen zu veräußern,
und das gelößte Geld nach den Russ. Staaten mitzunehmen. Auch diesen wird auf die nämliche Weise der
achtzehnmonatliche Termin, vom Tage der Friedensrati-
fication an gerechnet, gegeben.

8. In Folge des 4ten Artikels der Präliminarien, ob-
schon nicht gezweifelt werden darf, daß die hohe Pforte
nach ihren Grundsätzen gegen die *Serbier*, als einem
ihr seit langen Zeiten unterwürfigen und tributären Volke, Milde und Großmuth ausüben werde, hat man in
Anbetracht des Antheils, welchen die Serbier an diesem
letzten Kriege hatten, für billig erachtet, in Ansehung
ihrer Sicherheit feierlich Verabredung zu pflegen. Im
Grunde derselben gewährt die hohe Pforte den Serbiern
volle Amnestie, und daher kann wegen den vorgegange-
nen Vorfällen ihre Ruhe auf keine Weise gestört werden. Die Festungen, so dieselben aus Anlaß des Krieges in ihrem Lande bauten, und die vorher nicht angelegt waren, werden, insoweit sie für die Zukunft nicht
nöthig sind, geschleift; und die hohe Pforte wird, wie
vorher, in den schon bestandenen Festungen, Schlössern,
und anderen befestigten Ortschaften, die Herrschaft über-

nehmen, sie mit Artillerie, Kriegsmunition und mit andern Kriegsvorräthen versehen, auch die Garnisonen nach ihrem Gutbefinden einlegen. Damit aber diese Garnisonen gegen die Serbier keine ungerechten Bedrückungen ausüben, so wird die hohe Pforte im Gefühle der Barmherzigkeit gegen die Serbier, die zu ihrer Sicherheit erforderliche Mäßigung ausüben. Ueberdies wird die hohe Pforte den Serbiern auf ihre Bitte die nämlichen Vortheile zugestehen, welche ihre andern Unterthanen in den Inseln des Archipels und in andern Gegenden haben, und ihnen auch ein Merkmal ihrer Großmuth dadurch geben, daß sie die Verwaltung ihrer innern Angelegenheiten ihnen selbst überläßt, ihnen mäßige Steuern auferleget, diese nur unmittelbar von ihnen empfängt, und die zu diesem Ende erforderlichen Verfügungen im Einverständnisse mit der serbischen Nation treffen wird.

9. Alle in beiden Reichen befindliche Gefangene, sowohl männlichen als weiblichen Geschlechts, von was immer für einer Nation oder Stande, sollen sogleich nach Auswechslung der Ratification des *gegenwärtigen* Tractats, ohne das mindeste Lösegeld ausgewechselt werden, ausgenommen die Christen, welche aus eigenem Antriebe in den Ländern der hohen Pforte die mahommedanische Religion, oder die Mahommedaner, welche, gleichfalls auf ihr freies Verlangen, in den Ländern der Russ. Monarchie die christliche Religion angenommen haben. Ein Gleiches hat in Ansehung aller jener Russ. Unterthanen zu gelten, welche nach der Unterzeichnung dieses Friedenstractats bei was immer für einer Gelegenheit in Gefangenschaft gerathen sind, und sich in den Ländern der hohen Pforte befinden. Der Russ. Hof verbindet sich auch seinerseits, auf gleiche Art gegen alle Unterthanen der hohen Pforte zu verfahren. Für die von beiden hohen contrahirenden Theilen zum Unterhalt der Gefangenen verwendeten Summen, kann keinerlei Ersatz angesprochen werden. Ueberdies werden von beiden Seiten die Gefangenen mit allem Nöthigen bis zur

Gränze versehen, und dort durch beiderseitige Commis-
saire ausgewechselt werden.

10. Alle Rechtshändel der beiderseitigen Unterthanen, die wegen der Kriegsumstände nicht haben beendigt werden können, sind nicht als aufgehoben anzusehen, sondern müssen erst nach erfolgtem Frieden im
Wege Rechtens entschieden werden. Alle gegenseitigen
Forderungen der Unterthanen, so wie auch jene des
Fiscus, sind beizutreiben.

Alle Schulden, wenn solche von beiderseitigen Unterthanen gemacht wurden, so wie auch die Forderungen des Schatzes, sollen unverweilt und gänzlich befrie-
digt werden.

11. In Folge dieses, zwischen den beiden höchsten
Monarchen geschlossenen Friedenstractats, und dessen
Auswechslung nach der, von beiden Monarchen vorhergegangenen Ratification, müssen die Landarmeen und die
Flotten des k. Russ. Hofes zur Räumung der Ottoman.
Staaten und Gewässer schreiten: es kann aber dieses
wegen der grofsen Entfernung und sonstiger Hindernisse
nicht so leicht bewirkt werden. Daher haben beide ausgesöhnten hohen Theile sich einverstanden, zur gäns-
lichen Räumung der europäischen und asiatischen Provinzen einen dreimonatlichen Termin vom Tage der Auswechslung des Tractats festzusetzen, welcher Termin am
obbezeichneten Tage ausgeht, und während dessen die
k. Russ. Landarmee alle der hohen Pforte, mittelst dieses Tractats, zurückgegebenen europäischen und asiatischen Länder gänzlich räumen, die Flotten und sonsti-
gen Kriegsfahrzeuge aber die Ottoman. Gewässer verlassen werden. Diejenigen Ottoman. Oerter und Festungen, in denen die Russ. Armee bis zum Ausgang dieses
Termins verweilen wird, bleiben bis zur Räumung wie
bisher, unter der Administration des Russ. Hofes, ohne
dafs sich die hohe Ottoman. Pforte in dieselbe bis Ausgang des Termins und Räumung von allen Truppen, die
sich mit allen Lebensmitteln und den übrigen Bedürf-

nissen bis zum Tage ihres Abmarsches daselbst zu versorgen haben, auch nur im geringsten mische.

12. Im Falle der in *Constantinopel* residirende Minister oder Bevollmächtigte des k. Russ. Hofes schriftlich in Folge des 7. Artikels des Tractats von *Jassy* Entschädigung für das, Unterthanen und Kaufleuten des k. Russ. Hofes durch Corsaren der Reiche *Algier*, *Tunis* und *Tripolis* zugefügte Unrecht Ersatz verlangt, oder in Angelegenheiten, die auf den bestehenden Handelstractat Bezug haben, und woraus Streite und Klagen entstehen könnten, protestiren sollte, wird die hohe Pforte jedesmal sich angelegen seyn lassen, dafs alles, was die Tractate vorschreiben, erfüllt, und die bemerkten Umstände erhoben und beseitigt werden; jedoch gänslich unbeschadet der in dieser Hinsicht bestehenden Vorschriften und Anordnungen. Der k. Russ. Hof wird in dieser Hinsicht in Gemäfsheit der bestehenden Handelsgesetze gegen die hohe Pforte das Nämliche beobachten.

13. Nach Abschlufs dieses Tractats willigt der kais. Russ. Hof ein, dafs die hohe Ottoman. Pforte, als mit den Persern eines Glaubens, ihre freundschaftlichen Dienste anbiete, damit zwischen dem k. Russ. Hofe und dem Persischen Reiche der Krieg beendigt, und zur Abschliefsung eines Friedens ein wechselseitiges Einverständnifs gepflogen werde.

14. Nach Auswechselung der Ratification des gegenwärtigen Friedenstractats werden die Oberbefehlshaber der Armeen beider Reiche sogleich zur Einstellung aller Feindseligkeiten sowohl zu Lande, als zu Wasser an die Corpscommandanten den Befehl erlassen; sollten aber solche Feindseligkeiten nach Unterzeichnung dieses Tractats vorfallen, so sind sie als nicht vorgefallen anzusehen, und können zu irgend einer Abänderung in den Bestimmungen des gegenwärtigen Tractats keinen Anlafs geben. Ferner soll Alles, was während dieser Zeit von einem oder dem andern Theile der hohen Con-

trahirenden erobert worden wäre, sogleich wieder zurückgestellt werden,

15. Nach Unterzeichnung dieses Friedenstractats durch die beiderseitigen Bevollmächtigten werden der erste Bevollmächtigte Sr. k. Russ. Maj. und der Grolsvezier der hohen Ottoman. Pforte ihn bestätigen, und 10 Tage nach der Unterzeichnung, oder wo möglich noch früher, sollen die Instrumente durch eben diese Bevollmächtigte ausgewechselt werden.

16. Gegenwärtiger Tractat eines ewigen Friedens soll von Seiten Sr. Maj. des Kaisers und Padischah aller Reussen, und von Seiten des Grolssultans und Padischah der Ottomanen bestätigt, feierlich durch eigenhändige Unterschrift beider Monarchen ratificirt, und von den beiderseitigen Bevollmächtigten in der Stadt, in welcher der Tractat abgeschlossen wurde, binnen 4 Wochen vom Tage des gegenwärtigen Tractats, und wo möglich noch früher, ausgewechselt werden.

Gegenwärtiges Friedensinstrument in 16 Artikeln, welches nach erfolgter Auswechselung gegenseitiger Ratificationen in Gültigkeit tritt, haben wir Kraft unserer Vollmachten unterzeichnet, mit unsern Insiegeln bekräftigt, und gegen ein anderes gleichlautendes, durch die oben erwähnten Bevollmächtigten der hohen Ottoman. Pforte unterzeichnetes, mit ihren Siegeln bekräftigtes Instrument ausgewechselt.

Geschehen zu *Buckarest* am 16. (28.) Mai 1812.

Das Original ist unterzeichnet: *Andreas Italinski,* *Johann Sabanejew, Joseph Fonton.*

— Die Ratification Sr. M. des Kaisers von Russland ist aus *Wilna* vom 11. (23.) Junius datirt.

2.

Nachträge zu dem, in den A. G. E. gelieferten
Verzeichnisse der Ortsbestimmungen in Europa.

II. Lieferung.

Orte.	Ö.Länge			N.Breite			Quellen.
	Gr.	Min.	Sec.	Gr.	Min.	Sec.	
Portugal.							
Cabo Carvoiro	8	14	34	39	21	47	
Cabo de Roca	8	9	12	38	46	5	
Cabo Mondego	8	45	23	40	11	54	
Caminha	8	51	31	41	52	40	
Conde	9	3	37	41	21	20	Ciera.
Faro	9	1	37	41	34	30	
Nazareth	8	34	38	39	36	33	
Porto	9	10	28	41	8	56	
Vianna	8	57	3	41	42	38	
Vigia Bessenga	8	8	23	39	25	8	
Spanien.							
Alaquines	13	1	0	41	20	45	
Andujar	12	40	0	38	1	30	
Aranda de Duero	14	1	20	41	40	0	Mazarredo und
Aranjuez	14	4	0	40	2	30	Aguire.
Astorga	11	38	0	42	27	0	

Orte.	Ö. Länge.			N. Breite.			
	°	′	″	°	′	″	
Burgos	14	1	0	42	21	0	
Carmona	11	53	0	37	28	0	
Carolina, la	14	2	0	38	16	45	
Castiu	13	30	0	40	48	15	
Cordoba	12	40	0	37	52	15	
Ecija	12	29	0	37	32	0	
Lugo	10	13	0	43	0	0	
Pamplona	17	58	0	42	50	0	Mazarredo und
Provencio, el	15	10	0	39	22	30	Aguire.
Somosierra, Puerto de	14	5	0	41	7	0	
Tembleque	14	7	0	39	40	30	
Tordesillas	12	43	0	41	30	0	
Utrera	11	44	0	37	20	30	
Villafranca del vierzo	10	50	0	42	36	40	

England.*)

Orte.	Ö. Länge.			N. Breite.		
Acton	18	25	16,7	52	3	31,2
Addington	17	42	51,6	51	21	13,6
Albury	17	44	57,4	51	54	8,0
Althorn	18	25	11,8	51	39	23,8
Ardleigh	19	38	46,5	51	55	34,3

*) Diese Ortsbestimmungen sind sämmtlich aus der neuesten
in England unter Maj. Mudge's Leitung veranstalteten
Gradmessung, die im J. 1802 geendigt ward, genommen,
nur dafs die Angabe der Länge von Greenwich in die
von Ferro, oder wo der Nullpunct des Aequators hin-
fällt, welches man 20 Grad westlich vom Pariser kaiserl.
Observatorio rechnet, verwandelt ist.

O r t e.	Ö. Länge.			N. Breite.		
	°	′	″	°	′	″
Arwarton	18	53	27,9	51	57	56,8
Ash	17	57	45,2	51	21	26,9
Ashdon	17	58	2,6	52	2	54,7
Babraham, Berg	17	52	37,1	51	32	38,7
Baddow, Gr.	18	9	52,2	51	42	55,8
Balshalm	17	58	54,6	52	7	56,1
Barking	17	52	37,1	51	32	38,7
Bawdsey	19	4	37,1	52	0	38,8
Beauchamp	18	17	5,2	52	3	34,4
Belkhampstead	17	47	8,3	51	45	23,0
Belvidere	17	49	14,3	51	29	11,7
Bentley, Kl.	18	42	34,7	51	52	56,3
Bergholt, West-	18	29	58,3	51	55	0,1
Bexley	17	49	2,3	51	26	24,8
Bidborough	17	53	51,8	51	10	0,3
Bildestone	18	33	25,0	52	1	50,5
Billericay	18	4	51,5	51	37	32,5
Bobbing	18	22	19,0	51	21	13,6
Bradfield	18	46	41,5	51	56	2,2
Bradwell, Spitze	18	36	4,8	51	44	5,0
Braintree	17	58	25,0	51	52	33,7
Brantham	18	44	0,5	51	57	56,4
Brentwood	17	57	54,5	51	37	11,8
Brightlingsea	18	40	24,5	51	49	32,3
Bromley	17	40	36,9	51	24	17,8
— Kl.	18	19	1,8	51	54	43,4
Broxbourn	17	40	32,8	51	44	30,8
Bulmer	18	20	53,6	52	1	41,5
Bures, Berg	18	25	56,7	51	57	27,8
Burnham	19	28	33,2	51	38	17,7

O r t e.	Ö. Länge.			N. Breite.		
	°	′	″	°	′	″
Burstead, Gr.	18	5	16,2	51	36	13,6
Butley	19	7	24,8	52	5	53,6
Canewdon	18	26	0,5	51	37	3,4
Capel	18	41	51,9	52	0	10,6
Carlton, Hof	17	43	55,9	51	23	27,0
Chadwell	18	1	55,9	51	28	55,4
Chalk, Kirchthurm	18	4	56,5	51	25	35,4
Chelmsford	18	8	4,7	51	45	5,8
Chiddingstone	17	48	34,6	51	11	10,6
Chigwell	17	44	38,4	51	37	27,2
Clackton, Gr., Signal	18	51	50,9	51	48	12,1
Cliff, Kirchthurm	18	9	35,2	51	27	35,1
Cold Harbour	17	51	4,3	51	29	16,5
Collchester, S. Mary's	18	33	8,7	51	53	17,7
Copdock	18	44	58,2	52	1	51,6
Cowden, Kirchthurm	17	45	54,9	51	7	34,2
Crayford	17	50	17,2	51	27	17,8
Danbury	18	14	11,0	51	42	59,3
Dartford	17	53	55,5	51	26	26,1
Doddinghurst	17	57	34,4	51	40	1,8
Dover, Schloſs	18	54	51,1	51	55	59,1
Earles Colne	18	22	0,6	51	55	34,2
Easter, High	18	0	41,1	51	48	26,9
Eastoombe Point	17	43	46,3	51	29	52,2
Eatonbridge	17	43	48,3	51	10	6,0
Elmdon	17	47	48,8	52	2	7,3
Epping Mill	17	45	28,8	51	41	23,3
Falkenham	18	59	49,0	51	56	2,2
Farnborough	17	45	38,2	51	21	20,4
Farnham	17	48	52,0	51	54	4,4

O r t e.	Ö. Länge.			N. Breite.		
	°	′	″	°	′	″
Felixtowstaff	19	1	50,1	51	57	56,9
Felstead	17	55	44,2	51	51	23,3
Feversham	18	33	20,7	51	19	2,3
Fobbing, Kirchthurm	18	8	15,7	51	31	39,8
Foulness, Capelle	18	33	13,1	51	36	5,7
Friendsbury	18	10	3,3	51	25	29,0
Frierning	18	1	52,0	51	40	32,5
Fringstead	18	22	22,9	51	17	3,9
Frinton, Kirchthurm	18	52	13,4	51	30	26,8
Gads Hill	18	7	25,2	51	24	43,8
Gallywood	18	7	32,4	51	41	51,8
Gillingham	18	16	48,0	51	23	27,4
Glemsford	18	20	21,4	52	6	8,8
Gravesend, Hafen	18	2	0,6	52	26	5,9
— Kirchthurm	18	1	54,7	51	26	24,8
Grey, Kirchthurm	17	48	15,0	51	29	1,7
Grotton	18	12	6,1	52	2	23,6
Guard Rom	18	7	53,8	51	25	55,3
Hadleigh	18	14	52,4	51	32	52,5
Hadlow	18	0	7,5	51	13	23,4
Halstead	17	47	28,6	51	19	57,3
Halstow	18	13	35,7	51	27	20,3
Hampstead, Hafen	17	29	7,0	51	33	55,4
Hanningfield, Ost-	18	12	55,2	51	40	11,4
Harkstead	18	51	0,2	51	58	20,2
Harlow	17	45	23,4	51	46	54,4
Hartley	17	59	57,1	51	22	34,5
Harwich	18	56	52,8	51	56	43,3
Havering	17	50	51,1	51	36	54,4
Hayes	17	40	54,8	51	22	41,3

Orte.	Ö. Länge.			N. Breite.		
	°	′	″	°	′	″
Hayes, Signal-Flagge . .	18	0	20,3	51	21	46,9
Hedingham, Schloſs . . .	18	15	52,6	51	59	35,6
Henham, auf dem Berge . .	17	54	30,7	51	56	1,7
Henley	18	48	42,2	52	7	2,9
Hern Hill	18	37	19,9	51	18	28,2
Higbeech	17	41	53,3	51	39	42,5
Hintlesham	18	42	12,3	52	2	59,4
Hockley	18	17	51,3	51	36	34,9
Hollesley	18	5	23,4	52	2	48,7
Horksley, Gr.	18	31	43,4	51	57	16,5
Hornchurch	17	53	21,1	51	33	37,3
Horndon	17	54	2,8	51	31	25,7
Hucking	18	18	23,3	51	17	23,3
Hunsdon	17	43	8,5	51	47	40,8
James, St., J. of Grain .	18	33	51,9	51	27	36,9
Ide, Hügel	17	47	28,9	51	14	40,3
Ilford, Ruinenberg . .	17	43	15,7	51	34	17,3
Inn, Star - . . .	18	16	46,1	51	22	18,5
— Upper Bell - . .	18	33	51,9	51	27	36,9
Iwade	18	23	9,4	51	23	39,5
Kelveden	18	21	18,0	51	50	5,5
Kesgrave	18	53	47,2	52	7	14,9
Keston, Windmühle . .	17	41	44,6	51	22	27,5
Kirby	18	52	52,4	51	51	9,3
Langdon, Berg . .	18	5	6,1	51	33	12,5
Langham	18	37	13,1	51	57	51,6
Languard, Fort . . .	18	58	48,9	51	56	18,1
Lavenham	18	27	12,0	52	6	19,1
Leigh	18	18	57,6	51	32	28,7
— Gr.	18	10	52,8	51	48	41,8

Orte.	Ö. Länge.			N. Breite.		
	°	′	″	°	′	″
Leigh, Kirchthurm . . .	17	52	43,3	51	11	51,8
Lewisham . . .	17	38	52,3	51	27	20,2
Lindsey	18	32	43,9	52	5	40,5
Marney, Layer . .	18	27	27,6	51	49	13,7
Marys's, St. . .	18	33	25,1	51	27	34,4
— — Cray . .	17	46	42,3	51	23	42,9
— — Stow . .	18	18	42,1	51	39	47,4
Meesdon, Windmühle .	17	44	49,9	51	58	18,5
Mersea, West- . .	18	34	18,3	51	46	29,8
Messing	18	24	47,6	51	39	47,4
Milton	18	24	6,0	51	21	20,3
Mountfitchet . . .	17	42	20,1	51	53	40,2
Nacton . . .	18	53	19,6	52	0	34,5
Naughthon . . .	18	36	41,7	52	6	3,5
Navestock, die Mühle .	17	55	49,6	51	58	52,2
New Crofs . . .	17	42	14,3	51	28	5,1
Newport . . .	18	52	35,6	51	59	2,5
Newton . . .	18	27	32,4	52	2	9,1
Northfleet . . .	17	59	40,4	51	28	5,1
Oakley, Kl. . .	17	52	27,9	51	54	37,3
Orford	18	11	39,2	52	5	40,9
Orford, Leuchtthurm .	19	13	55,6	52	5	0,1
Osyth, Sct., Priorei .	18	42	0,7	51	47	57,9
— — Signal .	18	48	31,5	51	47	3,0
Otford, Berg . .	17	52	10,3	51	18	55,3
Otley . . .	18	52	47,5	52	8	54,1
Peckham, Ost- . .	18	2	39,1	51	14	40,1
Peldon . . .	18	32	56,4	51	58	50,3
Pleshey . . .	17	54	25,8	51	48	8,0
Prittlewell . . .	18	22	1,2	51	32	56,2

Orte.	Ö. Länge.			N. Breite.		
	°	′	″	°	′	″
Purfleed, Klippe	17	53	54,9	51	28	59,4
Queenborough	18	24	21,5	51	25	3,4
Rainham	18	16	15,7	51	21	46,5
Rayleigh	18	16	14,2	51	35	14,9
Rendlesham	19	3	16,5	52	7	27,2
Rettenden	18	13	7,4	51	38	5,2
Rickling	17	50	36,2	51	57	40,3
Ridgewell	18	11	57,1	52	2	18,8
Ridley	17	58	47,3	51	27	4,9
Roxwell	18	2	42,7	51	45	2,3
Roding, der weiſse,	17	55	35,8	51	47	48,2
Runwell	18	3	38,4	51	38	17,7
Rushmere	18	51	45,8	52	4	7,3
Sabridgeworth	17	48	59,4	51	48	42,5
Seal Chart	17	55	20,3	51	16	13,6
Sheernefs, Cap	18	24	10,7	51	11	21,6
Sheldwich	18	32	36,4	51	16	31,6
Sheppey	18	25	56,5	51	24	23,2
Shoeburnefs, Cap	18	24	10,7	51	31	19,1
Shottisham	19	2	40,8	52	3	5,2
Shudy Camps	18	1	34,9	52	4	24,2
Sion, Berg	17	54	17,6	51	15	20,6
Southfleet	17	58	55,7	51	24	54,7
Southminster	18	29	29,0	51	39	42,7
Southweald	17	55	53,1	51	37	17,4
Stock, Kirchthurm	18	6	4,3	51	39	42,7
Stockbury	18	18	40,3	51	19	27,6
Stoke	18	33	7,6	51	59	20,4
Stortford, Bishop-	17	49	15,5	51	52	13,4
Sundrich	17	47	53,7	51	16	27,7

Orte.	Ö. Länge.			N. Breite.		
	°	′	″	°	′	″
Tarling	18	13	56,7	51	48	13,0
Tey, Gr.	18	24	34,9	51	53	53,2
Thaxted	18	0	17,7	51	57	13,1
Theydon, Berg	17	49	16,1	51	40	18,0
Thorley	17	48	18,2	51	50	53,8
Thorp	18	49	23,1	51	51	23,2
Thorp, Ost -	18	26	13,4	51	51	33,2
Thorrington	18	43	4,4	51	51	10,0
Thundersley	18	13	58,9	51	34	7,4
Thurrock, West -	17	57	19,2	51	28	20,0
Tilbury, Fort	18	2	22,4	51	27	8,8
— Ost-,	18	5	32,2	51	27	36,0
— West-,	18	3	12,7	51	28	26,1
Tillingham	18	32	37,9	51	41	52,7
Tiptree	18	21	2,8	51	47	2,2
Tolesbury	18	29	39,9	51	45	27,6
Toleshunt, Gr.	18	24	34,5	51	45	57,2
Toppesfield	18	11	49,1	52	0	28,1
Triptow	17	46	6,3	52	6	5,0
Twinstead	18	22	32,1	51	59	48,4
Tudeley	17	58	54,4	51	11	6,0
Tunbridge	17	56	46,6	51	11	51,6
Upchurch	18	18	34,2	51	22	36,1
Waldingfield	18	26	55,7	52	3	35,1
Waldringfield	18	59	11,0	51	56	56,1
Walton, Thurm	18	56	51,5	51	51	51,2
Well, Berg	17	48	40,3	51	21	9,8
Westham	17	40	20,7	51	32	10,6
Whertstead	18	48	32,1	52	1	19,6
Whittle	18	5	21,6	51	43	43,4

Orte.	Ö. Länge.			N. Breite.			Quellen.
	°	′	″	°	′	″	
Witham . .	18	17	51,1	51	53	34,4	
Willingale Spain .	17	58	25,0	51	44	31,6	
Witchling .	18	24	21,8	51	16	8,4	
Woodbridge . .	18	58	21,8	52	5	34,6	
Woolwich .	17	43	23,2	51	29	34,6	
Wrotham . .	17	58	34,2	51	18	55,5	

Teutschland.

Orte.	Ö. Länge.			N. Breite.			Quellen.
Arraberg, altes Schl.	33	31	39	48	0	46	*Freifr. v. Matt.*
Baden, (Oesterreich)	33	54	36	48	0	29	— — —
Bergau, altes Schl.	34	39	56	48	3	6	— — —
Bernburg	29	25	13	51	47	55	B. A. J. B. 1812.
Bruck, an der Leitha, Schlofs	34	27	10	48	1	29	*Freifr. v. Matt.*
Fridau, Schlofs	33	17	0	48	9	0	— — —
Heiligenkreuz (Östr.)	—	—	—	48	3	27	— — —
Ilsenburg	28	19	37	51	38	12	B. A. J. B. 1812.
Leipzig	30	1	58	51	20	44	*Wurm.*
München	29	16	23	48	9	12	B. A. J. B. 1813.
Quedlinburg	28	47	24	51	47	38	B. A. J. B. 1812.
Rotenburg	—	—	—	51	38	20	— — —

Preufsen.

Orte.	Ö. Länge.			N. Breite.			Quellen.
Altjauer (Schlesien)	33	50	12	51	4	53	B. A. J. B. 1813.
Breslau	34	42	4	51	6	30	— — —
Potsdam	—	—	—	52	24	19	*v. le Coq.*
Wilkau (Schlesien)	34	23	19	51	4	53	B. A. J. B. 1813.

Orte.	Ö. Länge			N. Breite			Quellen.
	Gr.	Min.	Sec.	Gr.	Min.	Sec.	
R u ſ s l a n d.							
Dubina	—	—	—	56	28	35	*Sandt.* (in Riga.)
Grauben	—	—	—	56	49	48	—
Kokenhusen	—	—	—	56	39	10	—
Mosaisk	—	—	—	55	30	29	*Goldbach.*
Ruſa	—	—	—	55	42	4	—
Stockmannshoff	63	18	45	56	36	24	*Sandt.*
Wenden	—	—	—	57	19	7	—
T ü r k e i.*)							
Baffa, Haven, Cypern	49	58	30	34	46	34	Conn. d. T. 1810.
Civigna, —	51	1	30	35	25	0	— — —
Larnaca, —	51	27	30	34	56	54	— — —
Limasol, —	50	36	30	34	12	14	— — —
Nikosia, —	51	6	30	35	13	14	— — —
Paphos, Alt- —	49	58	30	34	48	4	— — —

*) Diese Ortsbestimmungen sind aus einer noch ungedruckten Reise in die Levante gezogen.

I N H A L T.

* * *

Zu diesem Hefte gehört :

Carte de l'Isle de *Lemnos* d'après la Carte de Ms. le Comte de *Choiseul - Gouffier*.

REGISTER.

Verzeichnifs

der

zu diesem Bande gehörigen Charten.

---

1. Erweiterung des Russischen Reichs durch den Bucharester Frieden.

2. Carte de l'Isle de *Lemnos* d'après Ms. le Comte de
   Choiseul - Gouffier.

· Berichtigungen in dem XXXIX. Bande der A. G. E.

Seite 23 Zeile 3 v. o. mufs vor: District *Pilica* 10 stehen.
  — 54 — 8 v. o. l. m. st. Négyallya, *Hégyallia.*
  — 103 — 9 v. u. l. m. st. Herausgeber, Herausgabe.
  — — 2 v. u. l. m. st. Londre s, *Londres.*
  — 105 — 14 v. o. l. 1812 st. 1802.
  — 176 — 6 v. u. l. *Atlantis* st. Allautis.
  — 221 — 14 v. o. l. *Morea* st. die Morea.
  — 222 — 3 v. u. l. *d'Entrecasteaux* st. Dentreca-
      steaux.